मापन/आकलन एवं मूल्यांकन

मापन/आकलन एवं मूल्यांकन

(MEASUREMENT/ASSESSMENT AND EVALUATION)

डॉ. हंसराज पाल

शिक्षा संस्थान, देवी अहिल्या वि. वि., इन्दौर

मंजुलता शर्मा

श्री वैष्णव कॉलेज ऑफ टीचर्स ट्रेनिंग, इन्दौर

SHIPRA

Rs. 395; US$ 12.2

ISBN: 978-81-7541-461-7

2024 *Fourth Impression*
(2017, 2011, First Published in 2009)

Maapan Aaklan avm Mulyankan

Published by:
SHIPRA PUBLICATIONS
LG 18-19, Pankaj Central Market,
I.P. Ext., Patparganj, Delhi 110092, India
11 47322068; 96500 28065, 9810522367
info@shiprapublication.com
www.shiprapublication.com

प्राक्कथन

पाठ्यचर्या, अध्यापन एवं मूल्यांकन शैक्षिक प्रक्रिया के तीन मुख्य घटक हैं। अध्यापक को अध्यापन के साथ ही साथ मूल्यांकन भी करना होता है। आज मूल्यांकन में अनेक नयी-नयी संकल्पनाएं जैसे—सतत व्यापक मूल्यांकन, योगात्मक एवं रचनात्मक मूल्यांकन, सेमिस्टर पद्धति एवं ग्रेडिंग, मानक सन्दर्भित परीक्षण व निकष सन्दर्भित परीक्षण, खुली पुस्तक परीक्षा, प्रश्नकोष, स्व एवं सहपाठी मूल्यांकन, निदानात्मक परीक्षण, मास्टरी (पारंगतता) अधिगम आ गयी हैं जिन्हें अध्यापक को जानना अति आवश्यक है। इसलिए देश के सभी विश्वविद्यालयों में बी.एड., एम.एड. एवं एम.ए.मनोविज्ञान की पाठ्यचर्या में मापन/आकलन एवं मूल्यांकन को शामिल किया गया है। विश्वविद्यालय अनुदान आयोग की लेक्चरर पात्रता परीक्षा के पाठ्यक्रम में भी मापन/आकलन एवं मूल्यांकन को स्थान प्रदान किया गया है। 'मापन/आकलन एवं मूल्यांकन' पर अंग्रेज़ी भाषा में पुस्तकें उपलब्ध हैं, किंतु हिन्दी में व्यापक एवं स्तरीय पुस्तकों का नितान्त अभाव है। पुस्तक के प्रथम प्रारूप का परीक्षण विद्यार्थियों के लघु समूह पर कर उनके सुझावों एवं कठिनाइयों के आधार पर प्रकाशन से पूर्व पुस्तक में आवश्यक संशोधन किए गए हैं। पुस्तक को अधिक बोधगम्य बनाने के लिए पुस्तक के अन्त में शब्द सूची दी गयी है। साथ ही विस्तृत सन्दर्भ सूची भी दी गयी है जिसका उपयोग जिज्ञासु विद्यार्थी, शोध छात्र एवं अध्यापक कर सकेंगे। पुस्तक में विभिन्न परिवर्तियों जैसे—व्यक्तित्व, बुद्धि, रुचि, सृजनात्मकता, अभिक्षमता इत्यादि के आकलन के लिए विकसित किए गए उपकरणों का वर्णन किया गया है। प्रायः सभी मनोवैज्ञानिक परीक्षणों के मेन्युअल अंग्रेज़ी भाषा में छपे होते हैं जिसके कारण अंग्रेज़ी भाषा के ज्ञान के अभाव में अनेक उपयोगकर्त्ताओं को प्रशासन, फलांकन एवं निर्वचन में अत्यधिक कठिनाई होती है। अतः ऐसी कठिनाइयों को दूर करने का प्रयास पुस्तक में किया गया है। पुस्तक के अंत में 'मापन/आकलन एवं मूल्यांकन से सम्बनधित सभी महत्वपूर्ण संकल्पनाओं की परिभाषाएँ दी गई हैं, साथ ही साथ शब्द-सूची के अंतर्गत हिन्दी शब्दों के अंग्रेज़ी पर्याय दिए गए हैं, जो पुस्तक को और अधिक बोधगम्य बनाती है।

पुस्तक का यह प्रथम संस्करण है, इसमें त्रुटियाँ हो सकती हैं अतः अध्यापकों से अनुरोध है कि वे पुस्तक की न्यूनताएँ हमें बताएँ ताकि अगले संस्करण में उन्हें सुधारा जा सके। लेखक इसके लिए उनके ऋणी रहेंगे। पुस्तक लिखने में सन्दर्भ सूची में दर्शायी पुस्तकों, शोध पत्रिकाओं, विश्वकोषों एवं अन्य सामग्रियों का प्रत्यक्ष अथवा परोक्ष रूप से उपयोग किया गया है। साथ ही साथ चित्रों का उपयोग भी किया गया है, हम उक्त सभी के लेखकों के प्रति हृदय से आभारी हैं।

डॉ. एस.के त्यागी उपाचार्य, शिक्षा संस्थान, दे.अ.वि.वि. इन्दौर से सतत चर्चा कर पुस्तक को प्रामाणिक बनाया गया है, हम उनके हृदय से आभारी हैं। डॉ. आशा पाल ने पुस्तक लेखन के समय जो धैर्यपूर्वक शब्दार्थ एवं सन्दर्भ उत्साह से तैयार किए, उसे विस्मृत नहीं किया जा सकता है। डॉ. राजेन्द्र पाल रीडर (सी.आई.ई.टी. नई दिल्ली) ने चित्र निर्माण एवं साहित्य संकलन में सहयोग दिया। पुस्तक को पूर्णता की ओर लाने में श्रीमती कृष्णा शर्मा, राघवेन्द्र हुरमाडे, राकेश देवडा का सराहनीय योगदान रहा। संस्थागत पुस्तकालय की ग्रंथपाल श्रीमती स्वाति मजुमदार ने सहर्ष पुस्तकें प्रदान कीं इसके लिए हम उनके आभारी हैं।

हंसराज पाल
मंजुलता शर्मा

विषय सूची

1

मापन/आकलन एवं मूल्यांकन : परिचय (Measurement/Assessment and Evaluation: Introduction)

मापन की संकल्पना (Concept of Measurement)

मनुष्य अपनी दिनचर्या के प्रारम्भ से मापन का उपयोग करता है। प्रातः उठकर वह घड़ी की ओर देखता है, और कहता है कि मैं आज 7 घंटे सोया। आधा लीटर के कप में पानी भरकर वह मुँह धोता है। सामने रखी वज़न मशीन पर वह अपना वजन देखकर कहता है कि उसका वज़न 60 किलोग्राम है। बाजार जाकर वह एक लीटर दूध की दो थैलियाँ लाता है। पत्नी कहती है कि मुझे बुखार है, तब वह थर्मामीटर लगा कर बताता है कि उसे 102 डिग्री बुखार है। यह सभी मापन के उदाहरण हैं। जिसमें किसी वस्तु/घटना को संख्यात्मक मूल्य प्रदान किया गया है। तथा ये सभी निश्चित व पूर्ण जानकारी प्रदान करते हैं। मापन के अंतर्गत भौतिक पदार्थों के गुणों को अंक प्रदान किए जाते हैं। यह परिमाणात्मक (Quantitative) होता है।

मापन की कुछ प्रमुख परिभाषाएँ यहाँ दी गई हैं –

1. **लिंडक्विस्ट** (1961) के अनुसार – "किसी वस्तु अथवा गुण को निश्चित नियमों के तहत् अंक प्रदान करने का कार्य मापन है।"

2. **हैल्मस्टेडर** (1966) के अनुसार – "मापन को किसी व्यक्ति या पदार्थ में निहित विशेषताओं के आंकिक वर्णन की प्रक्रिया के रूप में परिभाषित किया गया है।"

3. **ब्रेडफील्ड तथा मोरेडॉक** के अनुसार – "किसी तथ्य के विभिन्न आयामों को प्रतीक प्रदान करना ही मापन कहलाता है।"

4. **लोरगे** (1961) के अनुसार – "मापन के अंतर्गत तीन मुख्य बातें आती हैं– प्रथम वह वस्तुओं के वर्ग के साथ संबंधित हो, द्वितीय वह अंकों के वर्ग के साथ संबंध रखें, और तृतीय उन नियमों की विवेचना करे जिससे वस्तुओं को अंक मिलते हों।"

ग्रानलुण्ड एवं लिन (1981) के अनुसार – "कोई व्यक्ति किसी निश्चित विशेषता को किस अंश तक धारण करता है, इसका आंकिक वर्णन प्राप्त करने की प्रक्रिया मापन कहलाती है। (मापन इस प्रश्न का उत्तर देता है कि कितना अधिक?)

मापन/आकलन के आवश्यक तत्व (Essential Elements of Measurement/ Assessment)

मापन/आकलन की प्रक्रिया के अंतर्गत व्यक्ति के व्यक्तित्व के विशेषकों (Traits) अथवा योग्यताओं का मापन अंकात्मक रूप में किया जाता है। किन्तु व्यक्तित्व के सभी विशेषकों एवं योग्यताओं का मापन निर्धारित समय–सीमा में करना ना तो संभव है और ना ही आवश्यक है। अतः व्यक्ति के व्यक्तित्व की कुछ प्रमुख विशेषताओं का चयन कर उन्हीं का अध्ययन किया जाता है। इन विशेषताओं को मनोवैज्ञानिक अन्वय (Construct) कहते हैं। अन्वय वे संकल्पनाएँ होती हैं जिनमें उच्च क्रम के अमूर्तन (Abstraction) की आवश्यकता होती है जैसे बुद्धि, अभिक्षमता, सृजनात्मकता, समायोजन इत्यादि। मापन/आकलन के निम्न तीन आवश्यक तत्व होते हैं :

1. **विशेषक की पहचान एवं परिभाषीकरण** – व्यक्ति के व्यवहार के कुछ विशेषकों अथवा पहलुओं का चयन अध्ययन के लिए करते हैं। यदि हमने बुद्धि को विशेषक के रूप में चयन किया है तब हम पाते हैं कि विद्वानों ने बुद्धि की अनेक परिभाषाएँ दी हैं जैसे–'बुद्धि सीखने की योग्यता है', 'बुद्धि अमूर्त चिंतन की योग्यता है', 'बुद्धि नवीन परिस्थितियों में समायोजन की योग्यता है।' उपलब्ध अनेक परिभाषाओं में से उस परिभाषा का चयन करेंगे जिसके आधार पर हम बुद्धि का आकलन करना चाहते हैं। जैसे रावेन्स का स्टेन्डर्ड प्रोग्रेसिव मेटराइसेस, एडवान्स प्रोग्रेसिव मेटराइसेस एवं बच्चों के लिए रंगीन प्रोग्रेसिव मेटराइसेस एवं कोह ब्लॉक डिजाइन परीक्षणों का निर्माण 'बुद्धि अमूर्त चिंतन की योग्यता है' परिभाषा के आधार पर किया गया हैं। शैक्षिक, सामाजिक एवं मनोवैज्ञानिक गुणों के लिए ही हम विशेषकों की पहचान एवं उन्हें परिभाषित करते हैं जबकि भौतिक गुणों जैसे वज़न, लंबाई, चौड़ाई, ऊँचाई, तापमान इत्यादि के परिभाषित करने की आवश्यकता इसलिए नहीं होती क्योंकि प्रत्येक व्यक्ति के लिए इनका आशय एक ही होता है।

2. **संक्रियाओं के समुच्चय का पता लगाना** – मनोवैज्ञानिक किसी परिवर्ती की व्याख्या के लिए अनेक प्रकार के व्यवहारों को निश्चित करता है। इन व्यवहारों को निश्चित करने से पहले वह उस परिवर्ती की संक्रियात्मक परिभाषा भी देता है। इसी परिभाषा के आधार पर वह ऐसे व्यवहार के समुच्चयों का चयन करता हे जिसके द्वारा परिवर्ती की व्याख्या की जा सके।

3. **परिवर्ती को इकाइयों के रूप में व्यक्त करना** – मापन/आकलन की प्रक्रिया का तीसरा महत्वपूर्ण पहलू व्यवहारों को चुनकर उन्हें अंकात्मक रूप में व्यक्त करना होता है। जैसे विद्यालय समायोजन मापने के लिए एक परीक्षण बनाया गया है। उसके विभिन्न पहलुओं जैसे शैक्षणिक, सहपाठी, अध्यापक एवं विद्यालय संगठन (भाग्या, 1966 द्वारा निर्मित) व्यवहारों के आधार पर अनेक पदों का निर्माण किया गया है, ताकि प्रत्येक कथन पर उत्तरदाता से प्राप्त अनुक्रिया के आधार पर अंक प्रदान किए जा सकें। यही मापन का उद्देश्य भी होता है।

मापन एवं आकलन (Measurement and Assessment)

प्रायः मापन भौतिक गुणों का किया जाता है एवं इससे हमें पूर्ण सूचना प्राप्त होती है। जैसे आँख की दृष्टि 6/6, वज़न 5 किलो, व्यक्ति की ऊँचाई 6 फिट 3 इंच, शरीर का तापमान 103 डिग्री सेल्शियस, कमरे की चौड़ाई 12 फिट इत्यादि। वहीं आकलन में हमें आंशिक सूचना ही प्राप्त होती है। आकलन का तात्पर्य अध्यापक के किसी मानक (Standard) के विरूद्ध मूल्य अनुमान (Estimate) से होता है।

अतः आकलन विकास के किसी गुणधर्म या पहलू के बारे में आकलन है। यह अनौपचारिक (Informal) होता है। मनौवैज्ञानिक परिवर्तियों जैसे – बुद्धि, व्यक्तित्व, समायोजन, कुण्ठा, महत्वाकांक्षा का स्तर इत्यादि का आकलन ही किया जा सकता है।

मूल्यांकन का अर्थ एवं परिभाषा (Meaning and Definitions of Evaluation)

जब डॉक्टर किसी मरीज का थर्मामीटर से तापमान ज्ञात करता है और बताता है कि मरीज के शरीर का तापमान 104 डिग्री है तब यह मापन है, किन्तु जब वह कहता है कि इसे तेज बुखार है, तब डॉक्टर मूल्य निर्णय देता है। यह मूल्यांकन होता है। किसी 22 वर्ष की लड़की की ऊँचाई मापकर 3 फिट बताना मापन है वहीं यह कहना कि लड़की बौनी है तो यह मूल्यांकन है। इसी तरह जब किसी विद्यार्थी की कॉपी जाँचकर उसे अंक प्रदान किए जाते हैं तो यह आकलन है लेकिन जब उसे उत्तीर्ण/अनुत्तीर्ण बताया जाता है तो यह मूल्यांकन है। अर्थात् जब मापन (Measurement) या आकलन (Assessment) के आधार पर किसी व्यक्ति/वस्तु के गुण/गुणों या घटना का मूल्य निर्धारण किया जाता है तो यह मूल्यांकन कहा जाता है।

मूल्यांकन की विद्वानों द्वारा दी गई कुछ परिभाषाएँ इस प्रकार हैं:

1. **टेनब्रिंक** के अनुसार – "मूल्यांकन सूचनाएँ प्राप्त करने तथा उनका उपयोग निर्णय लेने के लिए करने की प्रक्रिया है।"

इससे स्पष्ट होता है कि मूल्यांकन के लिए मूल्य निर्णय लेना आवश्यक है। और मूल्य निर्णय मापन/आकलन के बिना संभव नहीं है।

2. ग्रान्लुण्ड एवं लिन (1981) के अनुसार – "किस सीमा तक विद्यार्थी ने अनुदेशनात्मक उद्देश्यों को प्राप्त किया है, का पता लगाने के लिए सूचनाओं के एकत्रण, विश्लेषण एवं निवर्चन की सुव्यवस्थित प्रक्रिया मूल्यांकन है।" (यह इस बात का उत्तर देता है कि कितना अच्छा?) उन्होंने मूल्यांकन एवं मापन के मध्य संबंध निम्न सूत्र द्वारा बताया है:

मूल्यांकन = मापन/ आकलन + मूल्य निर्णय

3. **राष्ट्रीय शैक्षिक अनुसंधान एवं प्रशिक्षण परिषद् (NCERT)** द्वारा दी गई परिभाषा के अनुसार – "मूल्यांकन एक प्रक्रिया है जिसके द्वारा यह ज्ञात किया जाता है कि उद्देश्य किस सीमा तक प्राप्त किये गये हैं, कक्षा में दिये गये अधिगम अनुभव कहाँ तक प्रभावशाली सिद्ध हुए हैं और कहाँ तक शिक्षा के उद्देश्य पूर्ण किये गये हैं।

मूल्यांकन के सिद्धान्त (Principles of Evaluation)

छात्र की प्रगति एवं विकास का पता लगाने के लिए मूल्यांकन आवश्यक होता है। मूल्यांकन की प्रक्रिया को सही दिशा प्रदान करने के लिए कुछ आवश्यक सिद्धान्त होते हैं, जिनका पालन करने से मूल्यांकन प्रभावी एवं उपयोगी होता है। इनका वर्णन यहाँ किया गया है (राजपूत एवं अन्य 2002)

1. यह ज्ञात एवं स्पष्ट करना कि क्या मूल्यांकित किया जाना है – यदि मूल्यांकनकर्ता को यह स्पष्ट है कि वह क्या मूल्यांकन करना चाहता है तथा उसके मूल्यांकन का क्या उद्देश्य है तभी वह मूल्यांकन के उपयुक्त उपकरण का चयन कर सकेगा।

2. मूल्यांकन के प्रयोजन के सन्दर्भ में मूल्यांकन तकनीकियों का चयन – मूल्यांकन की अनेक तकनीकें हैं। प्रयोजन के अनुसार उपयुक्त तकनीक का चयन करना लाभप्रद होता है। उदाहरणार्थ यदि अनुदेशन उद्देश्य–विद्यार्थियों के विचारों एवं तथ्यों को गद्यांश में संगठित करने की योग्यता का मूल्यांकन करना हो तब लिखित परीक्षण की तकनीक का चयन करना बेहतर होगा। यदि छात्रों में किसी गद्यांश को पढ़कर समझ का मापन करना होगा तब पठन परीक्षण तकनीक का उपयोग किया जा सकता है।

3. व्यापक मूल्यांकन के लिए विभिन्न मूल्यांकन तकनीकियों का योग करना – यदि हम बालक का व्यापक मूल्यांकन कर रहे हैं। तब हमें अनेक मूल्यांकन तकनीकों का उपयोग करना होगा, किसी एक तकनीक के उपयोग से व्यापक मूल्यांकन संभव नहीं है।

4. विभिन्न मूल्यांकन तकनीकों की सीमाओं एवं शक्तियों को जानना – मूल्यांकनकर्त्ता को उसके द्वारा मूल्यांकन हेतु प्रयुक्त तकनीक की सीमाओं एवं शक्तियों को जानना जरूरी होता है। यदि उसने निबंधात्मक प्रश्नों का उपयोग किया है तब उसे यह ज्ञात होना चाहिए कि निबंधात्मक प्रश्नों में विषयनिष्ठता होती है। दूसरी ओर यदि मूल्यांकनकर्त्ता ने वस्तुनिष्ठ प्रश्नों का उपयोग किया है तब उसमें भी अनुमान लगाने की संभावना होगी।

5. मूल्यांकन किसी साध्य का एक साधन है न कि अपने आप में साध्य – अध्यापन-अधिगम प्रक्रिया में मूल्यांकन किसी निश्चित प्रयोजन के लिए किया जाना चाहिए न कि मूल्यांकन के लिए। परीक्षण का प्रशासन, फलांकन एवं प्रदत्त संकलन का यदि हम उपयोग ना करें तब यह व्यर्थ के प्रयास होंगे। वास्तव में मूल्यांकन का उपयोग आगे अध्यापन के बारे में, नई सामग्री एवं विधियों के उपयोग के बारे में, उपचारात्मक अध्यापन की आवश्यकता के बारे में, विद्यार्थियों को निर्देशन देने के बारे में निर्णय लेने के लिए किया जाना चाहिए।

एक अच्छे मूल्यांकन कार्यक्रम की विशेषताएँ

(Characteristics of a Good Evaluation Programme)

एक अच्छे मूल्यांकन कार्यक्रम की निम्न विशेषताएँ होती हैं।
(राजपूत एवं अन्य 2002)–

1. मूल्यांकन उद्देश्यों पर आधारित होना चाहिए – मूल्यांकन का उद्देश्य विद्यार्थी की उपलब्धि को मापना होता है जिसे अनुदेशनात्मक उद्देश्यों के रूप में व्यक्त किया जाता है। चूंकि उद्देश्य अधिगम के उत्पाद को प्रदर्शित करते हैं। अतः एक अच्छा मूल्यांकन अनुदेशनात्मक उद्देश्यों पर आधारित होना चाहिए।

2. मूल्यांकन एक सतत् प्रक्रिया होनी चाहिए – विद्यार्थी का विकास एवं अभिवृद्धि एक सतत् प्रक्रिया होती है जिसके कारण विद्यार्थी का अधिगम प्रभावित होता है। अतः शिक्षक/मूल्यांकनकर्त्ता को विद्यार्थी की अभिवृद्धि व विकास से परिचित होना चाहिए। साथ ही यदि मूल्यांकन को शिक्षण-अधिगम प्रक्रिया का केवल एक भाग बनाया जाता है तो इससे न तो विद्यार्थियों की कठिनाइयों का निदान किया जा सकता है और न ही उन्हें उपचारात्मक शिक्षण प्रदान किया जा सकता है। अतः मूल्यांकन सतत् रूप से होना चाहिए।

3. मूल्यांकन व्यापक होना चाहिए – शिक्षा का लक्ष्य विद्यार्थी का सर्वागींण विकास जैसे शारीरिक, मानसिक, सामाजिक, सांवेगिक, नैतिक इत्यादि करना है। इन सभी पक्षों के विकास के लिए विभिन्न अनुदेशनात्मक उद्देश्य बनाए जाते हैं और मूल्यांकन के द्वारा उनकी प्राप्ति हुई या नहीं, यह ज्ञात किया जाता है। यदि मूल्यांकन में सभी पक्षों को शामिल नहीं किया जाता है तब ऐसे मूल्यांकन को विद्यार्थी के लिए निर्णय लेने के लिए पर्याप्त नहीं माना जा सकता है। अतः मूल्यांकन व्यापक होना चाहिए और इसके लिए विभिन्न उपकरणों एवं तकनीकियों का उपयोग किया जाना चाहिए।

4. मूल्यांकन अनुदेशन का एक अनिवार्य भाग होना चाहिए – मूल्यांकन को पाठ्यक्रम गतिविधियों का अंत नहीं होना चाहिए, बल्कि इसे संपूर्ण अनुदेशन प्रक्रिया का एक घटक बनाया जाना चाहिए। अनुदेशन और मूल्यांकन को साथ–साथ चलना चाहिए।

5. मूल्यांकन सहयोगी होना चाहिए – विद्यार्थी के सतत् व व्यापक मूल्यांकन के लिए शिक्षक द्वारा केवल उसकी शैक्षणिक उपलब्धि को ही ध्यान में नहीं रखा जाता है, बल्कि इसके लिए वह उसके सामाजिक संबंधों, संवेगात्मक व्यवहार, पहल-शक्ति, वैज्ञानिक अभिवृत्तियों, सामाजिक अभिवृत्तियों, पसंद एवं नापसंद इत्यादि के साथ-साथ उसके साथी, पालक एवं वे सभी व्यक्ति जो उसकी अभिवृद्धि को देखते हैं एवं विकास में आवश्यक है, से प्रमाण एकत्रित करता है। अतः एक मूल्यांकन के लिए विभिन्न व्यक्तियों एवं अभिकरणों का सहयोग आवश्यक है।

6. मूल्यांकन एक गत्यात्मक प्रक्रिया होनी चाहिए – मूल्यांकन की गत्यात्मक प्रक्रिया बताती है कि, उद्देश्यों के स्तर, अनुदेशनों एवं मूल्यांकन प्रक्रियाओं में परिवर्तन होते

हैं। मूल्यांकन अनुदेशन उद्देश्यों पर आधारित होता है, किंतु ये हमें यह पता करने में सहायता करता कि ये उद्देश्य कहाँ तक विद्यार्थियों के विशेष समूह के लिए प्राप्त किए जा सकते हैं। जब किसी विषय की निश्चित विषयवस्तु के उद्देश्यों की प्राप्ति हो जाती है, आगे की विषयवस्तु के उद्देश्यों को प्राप्त किया जाता है, और यह प्रक्रिया चलती रहती है।

7. मूल्यांकन एक निर्णय लेने की प्रक्रिया होनी चाहिए – शिक्षण-अधिगम प्रक्रिया के प्रत्येक चरण पर मूल्य-निर्धारण आवश्यक है। अनुदेशन के पहले विद्यार्थियों के प्रारम्भिक (Entry) व्यवहार को निर्धारित करना आवश्यक होता है, ताकि उसके आधार पर विकासात्मक शिक्षण या उपचार प्रदान किया जा सके। अनुदेशन के दौरान भी विद्यार्थियों के अधिगम व अनुदेशनात्मक प्रयासों के परिणामों का प्रतिपुष्टि के रूप में उपयोग किया जाना आवश्यक है। ताकि आगे दिया जाने वाला अनुदेशन सफल हो। एक इकाई या पाठ्यक्रम की समाप्ति पर विद्यार्थियों को उनके निष्पादन के आधार पर वर्गीकृत करना या ग्रेड प्रदान करना आवश्यक होता है। इस प्रकार मूल्यांकन के उद्देश्यानुसार स्थानन (Placement), निदानात्मक, रचनात्मक एवं योगात्मक मूल्यांकन किया जाता है। मूल्यांकन के उपर्युक्त पक्षों को ध्यान में रखकर विद्यार्थियों की अधिगम उपलब्धि व विद्यालयों की मूल्यांकन पद्धति में सुधार किया जा सकता है।

मापन के स्तर
(Levels of Measurement/Scales of Measurement)

शोध में मात्रात्मक प्रदत्त भी संकलित किए जाते हैं और गुणात्मक प्रदत्त भी। प्रदत्त विश्लेषण एवं निर्वचन के लिए गुणात्मक प्रदत्त को मात्रात्मक प्रदत्ता में परिवर्तित भी किया जाता है। मात्रात्मक प्रदत्त को मापने के लिए चार तरह की मापनियाँ होती हैं जिन्हें 'मापनी के स्तर' भी कहा जाता है–

1. नामित मापनी (Nominalal Scale)
2. क्रमित मापनी (Ordinal Scale)
3. अन्तराल मापनी (Interval Scale)
4. अनुपात मापनी (Ratio Scale)

इनका वर्णन इस प्रकार है –

1. नामित मापनी (Nominal Scale) – जब परिवर्तियों को किसी गुण अथवा विशेषता के आधार पर वर्गीकृत करने के अलावा अन्य कुछ संभव ना हो तो उन्हें नामित मापनी द्वारा मापा जाता है। नामित मापनी में परिवर्तियों को किसी गुण अथवा विशेषता के प्रकार के आधार पर कुछ वर्गों अथवा समूहों में बाँटा जाता है। इन वर्गों को न तो किसी क्रम में रखा जा सकता है और न उनकी तुलना की जा सकती है। केवल वर्गीकरण किया जा सकता है। जैसे – धर्म के आधार पर व्यक्तियों के हिन्दू, मुस्लिम, सिख, इसाई, लिंग के आधार पर महिला एवं पुरुष, उम्र के आधार

पर बच्चे, जवान व बूढ़े, रंग के आधार पर काला, सफेद, लाल इत्यादि वर्ग बनाए जा सकते हैं।

2. क्रमित मापनी (Ordinal Scale) – जब परिवर्ती वर्गों में विभाजित करने के साथ-साथ निर्धारित क्रम में व्यवस्थित किया जाता है तो वह क्रमित मापनी कहलाती है। इसे घटते या बढ़ते क्रम में रखा जा सकता है। जैसे – सबसे बड़े से सबसे छोटा, सबसे लंबे से सबसे ठिंगना, सबसे ज़्यादा से सबसे कम इत्यादि। क्रमित मापनी में वर्गीकृत किए जाने वाले वर्गों में हम छोटा या बड़ा तो बता सकते हैं, लेकिन दो वर्गों के मध्य कितना अंतर या दूरी है, ये नहीं बता सकते हैं। क्रमित मापनी के उदाहरण है – (1) कक्षा के आधार पर विद्यालय माध्यमिक विद्यालय, उच्च माध्यमिक विद्यालय, उच्चतर माध्यमिक विद्यालय। (2) पद स्थिति के आधार पर शिक्षक – आचार्य, उपायार्य, व्याख्याता। (3) तापमान के आधार पर–अधिक गर्म, गर्म, ठण्डा। (4) स्वीकृति के आधार पर – अत्यधिक सहमत, सहमत, असहमत।

3. अन्तराल मापनी (Interval Scale) – जब परिवर्ती को वर्गीकरण व क्रम प्रदान करने के साथ हम यह बता सकते हैं कि उन वर्गों में कितना अंतर या दूरी है तो उसे अंतराल मापनी पर मापा जाता है। इसमें लगातार दो वर्गों के मध्य दूरी अथवा अन्तर हमेशा समान रहता है। प्रस्तुत मापनी में शून्य हो सकता है, लेकिन यह परम शून्य बिन्दु नहीं होता है यह काल्पनिक होता है। चूंकि इस मापनी में मापन की इकाई होती है, इसलिए हम यह बता सकते हैं कि वर्गों में कौन छोटा है और कौन बड़ा तथा कितना बड़ा या छोटा है। हालांकि मापन की इकाई भी काल्पनिक होती है। अंतराल मापनी के उदाहरण व्यक्तित्व का आकलन, किसी विषय में उपलब्धि, सृजनात्मकता का आकलन, बुद्धि का आकलन इत्यादि है।

4. अनुपात मापनी (Ratio Scale) – अनुपात मापनी वह होती है जिसमें अंतराल मापनी के सभी गुण जैसे वर्गीकरण, कोटिक्रम, लगातार दो वर्गों के मध्य की दूरी इत्यादि के साथ-साथ परम शून्य बिन्दु होता है। यह शून्य बिन्दु निश्चित होता है। अतः इस मापनी में सभी प्रकार की बुनियादी गणितीय सक्रियाएँ जैसे जोड़, घटाव, गुणा, भाग इत्यादि की जा सकती हैं। हालांकि मापन की इकाई यहाँ भी काल्पनिक होती है। यह मापनी मापन का सबसे उच्च स्तर है। इसमें मापन किए जाने वाले परिवर्ती को इससे पूर्व की सभी मापनियों पर मापा जा सकता है। यह मापन का शुद्ध स्तर है।

2

मूल्यांकन के प्रकार
(Types of Evaluation)

मूल्यांकन मुख्यतः दो प्रकार से किया जाता है

1. योगात्मक एवं रचनात्मक मूल्यांकन तथा

2–मानक सन्दर्भित परीक्षण व निकष सन्दर्भित परीक्षण

इनका क्रमानुसार वर्णन यहाँ किया गया है :

1. योगात्मक एवं रचनात्मक मूल्यांकन
(Summative and Formative Evaluation)

पाठ्यचर्या, विद्यार्थी और मूल्यांकन शिक्षा के तीन महत्वपूर्ण घटक हैं, किसी निश्चित पाठ्यचर्या के आधार पर जब विद्यार्थियों को पढ़ाया जाता है और पाठ्यचर्या के अंत में जब मूल्यांकन के द्वारा इस बात का पता लगाया जाता है कि पाठ्यचर्या के अभिप्राय (Aims), लक्ष्य (Goals) एवं उद्देश्य (Objectives) पूरे हुए अथवा नहीं, तब यह योगात्मक मूल्यांकन कहलाता है। दूसरी ओर जबकि पाठ्यचर्या के विकास के दौरान प्रत्येक इकाई के समाप्त होने पर जब कार्यक्रम का मूल्यांकन किया जाता है तथा इससे प्राप्त प्रतिपोष का उपयोग चल रहे कार्यक्रम में संशोधन के लिए किया जाता है तब यह रचनात्मक मूल्यांकन कहलाता है। इनका क्रमानुसार वर्णन यहाँ किया गया है –

योगात्मक मूल्यांकन (Summative Evaluation)

भोला (1990) के अनुसार – "योगात्मक मूल्यांकन कार्यक्रम गतिविधियों की समाप्ति पर एक कार्यक्रम के महत्व/मूल्य (Worth) के निर्णय (Judging) की एक विधि है।"

ग्रानलुण्ड (1985) के अनुसार – "योगात्मक मूल्यांकन अनुदेशन के पाठ्यक्रम (अथवा इकाई) के अन्त में आता है। यह इस बात को ज्ञात करने के लिए निर्मित किया जाता है कि किस सीमा तक अनुदेशन उद्देश्यों को प्राप्त किया जा सका

है तथा इनका उपयोग प्राथमिक तौर पर पाठ्यक्रम श्रेणी प्रदान करने के लिए किया जाता है।"

निक्टो (1983) के अनुसार – "पहले से पूर्ण किए गए कार्यक्रम की योग्यता के बारे में निर्णयों के बारे में योगात्मक मूल्यांकन वर्णन करता है।"

गुर्स (1990) के अनुसार – "योगात्मक मूल्यांकन अनुदेशन के समापन के समय किया जाता है, तथा यह विद्यार्थियों ने वांछित परिणाम किस सीमा तक प्राप्त किए हैं, यह मापता है।"

योगात्मक मूल्यांकन की मुख्य विशेषताएँ निम्न हैं –

1. योगात्मक मूल्यांकन किसी विशेष अनुदेशन कार्यक्रम के पूर्ण होने पर किया जाता है। कार्यक्रम की अवधि एक सेमिस्टर से लगाकर एक वर्ष तक हो सकती है।

2. इसके द्वारा इस बात का पता चलता है कि अधिगम हुआ अथवा नहीं। और यदि अधिगम हुआ है तब पूर्व निर्धारित उद्देश्य किस सीमा तक पूर्ण हुए हैं तथा उनकी गुणवत्ता कैसी है ?

3. योगात्मक मूल्यांकन के लिए सुपरिभाषित मूल्यांकन रूपरेखा का उपयोग किया जाता है।

4. इसके द्वारा वर्णनात्मक विश्लेषण प्राप्त किया जाता है।

5. इसका सम्बन्ध मुद्दों के व्यापक विस्तार से होता है।

6. योगात्मक मूल्यांकन के लिए अध्यापक निर्मित परीक्षण एवं निर्धारण मापनियों का उपयोग किया जाता है।

7. योगात्मक मूल्यांकन के द्वारा उत्पाद की प्रभाविता का पता चलता है।

8. यह विशेषतः मात्रात्मक होता है जिसमें अंकीय फलांक प्राप्त होते हैं।

9. इसके द्वारा अधिगम सामग्रियों एवं अधिगम प्रक्रियाओं का मूल्यांकन किया जाता है, जिसके कारण इसका नाम योगात्मक मूल्यांकन है। उदाहरणार्थ किसी अधिगम सामग्री के भाग 'अ' पर यदि सभी विद्यार्थियों ने अच्छा निष्पादन किया है, किन्तु भाग 'ब' पर ठीक निष्पादन नहीं किया है। इसका अर्थ है कि सामग्री निर्माता को भाग ब में संशोधन करना चाहिए ताकि अपेक्षित अधिगम परिणाम प्राप्त हो सके।

रचनात्मक मूल्यांकन (Formative Evaluation)

रचनात्मक मूल्यांकन प्रयासों के सुधार के उद्देश्य के लिए उनके पूर्ण होने के पहले प्रयासों का एक आकलन है। रचनात्मक मूल्यांकन का संबंध कार्यक्रम के अभिकल्प/अथवा और विकास से होता है जो कार्यक्रम पूर्ण होने के पूर्व संशोधन एवं सुधार की ओर निर्देशित किए जाते हैं।

विद्वानों द्वारा इसकी अग्र परिभाषाएँ दी गयी हैं –

ग्रानलुण्ड (1985) "रचनात्मक मूल्यांकन का उपयोग अनुदेशन के दौरान अधिगम प्रगति के अनुश्रवण (Monitoring) एवं अध्यापकों एवं विद्यार्थियों को सतत् प्रतिपोष

प्रदान करने के लिए किया जाता है। विद्यार्थियों को दिए गए प्रतिपोष से उन्हें सफल अधिगम के लिए पुनर्बलन प्राप्त होता है तथा उन त्रुटियों की पहचान होती है, जिन पर ध्यान देने की आवश्यकता हो।

वाइस्मा एवं जर्स्राइट के अनुसार –"रचनात्मक मूल्यांकन समय खण्ड में घटित होता है तथा विद्यार्थियों की प्रगति का अनुश्रवण करता है।"

निक्टो के अनुसार – "रचनात्मक मूल्यांकन एक कार्यक्रम के विकास और अभिकल्प (Design) के दौरान अनुमानन के साथ संबंधित है जो कि रूपान्तरण, रूप (Forming) या एक कार्यक्रम जो कि पहले ही पूर्ण हो गया है, को अन्य प्रकार से सुधार की ओर निर्देशित किया जाता है।"

भोला (1990) के अनुसार – "जब कार्यक्रम गतिविधियाँ घटित हो रही होती हैं तब रचनात्मक मूल्यांकन उस कार्यक्रम के मूल्य (Worth) के अनुमानन की विधि है।"

विशेषताएँ

1. रचनात्मक मूल्यांकन अनुदेशन कार्यक्रम के दौरान किया जाता है।
2. इसमें कार्यक्रम की आंशिक पूर्ति होने पर ही कार्यक्रम की प्रभाविता का पता लगाया जाता है तथा इसके द्वारा जो प्रतिपोष प्राप्त होता है, उससे चल रहे कार्यक्रम में सुधार किया जाता है।
3. रचनात्मक मूल्यांकन प्रत्येक इकाई के पूर्ण होने पर किया जाता है। इसके द्वारा न केवल इस बात का पता चलता है कि कार्यक्रम कितना प्रभावी है, अपितु इसके पूर्ण करने के लिए कितने समय और संसाधनों की जरूरत होगी।
4. रचनात्मक मूल्यांकन में निकष संदर्भित परीक्षणों का उपयोग किया जाता है, जिसके परिणामस्वरूप विद्यार्थी के छोटे से छोटे व्यवहार के बारे में सूचनाएँ प्राप्त होती हैं।
5. रचनात्मक मूल्यांकन के द्वारा अध्यापकों एवं विद्यार्थियों, दोनों को प्रतिपोष प्राप्त होता है। जहाँ विद्यार्थी इसके द्वारा अपनी न्यूनताओं/सफलताओं को जान पाते हैं, वहीं शिक्षक व्यूह रचनाओं की सफलता/असफलता को जानकर उनमें आवश्यक संशोधन करते हैं।
6. रचनात्मक मूल्यांकन कक्षा कार्य, गृहकार्य, पहेली इत्यादि के रूप में दिया जा सकता है।
7. रचनात्मक मूल्यांकन द्वारा कार्यक्रम का सतत् अनुश्रवण किया जाता है, जिसके आधार पर चल रहे कार्यक्रम को समाप्त किया जा सकता है, संशोधित किया जा सकता है।
8. रचनात्मक मूल्यांकन द्वारा उन कारकों (Factors) की पहचान की जाती है, जो कार्यक्रम को प्रभावित करते हैं।
9. यह अन्वेषणात्मक प्रकृति का होता है।

रचनात्मक एवं योगात्मक मूल्यांकन में अंतर (Differences between Formative and Summative Evaluation)

रचनात्मक मूल्यांकन	योगात्मक मूल्यांकन
1. रचनात्मक मूल्यांकन योगात्मक मूल्यांकन की अपेक्षा अधिक जटिल है। यह लघु समूह पर किया जाता है ताकि अनुदेशनात्मक सामग्रियों के विभिन्न पहलुओं के बारे में प्रतिपोष प्राप्त हो सके। उदाहरणार्थः आपने विद्यार्थियों को पढ़ने के लिए कोई अधिगम सामग्री दी है तब उसके विभिन्न पहलू रेखाचित्र, चित्र, व्यंग्य चित्र, प्रवाह चित्र, भाषा, सन्दर्भ, विशिष्ट उद्देश्य, अधिगम अभ्यास इत्यादि होंगे।	1. योगात्मक मूल्यांकन उत्पाद की प्रभाविता (Efficacy) पर सूचना प्रदान करता है। इसके द्वारा इस बात का पता चलता है कि अनुदेशन कार्यक्रम के द्वारा हमने क्या अपेक्षा की थी। योगात्मक मूल्यांकन प्रायः मात्रात्मक होता है, जिसमें अंकिक फलांकों अथवा श्रेणियों का उपयोग अधिगमक की उपलब्धियों के आकलन के लिये किया जाता है।
2. रचनात्मक मूल्यांकन कार्यक्रम के विकास के दौरान किया जाता है व एक से अधिक बार किया जाता है।	2. यह कार्यक्रम के पूर्ण होने के पश्चात् किया जाता है व एक बार किया जाता है।
3. रचनात्मक मूल्यांकन प्रायः आंतरिक एवं बाहय मूल्यांकक दोनों के द्वारा किया जाता है।	3. योगात्मक मूल्यांकन अनुदेशन निर्माता के द्वारा किया जाता है।
4. रचनात्मक मूल्यांकन का उपयोग अनुदेशन के लक्ष्यों का वैधीकरण करने व अनुदेशन में सुधार करने के लिए किया जाता है।	4. जबकि योगात्मक मूल्यांकन में उत्पाद की प्रभाविता का पता लगाया जाता है। योगात्मक मूल्यांकन का प्रयोजन अध्यापक के निष्पादन के बारे में उसे सूचना देना होता है।
5. रचनात्मक मूल्यांकन पाठ्यचर्या के निर्धारण की गुणवत्ता प्रदान करने के लिए पाठ्यचर्या विकास प्रक्रिया द्वारा किया जाता है।	5. योगात्मक मूल्यांकन पूर्ण की गयी पाठ्यचर्या के व्यापक आकलन (Assessment) को प्राप्त करने के लिए किया जाता है।
6. इसका एक अतिरिक्त प्रयोजन बेहतर उत्पाद प्राप्त करने के लिए उपयोग में लाए जाने वाले प्रदत्त प्राप्त करने के लिए किया जाता है।	6. इसका एक अतिरिक्त प्रयोजन पूर्ण किए गए उत्पाद के बारे में अंतिम निर्णय प्रदान करना होता है।
7. रचनात्मक मूल्यांकन में 'सतत्' अथवा 'चल रहे' (On going) कार्यक्रम का मूल्यांकन किया जाता है।	7. योगात्मक मूल्यांकन में 'अंतिम' 'परिणाम' एवं 'उत्पाद' का मूल्यांकन किया जाता है।

2. मानक सन्दर्भित परीक्षण व निकष सन्दर्भित परीक्षण (Norms Referenced Test and Criterion Refernced Test)

शिक्षा का लक्ष्य व्यक्ति को वांछित ज्ञान, कौशलों, आदतों, अभिवृत्तियों एवं मूल्यों को प्राप्त करने योग्य बनाना है। हमारे विद्यार्थियों को इस लक्ष्य की प्राप्ति में मदद करने के लिए केवल अधिगम तथ्य एवं सूचनाएँ ही महत्वपूर्ण नहीं होते हैं, बल्कि अति आवश्यक क्षमताओं, अभिवृत्तियों एवं मूल्यों को पहचानने की भी आवश्यकता होती है। अधिगम केवल सूचनाओं एवं स्मरणशक्ति का संग्रह नहीं है, बल्कि यह संबंधित कक्षा कार्य के द्वारा सीखे गए व दृढ़ किए गए वास्तविक जीवन की परिस्थितियों में अनुभव का परिणाम है।

वर्तमान समय में मूल्यांकन की संकल्पना ने क्रमशः एक नया आकार लिया है। यह वर्तमान में अपनाई गई परीक्षा प्रणाली में परिवर्तन की आवश्यकता है। मूल्यांकन के वर्तमान उपागम में तथ्यों के रटने पर जोर नहीं दिया जाता है, अपितु बालक के विकास के सभी पक्षों पर ध्यान देते हुए उसकी क्षमताओं का विकास करना है।

मूल्यांकन का उद्देश्य न केवल ज्ञान, बल्कि क्षमताओं की प्राप्ति भी है। इसका उद्देश्य केवल कोटि (Ranks) एवं ग्रेड (Grades) प्रदान करना ही नहीं है। यह केवल किसी विद्यार्थी के निष्पादन की तुलना अन्यों के निष्पादन से ही नहीं करता है, बल्कि इसके द्वारा विद्यार्थी के पिछले निष्पादन की तुलना उसके वर्तमान निष्पादन से करते हुए उसके अधिगम में सुधार देखना भी है। निकष सन्दर्भित परीक्षण मूल्यांकन के उपर्युक्त दर्शाए गए सिद्धांतों पर आधारित है। यह स्पष्ट है कि एक कक्षा में विभिन्न योग्यताओं के विद्यार्थी होते हैं। यह सम्भव नहीं है कि कक्षा की परिस्थितियों में प्रत्येक विद्यार्थी समान गति से सीखें। कक्षा में मंद गति से सीखने वालों के साथ-साथ कुछ पर्यावरणीय हानि से उदित अधिगम-निर्योग्य भी होते हैं। यदि उनके निष्पादन की तुलना एक मानक से की जाती है तब वह मानक सन्दर्भित परीक्षण कहलाता है। यह एक तथ्य है कि बहुत से विद्यार्थी इस मानक से परे प्राप्त करते हैं। यह असफल अनुभव उन्हें हतोत्साहित करता है और उनकी उपलब्धि पर कुप्रभाव डालता है। इससे उनका आत्मविश्वास कम होता है, लेकिन दूसरी ओर यदि एक विद्यार्थी के निष्पादन की तुलना उसके पूर्व निष्पादन से की जाए और उसकी उन्नति को दर्शाया जाए तो यह उनके लिए एक बड़ा प्रोत्साहन होता है। यह सफल अनुभव उन्हें भविष्य की सफलता के लिए आगे बढ़ाता है। निकष सन्दर्भित परीक्षण ऊपर दर्शाए गए इसी दर्शन को शामिल करता है।

मानक सन्दर्भित परीक्षण (Norms Referenced Test)

मापन की पारंपरिक विधि में विद्यार्थी की उपलब्धि को एक समूह, एक कक्षा, एक विद्यालय या एक राज्य के सन्दर्भ में लिया जाता था, जिसमें उत्तीर्ण अनुमानों (Passing Judgements) के सन्दर्भ में विद्यार्थी के अंकों की व्याख्या की जाती थी। इस प्रकार व्यक्तिगत (प्रत्येक) विद्यार्थी के अधिगम के अनुमान के लिए आधार रूप में एक समूह के मानक या परंपरागत निष्पादन का प्रयोग किया जाता था। अतः

ऐसा मापन जिसमें विद्यार्थी के अंकों की व्याख्या एक समूह के सन्दर्भ में की जाती है, वह मानक सन्दर्भित परीक्षण कहलाता है।

प्रत्येक समूह की अपनी कुछ विशेषताएँ होती हैं और ये विशेषताएँ ही उस समूह के मानक होते हैं। किसी समूह के मानक बनाने में मूल्य, परम्पराएँ, रीति रिवाज इत्यादि सहायता करते हैं, और इन मानकों के कारण ही कोई भी दो समूह एक समान नहीं होते हैं। अतः हम किन्हीं दो समूहों के सदस्यों की तुलना नहीं कर सकते हैं और इसीलिए प्रत्येक समूह के सदस्यों की तुलना समूह के मानकों के सन्दर्भ में की जाती है। अतः ऐसा परीक्षण जो किसी समूह के मानकों के सन्दर्भ में किया जाता है, मानक सन्दर्भित परीक्षण कहा जाता है।

ये परीक्षण विद्यार्थियों को उच्च से निम्न के क्रम में कोटि प्रदान करने के लिए बनाए जाते हैं ताकि पूर्ण शुद्धता के साथ सापेक्षिक उपलब्धि पर आधारित निर्णय लिए जा सकें। इन परीक्षणों के लिए वे कथन जो केवल फलांकों का विस्तृत विस्तार प्रदान करते हैं, चयन किए जाते हैं। इन परीक्षणों की गुणवत्ता के सुधार के लिए एक अत्यधिक सामान्य तकनीक (Most Common Technique) है–परीक्षण में प्रत्येक कथन के लिए कथन विभेदीकरण सूचकांक की गणना करना और परीक्षण के लिए एक संतोषजनक विभेदीकरण सूचकांक वाले कथनों का चयन करना। ऐसे कथन जिन पर सभी विद्यार्थियों ने समान रूप से सही उत्तर दिए हों, परीक्षण में सम्मिलित नहीं किए जाते। एक मापन यंत्र पर एक विद्यार्थी के निष्पादन का निर्वचन (Interpretation) अन्य विद्यार्थियों के निष्पादन के आधार पर किया जाता है। इस प्रकार के निर्वचन हमें यह निश्चित करने के योग्य बनाते हैं कि कैसे एक व्यक्ति के निष्पादन की तुलना अन्यों से की जाए।

उपयोग

मानक सन्दर्भित परीक्षण निम्न के लिए उपयोगी है–

1. विभिन्न पूर्वानुमान करने के लिए अभिक्षमता परीक्षण में।
2. हमारे द्वारा मापी गयी उपलब्धि के सन्दर्भ में विद्यार्थियों को विश्वसनीय कोटि (Rank) पाने में।
3. उन विद्यार्थियों को पहचानने में जो मुख्य विषय वस्तु में दूसरों से अधिक पारंगत हैं।
4. एक विशेष कार्यक्रम के लिए एक सबसे अच्छे आवेदक का चयन करने में।
5. एक कार्यक्रम, अन्य संभव कार्यक्रमों की तुलना में कैसे प्रभावी हो सकता है, यह पता करने में।

दोष (Drawbacks)

इन परीक्षणों के विरूद्ध कुछ आलोचनाएँ खड़ी होती हैं–

1. ऐसे प्रश्न, जिनके उत्तर ज़्यादातर विद्यार्थियों ने सही दिए हों, इन परीक्षणों में शामिल नहीं किए जाते हैं, क्योंकि अनुक्रिया भिन्नता (Response Variance) में उनका अपर्याप्त योगदान रहता है।

2. परीक्षण क्या मापता है? और एक स्थानीय पाठ्यचर्या में किस पर बल दिया गया है? इन दोनों के मध्य संगति (Congruence) की कमी है।
3. मासंप अस्वास्थ्यकर प्रतियोगिता को बढ़ावा देते हैं और निम्न फलांक वाले विद्यार्थियों की आत्म संकल्पना के लिए हानिकारक हैं।

निकष सन्दर्भित परीक्षण (Criterion Referenced Test)

ऐसा परीक्षण जिसमें विद्यार्थी के निष्पादन का मापन एक विशिष्ट निकष के सन्दर्भ में किया जाता है, निकष सन्दर्भित परीक्षण कहलाता है। इसके अन्तर्गत हम एक व्यक्ति के निष्पादन के सन्दर्भ के लिए मानक के स्थान पर एक पूर्वनिर्धारित निकष का प्रयोग करते हैं। जैसे–कक्षा 7 के विद्यार्थियों के भार का अध्ययन करना हो तो पहले उनके वज़न को मापेंगे फिर उन्हें पोषक तत्वों से भरपूर भोजन दिया जाएगा, तत्पश्चात् पुनः उनके वज़न को मापेंगे और पहले लिए गए वज़न से पश्चात् के वज़न की तुलना कर बताएंगे कि उनके वज़न में कमी हुई या वृद्धि, तब यह निकष सन्दर्भित परीक्षण होगा।

निकष सन्दर्भित परीक्षण की संकल्पना सबसे पहले पीट्सबर्ग विश्वविद्यालय के राबर्ट ग्लेजर ने दी थी। इनके अनुसार – "निकष सन्दर्भित परीक्षण वह है, जो कि जानबूझकर मापन के लिए निर्मित किया गया है, जिसका कि प्रत्यक्ष रूप से निर्वचन (interpretation) विद्यार्थियों के विशिष्ट निष्पादन के आधार पर किया जा सकता है।"

पोफम (Popham) के अनुसार –"निकष सन्दर्भित परीक्षण एक सुपरिभाषित व्यावहारिक पक्ष के सन्दर्भ में एक व्यक्ति के स्तर को जाँचने में प्रयोग किया जाता है।"

"एक निकष सन्दर्भित परीक्षण वह है जिसमें व्यावहारिक उद्देश्यों के एक समुच्चय से कथनों की कुंजी को शामिल किया जाता है।" **(इवान, 1970)**

"निकष सन्दर्भित माप वह है जो कि कुछ निकष जैसे निष्पादन प्रमाप (Standard) के सन्दर्भ में एक व्यक्तिगत स्तर जाँचने के लिए प्रयोग किया जाता है।" **(पोफम एवं हुसेक, 1969)**

"एक पक्ष में से कथनों का एक यादृच्छिक या स्तरीकृत यादृच्छिक न्यादर्श, पक्ष सन्दर्भित परीक्षण (Domain Reference Test) कहलाता है। यह अति संतोषजनक निकष सन्दर्भित निर्वचनों का अनुमोदन/स्वीकार करता है, क्योंकि परीक्षण फलांकों का निष्पादन कार्य के संदर्भ में एकदम प्रत्यक्ष व्याख्या कर सकता है।" **(जेसन मिलमैन 1975)**

उपर्युक्त सभी परिभाषाएँ निम्न दो बिन्दुओं पर जोर देती हैं–

(अ) व्यावहारिक उद्देश्यों या विशिष्ट कार्य पर आधारित परीक्षण-संगठन।

(ब) पूर्व-परिभाषित निष्पादन निकष के सन्दर्भ में आकलन।

निकष सन्दर्भित परीक्षण में निकष शब्द दर्शाता हैं–

(अ) एक अनुदेशनात्मक उद्देश्य,

(ब) एक अपेक्षित (पश्चात्) अनुदेशनात्मक अधिगम परिणाम,
(स) एक विद्यार्थी के निष्पादन का एक इच्छित स्तर,
(द) अधिगमक की उपलब्धि का एक स्वीकृत स्तर, और
(इ) निष्पादन के उत्पाद का एक वांछित मानक।

मेगर (1962) के अनुसार – "एक उद्देश्य केवल यह नहीं निर्दिष्ट (Specify) करता है कि अधिगमक को क्या करना है? बल्कि यह भी बताता है कि उसे संतोषजनक समझने के पहले अधिगमक उसे अच्छी प्रकार करने में कैसे समर्थ होना चाहिए?"

निकष सन्दर्भित परीक्षणों की संकल्पना

कई शोधकों ने निकष सन्दर्भित परीक्षण के क्षेत्र में विभिन्न शब्दावलियाँ दी हैं। पोफम ने इसे 'उद्देश्य आधारित परीक्षण' विल्सन एवं बेकर ने 'निकष सन्दर्भित परीक्षण', स्केगर ने 'निकष सन्दर्भित परीक्षण', 'उद्देश्य आधारित परीक्षण' एवं 'उद्देश्य आधारित प्रणाली' एवं निटको ने 'निकष सन्दर्भित परीक्षण' एवं 'निकष सन्दर्भित फलांक निर्वचन' नाम दिए हैं। मानक सन्दर्भित परीक्षण से इसकी तुलना कर इसकी संकल्पना को स्पष्ट किया जा सकता है। मानक सन्दर्भित परीक्षण एक मानक समूह के निष्पादन से संबंधित होता है जबकि निकष सन्दर्भित परीक्षण एक निकष व्यवहार के निष्पादन से संबंधित है। मानक सन्दर्भित परीक्षण में परीक्षण निर्माण के पहले अपेक्षित निष्पादन के सन्दर्भ में इच्छित परिणाम कदाचित् ही निर्दिष्ट (Specified) किए जाते हैं और ऐसे एक फलांक अन्यों के फलांकों के साथ तुलना करने के लिएं तभी अर्थपूर्ण होते हैं जबकि परीक्षण समान हों। जैसे यदि एक परीक्षार्थी के फलांक 30 प्रतिशतांक (Percentile) हो तो यह बताता है कि वह 40 शब्दों के वर्तनी परीक्षण पर 30% विद्यार्थियों से अच्छा है, जबकि निकष सन्दर्भित परीक्षण में यदि एक विद्यार्थी ने एक चयनित छटी कक्षा की शाब्दिक सूची में से 100 शब्दों में से 80 शब्दों की वर्तनी (Spelling) सही की है तब इसका निर्वचन है कि उसकी वर्तनी योग्यता संतोषजनक है। यहाँ पहले उदाहरण की तरह दूसरे विद्यार्थियों के निष्पादन के सन्दर्भ की आवश्यकता नहीं है। निकष सन्दर्भित परीक्षण व्यक्तियों की कोटि या तुलना की अपेक्षा नहीं करता है, बल्कि यह सुपरिभाषित निष्पादन पक्षों या उद्देश्यों के लिए विकसित किया जाता है।

निकष सन्दर्भित परीक्षणों को संकल्पनावार, उद्देश्यवार एवं व्यक्तिवार परीक्षण भी कहा जाता है। संकल्पनावार विश्लेषण कर एक विशेष संकल्पना को जिस स्तर पर सीखा, उसका पता लगाया जाता है। पक्षवार विश्लेषण कर पक्ष वर्णन एवं परिभाषा की उपयुक्तता को प्रदर्शित किया जा सकता है। उद्देश्यवार विश्लेषण विभिन्न उद्देश्यों की प्राप्ति के स्तर का पता लगाने में मदद करता है। विद्यार्थीवार विश्लेषण एक विशेष पाठ्यक्रम विषयवस्तु (Course Content) के पारंगत व गैर-पारंगत को पहचानने में मदद करता है।

दोनों मापों की तुलना (Comparing the Two Measures)

मासंप में एक व्यक्ति के एक अंक की व्याख्या दूसरों से उसके अंक की तुलना करके की जाती है, जबकि निसंप में एक व्यक्ति के निष्पादन की व्याख्या कुशलता के कुछ निश्चित व्यावहारिक निकष से तुलना कर की जाती है। लेकिन मासंप में पदों का कठिनाई सूचकांक एवं विभेदीकरण सूचकांक पदों के चयन के लिए निकष के रूप में प्रयुक्त किए जाते हैं।

निसंप एवं मासंप दोनों कक्षा में मूल्यांकन के चार मूलभूत कार्यों के रूप में प्रयुक्त किए जा सकते हैं। जैसे निसंप के द्वारा रचनात्मक एवं निदानात्मक मूल्यांकन के कार्यों को अच्छी तरह किया जा सकता है और मासंप के उपकरण के रूप में योगात्मक मूल्यांकन किया जा सकता है। स्थापन मूल्यांकन के लिए निसंप एवं मासंप दोनों ही आवश्यक होते हैं।

निकष सन्दर्भित मापन के उपयोग (Uses of Criterion Referenced Test)– इस प्रकार के मापन उपयोगी है –

(अ) विद्यार्थियों की अधिगम में अपर्याप्तता को खोजने एवं कमज़ोर विद्यार्थियों को उपचार के एक नियमित कार्यक्रम के द्वारा अन्य विद्यार्थियों के स्तर तक पहुँचाने में मदद करने में।

(ब) एक कक्षा में पारंगतता प्राप्त एवं गैर–पारंगतता प्राप्त को पहचानने में।

(स) अनुदेशन के विभिन्न उद्देश्यों की प्राप्ति का स्तर ज्ञात करने में।

(द) एक विशेष संकल्पना को किस स्तर तक सीखा, यह ज्ञात करने में।

(इ) विभिन्न ग्रेड स्तरों पर संकल्पनाओं के बेहतर स्थानन (Placement) में।

निकष सन्दर्भित परीक्षणों का विकास (Development of Criterion Referenced Test)

विद्वानों में निकष सन्दर्भित परीक्षण की संकल्पना के बारे में सहमति नहीं होने से इसके निर्माण की कोई सरल प्रक्रिया बता पाना असम्भव है। व्यावहारिक रूप में इसके विकास की प्रक्रिया यहाँ दी गयी है ताकि शिक्षक अपेक्षित अधिगम परिणाम के पूर्व-निर्धारित निकष को शामिल कर ऐसे परीक्षण कर सकें। (सिंह, 1983)

इसके विकास के निम्न सोपान हैं–

1. पक्षों (Domain) की पहचान – अधिगम की इकाई या एक विशेष प्रकरण में से विषयवस्तु का एक भाग पक्ष (Domain) कहलाता है। किसी क्षेत्र में ज्ञान के अधिगम वृत्त खण्ड (Segment) से सूचनाओं के छोटे-छोटे टुकड़ों में से पाठ्यक्रम का यह भाग अलग-अलग होता है। परीक्षण के दृष्टिकोण से विषयवस्तु का यह वृत्तखण्ड जो कि सूचनाओं के छोटे-छोटे टुकड़ों में बँटा होता है, मिलकर जो सबसे बड़ा भाग बनाता है वही पक्ष कहलाता है। जैसे सम्प्रेषण कौशल में कोई एक सम्प्रेषण की संकल्पना सोच सकता है, जबकि विद्यार्थी सम्प्रेषण की परिभाषा पर विचार कर सकते हैं।

अतः हम किसी एक विशेष पक्ष में परीक्षण के लिए संज्ञानात्मक स्तरों का चयन कर सकते हैं। सभी पक्षों में सभी संज्ञानात्मक स्तरों का परीक्षण नहीं किया जा सकता है और न ही इसकी आवश्यकता होती है। जैसे एक शिक्षक किसी संकल्पना का (अ) केवल ज्ञान स्तर पर, (ब) ज्ञान एवं बोध स्तर पर, (स) ज्ञान, बोध एवं अनुप्रयोग स्तर पर, (द) बोध एवं अनुप्रयोग स्तर पर परीक्षण कर सकता है।

क्रम	विषयवस्तु	ज्ञान	बोध	अनुप्रयोग
अ.	सम्प्रेषण की परिभाषा	√	×	×
ब.	सम्प्रेषण के तत्व	√	√	×
स.	सम्प्रेषण प्रक्रिया	√	√	√
द.	सम्प्रेषण प्रतिमान	×	√	√
		तथ्यों का ज्ञान	संकल्पनाओं की समझ	ज्ञान का अनुप्रयोग

इस प्रकार अन्य पक्षों का भी उनके क्षेत्र व प्रकृति के आधार पर स्तरों में परीक्षण किया जा सकता है। पोफम (1970) ने एक पक्ष का वर्णन करते हुए उसके दो गुण बताए हैं – लघुता एवं पर्याप्तता। उनके अनुसार एक पक्ष इतना संक्षिप्त होना चाहिए कि विद्वान एवं कथन लेखक उसका उपयोग कर सकें। व्यवहारों की सूची में शामिल करने के लिए व्यवहारों का टुकड़ा कितना छोटा या बड़ा होना चाहिए? इस प्रश्न के उत्तर के लिए निम्नलिखित तत्वों को बताया गया है –

(अ) एक व्यवहार को प्रदर्शित करने में आवश्यक अधिगम समय।
(ब) मूल्यांकन के लिए पक्षों की संख्या की सीमा।
(स) परीक्षण कथनों की उद्दीपक समांगता (Homogenity)।
(द) परीक्षण कथनों की अनुक्रिया समांगता।
(इ) एक कथन की स्थानान्तरण क्षमता।

2. परीक्षण निर्माण के लिए व्यूह रचना (Strategy) – हम परीक्षण निर्माण की व्यूह रचना दो प्रकार से बना सकते हैं (अ) पक्षों की संख्या का चयन किया जाए और उनके स्तरों का एक साथ परीक्षण किया जाए। (ब) हम केवल इच्छित अधिगम परिणाम के सारभाग (Key Idea) प्रस्तुत करने वाले तरीकों का परीक्षण कर लें। यदि विद्यार्थियों ने इच्छित अधिगम परिणाम के सारभाग को प्राप्त कर लिया तो यह माना जाए कि विद्यार्थी संकल्पनाओं के उनके ज्ञान का अनुप्रयोग करने में समर्थ हैं। जैसे यदि विद्यार्थियों ने सम्प्रेषण प्रक्रिया के बारे में बता दिया तो यह माना जा सकता है कि उन्होंने इसके पहले की सभी संकल्पनाएँ जैसे सम्प्रेषण का अर्थ व परिभाषा, उसके तत्व इत्यादि को समझ लिया है। इस प्रकार यह उपागम परीक्षण की लंबाई को तो कम करता ही है साथ ही इसमें निम्न (Low) स्तर की संकल्पनाओं को शामिल करने की आवश्यकता नहीं होती है।

3. विशिष्ट उद्देश्यों का चयन – विशिष्ट उद्देश्यों का निर्माण अग्र निकष के आधार पर किया जा सकता है–

(क) उद्देश्य उस विषय के शिक्षकों द्वारा विस्तृत रूप से स्वीकृत होना चाहिए।
(ख) उद्देश्य अंतिम व्यवहारों को प्रदर्शित करने वाले होना चाहिए, और
(ग) उन्हें अंतिम व्यवहारों का प्रतिनिधित्व करना चाहिए।
(घ) वे फलांकों में सरल होने के साथ परीक्षण योग्य होना चाहिए।
(ङ) उन्हें पक्ष के बाहर स्थानान्तरण के योग्य होना चाहिए।
(च) एक क्षेत्र में पारंगत किए गए व्यवहार को दूसरे पाठ्यक्रम के लिए स्थानान्तरण के योग्य होना चाहिए।
(छ) वे अनुदेशन के लिए उत्तरदायी होना चाहिए और आदर्शवादी नहीं होना चाहिए। प्रत्येक उद्देश्य विस्तारित होना चाहिए ताकि वे कथन निर्माण के लिए आवश्यक आधार प्रदान कर सके। प्रत्येक उद्देश्य को विस्तारित एवं परिसीमित किया जाना चाहिए।

4. उपलब्धि सांतत्यक (Continuum) का विकास – निकष सन्दर्भित परीक्षण एक पक्ष के विशिष्ट उद्देश्यों को निश्चित किए गए व्यावहारिकों में शामिल अपेक्षित या इच्छित परिणाम के सन्दर्भ में अनुमानन की माँग करता है। ऐसे अनुमानन् उपलब्धि सांतत्यक का प्रतिनिधित्व करते हुए उपलब्धि के विभिन्न स्तरों से संबंधित होते हैं। एक सांतत्यक 'प्रवीणता हीन' (No Proficiency) से 'पूर्ण प्रवीणता' तक भिन्न-भिन्न होता है। (ग्लेजर, 1963, 1971) उपलब्धि का सांतत्यक शून्य से 100 प्रतिशत तक में कुशलता के विभिन्न स्तरों का प्रतिनिधित्व करता है। इसे निम्न प्रवाहचित्र के द्वारा दर्शाया जा सकता है–

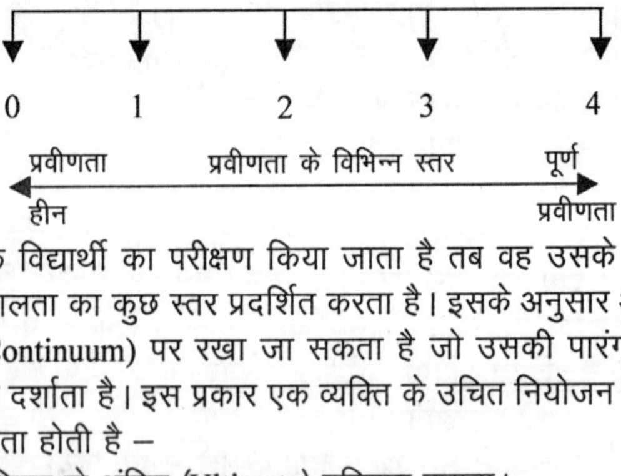

जब एक विद्यार्थी का परीक्षण किया जाता है तब वह उसके निष्पादन पर आधारित कुशलता का कुछ स्तर प्रदर्शित करता है। इसके अनुसार अधिगमक को सांतत्यक (Continuum) पर रखा जा सकता है जो उसकी पारंगतता एवं गैर पारंगतता को दर्शाता है। इस प्रकार एक व्यक्ति के उचित नियोजन के लिए निम्न की आवश्यकता होती है –

(अ) अधिगम के अंतिम (Ultimate) परिणाम बताना।
(ब) प्रवीणता के साथ साहचर्यित व्यवहारों की सूची बनाना।
(स) निरीक्षण पद (Term) में प्रत्येक व्यवहार व्यक्त करना।
(द) एक अर्थपूर्ण ढंग में व्यवहारों को क्रमबद्ध करना।

एक विषय से दूसरे विषय और यहाँ तक कि एक पक्ष से दूसरे पक्ष में विषयवस्तु की प्रकृति पर निर्भर होने से व्यवहारों का व्यवस्थापन (Arrangement) भिन्न-भिन्न होता है। कुछ निश्चित पक्षों में व्यवहारों को आनुक्रमिक रूप में व्यवस्थित किया

जा सकता है। जैसे एक क्रम में या कोई अन्य रूप में, जो कि एक या अन्य प्रकार के अनुक्रम में चित्रित किए जाते हैं। उदाहरण के लिए सूक्ष्मदर्शी के उपयोग में प्रयोगशाला कौशलों की आवश्यकता होती है। व्यवहारों को वर्गीकृत रूप (Taxonomically) में भी व्यवस्थित किया जा सकता है, जिन्हें कि जटिलता बढ़ने के संदर्भ में कौशलों या विषयवस्तु के क्रम में शामिल करती है। इस प्रकार संकल्पनाओं का पदानुक्रम स्थापित होता है, जैसे गुणा (Multiplication) करने के लिए योग (Sum) आना जरूरी है। दूसरे, व्यवहारों को विकासात्मक रूप में भी व्यवस्थित किया जाता है। इस उपागम के अनुसार व्यवहारों को कौशलों के सुधार स्तर के बढ़ते क्रम में भी व्यवस्थित किया जाता है। जैसे सम्प्रेषण कौशल सिखाने के लिए किसी व्यक्ति को उसका अर्थ, प्रयोग बताया जाता है और अभ्यास के पश्चात् जब उसके सम्प्रेषण में सुधार होता है तब उसे सम्प्रेषण की गुणवत्ता के अनुसार विभिन्न स्तरों पर रखा जा सकता है।

5. निर्माण में शामिल सोपान – निकष सन्दर्भित परीक्षणों के लिए मूल सिद्धांतों को ध्यान में रखते हुए निम्नलिखित सोपान दिए गए हैं –

(*i*) **विषय क्षेत्र की पहचान** – निकष सन्दर्भित परीक्षण के विकास का पहला पद किए गए कार्य क्षेत्र में से विषय क्षेत्र के बारे में निर्णय लेना है।

(*ii*) **इकाई/प्रकरण का चयन** – लिए गए क्षेत्र के निर्णय के पश्चात् जिस परीक्षण का विकास किया जाना है, उसकी इकाई का चयन अगला पद है। यह इकाई एक से अधिक प्रमाप/विभागों/पक्षों में होती है, जिसमें पूरी इकाई शामिल हो जाती है। परीक्षण निर्माण के लिए विषयवस्तु का एक अंश या एक से अधिक विभाग, जैसी आवश्यकता हो, लिए जा सकते हैं।

(*iii*) **परीक्षण के पक्ष का वर्णन एवं रूपरेखा** – विषयवस्तु के एक विशेष भाग को पक्ष प्रदर्शित करता है, जिससे एक प्रकरण का परीक्षण किया जा सकता है और विभिन्न भागों में से उसकी रूपरेखा बनाई जा सकती है, जिसे एक सुपरिभाषित पक्षों में से विकसित किया जा सकता है। प्रत्येक पक्ष को तथ्यों, संकल्पनाओं, सिद्धातों, प्रक्रिया इत्यादि के सन्दर्भ में विश्लेषित किया जाता है ताकि उन्हें जटिलता के बढ़ते क्रम में व्यवस्थित किया जा सके। पक्ष का वर्णन बहुत महत्वपूर्ण होता है, क्योंकि यह कथन लेखन के लिए आधार प्रदान करता है। यह क्रम, पदानुक्रम (Hierarchical) या विकासात्मक क्रम में विषयवस्तु विनिर्देशन (Specification) का क्षेत्र व प्रकृति स्पष्ट प्रदर्शित करना चाहिए।

(*iv*) **पक्ष उद्देश्यों का विनिर्देशन** – एक पक्ष के विषयवस्तु तत्वों के चयन के पश्चात् अगला कार्य अपेक्षित अधिगम परिणामों या अनुदेशनात्मक उद्देश्यों का निर्माण करना होता है ताकि उन्हें ज्ञान, बोध, अनुप्रयोग, कौशलों, अभिवृत्तियों इत्यादि में वर्गीकृत किया जा सके। ये उद्देश्य इतने सुव्यवस्थित होने चाहिए कि विद्यार्थियों के निष्पादन की स्पष्ट व्याख्या इच्छित अधिगम परिणामों के सन्दर्भ में पर्याप्तता या अपर्याप्तता के रूप में की जा सके।

(*v*) **सोपानों की बाह्य समीक्षा** – विशिष्ट उद्देश्यों एवं विषयवस्तु के तत्वों के सन्दर्भ में जिन तत्वों की पहचान एवं रूपरेखा को शामिल नहीं किया गया हो उनके लिए पद (*ii*) एवं (*iii*) में पहचान कार्य का पुनर्विवेचन किया जाना चाहिए। यद्यपि एक शिक्षक जिस विषय को पढ़ाते हैं, उन्हें इस कार्य में शामिल किया जा सकता है ताकि बाह्य समीक्षकों (Reviewers) के द्वारा यदि कोई शंकाएँ उठायी गयी हों तो वह उन्हें स्पष्ट करने के योग्य हो सके। इस पुनर्विवेचन का मुख्य उद्देश्य पक्ष की रूपरेखा को पैना (Sharp) बनाना होता है और विशिष्ट उद्देश्यों को अधिक वास्तविक और क्रियात्मक बनाना होता है।

(*vi*) **आंतरिक समीक्षा** – पद (*v*) के पश्चात् आंतरिक समीक्षक जैसे निर्माणकर्ता स्वयं एक या अधिक न्यादर्श कथनों के साथ सभी विशिष्ट उद्देश्यों का परीक्षण करेगा जो कि प्रत्येक विशिष्ट उद्देश्य के साथ संलग्न है।

(*vii*) **परीक्षण का निर्माण फार्म '*i*' एवं '*ii*'** – परीक्षण के दो फार्म अ एवं ब का विकास वांछनीय है ताकि पश्च अनुदेशनात्मक उपचारात्मक माप के पश्चात् दोनों में से एक का उपयोग किया जा सके। साथ ही दो फार्मों पर विश्वसनीयता की गणना करना आसान है। सही उत्तरों की एक कापी परीक्षण के साथ संलग्न की जाना चाहिए तथा उसे विकासकर्ता के द्वारा भी संग्रहित करना चाहिए।

(*viii*) **पद '*vii*' की आंतरिक समीक्षा** – परीक्षण के दो प्रारूप तैयार करने के पश्चात् शिक्षक द्वारा आंतरिक समीक्षा करना जरूरी होता है। इस समीक्षा का उद्देश्य यह देखना कि कोई सुस्पष्ट कमियों जैसे स्थानन कुंजी (Placement Key), कथनों का क्रम (Arrangement), अनुदेशनों की पर्याप्तता इत्यादि के लिए सरसरी जाँच के अलावा क्या परीक्षण के दोनों प्रारूप के सभी प्रश्न विशिष्ट उद्देश्यों के साथ संगत (Congruent) हैं? इस प्रकार इस अवस्था पर कथनों में और अधिक सुधार हो जाता है और विशिष्ट उद्देश्यों के साथ कथनों की संगतता निश्चित हो जाती है।

(*ix*) **परीक्षण प्रारूप *i* एवं *ii* की बाह्य समीक्षा** – क्षेत्र प्रयास के पहले अभ्यासकर्ता शिक्षकों के द्वारा परीक्षण का पुनः परीक्षण किया जा सकता है। इसका मुख्य उद्देश्य यदि कोई विषयवस्तु त्रुटिपूर्ण हो तो उसका पता लगाना और पक्ष वर्णन के साथ कथनों की संगतता की जाँच करना है। यह करने के लिए उन व्यक्तियों को प्राथमिकता दी जाती है, जिन्होंने बाह्य समीक्षा की है जो पद (*v*) में दर्शायी गयी है।

(*x*) **परीक्षण प्रारूप '*i*' एवं '*ii*' का क्षेत्र परीक्षण** – इस अवस्था पर परीक्षण के '*i*' एवं '*ii*' प्रारूपों की कुछ सीमित विद्यार्थियों (जैसे 5 से 10 पर), जिन्हें अनुदेशन के कुछ निश्चित तत्व दिए गए हों, पर परीक्षा ली जाती है जो कि सशक्त रूप से गलत सिद्ध करते हों। ये परीक्षण उन शिक्षकों द्वारा प्रशासित करना ठीक होता है जो परीक्षण के विकास में शामिल न हो। यद्यपि विकासकर्ताओं के समूह का एक सदस्य परीक्षण के पद विश्लेषण के कारण यदि विषयवस्तु या प्रक्रिया से संबंधित कोई शंका हो तो दूर करने के लिए उनके साथ रह सकता है। यह तभी संभव

है जब सदस्य क्षेत्र पद विश्लेषण में परीक्षण के विकास के साथ साहचर्यित करता है।

(*xi*) **आंतरिक समीक्षा** – पद (*x*) के पश्चात् आंतरिक समीक्षा द्वारा परीक्षण को अंतिम स्वरूप प्रदान किया जाता है जो कि क्षेत्र जाँच (Field Try Out) या समीक्षा के परिणाम के रूप में यदि कोई परिवर्तन हुए हों तो उन पर निर्भर करता है। इस समीक्षा का उद्देश्य परीक्षण के अंतिम प्रारूप को सुनिश्चित करना तथा उसे उपयोग करने या छपने के लिए स्वीकृत करना है।

(*xii*) **परीक्षण *i* एवं *ii* का अंतिम प्रारूप** – अब परीक्षण *i* एवं *ii* का अंतिम प्रारूप जिस समूह को परीक्षण दिया जा रहा है, उसके आकार के अनुसार छायाप्रति या छापने के पश्चात् प्रशासित करने या उपयोग करने के लिए तैयार होते हैं। परीक्षण की प्रगति की जाँच (Monitor) करने में जैसे-जैसे विकास की विभिन्न अवस्थाओं की ओर जाया जाता है, एक प्रगति पत्र (Progress Sheet) का उपयोग किया जा सकता है।

(*xiii*) **कक्षा में परीक्षण का उपयोग** – अब कक्षा में परीक्षण कापियों का उपयोग किया जा सकता है। परीक्षण उन पक्षों का परीक्षण करने के लिए प्रशासित किया जाता है, जो कि परीक्षण में शामिल किए गए हैं। शिक्षक की आवश्यकता के अनुसार व्यवस्थित किए गए व अनुक्रम में एक के बाद एक प्रशासित किए गए पक्षों का परीक्षण किया जाता है। कार्य पूर्ण होने के लिए जितने समय की आवश्यकता होती है, उसके अनुसार परीक्षण प्रशासित किया जा सकता है। विद्यार्थियों की अनुक्रियाओं को विश्लेषण की योजना के अनुसार जो कि अधिकांशतः विशिष्ट पक्ष उद्देश्यों के सन्दर्भ में होती है, अभिलिखित (Recorded) एवं तालिकाबद्ध (Tabulated) किया जाता है।

(*xiv*) **परीक्षण की विश्वसनीयता व वैधता का पता लगाना** – चूँकि अब परीक्षण के प्रदत्त उपलब्ध होते हैं, अतः हम विभिन्न तकनीकों के द्वारा परीक्षण की विश्वसनीयता व वैधता ज्ञात कर सकते हैं।

इस प्रकार एक निकष सन्दर्भित परीक्षण के विकास के साथ चक्र पूर्ण होता है और दूसरे निकष सन्दर्भित परीक्षण के लिए नया चक्र शुरू होता है।

3

शैक्षिक मूल्यांकन : प्रतिमान
(Educational Evaluation : Model)

शैक्षिक मूल्यांकन प्रतिमानों को पाँच वर्गों में वर्गीकृत किया गया है : **पोफम (1988)**

1. लक्ष्य प्राप्ति प्रतिमान (Goal Attainment Models)
2. निवेश पर जोर देने वाले निर्णयात्मक प्रतिमान (Judgemental Models Emphacizing Inputs)
3. उत्पादन पर जोर देने वाले निर्णय प्रतिमान (Judgemental Models Emphacizing Output)
4. निर्णय सुसाध्य प्रतिमान (Decision Facilitation Models)
5. प्रकृतिवादी प्रतिमान (Naturalistic Models)

1. लक्ष्य प्राप्ति प्रतिमान (Goal Attainment Models)

प्रस्तुत उपागम के अंतर्गत इस बात का पता लगाया जाता है कि किस अंश तक अनुदेशन कार्यक्रम के लक्ष्य प्राप्त किए गए। शैक्षिक मूल्यांकन का लक्ष्य प्राप्ति का संकल्पन टायलर के कार्य में मिलता है।

हेमोन्ड ने भी लक्ष्य प्राप्ति प्रतिमान का परिवर्तित रूप प्रस्तुत किया है। उन्होंने बताया कि लक्ष्य प्राप्ति प्रतिमान के द्वारा इस बात का पता लगाया जाता है कि क्या शैक्षिक कार्यक्रम वास्तव में अभिव्यक्त उद्देश्यों की प्राप्ति में प्रभावी है? हेमोन्ड के प्रतिमान के निम्न सोपान हैं :

(*i*) वर्तमान शैक्षिक कार्यक्रम के उस पहलू को, जिसका मूल्यांकन किया जाना है, अलग करना।
(*ii*) सार्थक संस्थागत एवं अनुदेशनात्मक परिवर्तियों को परिभाषित करना।
(*iii*) उद्देश्यों को व्यावहारिक शब्दावली में कहना,
(*iv*) उद्देश्यों में वर्णित व्यवहार का आकलन करना, और
(*v*) लक्ष्य प्राप्ति परिणामों का विश्लेषण करना।

लक्ष्य प्राप्ति का अन्य उदाहरण है मेटफेसल माइकल मूल्यांकन प्रतिमान।

टायलर प्रतिमान (Tyler Model) – प्रस्तुत प्रतिमान को आठ वर्षीय अध्ययन प्रतिमान भी कहा जाता है। टायलर के निर्देशन में यह अध्ययन 1933 से 1941 तक किया गया। यह अध्ययन पाठ्यचर्या विकास की सम्पूर्ण प्रक्रिया से सम्बन्धित था, जिसमें मूल्यांकन एक अनिवार्य अंग था। अध्ययन के विभिन्न परीक्षणों, मापनियों, अनुसूचियों, जाँच-पत्रों, प्रश्नावलियों, विद्यार्थी अभिलेखों एवं अन्य माध्यमों का उपयोग प्रदत्त एकत्रित करने के लिए किया गया। टायलर ने मूल्यांककों (Evaluators) के लिए निम्न अनुशंसाएँ अध्ययन के आधार पर की थीं–

1. विस्तृत लक्ष्य अथवा उद्देश्य स्थापित कीजिये।
2. उद्देश्यों को वर्गीकृत कीजिये।
3. उद्देश्यों को व्यावहारिक (Behavioural) रूप में परिभाषित कीजिये।
4. उन स्थितियों को मालूम कीजिये, जिनमें उद्देश्यों की उपलब्धि दिखायी जा सके।
5. मापन तकनीकों को विकसित कीजिये अथवा उनका चुनाव कीजिये।
6. विद्यार्थियों के निष्पादन के प्रदत्त इकट्ठा कीजिये और
7. व्यावहारिक रूप से कहे गये उद्देश्यों से प्रदत्तों की तुलना कीजिये।

मेटफेसल-माइकल मूल्यांकन प्रतिमान (Metfessel-Michael Evaluation Model) – मेटफेसल एवं माइकल ने 1960 में शैक्षणिक समुदाय के समक्ष एक प्रतिमान प्रस्तुत किया। इस प्रतिमान के आठ मुख्य सोपान हैं–

1. अध्यापकों, व्यावसायिक संगठनों के सदस्यों, विद्यार्थियों एवं आम नागरिकों को प्रत्यक्ष अथवा परोक्ष रूप में मूल्यांकन में शामिल करना चाहिये।
2. व्यापक लक्ष्यों एवं विशिष्ट लक्ष्यों का एक संशक्तिशील (Cohesive) प्रतिमान विकसित करना तथा उन्हें सामान्य से विशिष्ट के क्रम में व्यवस्थित करना।
3. सोपान 2 में उत्पन्न विशिष्ट उद्देश्यों को इस रूप में परिवर्तित करना, जो कि पाठ्यचर्या कार्यक्रम के संचालन में सम्प्रेषण एवं अनुप्रयोग के योग्य हो।
4. निकष मापनों के लिए आवश्यक उपकरणों का निर्माण करना, जिसमें से व्यक्ति पाठ्यचर्या कार्यक्रम की प्रभाविता के सम्बन्ध में निष्कर्ष निकाल सके।
5. परीक्षणों, मामलों (Cases) एवं अन्य उपयुक्त उपकरणों की सहायता से कार्यक्रम के कार्यान्वयन एवं रख-रखाव के बारे में नियत कालिक निरीक्षण संचालित करना।
6. उपयुक्त सांख्यिकीय प्रक्रियाओं के द्वारा संकलित प्रदत्तों का विश्लेषण करना।
7. प्रदत्तों की व्याख्या करना तथा प्राप्त निष्कर्षों से मूल्यांककों को शिक्षार्थी की अभिवृद्धि, विशिष्ट क्षेत्र में उनकी प्रगति तथा सम्पूर्ण कार्यक्रम की सम्पूर्ण प्रभाविता का ज्ञान होगा।
8. प्राप्त सूचनाओं एवं सामान्य अनुशंसाओं के आधार पर, कार्यक्रम के आगे कार्यान्वयन अथवा पाठ्यचर्या के तत्वों, व्यापक लक्ष्यों एवं विशिष्ट उद्देश्यों,

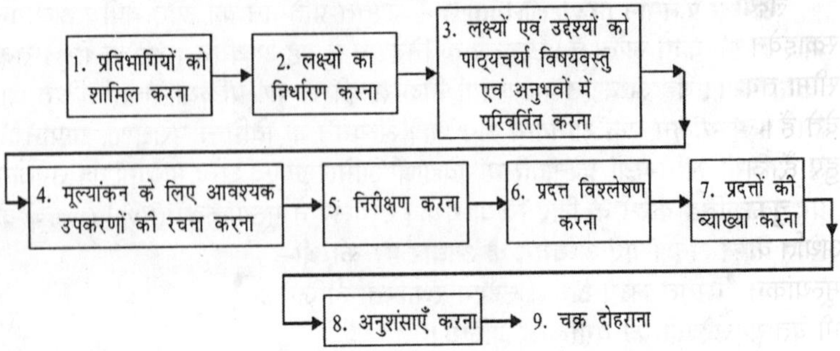

चित्र 3.1 : टायलर मेटफेसल-माइकल प्रतिमान

विशिष्ट विषय-वस्तु, अनुभवों एवं सामग्रियों में संशोधन किया जाता है। इस सोपान के निष्कर्ष से प्रक्रिया दोहराने के लिए तैयार होती है।

2. निवेश पर जोर देने वाले निर्णयात्मक प्रतिमान (Judgemental Models Emphacizing Inputs)

इन प्रतिमानों में ज़्यादातर ध्यान व्यावसायिक निर्णयों पर दिया जाता है। इनमें आन्तरिक निकष में आधार पर मूल्यांकन किया जाता है। उदाहरणार्थ, यदि आप कई विद्युत छेदकों (Drills)का परीक्षण खरीदने हेतु कर रहे हों तब आन्तरिक निकष होंगे, उसकी अभिकल्प (Design) शैली, भार और रंग जबकि बाह्य निकष होंगे, वह कितनी शीघ्रता से एवं कितनी सफाई से छेद करता है। निवेश को प्रक्रिया निकष भी कहा जाता है।

3. उत्पादन पर जोर देने वाले निर्णय प्रतिमान (Judgemental Models Emphacising Output)

इन प्रतिमानों में प्राथमिक ध्यान उत्पादन (Output) पर दिया जाता है। इन प्रतिमानों में सबसे महत्वपूर्ण प्रतिमान स्क्राइवेन – जो कि एक दार्शनिक थे, के द्वारा दिया गया है तथा दूसरा प्रतिमान स्टेक द्वारा दिया गया है।

स्क्राइवेन की अनुशंसाएँ (Scriven's Recommendations)

स्क्राइवेन का प्रतिमान अल्प औपचारिक था। उन्होंने अन्तर्दृष्टियों (Insights) एवं शैक्षिक मूल्यांकन के विभिन्न पहलुओं के बारे में स्पष्टीकरणों की श्रृंखला दी। स्क्राइवेन की महत्वपूर्ण अनुशंसाओं को यहाँ प्रस्तुत किया गया है –

रचनात्मक-योगात्मक भेद (The formative-summative distinction) – उन्होंने योगात्मक मूल्यांकन को जो, कि पूर्व में पूर्ण कर लिए गए अनुदेशन कार्यक्रम आकलन के लिए मूल्यांकनकर्ता उपयोग में लाते हैं, का ध्यान रचनात्मक मूल्यांकन में जो कि अल्प अनुदेशन के पूर्ण होने के पश्चात किया जाता है, के महत्व की ओर दिलाया। इसका व्यापक रूप से उपयोग शैक्षिक मूल्यांकनकर्ता करते हैं।

लक्ष्यों की गुणवत्ता की ओर ध्यान (Attention to the Quality of Goals)– स्क्राइवेन मूल्यांकन को योग्यता (Merit) के आकलन के रूप में मानते हैं न कि किस सीमा तक लक्ष्यों की प्राप्ति हुई है। वे लक्ष्यों की योग्यता की आवश्यकता पर बल देते हैं। उनका मानना है कि यह महत्वपूर्ण है कि लक्ष्य कितनी अच्छी तरह प्राप्त हुए हैं, अर्थात वे लक्ष्यों की गुणवत्ता पर मूल्यांककों का ध्यान आकर्षित करते हैं।

चुकाई मूल्यांकन (Pay off Evaluation) – स्क्राइवेन ने उत्पादन पर केन्द्रित अर्थात कार्यक्रम के प्रभावों पर केन्द्रित मूल्यांकन की अनुशंसा की है। उन्होंने आन्तरिक मूल्यांकन (Intrinsic Evalution) के स्थान पर इसकी वकालत की है। उन्होंने यह भी बताया है कि निवेश कारकों को अलग करना मुश्किल है।

तुलनात्मक मूल्यांकन पर जोर – अपने मूल्यांकन प्रविधि के पेपर में उन्होंने तुलनात्मक एवं गैर तुलनात्मक मूल्यांकन में भेद किया है स्क्राइवेन ने तुलनात्मक मूल्यांकन पर जोर दिया है। उन्होंने कहा कि बिना दो कार्यक्रमों की तुलना किए हम यह नहीं बता सकते हैं कि कौन सा कार्यक्रम बेहतर है।

लक्ष्य-स्वतंत्र मूल्यांकन

स्क्राइवेन ने लक्ष्य-स्वतंत्र मूल्यांकन प्रस्तावित किया है। वे इसे लक्ष्य आधारित मूल्यांकन के पूरक के रूप में मानते हैं। लक्ष्य-स्वतंत्र मूल्यांकन का मुख्य लाभ यह होता है कि यह मूल्यांककों को कार्यक्रम में विस्तृत परिणामों के विस्तार के प्रति ध्यान केन्द्रित करने के लिए प्रोत्साहित करती है। स्क्राइवेन बताते हैं कि लक्ष्य-स्वतंत्र मूल्यांकन आंतरिक एवं बाह्य रूप से कार्य करते हैं।

स्टेक समनुरूप-आकस्मिता प्रतिमान (Stakes Congruence-Contingency Model)

स्टेक ने बताया कि शैक्षिक मूल्यांकन सतत् रूप से आकस्मिक निरीक्षण, अन्तर्निहित लक्ष्यों, अन्तर्ज्ञानात्मक मानकों और विषय निर्णयों पर आश्रित रहता है। स्टेक ने कहा कि शिक्षकों को अधिक औपचारिक मूल्यांकन प्राक्रियाओं की तलाश करनी चाहिये।

स्टेक ने आगे कहा कि प्रदत्तों को सूचनाओं के तीन निकायों (Bodies) में संगठित किया जा सकता है, ये निकाय हैं – पूर्ववर्ती (Anticident), कार्य निष्पादन (Transaction) एवं परिणाम। पूर्ववर्ती वह स्थिति होती है, जो अध्यापन-अधिगम से पूर्व उपस्थित रहती है एवं परिणाम को प्रभावित कर सकती है। विद्यार्थी की विशेषताएँ, उनके पूर्व के उपलब्धि फलांक, अनुशासन एवं उपस्थिति इत्यादि पूर्ववर्ती होते हैं। पूर्ववर्ती के अन्तर्गत अध्यापक की विशेषताएँ जैसे अनुभव के वर्ष, शिक्षा का प्रकार तथा अध्यापन व्यवहार निर्धारण भी आते हैं।

स्टेक ने बताया कि कार्य सम्पादन विद्यार्थियों एवं अध्यापकों, विद्यार्थियों एवं विद्यार्थियों तथा विद्यार्थियों एवं स्रोत व्यक्तियों के मध्य होता है। कार्य सम्पादन वे अन्तर्क्रियाएँ हैं, जो विद्यार्थी पाठ्यचर्या सामग्रियों और कक्षा पर्यावरणों के दिये गये समय में समान करने में, स्थान व्यवस्थाएँ एवं सम्प्रेषण प्रवाह के साथ करते हैं।

मूल्यांकन उपागम में हमारा सम्बन्ध परिणामों से होता है। इन्हें हम कार्यक्रम के उत्पादन भी कहते हैं। स्टेक ने बताया कि परिणाम शिक्षा के तात्कालिक एवं दीर्घकालिक, ज्ञानात्मक, क्रियात्मक, निजी एवं सामुदायिक निष्कर्ष हैं।

स्टेक प्रतिमान तीन प्रकार के प्रदत्तों को मेट्रिक्स में व्यवस्थित करता है। प्रतिमान मूल्यांकन के अभीष्ट (Intended) एवं निरीक्षित तत्वों पूर्ववर्तियों, कार्य- सम्पादनों एवं परिणामों को बताता है। मूल्यांकनकर्ता विभिन्न प्रकार के निर्णय विभिन्न दलों, विद्यार्थियों, अध्यापकों, सहयोगी, कर्मचारियों एवं समुदाय के सदस्यों से इकट्ठा करता है एवं मेट्रिक्स में भरने के लिए वर्णन करता है।

मूल्यांकनकर्ता के लिए यह चुनौती होती है कि वह आकस्मिकताओं की पहचान करें तथा बाद में पूर्ववर्तियों, कार्य-सम्पादनों एवं परिणामों के मध्य सामंजस्यता की पहचान करे। आकस्मिताएँ परिवर्तियों के मध्य तीन वर्गों, पूर्ववर्तियों, कार्य सम्पादनों एवं परिणामों में सम्बन्ध है। आदर्श रूप में यह प्रदर्शित किया जाना चाहिये कि परिणाम पूर्ववर्तियों एवं कार्य सम्पादनों के निष्कर्ष हैं। यदि यह प्रदर्शित किया जा सकता है कि कार्य सम्पादन पूर्व पूर्ववर्तियों से सम्बन्धित है, तब कार्य सम्पादन तार्किक रूप से पूर्ववर्तियों से सम्बन्धित होंगे। इसी तरह, परिणाम तार्किक रूप से कार्य सम्पादनों से सम्बन्धित होना चाहिये। प्रतिमान बताता है कि मूल्यांकनकर्ता का सम्बन्ध अभीष्ट एवं निरीक्षित परिणामों के मध्य सामंजस्यता से होता है।

4. निर्णय सुसाध्य प्रतिमान (Decision Facilitation Models)

निर्णय सुसाध्य मूल्यांकक शैक्षिक घटना की सार्थकता के व्यक्तिगत रूप से आकलन के लिए अल्प तत्पर रहते है। ये सूचनाओं को एकत्र कर अन्य के लिए उपलब्ध कराते हैं जो उसकी सार्थकता का पता लगाते हैं। इस समूह के निम्न प्रतिमान हैं –

स्टफलबीम का सन्दर्भ, निवेश, प्रक्रिया, उत्पादन प्रतिमान (Stufflbeam's Context, Input, Process Production (CIPP) Model) –प्रस्तुत प्रतिमान के प्रतिपादक डेनियल स्टफलबीम (1971) हैं। प्रस्तुत प्रतिमान मूल्यांकन को सतत प्रक्रिया के रूप में स्वीकार करता है। मूल्यांकन प्रक्रिया के निम्न तीन सोपान होते हैं–

(1) संग्रह के लिए आवश्यक सूचनाओं का चित्रण,
(2) सूचनाएँ प्राप्त करना, और
(3) सूचनाओं को सम्बद्ध दलों को प्रदान करना।

स्टफल बीम एवं फाय डेल्टा कापा राष्ट्रीय मूल्यांकन समिति के सदस्यों ने पाया कि मूल्यांकन के प्रयासों में चार प्रकार के निर्णयों की आवश्यकता होती है। (1) नियोजन के निर्णय, (2) संरचना के निर्णय, (3) क्रियान्वयन के निर्णय एवं (4) पुनर्चक्रण के निर्णय। इन निर्णयों के अनुसार चार प्रकार के मूल्यांकन होते हैं : सन्दर्भ, निवेश, प्रक्रिया तथा उत्पादन।

(*i*) सन्दर्भ मूल्यांकन (Context Evaluation) – सन्दर्भ मूल्यांकन में जिस पर्यावरण में कार्यक्रम चलाया जाता हैं, का अध्ययन शामिल किया जाता है। इसका प्रयोजन उद्देश्यों के लिए औचित्य प्रदान करना होता है। सन्दर्भ मूल्यांकन वास्तव में 'स्थिति विश्लेषण' है, जिसमें व्यक्ति अपने आपको वास्तविकता के पठन में पाते हैं और वास्तविकता का मापन वे क्या करना चाहते हैं, के सन्दर्भ में किया जाता है।

(*ii*) निवेश मूल्यांकन (Input Evaluation) – कार्यक्रम के लक्ष्यों को प्राप्त करने के लिए स्रोतों का उपयोग कैसे करें? इसे ज्ञात करने के लिए सूचनाएँ प्रदान करना, निवेश मूल्यांकन के अन्तर्गत आता है। निवेश मूल्यांकन तदर्थ एवं सूक्ष्म विश्लेषक (Micro Analystic) होता है। निवेश मूल्यांकन अनेक प्रश्न करता है: क्या उद्देश्य उपयुक्त प्रकार से समनुरूप (Congruent) है ? क्या विषय-वस्तु कार्यक्रम के अभिप्रायों, लक्ष्यों एवं उद्देश्यों के समनुरूप है ? क्या अनुदेशन की व्यूह रचनाएँ उपयुक्त हैं ?

(*iii*) प्रक्रिया मूल्यांकन (Process Evaluation) – प्रस्तुत मूल्यांकन का उपयोग नियोजित एवं वास्तविक गतिविधियों के मध्य समनुरूपता को ज्ञात करने के लिए किया जाता है? स्टफलबीम ने प्रक्रिया मूल्यांकन के लिए तीन मुख्य व्यूह रचनाएँ प्रस्तुत की हैं :

अ. कार्य विधितात्मक (Procedural) अभिकल्प एवं विसरण अवस्था में इसके कार्यान्वयन की प्रमुख त्रुटियों का पता लगाना अथवा भविष्य कथन करना।
ब. अभिक्रमित निर्णयों के लिए सूचनाएँ प्रदान करना।
स. कार्य विधियों का उनके घटने के अनुसार रिकार्ड रखना।

(*iv*) उत्पादन मूल्यांकन (Product Evaluation) – उत्पादन मूल्यांकनकर्ता प्रदत्तों का संकलन इस बात का पता लगाने के लिए करते हैं कि अन्तिम पाठ्यचर्या उत्पादन (जो कि वर्तमान में उपयोग में है) आशाओं के अनुरूप है अथवा नहीं। निर्मित किये गये उद्देश्य किस सीमा तक प्राप्त किये गये। इसके द्वारा प्राप्त सूचनाओं से इस बात का निर्णय लिया जा सकता है कि नयी पाठ्यचर्या को जारी रखा जाये, संशोधित किया जाये अथवा समाप्त कर दिया जाये।

स्टफलबीम एवं उसके सहयोगियों ने बताया कि निर्णय लेना चार प्रकार के वातावरण में होता है :

अ. उच्च सूचनाओं के साथ लघु परिवर्तन,
ब. अल्प सूचनाओं के साथ लघु परिवर्तन,
स. उच्च सूचनाओं के साथ दीर्घ परिवर्तन और
द. अल्प सूचनाओं के साथ दीर्घ परिवर्तन।

विभिन्न वातावरण जिसमें निर्णय लिये जाते हैं चार प्रकार की परिवर्तन गतिविधि उत्पन्न करते हैं :

क. नवगतिशीलात्मक परिवर्तन (Neomobilistic Change) – जब कोई अल्प सूचनाओं के आधार पर दीर्घ परिवर्तन करता है, तब यह परिवर्तन घटित होता है।

ख. वृद्धितात्मक परिवर्तन (Incremental Change) – अल्प सूचनाओं के आधार पर लघु परिवर्तनों की श्रृंखला

ग. अधिक सूचनाओं के आधार पर लघु परिवर्तन।

घ. अधिक सूचनाओं के आधार पर दीर्घ परिवर्तन।

कार्यान्तरित परिवर्तन (Metamorphic Change) – कार्यान्तरित परिवर्तन तब होता है, जब अत्यधिक सूचनाओं के द्वारा बड़ा परिवर्तन किया जाता है। यह कभी-कभार ही होता है। इसी कारण से स्टफलबीम ने इसे अपने प्रतिमान में शामिल नहीं किया।

प्रोवस विसंगति मूल्यांकन प्रतिमान (Provus Discrepancy Evaluation Model)

प्रस्तुत प्रतिमान के प्रतिपादक मालकम प्रोवस (1971) हैं। उन्होंनें मूल्यांकन को पद्धति प्रबन्ध (System-Management) सिद्धान्त से जोड़ा, इसके चार घटक एवं पाँच सोपान हैं।

चार घटक निम्नानुसार हैं–

1. कार्यक्रम के मानकों को ज्ञात करना।
2. कार्यक्रम की निष्पत्ति ज्ञात करना।
3. निष्पत्ति की मानकों से तुलना करना।
4. यह पता लगाना कि क्या निष्पत्ति एवं मानकों में विसंगति है ?

प्रोवस के प्रतिमान के 5 सोपान हैं। सभी सोपानों में कार्यक्रम निष्पत्ति की तुलना कार्यक्रम के मानकों से पूर्वास्थापित निकष के आधार पर की जाती है। इसके पाँच सोपान निम्न हैं–

***(i)* अभिकल्प (Design)** – इस सोपान के अन्तर्गत कार्यक्रम के अभिकल्प की तुलना मानक अभिकल्प अथवा निकष से की जाती है। कार्यक्रम के आन्तरिक पुख्तापन कर्मचारी, स्रोतों, सामग्री इत्यादि की पर्याप्तता एवं बाह्य पुख्तापन (समान कार्यक्रम से इसकी तुलना करना) का परीक्षण किया जाता है। मानक अभिकल्प एवं कार्यक्रम के अभिकल्प में यदि विसंगति होती है, तब उसे निर्णायकों को बताया जाता है, ताकि वे निर्णय ले सकें कि अभिकल्प को स्वीकार करें, निरस्त करें अथवा संशोधित करें।

***(ii)* प्रतिष्ठापन (Installation)** – कार्यक्रम के वास्तविक संचालन की तुलना प्रतिष्ठापन अथवा निष्ठा के निकष से की जाती है। कार्यक्रम की सुविधाओं, माध्यमों, विधियों, विद्यार्थियों एवं कर्मचारियों की योग्यताओं, सहित कार्यक्रम की विशेषताओं का मूल्यांकन किया जाता है। कार्यक्रम प्रतिष्ठापन एवं प्रतिष्ठापन निकष के मध्य यदि कोई विसंगति होती है, तब उसे निर्णय लेने वाले को उचित कार्यवाही करने के लिए बताया जाता है।

***(iii)* प्रक्रिया (Process)** – विशिष्ट कार्यक्रमों एवं प्रक्रियाओं का मूल्यांकन विद्यार्थियों एवं कर्मचारियों की गतिविधियों एवं सम्प्रेषण सहित किया जाता है। यदि

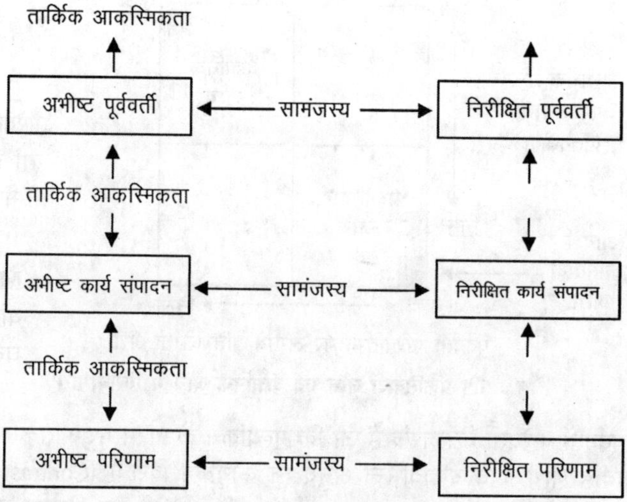

चित्र 3.2 सांमजस्य आकस्मिकता प्रतिमान

प्रक्रिया अनुपयुक्त हो, तब उसके बारे में निर्णय लेने वाले को सूचित किया जाता है, ताकि वह उचित समायोजन कर सके।

(*iv*) उत्पादन (Products) – इस सोपान के अन्तर्गत मौलिक लक्ष्यों के सन्दर्भ में सम्पूर्ण कार्यक्रम के प्रभाव का मूल्यांकन किया जाता है। यह उत्पादन विद्यार्थी एवं कर्मचारी तथा साथ ही साथ विद्यालय एवं समुदाय के रूप में हो सकते हैं। प्राप्त सूचनाओं से निर्णायकों को यह सहायता मिलेगी कि कार्यक्रम को यथावत् जारी रखा जावे, इसमें संशोधन किया जावे अथवा इसे समाप्त कर दिया जावे।

(*v*) लागत (Cost) – अन्तिम सोपानों में कार्यक्रम का मूल्यांकन लागत लाभों के सन्दर्भ में किया जाना चाहिए। कार्यक्रम उत्पादनों की तुलना समान कार्यक्रमों के उत्पादन से की जानी चाहिये।

5. प्रकृतिवादी प्रतिमान (Naturalistic Models)

शैक्षिक मूल्यांकन के प्रतिमानों का पाँचवा वर्ग प्रकृतिवादी है इसे परिमाणात्मक (Quantitative) भी कहते हैं। गुबा एवं निंकोल्न (1981) ने प्राकृतिक जांच एवं वैज्ञानिक जाँच के पूर्ववर्ती परिवर्तियों (Antecedent Variables) और सम्भावित निर्गत (Output) के आधार पर भेद किया है।

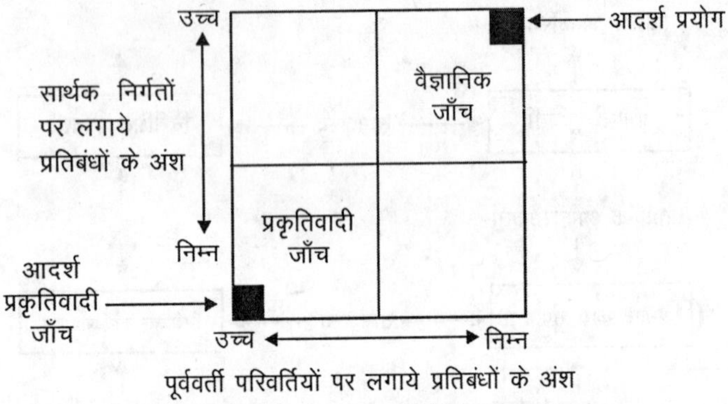

चित्र : 3.3 प्रकृतिवादी जाँच एवं वैज्ञानिक जाँच में विरोधाभास

पूर्ववर्ती परिवर्ती के कारक हैं जो कि मूल्यांकन के प्रारंभ पर अतिक्रमण करते हैं। उदाहरणार्थ, जब दो विभिन्न अनुदेशन कार्यक्रम विरोधी (Contrasted) हैं। दोनों कार्यक्रम के अन्तर एक महत्वपूर्ण पूर्ववर्ती परिवर्ती का निर्माण करते हैं, जिन्हें प्रायःस्वतंत्र परिवर्ती कहा जाता है। ऐसे स्वतंत्र परिवर्तियों को परिचालित (Manipulate) किया जाता है। अन्य पूर्ववर्ती जैसे विद्यार्थियों की अभिवृतियों को नियंत्रित अथवा यादृच्छिक किया जाता है। पाठ्यक्रम का निर्गत से तात्पर्य मूल्यांकित किए जाने वाले कार्यक्रम(मों) से उत्पन्न सम्भावित परिणामों से है। मूल्यांकन को कुछ निर्गतों पर ध्यान केन्द्रित करना चाहिए न कि सभी पर।

4

परीक्षणों के प्रकार एवं उनकी विशेषताएँ
(Types of Tests and their Characteristics)

मनोवैज्ञानिकों ने परीक्षणों को विशिष्ट शब्दावली का उपयोग कर परिभाषित किया है। परीक्षणों को विभिन्न आधारों के अनुसार वर्गीकृत किया गया है। यहाँ उनके प्रमुख प्रकारों का संक्षिप्त परिचय प्रस्तुत हैं:

मानकीकृत परीक्षण (Standardized Test) – मानकीकृत परीक्षण वह है, जिसमें प्रशासन एवं फलांकन के लिए निश्चित निर्देश होते हैं, जिसका निर्माण विशेषज्ञों द्वारा उस समष्टि के प्रतिनिधित्वपूर्ण न्यादर्श पर प्रशासित कर किया जाता है तथा जिनके मानक उपलब्ध होते हैं।

अध्यापक निर्मित परीक्षण (Teacher Made Test) – कक्षा में उपयोग के लिए पूर्णतः अध्यापक द्वारा बनाया गया परीक्षण अध्यापक निर्मित परीक्षण कहलाता है। इनका उपयोग बहुतायत से किया जाता है।

व्यक्तिगत परीक्षण (Individual Test) – ऐसे परीक्षण जिन्हें एक समय में एक व्यक्ति पर प्रशासित किया जाता है, व्यक्तिगत परीक्षण कहलाते हैं।

सामूहिक परीक्षण (Group Test) – ऐसे परीक्षण जिन्हें एक समय में पूरे समूह पर प्रशासित किया जाता है, सामूहिक परीक्षण कहलाते हैं।

वस्तुनिष्ठ परीक्षण (Objective Tests) – जब दो परीक्षक इस बात से सहमत हों कि किसी प्रश्न का उत्तर सही है अथवा गलत। सत्य-असत्य, बहु विकल्प एवं मिलान प्रश्न इसके उदाहरण हैं।

विषयनिष्ठ परीक्षण (Subjective Tests) – जब दो परीक्षक इस बात से सहमत न हों कि किसी प्रश्न का उत्तर सही है अथवा गलत।

अशाब्दिक परीक्षण (Nonverbal Tests) – ये परीक्षण अंकों एवं चित्रों के बने होते हैं। परीक्षण में प्रयोज्य को वस्तुओं को परिचालित करना होता है। जैसे छेदों में खूंटियों को डालना। इस प्रकार के परीक्षण को **निष्पादन परीक्षण (Performance Tests)** कहते हैं।

शाब्दिक परीक्षण (Verbal Test) – इन परीक्षणों में पठन, लेखन एवं बोलने पर बल दिया जाता है। इसमें शब्द-भण्डार एवं वाक्यों का उपयोग किया जाता है।

संज्ञानात्मक परीक्षण (Cognitive Test) – इन परीक्षणों द्वारा मानसिक योग्यता की प्रक्रिया एवं उत्पाद का आकलन किया जाता है, तथा इन्हें उपलब्धि एवं अभिक्षमता परीक्षण में वर्गीकृत किया जाता है।

उपलब्धि परीक्षण (Achievement Test) – इन परीक्षणों द्वारा विद्यालयीन विषयों के ज्ञान अथवा व्यवसाय का आकलन किया जाता है, तथा परीक्षार्थी के पूर्व के व्यवहार पर केन्द्रित रहता है।

अभिक्षमता परीक्षण (Aptitude Test) – अभिक्षमता परीक्षण व्यक्ति की अभिक्षमता का आकलन करते हैं। जो भविष्य व्यवहार पर केन्द्रित रहता है, अर्थात् उचित प्रशिक्षण से एक व्यक्ति क्या सीखने के योग्य है।

भावात्मक परीक्षण (Affective Test) – इन परीक्षणों का निर्माण रुचियों, मूल्यों, अभिवृत्तियों, प्रेरकों एवं स्वभाव विशेषकों तथा व्यक्तित्व के अन्य गैर संज्ञानात्मक पहलुओं के आकलन के लिए किया जाता है।

निदानात्मक परीक्षण (Diagnostic Test) – विद्यार्थियों की विशिष्ट कमज़ोरियों के निर्धारण के दृष्टिकोण से एक सीमित विषय क्षेत्र या संबंधित उपक्षेत्र में उपलब्धि आकलन का एक इच्छित/अभीष्ट (intended) परीक्षण, जिसके आधार पर उपचारात्मक उपाय किए जा सकें, निदानात्मक परीक्षण कहलाता है। **गुड (1959)**

संस्कृति मुक्त परीक्षण (Culture Free Test) – यह परीक्षण उन सामग्रियों से बना होता है जिसके बारे में ऐसा माना जाता है कि ये सभी समाज और सांस्कृतिक को प्रदर्शित करते हों।

गति परीक्षण (Speed Test) – जिस परीक्षण में समय सीमा हो तथा किसी भी व्यक्ति से संपूर्ण पदों को पूर्ण करने की अपेक्षा न हो गति परीक्षण कहलाता है।

शक्ति परीक्षण (Power Test) – ऐसे परीक्षण जिसमें उदार समय सीमा हो, ताकि सभी विद्यार्थी सभी पदों को पूर्ण कर सकें।

परीक्षणों के उपयोग (Uses of Tests)

आइकेन (1990) के अनुसर :

1. शैक्षिक एवं प्रशिक्षण कार्यक्रमों तथा नौकरी के आवेदनों की छंटाई के लिए,
2. शैक्षिक एवं व्यावसायिक सन्दर्भ में व्यक्तियों का वर्गीकरण एवं स्थानन करने हेतु,
3. शैक्षिक एवं व्यावसायिक एवं निजी निर्देशन तथा परामर्श हेतु,
4. शैक्षिक/प्रशिक्षण कार्यक्रमों और व्यवसाय स्थितियों में विद्यार्थियों अथवा कर्मचारियों के रखने/हटा देने, पदोन्नति देने, क्रमवर्तित करने हेतु,
5. अस्पतालों एवं निदानशालाओं में निदान तथा शारीरिक एवं मनोवैज्ञानिक उपचार के लिए,
6. शैक्षिक एवं मनोचिकित्सीय एवं अन्य कार्यक्रमों के कारण होने वाले संज्ञानात्मक, स्वगत तथा अन्तरवैयक्तिक परिवर्तनों का मूल्यांकन करना, और

7. निर्धारित समय में व्यक्तिगत विकास एवं नये कार्यक्रम एवं तकनीक की प्रभाविता पर शोध करना।

एक अच्छे उपकरण की विशेषताएँ (Characteristics of a Good Tool)

एक अच्छे उपकरण में निम्न विशेषताएँ होनी चाहिए –

1. विश्वसनीयता,
2. वैधता,
3. वस्तुनिष्ठता,
4. व्यापकता,
5. विभेदकारिता, और
6. उपयोगिता/व्यवहार योग्यता,

इनका वर्णन इस प्रकार है –

1. विश्वसनीयता (Reliability) – एक उपकरण की सबसे महत्वपूर्ण विशेषता उसकी विश्वसनीयता है। विश्वसनीयता का अर्थ है 'मापन/आकलन में एकरूपता' (Consistency) अर्थात् यदि किसी उपकरण को समान परिस्थितियों में एक व्यक्ति या कई व्यक्तियों पर बार-बार प्रशासित किया जाता है और एक जैसे फलांक प्राप्त किए जाते हैं तो हम उस परीक्षण को विश्वसनीय कह सकते हैं, जैसे किसी बुद्धि परीक्षण को एक व्यक्ति पर प्रशासित किया जाए और उसकी बुद्धि बार-बार 52 ही आए तो उस परीक्षण को विश्वसनीय कहा जा सकता है।

विभिन्न विद्वानों ने विश्वसनीयता की परिभाषा इस प्रकार दी है–

फ्रीमैन के अनुसार – "विश्वसनीयता का तात्पर्य उस विशेषता से है जिसमें एक परीक्षण आंतरिक रूप से समान है और जो परीक्षण तथा पुनर्परीक्षण में एकरूप परिणाम प्रदान करता है।"

एनास्टासी के अनुसार – "जब किसी परीक्षण में विभिन्न अवसरों पर एक या एक ही प्रकार के विभिन्न परीक्षण पदों में किसी परीक्षार्थी द्वारा प्राप्त प्राप्तांकों में एकरूपता होती है तो वह परीक्षण विश्वसनीय कहलाता है।"

2. वैधता (Validity) - एक उपकरण के लिए वैध होना अत्यन्त आवश्यक है। यदि कोई उपकरण वैध नहीं होता है तो वह उपयोगी नहीं होता है। वैधता का अर्थ है 'किसी उपकरण के द्वारा किए गए मापन/आकलन में सत्यता' (Truthfulness in Measurement/ Assesment by a Tool) अर्थात् कोई उपकरण जिन उद्देश्यों के लिए बनाया गया है, उनकी पूर्ति करता है तो वह वैध है, लेकिन यदि वह उन उद्देश्यों की पूर्ति नहीं करता है तो वह वैध नहीं कहलाता है, जैसे वज़न मापने की मशीन यदि वज़न की सही माप नहीं करती है तो वह वैध नहीं कहलाएगी, क्योंकि वह वज़न की सही माप करने के लिए बनाई गई है।

विद्वानों ने वैधता को इस प्रकार परिभाषित किया है –

थार्नडाइक के अनुसार – "किसी परीक्षण की वैधता उसकी वह सीमा है जिस सीमा तक वह वही मापता है, जिसके लिए उसका निर्माण किया गया है।"

गुलिक्शन के अनुसार – "किसी निकष के साथ परीक्षण का सहसंबंध ही वैधता है।"

फ्रीमैन के अनुसार – "वैधता का सूचकांक उस मात्रा को व्यक्त करता है, जिस मात्रा तक एक परीक्षण उस तथ्य को मापता है, जिसके मापन हेतु वह बनाया गया हो, उसकी तुलना किसी स्वीकृत कसौटी से की जाती है।"

घिसेली के अनुसार – "वैधता की सर्वाधिक सरलीकृत परिभाषा यह है कि एक परीक्षण किस सीमा तक प्रस्तावित उद्देश्यों का मापन करता है।"

गैरेट (1959) के अनुसार – "किसी परीक्षण अथवा किसी मापन उपकरण की वैधता इस बात पर निर्भर करती है कि किस शुद्धता से वह उस गुण का मापन करता है, जिसके लिए उसे बनाया गया है।"

वैधता व विश्वसनीयता के संबंध में एक बात महत्वपूर्ण है कि यदि कोई परीक्षण वैध है तो वह विश्वसनीय जरूर होगा, लेकिन यदि परीक्षण विश्वसनीय है तो वह वैध हो, यह जरूरी नहीं है। जैसे यदि उपरोक्त उदाहरण में वज़न मशीन सही वज़न मापती है तो किसी व्यक्ति का वज़न कितनी ही बार क्यों न मापा जाए वह एक ही वज़न बताएगी। लेकिन, यदि मशीन हमेशा दो किलोग्राम वज़न अधिक बताती है तब वह किसी व्यक्ति का वज़न बार-बार मापने पर समान मात्रा में तो बताएगी लेकिन वह उस उद्देश्य की पूर्ति नहीं करेगी, जिसके लिए वह बनाई गई है। अतः ऐसी स्थिति में वह विश्वसनीय तो होगी, लेकिन वैध नहीं।

3. वस्तुनिष्ठता (Objectivity) – ऐसा परीक्षण जिसके फलांकन पर परीक्षक का व्यक्तिगत प्रभाव नहीं पड़ता है, वह वस्तुनिष्ठ कहलाता है। अर्थात् यदि किसी परीक्षण को एक विद्यार्थी पर प्रशासित किया जाए और उसके निष्पादन का कई व्यक्ति फलांकन करें तब उन सभी के फलांक एक समान हो तो ऐसा परीक्षण वस्तुनिष्ठ कहलाता है। साथ ही एक ही उपकरण को विभिन्न स्थितियों में एक ही परीक्षक द्वारा जाँचने पर भी परिणामों में एकरूपता होना उपकरण की वस्तुनिष्ठता होती है। कभी-कभी परीक्षण का फलांकन विभिन्न व्यक्तियों द्वारा करने या एक ही व्यक्ति द्वारा विभिन्न स्थितियों में करने पर उनके फलांकन में अंतर होता है। फलांकन में अंतर परीक्षण के प्रश्नों के कई सम्भावित उत्तर होने व प्रश्न की रचना स्पष्ट व सरल नहीं होने के कारण हो सकता है। अतः उपकरण के वस्तुनिष्ठ होने के लिए परीक्षण निर्माणकर्ता को प्रश्नों की रचना सरल व स्पष्ट रूप से करनी चाहिए ताकि सभी विद्यार्थी उसका एक ही अर्थ लगा सकें। प्रश्न के एक से अधिक बिन्दुओं में होने की स्थिति में पूछे जाने वाले बिन्दुओं की संख्या स्पष्ट करनी चाहिए। प्रत्येक प्रश्न का निश्चित उत्तर होना चाहिए तथा परीक्षण की उत्तर कुंजी बना लेनी चाहिए, जिससे फलांकन करने वाले व्यक्तियों की भावनाओं, विचारों, रुचियों एवं पूर्वाग्रहों का प्रभाव फलांकन पर न पड़े।

4. व्यापकता (Comprehensiveness) – एक अच्छे परीक्षण में व्यापकता का गुण भी होना चाहिए। अर्थात् वह जिन गुणों के मापन के लिए बनाया गया है उसमें उन गुणों से संबंधित समस्त पहलुओं को शामिल किया जाना चाहिए। कोई परीक्षण पाठ्यक्रम के जितने अधिक पहलुओं को शामिल करेगा वह उतना ही व्यापक होगा। किसी परीक्षण को व्यापक बनाने के लिए दो बिन्दुओं पर ध्यान दिया जाना चाहिए–

1. पाठ्यवस्तु का समावेश। 2. उद्देश्यों का समावेश।

परीक्षण में जितनी अधिक मात्रा में पाठ्यवस्तु व उद्देश्यों को शामिल किया जाएगा वह उतना अधिक व्यापक होगा।

5. विभेदकारिता (Discrimination) – प्रत्येक उपकरण में विभेदकारिता का गुण होना चाहिए। यदि उपकरण में विभेदकारिता का गुण नहीं होता है तो वह अनुपयोगी होता है। एक परीक्षण यदि विभिन्न योग्यता/गुण वाले व्यक्तियों में अंतर कर पाता है तो उसे विभेदक कहा जाता है। किसी भी उपकरण को प्रशासित करने का उद्देश्य ही विभिन्न विद्यार्थियों या व्यक्तियों में भेद करना होता है अर्थात् कौन से विद्यार्थी उच्च योग्यता वाले हैं और कौन से निम्न योग्यता वाले। इसीलिए परीक्षण में विभिन्न कठिनाई स्तर वाले पदों को शामिल किया जाता है। यदि परीक्षण में ऐसे पद रख लिए जाएं जिनके उत्तर या तो सभी छात्र दे सकते हों या कोई भी छात्र नहीं दे सकता हो तो वह परीक्षण विभेदकारी नहीं होता है।

6. उपयोगिता/व्यवहार योग्यता (Usability) – एक अच्छे उपकरण को उपयोगी भी होना चाहिए और एक उपकरण तभी उपयोगी हो सकता है, जब उसका सरलता से उपयोग किया जा सके। सरलता से उपयोग करने का अर्थ है कि परीक्षण प्रशासन में आसान हो, जिसके निर्देश आसानी से परीक्षार्थी को समझ में आ जाए, जिसे प्रशासित करने के लिए परीक्षकों को विशेष परीक्षण प्राप्त करने की आवश्यकता नहीं हो। साथ ही जिसका फलांकन व निर्वचन/व्याख्या करना आसान हो। हमारे देश में बनाए गए परीक्षणों की हस्तपुस्तिका (Manual) अंग्रेज़ी में दी जाती है, जिससे उनका प्रशासन, फलांकन व निर्वचन समझने में कठिनाई होती है और उन्हें उपयोग में नहीं लाया गया होता है।

मनोवैज्ञानिक परीक्षणों का चयन, प्रशासन एवं फलांकन

मनोवैज्ञानिक परीक्षण का चयन, प्रशासन एवं फलांकन एक कठिन कार्य है। परीक्षण चयन करते समय निम्न बातों को ध्यान में रखना चाहिए –

प्रयोज्य की पृष्ठभूमि – परीक्षण जिस प्रयोज्य पर प्रयुक्त किया जाना है उसके बारे में अनेक तथ्यों को जानना आवश्यक होता है, जैसे:प्रयोज्य शिक्षित है अथवा अशिक्षित,उसकी मातृभाषा क्या है? उसकी उम्र क्या है ? उसकी संस्कृति क्या है ? वह किस कक्षा में अध्ययनरत है ? वह दृष्टिहीन, मूक-बधिर अथवा मंद बुद्धि तो नहीं है। उसने कहाँ-कहाँ अध्ययन किया है?

उपलब्ध परीक्षण – प्रयोज्य की पृष्ठभूमि ज्ञात कर लेने के पश्चात् चयन किए जाने वाले उपकरण की विश्वसनीयता,वैधता, फलांकन एवं मानकीकरण के वर्ष की जानकारी होना चाहिए। परीक्षण के मानक कौन से हैं? परीक्षण का प्रकार कौन सा है? ऐसी सभी बातें जानने के लिए निम्न पुस्तकों का अच्छी तरह से अध्ययन कर लेना चाहिए:

अ. फर्स्ट हेंड बुक ऑफ सायकोलाजिकल एंड सोशल इंस्ट्रुमेन्ट्स. संपादक, उदय पारिक एवं टी राव, समस्ति प्रकाशन बडौदा, 1974.

ब. सेकण्ड हेंड बुक ऑफ सायकोलाजिकल एंड सोशल इंस्ट्रुमेन्ट्स. संपादक, डी.एम पेस्तोन्जी, कान्सेप्ट पब्लिशिंग कंपनी, 1988.

स. थर्ड हेंड बुक ऑफ सायकोलाजिकल एंड सोशल इंस्ट्रुमेन्ट्स. संपादक, डी. एम पेस्तोन्जी, कान्सेप्ट पब्लिशिंग कंपनी, 1997

राष्ट्रीय परीक्षण पुस्तकालय (National Test Library) – राष्ट्रीय शैक्षणिक अनुसन्धान एवं प्रशिक्षण परिषद्, नई दिल्ली के अंतर्गत उक्त पुस्तकालय संचालित किया जाता है, जिसमें देशी एवं विदेशी मनोवैज्ञानिक परीक्षण उपलब्ध हैं। यहाँ परीक्षणों को प्रत्यक्ष रूप में देखकर, मेनुअल (Manual) का अध्ययन कर परीक्षण का चयन किया जा सकता है।

मनोवैज्ञानिक परीक्षणों के प्रकाशक, वितरक/स्रोत – इनके सूची पत्र से परीक्षण चयन में आसानी होती है। प्रकाशकों एवं वितरकों एवं स्रोत के पते अध्याय के अन्त में पृ. 45-46 पर दिए गए हैं।

परीक्षण चयन

प्रयोज्य की पृष्ठभूमि एवं परीक्षणों का अध्ययन कर उचित मिलान कर प्रयोजन के संदर्भ में परीक्षण का चयन किया जाता है। यहाँ यह ज्ञात होना चाहिए कि कोई भी परीक्षण दस वर्ष से अधिक पुराना नहीं होना चाहिए। तथा परीक्षण का मानकीकरण जिस न्यादर्श पर किया गया हो उसी आबादी/न्यादर्श अथवा उसके समान आबादी/न्यादर्श के प्रयोज्यों के लिए ही परीक्षण का उपयोग करना उचित रहता है, जैसे – लखनऊ के प्रयोज्यों पर मानकीकृत परीक्षण का इलाहाबाद के लिए उपयोग तथा इन्दौर के प्रयोज्यों पर मानकीकृत परीक्षण का उज्जैन के लिए उपयोग। चयनित किए जाने वाले परीक्षण में एक अच्छे परीक्षण के सभी गुण जैसे विश्वसनीयता, वैधता, वस्तुनिष्ठता, व्यापकता, विभेदकारिता, और उपयोगिता/व्यवहार योग्यता, होने चाहिए।

परीक्षण प्रशासन

परीक्षण चयन करने के पश्चात् प्रकाशक से निर्धारित संख्या में उसकी प्रतियाँ बुलवाना चाहिए। परीक्षण के मेनुअल को ध्यान से पढ़कर समझ लेना चाहिए। परीक्षण की जितनी प्रतियाँ उपयोग में लाना हो, उन सभी को ध्यान से पढ़कर यह ज्ञात कर लें कि सारे पद ठीक से छपे हैं अथवा नहीं। गति परीक्षण होने पर विराम घड़ी, पेन्सिलों/पेनों की पर्याप्त संख्या में व्यवस्था कर उनके ठीक प्रकार से काम करने की जाँच कर लें। वीक्षकों को भी उचित प्रशिक्षण दिया जाना चाहिए। ताकि वे प्रयोज्यों को स्पष्ट निर्देश दे सकें, सभी को समान समय दें। विशेषकर गति परीक्षणों में समय का कठोरता से पालन करना चाहिए।

परीक्षण प्रशासन से पूर्व प्रयोज्यों से सामान्य चर्चा कर उनके साथ मित्रता पूर्ण संबंध स्थापित करना चाहिए।

परीक्षण फलांकन

परीक्षण फलांकन मेनुअल के अनुसार करना चाहिए। फलांकन कभी भी स्मृति के आधार पर नहीं करना चाहिए।

विश्वसनीयता एवं उसके आकलन की विधियाँ
(Reliability and its Methods of Assessing)

विश्वसनीयता का अर्थ है 'विश्वास के काबिल होना'। हमारे दैनिक जीवन में ऐसे कई मौके आते हैं जब हम विश्वसनीयता का उपयोग करते हैं जैसे यदि हमने अनेक बार किसी व्यक्ति को कोई कार्य करने को कहा है और वह तय समय पर उस कार्य को हर बार कर देता है तो हम उसे विश्वसनीय मानते हैं। घर में उपयेाग में आने वाली वस्तुओं को खरीदते समय हम देखते हैं कि वह वस्तु कौन सी कंपनी का उत्पाद है? यदि वस्तु ऐसी कंपनी का उत्पाद है जिसके द्वारा पूर्व में निर्मित की गई वस्तुएँ गुणवत्तात्मक हैं तब हम उस कंपनी को विश्वसनीय मानते हैं तथा उसका नया उत्पाद तुरन्त खरीद लेते हैं। किसी भी वस्तु व व्यक्ति का विश्वसनीय होना अत्यन्त आवश्यक है। यदि कोई व्यक्ति विश्वसनीय नहीं होता है तो लोग उससे व्यवहार करने से कतराते हैं इसीलिए आपने कई बार लोगों को यह कहते हुए सुना होगा कि अमुक व्यक्ति भरोसे के लायक नहीं हैं, उससे व्यवहार मत रखना।

मनोवैज्ञानिक परीक्षणों का चयन करते समय भी विश्वसनीयता को अच्छे परीक्षण के एक निकष के रूप में लिया जाता है। जब एक परीक्षण द्वारा किसी परिवर्ती का आकलन किया जाता है तब यदि बार-बार मापने पर भी परिवर्ती का एक ही मूल्य आता है तो वह परीक्षण विश्वसनीय कहलाता है। विश्वसनीयता का अर्थ है, 'मापन/आकलन में एकरूपता'। अर्थात किसी परीक्षण की सहायता से एक व्यक्ति द्वारा बार–बार आकलित किए जाने पर एक से परिणाम आना परीक्षण की विश्वसनीयता कहलाती है। जैसे एक उपलब्धि परीक्षण पर किसी विद्यार्थी को एक बार 100 में से 70 अंक आते हैं, दूसरी बार परीक्षण प्रशासित करने पर पुनः 70 अंक आते है, तीसरी बार पुनः 70 अंक आते है तब वह परीक्षण विश्वसनीय कहलाएगा।

विश्वसनीयता के आकलन की विधियाँ निम्नलिखित हैं :

1. परीक्षण-पुनर्परीक्षण विश्वसनीयता (Test-Retest Reliability)– परीक्षण-पुनर्परीक्षण विधि द्वारा किसी भी उपकरण की विश्वसनीयता सरलता से ज्ञात की जाती है। इस विधि से विश्वसनीयता निकालने के लिए परीक्षण को एक ही समूह पर दो बार प्रशासित करना होता है। सर्वप्रथम परीक्षण को एक समूह पर प्रशासित कर फलांक ज्ञात किए जाते हैं, तत्पश्चात् कुछ दिन पश्चात् पुनः उसी समूह पर उसी परीक्षण को प्रशासित कर फलांक प्राप्त किए जाते हैं। तथा दो बार प्रशासन के दौरान परीक्षण से प्राप्त फलांकों के मध्य सहसंबंध गुणांक ज्ञात किया जाता है। इस सहसंबंध गुणांक को विश्वसनीयता गुणांक कहा जाता है। विश्वसनीयता गुणांक का मूल्य 0.5 या उससे अधिक हो तो परीक्षण विश्वसनीय माना जाता है। इस विश्वसनीयता गुणांक को स्थिरता का गुणांक भी कहा जाता है। यह सहसंबंध हमेशा धनात्मक होता है।

सीमाएँ (Limitations)

(*i*) एक ही समूह पर परीक्षण को दो बार प्रशासित किया जाता है। अतः परीक्षण से अवगत हो जाने के कारण पुनः परीक्षण के समय परीक्षार्थियों की अनुक्रियाएँ प्रभावित होती हैं जिसका प्रभाव फलांकों पर पड़ता है।

(*ii*) परीक्षण एवं पुनर्परीक्षण के मध्य समय अन्तराल अधिक होने से परीक्षार्थियों की परिपक्वता में वृद्धि हो जाती है। तथा समय अन्तराल कम होने से परीक्षार्थियों को पूर्व परीक्षण याद रहता है और तब वे गलत उत्तरों को भी सही कर सकते हैं। अतः उनके फलांकों में वृद्धि हो जाती है।

अतः प्रथम परीक्षण एवं पुनर्परीक्षण के मध्य एक तर्कसंगत समय अन्तराल होना चाहिए। एक तर्कसंगत समय अन्तराल कितना हो, यह आकलित परिवर्ती पर निर्भर करता है। यदि परिवर्ती में प्राकृतिक परिवर्तन होता है तो समय अन्तराल उतना रखना चाहिए जब तक कि परिवर्ती में प्राकृतिक परिवर्तन ना हो।

(*iii*) परीक्षण को दो बार प्रशासित करना होता है अतःपरीक्षण की कापियाँ प्रयोज्यों की संख्या से दुगनी होनी चाहिए।

(*iv*) दो बार परीक्षण करने में समय अधिक लगता है।

2. अर्ध-विच्छेद विश्वसनीयता (Split-Half Reliability) – विश्वसनीयता का मापन इस तरह से भी ज्ञात किया जा सकता है कि परीक्षण के दो अर्धक समान गुणों का मापन कर रहे हों। इस प्रकार के परीक्षण में परीक्षण के केवल एक प्रारूप को ही प्रशासित करना होता है। अर्ध विच्छेद विधि में पहले समस्त पदों को बढ़ते कठिनाई स्तर के आधार पर जमा लिया जाता है। प्रायः समान कठिनाई स्तर के दो पद होते हैं। तत्पश्चात् हमें सम एवं विषम पदों के दो अर्धक प्राप्त करने होते हैं, जो समतुल्य होते हैं। यह समतुल्यता निम्न बिन्दुओं के आधार पर होनी चाहिए।

(*i*) **पदों की संख्या** – दोनों ही अर्धकों में पदों की संख्या समान होनी चाहिए।

(*ii*) **विषय वस्तु की प्रतिनिधित्वता** – एक ही विषय वस्तु से संबंधित दो पद होने चाहिए।

(*iii*) **पदों की प्रकृति** – दोनों ही अर्धकों में समान प्रकृति के पद होने चाहिए।

(*iv*) **भार (Weightage)** – दोनों ही अर्धकों में समान भार के पद शामिल किए जाने चाहिए।

परीक्षण का अर्धकों में विभाजन सम एवं विषम पदों के आधार पर किया जाता है। इस प्रकार प्रत्येक परीक्षार्थी के दो फलांक प्राप्त हो जाते हैं।

जैसे माना कि परीक्षण में 10 पद हैं।

तब	विषम पद	सम पद
	1	2
	3	4
	5	6
	7	8
	9	10

इस प्रकार हमें एक परीक्षार्थी के दो फलांक प्राप्त हो जाएंगे।

कठिनाई स्तर – परीक्षण में समान कठिनाई स्तर के दो–दो पद होने चाहिए जिनमें से एक सम तथा एक विषम पद में रखा जायेगा।

अतः अर्ध विच्छेद विश्वसनीयता ज्ञात करने के लिए परीक्षण में पदों की संख्या सम संख्या में ही होती है। अर्थात् 20, 42, 50, 60 इत्यादि तथा परीक्षण में मापे जाने वाले पहलुओं की संख्या से दुगनी संख्या में पद रखे जाते हैं। परीक्षण प्रशासित करने के पश्चात् प्रत्येक विद्यार्थी के लिए दो फलांक ज्ञात कर लिए जाते है एवं तब इनके मध्य सहसंबंध गुणांक ज्ञात किया जाता है। अर्ध विच्छेद विश्वसनीयता निकालने के लिए स्पीयर मैन बाउन प्रोफेसी ने निम्न सूत्र दिया है।

यदि परीक्षण के दो अर्धकों के मध्य सहसंबंध 0.5 हो तब परीक्षण के विश्वसनीयता गुणांक की गणना हम निम्न प्रकार से करेंगे।

$$r_{½\cdot½} = \frac{2r_{1/2\cdot1/2}}{1 + r_{1/2\cdot1/2}}$$

$$r_{½.½} = \frac{2 \times 0.05}{1 + 0.05}$$

$$= 0.6$$

3. समानान्तर रूप विश्वसनीयता (Parallel Form Reliability) – इस विधि में परीक्षण के दो समानान्तर भाग बनाए जाते हैं जैसे 'अ' एवं 'ब'। यह दोनों भाग पदों की संख्या, विषयवस्तु, निर्देश, समय एवं कठिनाई स्तर के आधार पर समानान्तर होते हैं। इन दोनों भागों को एक ही समूह पर प्रशासित किया जाता है, पहले भाग 'अ' को प्रशासित किया जाता है और फिर भाग 'ब' को। तत्पश्चात् दोनों परीक्षणों से प्राप्त फलांकों में सहसंबंध ज्ञात कर विश्वसनीयता गुणांक ज्ञात किया जाता है। इसे स्थिरता गुणांक या समानता का गुणांक कहा जाता है। इस विधि का गुण है कि इसमें पदों के प्रत्यास्मरण के दोष को दूर किया जाता है। लेकिन इसकी सीमा भी है कि समान कठिनाई के परीक्षणों का निर्माण करना कठिन होता है।

4. युक्तिपरक तुल्यता विधि (The Method of Rational Equivalence)– कुडर एवं रिचर्डसन ने विश्वसनीयता ज्ञात करने के लिए 1937 में एक प्रक्रिया की खोज की। इसे परीक्षण के एक रूप के एक बार प्रशासित कर विश्वसनीयता ज्ञात करने के मानक (Standard) के रूप में जाना जाता है। कुडर रिचर्डसन के द्वारा पदों के अन्तः सहसंबंध (Intercorrelation) ज्ञात किए जाते हैं तथा अन्तर्पद संगतता का मापन किया जाता है, इसे आन्तरिक संगतता गुणांक भी कहा जाता है। आन्तरिक संगतता का अर्थ होता है परीक्षण में शामिल सभी पद समांग (Homogeneous) हैं।

कुडर एवं रिचर्डसन ने इस विधि द्वारा विश्वसनीयता ज्ञात करने के लिए KR_{20} एवं KR_{21} सूत्र दिए हैं।

$$PKR_{20} = \frac{K\,(1 - \Sigma pq\,)}{k\,\sigma^2}$$

जहाँ P = दिए गए पद को उत्तीर्ण करने वाले विद्यार्थियों का अनुपात

q = दिए गए पद को अनुत्तीर्ण करने वाले विद्यार्थियों का अनुपात

σ^2 = इस आकलन पर कुल फलांक का प्रसरण

K = परीक्षण में पदों की संख्या

$$PKR_{21} = \frac{K\,(k\sigma^2 - M\,(K - M)\,)}{k - 1\,(N - 1)\,\sigma^2}$$

जहाँ PKR_{21} = संपूर्ण परीक्षण का विश्वसनीयता गुणांक

K = परीक्षण में पदों की संख्या

6^2 = फलांकों का विचलन

M = फलांकों का मध्यमान

प्रस्तुत विधि में समय कम लगता है तथा गणना हेतु सूचनाएं सरलता से प्राप्त हो जाती है, अतः यह कक्षा अध्यापकों के लिए उपयोगी है।

अविश्वसनीयता के कारण (Causes of Unreliability)

किसी भी परीक्षण की अविश्वसनीयता के कई कारण होते हैं, जिन्हें यदि दूर कर दिया जाए तो परीक्षण की विश्वसनीयता बढ़ सकती है। ये कारण निम्न हैं:

1. दोषपूर्ण पद (Faulty Items) – यदि परीक्षण के पदों की रचना ठीक प्रकार से न की गई हो, अर्थात् पदों की भाषा अस्पष्ट या कठिन हो या द्विअर्थी शब्दों/वाक्यों का प्रयोग किया गया हो, तब ऐसी स्थिति में उत्तरदाता पद को ठीक तरह से समझ नहीं पाता है और अनुमान या अपनी समझ के आधार पर उत्तर देता है। दूसरी बार में वही परीक्षण प्रशासित करने पर वह दूसरी तरह से अनुमान लगाता है। अतः दोषपूर्ण पद होने से परीक्षण की विश्वसनीयता कम हो जाती है।

2. पदों की सीमित संख्या – यदि परीक्षण में पदों की संख्या कम होगी तब परीक्षण विश्वसनीय नहीं होगा। परीक्षण में पदों की संख्या ज़्यादा होने पर उसकी विश्वसनीयता बढ़ जाती है।

3. पदों की असमानता – यदि एक परीक्षण में कई उप परीक्षण हो तो परीक्षण के सभी पद अलग-अलग विशेषताओं का मापन करते हैं। ऐसी स्थिति में प्रत्येक विशेषता का मापन करने वाले पदों की संख्या अत्यन्त अल्प होती है और परीक्षण की विश्वसनीयता घट जाती है जैसे बुद्धि के एक परीक्षण में कई उप परीक्षण हो और उसमें 4 पद शाब्दिक योग्यता, 4 पद आंकिक योग्यता, 4 पद तार्किक योग्यता, 4 पद मानवीय संबंध योग्यता एवं 4 पद दैशिक योग्यता के हों तब ऐसे परीक्षण की विश्वसनीयता कम होती है। अतः परीक्षण के सभी पदों द्वारा किसी एक विशेषता का ही मापन किया जाना चाहिए।

4. अत्यंत कठिन पद (Very Difficult Items) – परीक्षण के पद अत्यधिक कठिन होने पर प्रयोज्य उनके उत्तर अपने ज्ञान के आधार पर नहीं, बल्कि अनुमान के आधार पर देते हैं। अतः परीक्षण विश्वसनीय नहीं होता है। साथ ही ऐसा परीक्षण जिसमें वस्तुनिष्ठ प्रकार के पद हो तो उसमें अनुमान से उत्तर देने की संभावना अधिक

होती है, लेकिन संक्षिप्त उत्तर परीक्षण में अनुमान से उत्तर देने की संभावना कम होती है। अतः उसकी विश्वसनीयता अधिक होती है।

5. अत्यंत सरल पद (Very Easy Item) – यदि परीक्षण में अत्यन्त सरल पदों को ही रखा गया हो तब उसकी विश्वसनीयता कम होती है। उस परीक्षण के द्वारा हमें यह ज्ञात नहीं होता है कि प्रयोज्य को आकलित किए जाने वाले परिवर्ती का कितना ज्ञान है। यदि किसी परीक्षण में कुल 10 पद है और 8 पद सरल है, तब प्रयोज्य का आकलन केवल दो पदों के आधार पर ही होगा, क्योंकि 8 पदों के उत्तर वह प्रत्येक समय एक जैसे दे ही देगा।

6. प्रयोज्यों की विशेषताएँ – प्राणी की शारीरिक व मानसिक स्थिति दो स्थितियों में पूर्णतः समान नहीं होती हैं। वह एक स्थिति में कुछ अनुभव करता है, दूसरी स्थिति में कुछ ओर। उसकी कुछ अस्थाई विशेषताएँ होती हैं जैसे – एकाग्रता, सूचनाओं का असंगत प्रत्यास्मरण, चिंता व तनाव, प्रसन्नता व दुःख इत्यादि। इनके कारण परीक्षण के लिए उसकी अनुक्रियाओं में अंतर आ जाता है और परीक्षण की विश्वसनीयता कम हो जाती है।

7. उपकरणों का दोषपूर्ण प्रशासन – परीक्षण का प्रशासन एक अत्यन्त ही कौशलपूर्ण कार्य है। यदि सामान्य ज्ञान के आधार पर परीक्षण प्रशासित किया जाए तो उसमें दोष हो सकते हैं। इसके लिए विशेष सावधानियाँ बरतने की आवश्यकता होती हैं। जैसे हवा तथा प्रकाश की समुचित व्यवस्था, पर्याप्त व उपयुक्त बैठक व्यवस्था, परीक्षण के लिए दिए जाने वाले निर्देश व समय सीमा इत्यादि के लिए विशेष ध्यान देना होता है। इनमें गलती व अंतर होने पर विद्यार्थियों की अनुक्रियाओं में अंतर आ जाता है और ऐसा परीक्षण अविश्वसनीय हो जाता है।

8. दोषपूर्ण फलांकन – परीक्षण प्रशासन के साथ ही उसका फलांकन भी एक विशेष कौशल वाला कार्य है। हमारे देश में निर्मित व विदेशी परीक्षणों के मेन्युअल अंग्रेज़ी भाषा में होते हैं, उनमें परीक्षण के प्रशासन व फलांकन की प्रक्रिया दी गई होती है, जिसे समझना सभी के लिए संभव नहीं होता है। परीक्षण का फलांकन व निर्वचन यदि गलत हो तो ऐसे परीक्षण के परिणामों का कोई महत्व नहीं होता साथ ही वे परीक्षण की अविश्वसनीयता को भी बढ़ा देते हैं।

विश्वसनीयता को बढ़ाने के उपाय (Measures for Increasing Reliability)

किसी परीक्षण के अविश्वसनीय होने के कारणों को जानने के पश्चात् यह कहा जा सकता है कि उन कारणों को दूर कर परीक्षण की विश्वसनीयता को बढ़ाया जा सकता है। इसके लिए निम्नलिखित सुझाव दिए जा सकते है –

1. परीक्षण में शामिल पद तकनीकी दृष्टि से सही एवं भ्रान्तिरहित होने चाहिए।
2. परीक्षण में उपयुक्त कठिनाई स्तर के पद शामिल करने चाहिए।
3. प्रशासन की प्रक्रियाओं का मानकीकरण किया जाना चाहिए।

4. परीक्षण की लंबाई उपयुक्त होनी चाहिए अर्थात् परीक्षण में न तो बहुत अधिक पद हों, न ही बहुत कम।
5. परीक्षण प्रशासित करते समय प्रयोज्य की शारीरिक व मानसिक स्थिति सामान्य होनी चाहिए।
6. परीक्षण के फलांकन की प्रक्रिया मानकीकृत होनी चाहिए।
7. परीक्षण के पदों को एक ही प्रकार की विशेषताओं का मापन करना चाहिए।

वैधता एवं उसके आकलन की विधियाँ (Validity)

वैधता का अर्थ है 'एक उपकरण के द्वारा एक परिवर्ती के मापन/आकलन की सत्यता'। अर्थात् एक परीक्षण जिस उद्देश्य के लिए बनाया गया है, यदि वह उस उद्देश्य की पूर्ति करता है तो वह वैध है। उपकरण द्वारा आकलित परिवर्ती के परिणामों में सत्यता होनी चाहिए। वह जिस तथ्य का मापन करने के लिए बना है उसका सही-सही मापन करता है, तब वह वैध कहलाता है जैसे एक वज़न मशीन वज़न मापती है लेकिन उसके द्वारा मापे गए वज़न में शुद्धता नहीं है वह गलत वज़न बताती है, तो वह वैध नहीं कहलाएगी क्योंकि वह वज़न का सही मापन करने के उद्देश्य से बनाई गई है। यदि वह हमेशा 2 किलो वज़न अधिक बताती है तो एक व्यक्ति का वज़न मापने पर उसके परिणामों में एकरूपता होने से वह विश्वसनीय तो कहलाएगी लेकिन वैध नहीं होगी अर्थात् किसी उपकरण की वैधता होने से वह विश्वसनीय भी होगा लेकिन विश्वसनीय होने से वह वैध भी हो, यह जरूरी नहीं है।

वैधता में विश्वसनीयता शामिल होती है, अतः एक उपकरण का वैध होना अत्यन्त आवश्यक होता है।

किसी उपकरण की वैधता ज्ञात करने की विधियाँ निम्न है :

1. विषयवस्तु वैधता (Content Validity) – इसे तार्किक वैधता एवं पाठ्यचर्यात्मक वैधता भी कहते हैं। इसका सर्वाधिक उपयोग उपलब्धि के आकलन में किया जाता है। विषयवस्तु वैधता स्थापित करने के लिए परीक्षण निर्माता अनुमानित किए जाने वाले क्षेत्र की विषयवस्तु का विश्लेषण करता है और उपकरण का निर्माण विषयवस्तु के विभिन्न पहलुओं के आकलन के लिए करता है। उदाहरणार्थ अंक गणित के मानकीकृत उपकरण का विकास करने के लिए व्यक्ति अनेक उपलब्ध पाठ्य पुस्तकों का परीक्षण करता है साथ ही वह पाठ्यचर्या के उद्देश्यों का भी परीक्षण करता है। इसके आधार पर परीक्षण निर्माता यह तय करता है कि कौन सी विषय वस्तु को परीक्षण में शामिल किया जाये।

प्रस्तुत वैधता विषय विशेषज्ञों की सहायता से तैयार की जाती है। उन्हें शोधक द्वारा विकसित परीक्षण दिया जाता है और उनकी राय जानी जाती है कि परीक्षण में परिवर्ती की जो संक्रियात्मक परिभाषा हमने दी है उसके अनुरूप पद लिखे हैं या नहीं तथा वे पद उसी परिवर्ती का मापन कर रहे हैं या नहीं। यदि विषय विशेषज्ञ पदों को परिवर्ती की संक्रियात्मक परिभाषा के अनुसार बता देते हैं तो इसका अर्थ

है कि उस उपकरण की विषयवस्तु वैधता है और यदि अधिकांश विषय-विशेषज्ञ अपनी अस्वीकृति देते हैं तब उन पदों को उपकरण में से हटाना होता है।

सरल शब्दों में परीक्षण जिस पाठ्यक्रम के लिए बनाया गया है यदि उसमें उससे संबंधित पद हों तो उस परीक्षण की विषयवस्तु/पाठ्यक्रमात्मक वैध होती है। कभी-कभी विद्यार्थी कहते हैं कि प्रश्नपत्र में प्रश्न पाठ्यक्रम से बाहर के थे, तब वे प्रश्नपत्र की विषयवस्तु वैधता के न होने की बात करते हैं।

सीमाएँ (Limitations)

1. यदि विषय विशेषज्ञ नहीं मिले तो उपकरण की विषयवस्तु वैधता ज्ञात नहीं की जा सकती है।
2. यह एक व्यक्तिनिष्ठ विधि है।

परीक्षण की विषयवस्तु वैधता बढ़ाने के लिए परीक्षण निर्माणकर्त्ता को यह ध्यान रखना चाहिए कि –

1. परीक्षण में सम्पूर्ण पाठ्यक्रम का प्रतिनिधित्व हो।
2. परीक्षण में पाठ्यक्रम के महत्वपूर्ण अंशों का उनके महत्व के अनुसार प्रतिनिधित्व हो।

2. पूर्वकथनात्मक वैधता (Predictive Validity) – किसी उपकरण द्वारा प्राप्त फलांकों के आधार पर किसी व्यक्ति की भावी योग्यता अथवा सामर्थ्य के बारे में पूर्व कथन करने के लिए उस उपकरण की पूर्व कथनात्मक वैधता ज्ञात की जाती है। वैधता ज्ञात करने की यह विधि सभी उपकरणों के लिए उपयोग में नहीं लाई जाती है। जहाँ हमें योग्यता या अभिक्षमता के आधार पर विद्यार्थियों का चयन एवं वर्गीकरण करना हो वहाँ उपयोग में लाए जाने वाले परीक्षणों की पूर्व कथनात्मक वैधता ज्ञात की जाती है। पूर्व कथनात्मक वैधता निकालने के लिए सर्वप्रथम परीक्षण को प्रशासित कर विद्यार्थियों के फलांक ज्ञात किए जाते हैं। तत्पश्चात् विद्यार्थियों को सबंधित प्रशिक्षण देने या पाठ्यक्रम पूरा होने तक इंतजार किया जाता है और फिर प्रशिक्षण समाप्त होने के तत्पश्चात् प्रशिक्षण से संबंधित परीक्षण को प्रशासित कर फलांक प्राप्त किए जाते हैं तथा दोनों परीक्षणों से प्राप्त फलांकों के मध्य सहसंबंध ज्ञात किया जाता है। यदि सहसंबंध का मूल्य उच्च होता है तो इसका अर्थ है कि पहले प्रशासित किए गए परीक्षण की पूर्वकथानात्मक वैधता है।

3. समवर्ती वैधता (Concurrent Validity) – किसी परीक्षण से प्राप्त फलांक एवं अन्य निकष या परीक्षण से प्राप्त फलांकों के मध्य सहसंबंध ज्ञात कर समवर्ती वैधता ज्ञात की जाती है। किसी परीक्षण की समवर्ती वैधता ज्ञात करने के लिए एक आवश्यक शर्त है कि जिस परिवर्ती के लिए हम नया परीक्षण बना रहे हैं उसके लिए पूर्व में निर्मित मानकीकृत परीक्षण होना चाहिए। समवर्ती वैधता ज्ञात करने के लिए नए विकसित परीक्षण व पूर्व में उपलब्ध मानकीकृत परीक्षण दोनों को एक समूह पर प्रशासित कर फलांक ज्ञात कर लिए जाते हैं तथा दोनों के फलांकों में सहसंबंध ज्ञात किया जाता है। यदि सहसंबंध का मूल्य उच्च होता है तो इसका अर्थ है कि

नव विकसित परीक्षण वैध है और यदि सहसंबंध का मूल्य निम्न है तो इसका अर्थ है कि नव विकसित परीक्षण वैध नहीं है।

इस विधि की कुछ सीमाएँ हैं जो इस प्रकार है :

जिस परिवर्ती के मापन के लिए नया परीक्षण बनाया जा रहा है उसके लिए पूर्व में निर्मित मानकीकृत परीक्षण होना चाहिए। यदि पूर्व में निर्मित मानकीकृत परीक्षण उपलब्ध न हो तो इस विधि का उपयोग नहीं किया जा सकता है।

5. अन्वय वैधता (Construct Validity) – यह एक महत्वपूर्ण प्रकार की वैधता है। अन्वय वे संकल्पनाएँ होती हैं जिनमें उच्च क्रम के अमूर्तन (Abstraction) की आवश्यकता होती है। बुद्धि, व्यक्तित्व, चिंता ये सभी अन्वय हैं जबकि ऊँचाई, लम्बाई, भार सामान्य संकल्पनाएँ हैं। अन्वय वैधता ज्ञात करने के लिए हमें उस अन्वय से संबंधित पूर्व शोधों द्वारा स्थापित परिणामों को जानना होता है जैसे हमने बुद्धि का कोई परीक्षण बनाया। पूर्व शोधों से हमें यह ज्ञात है कि

– बुद्धि एवं समायोजन में धनात्मक सहसंबंध होता है।
– बुद्धि एवं उपलब्धि में धनात्मक सहसंबंध होता है।
– बुद्धि एवं कुण्ठा में ऋणात्मक सहसंबंध होता है।
– बुद्धि एवं चिन्ता में ऋणात्मक सहसंबंध होता है

तब हम इन शोधों के आधार पर परिकल्पनाएँ बनाएंगे एवं उनका परीक्षण करेंगे अर्थात् यदि हमने बुद्धि का परीक्षण बनाया है तब उसे एक समूह पर प्रशासित करेंगे। तत्पश्चात् उसी समूह पर समायोजन, उपलब्धि, कुण्ठा एवं चिन्ता के परीक्षण भी प्रशासित करेंगे एवं हमारे अन्वय बुद्धि एवं अन्य परिवर्तियों के मध्य सहसंबंध ज्ञात करेंगे, यदि परिणाम पूर्व शोधों के अनुसार प्राप्त होते हैं तब हमारे परीक्षण में अन्वय वैधता होगी।

क्रोनबेक एवं मीहल (1955) ने अन्वय वैधता ज्ञात करने के चार सोपान बताए हैं–

1. सर्वप्रथम परीक्षण द्वारा आकलित किए जाने वाले गुण अथवा विशेषता को ज्ञात किया जाता है।
2. मापे जाने वाले गुण से संबंधित सैद्धांतिक चर्चा प्रस्तुत की जाती है।
3. तृतीय सोपान में सैद्धांतिक चर्चा के आधार पर उन व्यवहारों का पूर्व कथन किया जाता है जो परीक्षण प्राप्तांकों से संबंधित अथवा असंबंधित होने चाहिए। यदि परीक्षण उसी विशेषता का मापन कर रहा हो जिसे प्रथम सोपान में ज्ञात किया गया हो।
4. चतुर्थ सोपान में सोपान तीन के अंतर्गत पूर्व कथनों के आधार पर निर्मित परिकल्पना का सत्यापन करने के लिए प्रदत्त एकत्र किए जाते हैं, एवं परिकल्पना का परीक्षण किया जाता है। यदि परिकल्पना के परिणाम पूर्व कथन के अनुसार होते हैं तब इसका तात्पर्य होता है कि परीक्षण की अन्वय वैधता है। विपरीत परिणाम प्राप्त होने का तात्पर्य है कि परीक्षण की अन्वय वैधता नहीं है।

5. आमुख / रूप वैधता (Face Validity) – जैसा कि नाम से प्रतीत होता है यदि किसी परीक्षण के बाह्य रूप को देखकर यह ज्ञात होता है कि परीक्षण किसी विशेष गुण के मापन के लिए बनाया गया हो तब यह इस परीक्षण की रूप वैधता को ही बताता है। यदि हमें गणित का कोई परीक्षण दिया जाए एवं उसे देखकर लगे कि यह गणित का उपलब्धि परीक्षण है। तब यह उसकी रूप वैधता होगी। यदि और कोई परीक्षण शब्द सामर्थ्य के लिए बना हो यदि उसमें रूप वैधता है तब उसे देखकर ही लगना चाहिए कि वह शब्द सामर्थ्य का मापन कर रहा है।

मनोवैज्ञानिक परीक्षणों के प्रकाशक एवं वितरक

अ. स्वदेशी

1. मानसायन, 32 नेताजी सुभाष मार्ग, दरियागंज, दिल्ली।
2. नेशनल साइकोलाजिकल कार्पोरेशन, 4/31 कचहरीघाट आगरा।
3. आगरा साइकोलाजिकल कार्पोरेशन, तिवारी कोठी बेलनगंज आगरा।
4. आनन्द एजेन्सी पुणे।
5. मानव सेवा संस्थान, जार्ज टाउन, इलाहाबाद (उ.प्र.)।
6. पुरोहित एवं पुरोहित, 1280, सुखवर पेठ, पुणे।
7. रूपा साइकोलाजिकल कार्पोरेशन, भेलुपुरा, वाराणसी।
8. साइको लिंग्वा, रायपुर।
9. नागपुर चाइल्ड गाइडेन्स सर्विस,नागपुर।
10. स्वयंसिद्ध प्रकाशन, मैसूर।
11. मनोसमीक्षा, कोलकाता।
13. साइकोलाजिकल रिसर्च सेन्टर, मुरादाबाद।
14. द साइको सेन्टर, 22 ग्रीनपार्क, नई दिल्ली।
15. राष्ट्रीय परीक्षण पुस्तकालय, राष्ट्रीय शैक्षणिक अनुसन्धान एवं प्रशिक्षण परिषद्, नई दिल्ली।

ब. विदेशी

1. American Guidance Services, Inc., 720 Washington Ave., S.E.Minneapolis, Minn. 55414, U.S.A.
2. Australian Council for Educational Research, Frederick St., Hawthom E. 2 Victoria, Australia.
3. Bobbs-Merrill Company, Inc. 4300 East 62nd St., Indian-apolis, Ind. 46206, U.S.A.
4. Bureau of Educational Measurements, Kansas State Teachers College, Emporia, Kansas 66801, U.S.A.
5. California Test Bureau Del monte Research Park, Monterey, Calif 93940, U.S.A.
6. Consulting Psychologists Press, Inc., 577 college Ave., Palo Alto.Calif. 94306, USA.
7. Educational Records Bureau, 21 Audubon Avenue, New York, N.Y. 10032, USA.
8. Educational Testing Service, Princeton, N.J. 08540, USA.
9. Grune & Stratton, Inc. 381 Park Ave., South, New York, N.Y. 10016, USA.
10. Harper & Row, Publishers, 49, East 33d St., New York, N.Y. 10016, USA.
11. Harcourt Brace Jovanovich, Inc., 757 Third Ave., New York, N.Y. 10017, USA.
12. Houghton Miffin Company, 2, Park St. Boston, Mass. 02017, USA.
13. Institute for Personality and Ability Testing, 1602 Coronado Dr., Champaign, III, 61820, USA.

14 National Foundation for Educational Research in England and Wales. The Mere, Upton Park, Slough Bucks, England.
15. Newanes Educational Publishing Company Ltd., Tower House, 8-11, Soughtampton Stl, Strand, London W.C. 2, England.
16. Ohio Scholarship Tests, State C. Department of Education, 751, Northwest Blvd., State of Ohio, Coloumbus, Ohio 43212 USA.
17. Psychological Corporation, 304 East 45th St., New York, N.Y. 10017, USA.
18. Psychological Affiliates, 1743 Montery, Chicago, III. 60643, USA.
19. Public Personnel Association, 1313 East 60th Balter Bldg., New Chicago, III 70112, USA.
20. Richardson, Bellows, Henry & Co., Inc. 324 Balter Bldg., New Orieans. La. 70112, USA.
21. Scholastic Testing Service, Inc., 3374 west Devon Ave, Chicago, III 60106, USA.
22. Science Research Associates, Inc. 259 East Brie St. Chicago, III 60611, USA.
23. Sheridan Supply Co., P.O. Box 837, Beverly Hills, Calif, 90213, USA.
24. C.H. Stoelting Co. 424 North Homan Ave, Chicago, III 60624, USA.
25. University of London Press Ltd., Little Paul's House, Warwick Square, London E.C.-4 England.
26. Western Psychological Service, Box 775, Beverly Hills, Calif, 90213, USA.

5

प्रश्नों के प्रकार
(Types of Questions)

शैक्षिक मूल्यांकन मुख्यतः प्रश्नों के द्वारा ही किया जाता है। प्रश्न लिखित एवं मौखिक रूप से पूछे जाते हैं। मुख्यतः प्रश्न तीन प्रकार के होते हैं, निबन्धात्मक प्रश्न, लघु उत्तरीय प्रश्न एवं वस्तुनिष्ठ प्रश्न इनका क्रमानुसार वर्णन यहाँ किया गया है:

निबन्धात्मक प्रश्न
(Eassy Type Questions)

निबन्धात्मक प्रश्न वह है, जिसके लिए विद्यार्थी सूचनाएँ प्रदान करता है, न कि सही उत्तर का चयन करता है। यह माँग करता है कि विद्यार्थी अनुक्रिया (उत्तर) का निर्माण करेगा। निबन्धात्मक प्रश्नों के उत्तर का सहीपन एवं गुणवत्ता, कुशल व्यक्ति जिसे विषय का पूर्ण ज्ञान हो, के द्वारा ज्ञात की जा सकती है।

निबन्धात्मक प्रश्नों को दो प्रकारों में वर्गीकृत किया जा सकता है–

1. सीमित अनुक्रिया पद/प्रश्न (Restricted Response Question/ Item)

प्रायः सीमित अनुक्रिया प्रश्न में विषय वस्तु एवं उत्तर की सीमा सीमित रहती है। प्रायः विषयवस्तु प्रकरण के क्षेत्र द्वारा सीमित की जाती है। अनुक्रिया का प्रकार प्रश्न में दर्शाया जाता है।

2. विस्तारित अनुक्रिया प्रश्न (Extended Response Question/ Item)

जिस प्रश्न में अनुक्रिया की लम्बाई एवं जटिलता का पता विद्यार्थी द्वारा लगाया जाता है, विस्तारित अनुक्रिया प्रश्न कहलाते हैं।

लाभ (Advantages)

1. निबन्धात्मक प्रश्नों का मुख्य लाभ यह होता है कि इनके द्वारा जटिल अधिगम परिणामों को मापा जाता है, जिनका मापन अन्य साधनों से सम्भव नहीं होता है।
2. निबन्धात्मक प्रश्नों में चिन्तन एवं समस्या-समाधान कौशलों के समन्वय एवं अनुप्रयोग पर बल दिया जाता है।

3. निबन्धात्मक प्रश्नों का निर्माण अन्य प्रकार के प्रश्नों की तुलना में अपेक्षाकृत आसान होता है।
4. निबन्धात्मक प्रश्नों में अनुमानन (Guessing) को दूर किया जाता है। चूँकि निबन्धात्मक प्रश्नों में कोई विकल्प नहीं दिया जाता है। अतः विद्यार्थी स्वयं उत्तर प्रदान करता है न कि उसका चयन करता है।
5. निबन्धात्मक प्रश्नों में सम्प्रेषण कौशलों पर बल दिया जाता है, जो कि जटिल शैक्षणिक संकायों के लिए आवश्यक होते हैं।

सीमाएँ/हानियाँ (Limitations/ Disadvantages)

1. फलांकन में कठिन (Difficult to Score) – निबन्धात्मक प्रश्न के उत्तर में विद्यार्थी कई पृष्ठ लिखता है, उसमें उसका हस्तलेखन (Handwriting) व शब्दार्थ की गलतियाँ भी फलांकन को प्रभावित करती हैं।

2. फलांकन अविश्वसनीय होते हैं (Scoring are not Reliable) – एक ही विद्यार्थी के उत्तर को जब दो अलग परीक्षक जाँचते हैं तब दोनों ही उसे अलग–अलग फलांक (Scores) प्रदान करते हैं तथा एक ही व्यक्ति अलग-अलग समय पर उत्तर के सहीपन (Correctness) पर अपनी अलग-अलग राय देता है।

3. पाठ्यचर्या का अल्प प्रतिनिधित्व (Low Representation of Curriculum)– निबन्धात्मक प्रश्नों में पाठ्यचर्या की अल्प विषय वस्तु ही शामिल रहती है।

4. गप्प लगाना (Bluffing) – यह पाया गया है कि बड़े निबन्धों पर विद्यार्थी ज़्यादा अंक पाता है, बजाए छोटे निबन्धों के। इस कारण विद्यार्थी गप्प/धुप्पल लगा सकते हैं।

निबन्धात्मक प्रश्नों का उपयोग कब करना चाहिए?

निम्न स्थितियों में निबन्धात्मक प्रश्नों का उपयोग किया जाना चाहिए–

1. जब अनुदेशन उद्देश्य उच्च संज्ञानात्मक (Cognitive) प्रक्रियाओं को निर्दिष्ट करें। इनमें सूचना प्रदान करने की आवश्यकता होती है।

2. जब गिने-चुने (Few) परीक्षणों अथवा पदों के श्रेणीयन (Gradation) की आवश्यकता हो। जब कक्षा का आकार छोटा हो तब निबन्धात्मक प्रश्नों का उपयोग किया जाना चाहिए।

3. जब परीक्षण की सुरक्षा विचारणीय (Consideration) हो। यदि आपको इस बात का डर हो कि परीक्षण के प्रश्न भविष्य में छात्रों के पास चले जाएँगे एवं आप परीक्षण का पुनः उपयोग नहीं कर सकेंगे तब निबन्धात्मक परीक्षण का उपयोग करना बेहतर होगा। सामान्यतः एक अच्छा निबन्धात्मक परीक्षण बनाने में अच्छे वस्तुनिष्ठ परीक्षण बनाने की तुलना में अल्प समय ही लगता है।

निबन्धात्मक प्रश्न तैयार करना (Preparing Essay Items)

निबन्धात्मक प्रश्नों में सुधार के लिए इबेल एवं फ्रिस्बि (1991) ने अग्र सुझाव दिए हैं:

1. ऐसे प्रश्न अथवा निर्धारित कार्य पूछिए जिसमें विद्यार्थियों से आवश्यक ज्ञान पर अधिकार के प्रदर्शन की आवश्यकता हो।
2. सुस्पष्ट (Determinate) प्रश्न पूछिए, तात्पर्य है जिनसे विशेषज्ञ सहमत हों कि एक उत्तर दूसरे से बेहतर है।
3. जहाँ तक संभव हो परीक्षक के कार्य को पूर्णतः एवं विशिष्ट रूप से परिभाषित कीजिए।
4. प्रश्नों की रचना इस प्रकार से की जानी चाहिए ताकि परीक्षार्थी पूर्ण रूप से यह समझे कि उससे क्या अपेक्षाएँ हैं।
5. सामान्यतः उन विशिष्ट प्रश्नों को अधिक प्राथमिकता देनी चाहिए, जिनका उत्तर अधिक संक्षिप्तता से दिया जा सके।
6. परीक्षार्थी को ऐच्छिक प्रश्नों में से विकल्प नहीं देना चाहिए जब तक कि विशिष्ट परिस्थितियाँ इसे आवश्यक न बतायें।

ग्रानलुण्ड एवं लिन (1990) ने निबंधात्मक प्रश्न की रचना के लिए निम्न सुझाव दिए हैं –

1. निबंधात्मक प्रश्नों का उपयोग उन अधिगम परिणामों के लिए सीमित कीजिए जो कि वस्तुनिष्ठ प्रश्नों से संतोषजनक रूप से नहीं मापे जा सकते हों।

2. प्रश्नों का निर्माण ऐसे कीजिए जो अधिगम परिणामों में निर्दिष्ट व्यवहार को प्रदर्शित करते हों।

उन्होंने निम्न प्रश्न बताए हैं –

अ. तुलना करना (Comparing) – पौधों एवं जन्तुओं में समानताएँ एवं विभिन्नताएँ बताइए।
   प्र. निम्न दो अध्यापन विधियों की तुलना कीजिए।

ब. कारण एवं प्रभाव में संबंध बताना (Showing Cause Effect Relationship)
   प्र. भारत में गरीबी के प्रमुख कारण क्या हैं?

स. औचित्य प्रतिपादन (Justifying)
   प्र. निम्न में से आप किस विकल्प का चयन करेंगे एवं क्यों?
   प्र. व्याख्या कीजिए कि आप निम्न कथन से सहमत अथवा असहमत क्यों हैं?

द. संक्षिप्तीकरण करना (Summarizing)
   प्र. राष्ट्रीय शिक्षा नीति (1986) में शामिल मुख्य बिन्दुओं को बताइए।

इ. सामान्यीकरण करना (Generalizing)
   निम्न प्रदत्त (Data) से विभिन्न सामान्यीकरण प्रतिपादित कीजिए।

ई. निष्कर्ष निकालना (Infering)

उ. वर्गीकरण करना (Classifying)
   प्र. निम्न पदों में क्या समान है?

ऊ. सृजन करना (Creating)
   प्र. क्या होगा यदि जानवर मनुष्य की बोली बोलने लग जाएं, का वर्णन करते हुए एक कहानी बनाइए?

ए. अनुप्रयोग करना (Applying)

प्र. एक स्थिति बताइए जो कि थार्नडाइक के स्थानान्तरण सिद्धांत की व्याख्या करती हो।

ऐ. विश्लेषण करना (Analysing)

प्र. अधिगम निर्योग्य विद्यार्थियों के मुख्य लक्षणों की सूची बनाइए एवं उनका वर्णन कीजिए।

ओ. संश्लेषण करना (Synthesizing)

सिद्ध करने के लिए एक योजना बनाइए।

औ. मूल्यांकन करना (Evaluating)

प्र. टॉलमैन के अधिगम सिद्धांत की शक्तियों एवं कमज़ोरियों का वर्णन कीजिए।

निबंधात्मक प्रश्नों का फलांकन (Scoring of Essay Type Questions)

निबंधात्मक प्रश्नों की रचना पूर्व में दिए गए सुझावों के आधार पर करने के पश्चात् निम्न सुझावों के आधार पर फलांकन करने से उनके फलांकन की विश्वसनीयता को बढ़ाया जा सकता है (ग्रानलुण्ड एवं लिन 1990)

1. अपेक्षित उत्तर की रूपरेखा अग्रिम रूप से ही तैयार कर लेनी चाहिए। इसमें मुख्य बिन्दुओं को शामिल करना चाहिए तथा प्रत्येक को कितने अंक प्रदान किए जाएँगे, इनका निर्धारण भी कर लेना चाहिए।

फलांकन कुंजी (Scoring Key) के तैयार कर लेने से विद्यार्थियों के मूल्यांकन को समान आधार प्राप्त हो जाता है तथा इससे प्रत्येक प्रश्न का मानक बढ़ जाता है।

2. सर्वाधिक उपयुक्त फलांकन विधि का उपयोग कीजिए। निबंधात्मक प्रश्नों के फलांकन की दो सामान्य विधियाँ हैं। प्रथम बिन्दु विधि कहलाती है तथा दूसरी निर्धारण (Rating) विधि कहलाती है। बिन्दु विधि के अन्तर्गत प्रत्येक उत्तर की तुलना फलांकन कुंजी में दिए गए आदर्श उत्तर से की जाती है तथा उत्तर की पर्याप्तता के आधार पर दिए गए बिन्दु आवंटित किए जाते हैं।

निर्धारण विधि से फलांकन करने में उत्तर पढ़कर उसे दी गई ढेरियों (Piles) में से किसी एक में रखा जाता है। प्रत्येक ढेरी गुणवत्ता के अंश का प्रतिनिधित्व करती है। प्रत्येक उत्तर को दिए जाने वाले साख (Credit) अथवा अंक का निर्धारण करती है। प्रायः निर्धारण विधि में 5 से 10 वर्गों (Categories) का उपयोग किया जाता है।

3. यह तय कीजिए कि अधिगम परिणामों के लिए जो कारक निरर्थक होंगे, उनका सामना कैसे करेंगे? फलांकन को अनेक कारक प्रभावित करते हैं जैसे हस्त–लेखन की स्पष्टता, शब्दार्थ, वाक्य रचना, विराम चिन्ह (Punctuation) एवं स्वच्छता।

4. एक प्रश्न के सभी उत्तरों का मूल्यांकन एक साथ कर लेना चाहिए। इससे बेहतर उत्तर को बेहतर अंक प्राप्त होते हैं।

5. बिना विद्यार्थियों के नाम देखे उत्तरों का मूल्यांकन कीजिए। अध्यापक कक्षा के प्रत्येक छात्र के बारे में एक सामान्य छाप (Impression) रखता है। मूल्यांकन

के समय ये सामान्य छाप मूल्यांकन को भी प्रभावित करते हैं। यदि अध्यापक उत्तरपुस्तिका में अनुक्रमांक के आधार पर बिना विद्यार्थी का नाम जाने मूल्यांकन करेंगे तब फलांकन की विश्वसनीयता बढ़ जाएगी।

लघु उत्तरीय पद
(Short Answer Item)

लघु उत्तरीय पद एवं पूरक दोनों में प्रदान (Supply) प्रकार के पद होते हैं, जिनका उत्तर एक शब्द, अंक, संकेत अथवा वाक्यांश में होता है। यह शब्द एक ही प्रकार के होते हैं तथा अन्तर केवल समस्या के प्रस्तुतीकरण में होता है। लघु उत्तरीय पद में प्रत्यक्ष प्रश्न का उपयोग किया जाता है, जबकि पूरक प्रकार के पद में एक अपूर्ण कथन होता है।

उदाहरण

लघु उत्तरीय

प्र. उस व्यक्ति का नाम क्या है जिसने पेन का अविष्कार किया? (वाटरमैन)

पूरक

जिस व्यक्ति ने पेन का अविष्कार किया उसका नाम है ....(वाटरमैन)

उपयोग (Uses) – लघु उत्तरीय पदों का उपयोग विभिन्न प्रकार के सरल अधिगम परिणामों के मापन के लिए किया जाता है। उदाहरण–

1. शब्दावली का ज्ञान (Knowledge of Terminology) – तीन सरल रेखाओं से घिरी हुई आकृति त्रिभुज कहलाती है।

2. विशिष्ट तथ्यों का ज्ञान (Knowledge of Specific Facts) – हमारे देश में विधायक का चुनाव 5 वर्ष के लिए किया जाता है।

3. सिद्धांतों का ज्ञान (Knowledge of Principles) – यदि किसी गैस का तापमान स्थिर रखा जाता है एवं इस पर दाब लगाया जाता है, तब यह बढ़ जाता है, इसके आयतन पर क्या प्रभाव होगा? (यह बढ़ जाएगा)

4. विधि एवं प्रक्रिया का ज्ञान (Knowledge of Method and Procedure) – धनात्मक अथवा ऋणात्मक विद्युत आवेश का पता लगाने के लिए किस यंत्र का उपयोग किया जाता है ? (इलेक्ट्रोस्कोप)

5. प्रदत्तों का सरल निर्वचन (Simple Interpretation of Data) – अमर शब्द में कितने स्वर हैं (1)

नीचे दिए गए त्रिभुज का प्रत्येक कोण कितने अंश का है ? (60)

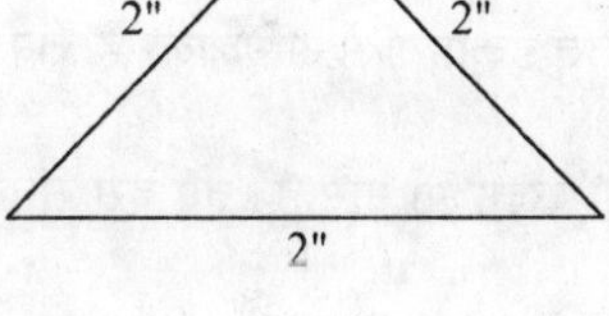

6. अंकिक समस्याओं के समाधान की योग्यता – 300 का 5 प्रतिशत कितना होगा? (15)

7. गणितीय संकेतों के परिचालन का कौशल

यदि

$$\frac{\text{क}}{\text{ख}} = \frac{3}{(\text{ख} - 1)}$$

तब

$$\text{क} = \frac{3\ \text{ख}}{(\text{ख} - 1)}$$

लाभ एवं सीमाएँ (Advantages and Limitations)

इन पदों के लाभ निम्न हैं –

1. इनकी रचना करना सरल होता है।
2. विज्ञान एवं गणित के समस्या समाधान के परिणामों को छोड़कर इनका उपयोग सूचनाओं के प्रत्यास्मरण (Recall) के लिए किया जाता है।
3. इसमें विद्यार्थी सूचना प्रदान करते हैं।

इन पदों की निम्न सीमाएँ होती हैं–

1. इनके द्वारा जटिल अधिगम परिणामों का मापन संभव नहीं है।
2. इनका फलांकन कठिन होता है। यदि प्रश्न किया जाता है –

महात्मा गाँधी का जन्म कहाँ हुआ था? तब विद्यार्थी शहर, राज्य, मोहल्ले का नाम बता सकता है।

लघु उत्तरीय पद निर्माण के सुझाव
(Suggestions for Constructing Short Answer Items)

लघु उत्तरीय पद निर्माण करने हेतु निम्न सुझाव दिए गए हैं :

1. पद की रचना इस प्रकार से कीजिए कि विशिष्ट एवं संक्षिप्त उत्तर की आवश्यकता हो।

उदाहरण – जो प्राणी अन्य प्राणी का माँस खाता है। उसे माँसाहारी (Carnivorous) कहते हैं।

2. पाठ्यपुस्तक के कथनों को यथावत लेकर लघु उत्तरीय पद नहीं बनाइए।

कमज़ोर पद – क्लोरीन एक (हेलोजन) है।

बेहतर पद – क्लोरीन उस समूह की सदस्य है जो कि धातुओं के संयोग से लवण बनाती है। इसलिए इसे (हेलोजन) कहते हैं।

3. प्रायः अपूर्ण कथन की बजाए एक प्रत्यक्ष प्रश्न वांछनीय है।

4. यदि उत्तर अंकित इकाइयों में अभिव्यक्त है, तब चाहे गए उत्तर का प्रकार बताइए।

यदि एक संतरे का वज़न 50 ग्राम है। तब दस संतरों का वज़न कितने (500) ग्राम होगा।

5. उत्तर के लिए रिक्त स्थान लम्बाई में बराबर तथा प्रश्न के दाएँ स्तम्भ में होना चाहिए।

6. जब पूरक पदों का उपयोग किया जाये तब बहुत ज़्यादा रिक्त स्थान नहीं होने चाहिए।

सत्य-असत्य या विकल्पनात्मक अनुक्रिया पद

(True-False or Alternative Response Item)

विकल्पनात्मक अनुक्रिया परीक्षण पद में एक घोषणात्मक पद होता है जिसमें विद्यार्थी को सत्य अथवा असत्य, सही अथवा गलत, हाँ अथवा नहीं, तथ्य अथवा मत, सहमत अथवा असहमत इत्यादि पर चिन्ह लगाना होता है। चूँकि सत्य अथवा असत्य का उपयोग बहुतायत से किया जाता है। इसलिए इन्हें सत्य-असत्य पद भी कहा जाता है।

उपयोग (Uses)

सम्भवतः सत्य-असत्य पदों का उपयोग कथनों की सत्यता के मापन के लिए किया जाता है। इन कथनों में तथ्य, शब्दों की परिभाषाएँ, नियम इत्यादि प्रस्तुत किए जाते हैं –

इनके उदाहरण निम्न हैं –

1. निर्देशः नीचे दिए प्रत्येक कथन को पढ़िए, यदि कथन सत्य है, तब 'सत्य' पर वृत्त बनाइए, यदि कथन असत्य है, तब 'असत्य' पर वृत्त बनाइए।
   पौधों की पत्तियों का हरा रंग क्लोरोफिल के कारण होता है।
   सत्य असत्य
2. नीचे दिए प्रत्येक कथन को पढ़िए। यदि कथन तथ्य है तब 'त' पर वृत्त बनाइए। यदि कथन मत है तब 'म' पर वृत्त बनाइए।
   पानी रंगहीन होता है। त म
3. निर्देशः नीचे दिए प्रत्येक कथन को पढ़िए। यदि कथन सत्य है तब 'स' पर वृत्त बनाइए, यदि कथन असत्य है तब 'अ' पर वृत्त बनाइए। यदि कथन मत है तब 'म' पर वृत्त बनाइए।
   क. पृथ्वी एक ग्रह है। (स) अ म
   ख. पृथ्वी चन्द्रमा के आसपास चक्कर लगाती है। स (अ) म
   ग. मंगल (Mars) पर कोई भी पौधा अथवा प्राणी नहीं है। स अ (म)
4. निर्देशः नीचे दिए गए प्रत्येक कथनों में, कथन के दोनों भाग सत्य है। आपको यह निर्णय करना है कि क्या भाग 'ख' भाग 'क' के 'सत्य क्यों है' की व्याख्या करता है। यदि यह करता है तब 'हाँ' पर वृत्त बनाइए, यदि नहीं करता है, तब 'नहीं' पर वृत्त बनाइए।
   क कुछ पौधों को सूर्य प्रकाश की आवश्यकता नहीं होती है।

ख चूँकि वे अपना भोजन दूसरे पौधों से प्राप्त करते हैं।

हाँ नहीं

5. सत्य एवं असत्य पदों के द्वारा तर्क के सरल पहलू का मापन किया जाता है। नीचे दिए गए कथनों को पढ़िए, यदि कथन सही है, 'स' पर वृत बनाइए, यदि कथन असत्य है तब 'अ' पर वृत्त बनाइए, यदि कथन का विलोम सत्य है तब 'वि स' पर वृत्त बनाइए, यदि कथन का विलोम असत्य है तब 'वि अ' पर वृत्त बनाइए। प्रत्येक कथन के दो उत्तर देने के प्रति निश्चित रहिए।

सभी वृक्ष पौधे हैं। स अ वि स वि अ

लाभ एवं सीमाएँ (Advantages and Limitations)

इसके निम्न लाभ होते हैं –

1. इस प्रकार के पदों का निर्माण एवं फलांकन सरल होता है।
2. इन प्रश्नों के द्वारा संपूर्ण पाठ्यचर्या का प्रतिनिधित्व किया जा सकता है।
3. ऐसे प्रश्न छोटी उम्र के विद्यार्थियों के लिए बहुत लाभदायक होते हैं, क्योंकि इन विद्यार्थियों में धारणा शक्ति (Retension Power) पर अधिक बल नहीं दिया जाता तथा विद्यार्थी ठीक उत्तर की पहचान आसानी से कर लेता है।

1 R; -असत्य प्रकार के पदों की निम्न सीमाएँ होती हैं–

1. इनके द्वारा केवल ज्ञान के स्तर के अधिगम परिणामों का मापन संभव होता है।
2. इनके द्वारा मापे गए अधिगम परिणामों का मापन बहुविकल्प पदों के द्वारा अधिक प्रभावी ढंग से मापा जा सकता है।
3. इनमें विद्यार्थी सही उत्तर का अनुमान लगा सकते हैं।

सत्य-असत्य पदों के निर्माण के लिए सुझाव (Suggestions for Constructing True-False Items)

सत्य-असत्य पदों के निर्माण के लिए निम्न सुझावों को ध्यान में रखना चाहिए:

1. व्यापक सामान्य कथनों से बचना चाहिए यदि उनके बारे में सत्य अथवा असत्य का निर्णय करना हो।
2. सतही (Trivial) कथनों से बचना चाहिए।

   उदाहरण – ए.पी.जे.अब्दुल कलाम कमज़ोर राष्ट्रपति थे।
3. ऋणात्मक कथनों से विशेषकर दोहरे ऋणात्मक कथनों से बचें।

   उदाहरण – प्रयोग का कोई भी सोपान अनावश्यक था।

   (कमज़ोर पद)

   स अ

   प्रयोग के सभी सोपान आवश्यक थे।

   (बेहतर पद) स अ
4. लम्बे जटिल वाक्यों से बचें।

5. एक कथन में दो विचारों को शामिल करने से बचिए, जब तक कारण-प्रभाव संबंध का मापन करना है।
6. सत्य एवं असत्य कथनों की संख्या करीब–करीब बराबर होनी चाहिए।
7. सत्य एवं असत्य उत्तरों की लम्बाई करीब-करीब बराबर होनी चाहिए।
8. ऐसे कथन जिनका सत्य अथवा असत्य होना संदिग्ध हो अथवा जिनके बारे में विभिन्न मत हों परीक्षण में शामिल नहीं करना चाहिए।
9. कथनों को पाठ्यपुस्तक से सीधे उतारकर वैसे ही प्रश्न नहीं बनाना चाहिए।
10. अनिश्चित अंश वाली शब्दावली से बचना चाहिए। जैसे – लम्बे समय, केवल, हमेशा, कभी नहीं, नियमित रूप से।

बहु विकल्प प्रश्न
(Multiple Choice Questions)

बहु विकल्प प्रश्नों में एक समस्या प्रस्तुत की जाती है तथा उसके सुझाए समाधान की सूची दी जाती है। समस्या को प्रत्यक्ष प्रश्न अथवा अपूर्ण कथन के रूप में प्रस्तुत किया जाता है, जिसे प्रश्न का तना (Stem) कहा जाता है। सुझाए गए समाधानों की सूची में शब्दों, अंकों, संकेतों को शामिल किया जाता है, जिन्हें विकल्प कहा जाता है। विद्यार्थी को तने एवं विकल्पों को पढ़ने को कहा जाता है ताकि वह सही विकल्प अथवा सर्वश्रेष्ठ विकल्प का चयन करे। प्रत्येक पद में सही विकल्प ही उत्तर होता है तथा सही विकल्प को छोड़कर शेष विकल्पों को ध्यान भंगक (Distractor) कहा जाता है।

तने में प्रत्यक्ष प्रश्न अथवा अपूर्ण कथन का उपयोग अनेक कारकों पर निर्भर करता है। प्रत्यक्ष-प्रश्न प्रकार के बहुविकल्प प्रश्न बनाने में आसान होते हैं तथा विद्यार्थियों के लिए अधिक प्राकृतिक होते हैं, जिसमें समस्या स्पष्ट रूप से निर्मित की जाती है। दूसरी ओर अपूर्ण कथन प्रकार वाले बहुविकल्प प्रश्न अधिक संक्षिप्त तथा कुशलता से निर्मित किए जाते हैं। इसमें भी सुपरिभाषित समस्या प्रस्तुत की जा सकती है। इनका उपयोग अनेक प्रतियोगी परीक्षाओं में किया जाता है जैसे– IAS, SSC, NET, NDA इत्यादि।

प्रत्यक्ष प्रश्न प्रारूप

निम्न में से कौन भारत की राजधानी है ?

अ. दिल्ली ब. भोपाल

स. लखनऊ द. चण्डीगढ़

अपूर्ण कथन प्रारूप

भारत की राजधानी है ....

अ. दिल्ली ब. भोपाल

स. लखनऊ द. चण्डीगढ़

इन उदाहरणों में केवल एक सही उत्तर है। भारत की राजधानी दिल्ली है तथा उसे छोड़कर शेष विकल्प गलत हैं। इसे सही उत्तर प्रारूप का बहुविकल्प प्रश्न भी कहते हैं।

लाभ एवं सीमाएँ (Advantages and Limitations)

लाभ (Advantages)

1. उपलब्धि मापन के लिए बहुविकल्प प्रश्नों का उपयोग विस्तृत रूप में किया जाता है। इसके द्वारा विभिन्न प्रकार के ज्ञान और जटिल अधिगम परिणामों का प्रभावी रूप से मापन किया जाता है।
2. इन प्रश्नों के द्वारा न केवल यह ज्ञात किया जाता है कि कथन सही है, अपितु क्या सही है।
3. इनकी विश्वसनीयता अधिक होती है।
4. बहुविकल्प प्रश्नों में सर्वश्रेष्ठ उत्तर का उपयोग कर उसके कठिनाई स्तर को बढ़ाया जाता है, जबकि सही गलत में ऐसा नहीं होता।
5. बहुविकल्प प्रश्न अनुक्रिया समुच्चयों से अलग होते हैं। प्रायः विद्यार्थी किसी विकल्प पर तब तक निशान नहीं लगाएँगे जब तक कि उन्हें सही उत्तर ज्ञात न हो।
6. बहुविकल्प प्रश्नों में मिलान प्रकार के प्रश्नों की तरह समांग (Homogeneous) सामग्री की आवश्यकता नहीं होती है।

सीमाएँ (Limitations)

1. इसमें शाब्दिक स्तर के अधिगम परिणामों का ही मापन किया जा सकता है।
2. इसके द्वारा इस बात का पता नहीं लगाया जा सकता है कि विद्यार्थी किसी कार्य को कैसे निष्पादित (Perform) करेंगे।
3. इनके द्वारा गणित के एवं विज्ञान के समस्या समाधान कौशलों का मापन नहीं किया जा सकता है।
4. इनके द्वारा प्रदत्तों के संगठन एवं प्रस्तुतीकरण की योग्यता का मापन नहीं किया जा सकता है।

बहुविकल्प प्रश्न निर्माण के लिए सुझाव (Suggestions for constructing Multiple Choice Items)

विद्वानों ने बहुविकल्प प्रश्न निर्माण के लिए निम्न सुझाव दिए हैं –

1. बहुविकल्प प्रश्नों का तना अपने आप में अर्थपूर्ण होना चाहिए तथा इसे एक निश्चित समस्या प्रस्तुत करनी चाहिए।
2. प्रश्न का तना निरर्थक सामग्री से मुक्त होना चाहिए।
3. नकारात्मक कथन का उपयोग तभी किया जाना चाहिए जबकि वह सार्थक अधिगम परिणाम के लिए आवश्यक हो।

4. दिए गए सभी विकल्प पद के तने से व्याकरण रूप से एक रूप होने चाहिए।
5. एक प्रश्न का केवल एक ही सही उत्तर अथवा सर्वश्रेष्ठ (Best) उत्तर होना चाहिए।
6. सभी ध्यान भंगक (Distractors) देखने में विश्वसनीय होने चाहिए।
7. बोध के मापन करने वाले प्रश्नों में कुछ नवीनता होनी चाहिए।
8. तने एवं सही उत्तर के मध्य साहचर्यों से बचना चाहिए।
9. विकल्पों की सापेक्ष लम्बाई से सही विकल्प का संकेत (Clue) नहीं प्रदान किया जाना चाहिए।
10. सही विकल्प का स्थान प्रत्येक विकल्प के स्थान पर आना चाहिए, किन्तु उन्हें दैवरूप से तय किया जाना चाहिए। यदि 20 बहुविकल्प प्रश्न हैं एवं चार विकल्प हैं, तब अ,ब,स एवं द विकल्पों के लिए 5–5 सही उत्तर होने चाहिए।
11. विशिष्ट विकल्पों जैसे उक्त में से कोई भी नहीं तथा उक्त सभी का उपयोग अंतिम विकल्प के रूप में करना चाहिए। 'उक्त सभी' विकल्प का उपयोग बहुविकल्प प्रश्न में अंतिम विकल्प के रूप में किया जाता है। ऐसा विद्यार्थी को सभी विकल्पों पर ध्यान देने के लिए किया जाता है तथा इससे कठिनाई स्तर बढ़ता है। 'उक्त में से कोई भी नहीं' विकल्प का उपयोग गणित में गणनात्मक कौशलों के मापन के लिए किया जाता है। किन्तु, इन अधिगम परिणामों का मापन बहुविकल्प प्रश्नों द्वारा नहीं किया जाना चाहिए। इन्हें लघुउत्तरीय प्रश्नों द्वारा बेहतर प्रकार से मापा जा सकता है।
12. यदि अन्य प्रकार के प्रश्न अधिक उपयुक्त हों तब बहुविकल्प प्रश्नों का उपयोग नहीं कीजिए।
13. उक्त सुझावों में से किसी की भी अवहेलना कर सकते हैं, बशर्ते इसके लिए आपके पास अच्छे कारण मौजूद हों।

उपयोग (Uses)

बहुविकल्प प्रश्नों के द्वारा सरल से लेकर जटिल अधिगम परिणामों का मापन किया जाता है। यहाँ इनके उपयोग दिए गए हैं –

1. ज्ञान-परिणामों का मापन (Measuring Knowledge Outcomes)–सभी विद्यालयीन विषयों में ज्ञान के क्षेत्र में अधिगम परिणाम का मापन बहुविकल्प प्रश्नों के द्वारा किया जा सकता है।

2. शब्दावली का ज्ञान (Knowledge of Terminology)–बहुविकल्प द्वारा एक किन्तु बुनियादी अधिगम परिणाम का मापन किया जाता है, वह है शब्दावली का ज्ञान।

निम्न में से किसका अर्थ बाहर के समान है –

अ. आगत ब. पुनरागमन

स. निर्गत द. प्रतिगमन

3. विशिष्ट तथ्यों का ज्ञान (Knowledge of Specific Facts) – इसके मापन के अनेक रूप हो सकते हैं। जैसे कौन? क्या? कब? एवं कहाँ?

भारत के प्रथम अंतरिक्ष यात्री कौन थे?

अ. कल्पना चावला ब. सुनीता विलियम्स

स. राकेश शर्मा द. संतोष यादव

4. नियमों का ज्ञान (Knowledge of Principles)–नियमों के ज्ञान का मापन भी बहुविकल्प प्रश्नों द्वारा मापा जा सकता है।

5. विधि एवं प्रक्रिया का ज्ञान (Knowledge of Method & Procedure)– इनके द्वारा प्रयोगशाला की प्रक्रियाओं का ज्ञान एवं निष्पादन कौशलों का मापन किया जाता है।

यदि आप समस्या का वैज्ञानिक अध्ययन कर रहे हैं तब आपका पहला सोपान होगा–

अ. समस्या के बारे में सूचनाएँ एकत्र करना।

ब. परीक्षण की जाने वाली परिकल्पनाओं का विकास करना।

स. संचालित किए जाने वाले प्रयोग का निर्माण करना।

द. वैज्ञानिक उपकरण का चयन करना।

6. बोध एवं अनुप्रयोग स्तर के अधिगम परिणामों का मापन – इसके अंतर्गत निम्न प्रकार के बिन्दुओं का मापन किया जाता है।

अ. तथ्यों एवं नियमों के अनुप्रयोग की योग्यता

इसके उदाहरण हैं –

निम्न में से कौन रासायनिक तत्व का उदाहरण है।

(*i*) नमक (*ii*) अम्ल

(*iii*) ऑक्सीजन (*iv*) पानी

ब. कारण–प्रभाव संबंधों के निर्वचन (Interpretation) की योग्यता – बोध का मापन विभिन्न तत्वों के संबंधों के निर्वचन द्वारा किया जा सकता है। कार्बन मोनो ऑक्साइड की बढ़ी हुई मात्रा प्राप्त होती है जब ईंधन को ऑक्सीजन की सीमित मात्रा की उपस्थिति में जलाया जाता है –

(*i*) कार्बन, कार्बन मोनो ऑक्साइड से क्रिया करता है।

(*ii*) कार्बन, कार्बन डाइऑक्साइड से क्रिया करता है।

(*iii*) कार्बन मोनो ऑक्साइड एक प्रभावी न्यूनकारक है।

(*iv*) ज़्यादा ऑक्सीकरण होता है।

स. विधियों एवं प्रक्रियाओं के औचित्य प्रतिपादन की योग्यता–विद्यार्थी सही विधि अथवा प्रक्रिया का अनुसरण करने में सोपानों का क्रम जान सकता है।

किसान फसलों का चक्रण (Rotate) क्यों करते हैं ?

(*i*) मृदा की अविनाशिता के लिए।

(*ii*) विपणन (Marketing) आसान बनाने के लिए।

(*iii*) वर्षभर समरूप कार्य स्थितियाँ प्रदान करने के लिए।

(*iv*) बेहतर उत्पादन के लिए।

विस्तारित बहुविकल्प प्रश्न/पद या बहुविभेदात्मक प्रश्न/पद (Extended Multiple Choice Question/Item Or Multiple Discriminant Question/Item)

बहुविकल्प प्रश्न में जहाँ एक प्रश्न के 4 विकल्प होते हैं, वहीं बहुविभेदात्मक प्रश्न में एक से अधिक (तीन, चार या अधिक) प्रश्न तथा अधिक संख्या में सम्भावित उत्तर (विकल्प) दिए गए होते हैं। प्रत्येक प्रश्न के लिए केवल एक ही विकल्प सही उत्तर होगा तथा शेष विकल्प भंगक (Distractor) होंगे। (सनसनवाल एवं त्यागी, 2006)

उदाहरण

प्रश्न 1

अ. फाउन्टेन पेन के आविष्कारक
ब. दूरभाष के आविष्कारक
स. वातानुकूलक के आविष्कारक

विकल्प

1. जेम्स वाट
2. रदर फोर्ड
3. रूडोल्फ डीजल
4. विलिस कैरियर
5. जेम्स चैडविक
6. न्यूटन
7. कोपरनिकस
8. ऐवागेड्रो
9. कोपरनिकस
10. लेविस एडसनवाटरमैन
11. मेडम क्यूरी
12. अलबर्ट आइंसटाइन
13. मेंडलीफ
14. लेडिसो बिरो
15. ग्राहमबैल

प्रश्न 2

अ. मध्य प्रदेश की राजधानी
ब. गुजरात की राजधानी
स. उत्तर प्रदेश की राजधानी

विकल्प

1. पटना
2. कोलकाता
3. बेंगलुरू
4. रायपुर
5. गाँधीनगर
6. जयपुर
7. भुवनेश्वर
8. तिरूवनन्तपुरम्
9. चेन्नई
10. भोपाल
11. हैदराबाद
12. लखनऊ
13. रांची
14. चंडीगढ़
15. मुम्बई

मिलान पद/प्रश्न (Matching Item/ Question)

परम्परागत रूप में मिलान पदों में दो समानान्तर स्तम्भ (Column) होते हैं, तथा उनमें से एक में शब्द, संख्या, संकेत दिए रहते हैं, जिनका मिलान दूसरे स्तम्भ

के शब्द, वाक्य अथवा गद्यांश में करना होता है। प्रथम स्तम्भ को जिसके पदों का मिलान किया जाना हो, उसे आधार खण्ड (Premise) कहते हैं तथा उस स्तम्भ को जिसमें से चयन किया जाता है, अनुक्रिया (Response) कहा जाता है। हालांकि एक स्तम्भ से दूसरे स्तम्भ में अर्थात् किससे किसका मिलान करना है, यह स्पष्ट होता है, किन्तु प्रायः निर्देश द्वारा इसकी व्याख्या भी की जा सकती है।

उदाहरण : नीचे दो स्तम्भ अ एवं ब दिए गए हैं। अ में तत्वों के नाम दिए गए हैं तथा ब में उनके संकेत दिए गए हैं। स्तम्भ अ में दिए गए तत्वों का स्तम्भ ब में दिए गए उनके संकेतों से मिलान कीजिए।

स्तम्भ अ तत्व संकेत	स्तम्भ ब
1. ऑक्सीजन	A. Hg
2. पारा	B. H_2
3. ताँबा	C. Au
4. नाइट्रोजन	D. Cu
	E. O_2
	F. Ag
	G. N_2

उपयोग (Uses)

मिलान पदों द्वारा साहचर्य (Association) पर आधारित तथ्यजन सूचनाओं को ज्ञात किया जा सकता है।

प्रायः निम्न स्थितियों में इनका उपयोग किया जाता है –

व्यक्ति	उपलब्धियाँ
दिनांक	ऐतिहासिक घटनाएँ
शब्दावली	परिभाषाएँ
नियम	उदाहरण
संकेत	संकल्पनाएँ
लेखक	पुस्तक के शीर्षक
मशीन	उपयोग
पौधे/जानवर	वर्गीकरण
भाग	कार्य

लाभ एवं सीमाएँ (Advantages and Limitations)

मिलान पदों के निम्न लाभ होते हैं –

1. कम समय में ज़्यादा तथ्यात्मक सूचनाओं का आकलन अपेक्षाकृत अल्प समय में किया जा सकता है।
2. इनका निर्माण करना सरल होता है।

मिलान पदों की अग्र सीमा होती है –

1. इनके द्वारा केवल तथ्यात्मक सूचनाओं का ही आकलन किया जा सकता है।
2. समांग सामग्री आसानी से उपलब्ध नहीं होती है।

मिलान प्रकार के प्रश्न बनाने के लिए सुझाव
(Suggestions for constructing Matching Type Questions)

1. मिलान प्रश्न में केवल समांग सामग्री का ही उपयोग करें।

उदाहरण – **निर्देश :** नीचे दो स्तम्भ 'अ' एवं 'ब' दिए गए हैं।

'अ' में आविष्कार एवं ब' में आविष्कारक के नाम दिए गए हैं। स्तम्भ 'ब' में दिए गए प्रत्येक नाम का एक बार, एक से अधिक बार एवं एक बार भी नहीं उपयोग किया जा सकता है।

स्तम्भ अ उपलब्धि	**स्तम्भ ब** उपलब्धि करने वाले व्यक्ति का नाम
1. टेलीफोन के आविष्कारक	ग्राहम बेल
2. जिसने अमेरिका खोजा	जार्ज वाशिंगटन
3. अमेरिका के प्रथम राष्ट्रपति	कोलम्बस
4. भारत के प्रथम प्रधानमंत्री	अब्राहम लिंकन
	वाटरमैन
	जवाहरलाल नेहरु
	जोन ग्लेन

2. असमान संख्या में अनुक्रियाओं एवं आधार वाक्य को शामिल कीजिए तथा विद्यार्थी को निर्देश दीजिए कि अनुक्रियाओं का एक बार, एक से अधिक बार एवं कभी भी उपयोग नहीं किया जा सकता है। अनुक्रियाओं की संख्या ज़्यादा होने से अनुमान की सम्भावना कम हो जाएगी।
3. मिलान किए जाने वाले पदों की सूची संक्षिप्त होनी चाहिए तथा लघुतर अनुक्रियाओं को दायीं ओर रखना चाहिए।
4. अनुक्रियाओं की सूची को तार्किक क्रम में लगाइए। शब्दों को अकारादिक्रम (Alphabatical Order) में लगाइए। वर्षों को ऐतिहासिक क्रम में लगाइए।
5. निर्देशों में अनुक्रियाओं के मिलान एवं आधार वाक्य का आधार स्पष्ट कीजिए।
6. एक मिलान अभ्यास के लिए सभी पद एक ही पृष्ठ पर हों।

6

अभिप्राय, लक्ष्य एवं उद्देश्य के सन्दर्भ में मूल्यांकन
(Evaluation in the Context of Aims, Goals and Objectives)

मूल्यांकन करने से पूर्व मूल्यांकक को यह ज्ञात होना चाहिए कि किन अभिप्रायों, लक्ष्यों एवं उद्देश्यों के प्राप्त होने की अपेक्षा थी तभी मूल्यांकन किया जा सकता है। यहाँ अभिप्राय, लक्ष्य एवं उद्देश्य की संकल्पनाएं प्रस्तुत हैं :

अभिप्राय
(Aim)

अभिप्रायों को अन्तरिम रूप में सामान्य कथन के रूप में जो भविष्य के लिए अधिक विस्तृत निश्चयों के समूह को आकार एवं दिशा प्रदान करता है, परिभाषित किया जा सकता है। वह एक आदर्श, एक आकांक्षा, एक दिशा है, जिस ओर जाना है, उनकी प्रकृति काल्पनिक (Visionary) है, अतः बहुत ही वास्तविक अर्थ में वे अवास्तविक अथवा काल्पनिक होते हैं। वे अनुवर्ती क्रिया द्वारा स्पष्ट होते हैं, इसी कारण से इन्हें निरन्तर पुनः परिभाषित किया जाना चाहिए।

सामान्य रूप से, पाठ्यचर्या अभिप्राय वे कथन हैं, जो उन अपेक्षित जीवन परिणामों का वर्णन करते हैं, जो उस मूल्य योजना पर आधारित होते हैं, जो चेतन अथवा अचेतन रूप से दर्शन से लिया गया है। वे प्रत्यक्ष रूप से विद्यालय अथवा कक्षा परिणामों से सम्बन्धित नहीं होते। अभिप्राय का सम्बन्ध आदर्श से होता है, आदर्श को लक्ष्यों अथवा घटनाओं के समूह (Set) में तोड़ा जा सकता है। उनमें से प्रत्येक एक परिवर्तन बिन्दु का प्रतिनिधित्व करता है।

उदाहरण के लिए अभिप्राय शिक्षा में समस्या के लिए शोध प्रस्ताव कैसे लिखें? को समझने के लिए पाँच लक्ष्यों में तोड़ा जा सकता है। (डेविज़ 1976)

1. शोध प्रस्ताव एवं इसके रूपान्तरों (Variants) की संकल्पना अर्जित करना।

2. विचारों के स्पष्टीकरण, कार्य विश्लेषण, संश्लेषण प्रक्रियाएँ, सम्भावित परिणामों के लिए मूल्यांकन के लिए आधार के रूप में शोध प्रस्ताव लिखने के मूल्य का रसास्वादन (Appreciate) करना।
3. अन्वेषक की रुचि के उपयुक्त एक शैक्षिक समस्या की पहचान करना।
4. शैक्षिक जाँच–पड़ताल में सामान्यतः स्वीकृत मानक के अनुसार एक उपयुक्त शोध प्रस्ताव तैयार करना।
5. नियोजन दस्तावेज के रूप में इसके गुण एवं दोषों के मापन के माध्यम के रूप में शोध प्रस्ताव का आलोचनात्मक मूल्यांकन करना।

व्हीलर (1967) ने अभिप्रायों (Aims) के निर्धारण के लिए निम्न निकष दिए हैं–

1. मानव अधिकारों से सामंजस्य,
2. प्रजातान्त्रिक रूप से उन्मुख,
3. सामाजिक रूप से सार्थक,
4. वैयक्तिक आवश्यकताओं की पूर्ति के लिए प्रवृत्त और
5. सन्तुलन।

मानव अधिकारों से सामंजस्य (Consistence with Human Rights) – मानव अधिकारों के सार्वभौम घोषणा-पत्र की धारा पचास (50) में मानव को समाज के सदस्य के रूप में, विशेषकर नागरिक, राजनैतिक, आर्थिक तथा सांस्कृतिक क्षेत्रों में अधिकार प्रदान किये हैं। इसे सभी राष्ट्रों के सभी नागरिकों के लिए समान मानक के रूप में प्रस्तुत किया गया है। इस घोषणा-पत्र की विशेषता यह है कि इतिहास में सर्वप्रथम संगठित अन्तर्राष्ट्रीय समाज ने सभी देशों के नागरिकों का सार्वभौमिक दायित्व वहन किया है। दूसरे शब्दों में, किसी एक व्यक्ति के साथ एक देश में जो व्यवहार किया जाता है, तब वह मामला उसके समाज का न होकर सम्पूर्ण संसार का मामला बन जाता है। यदि शिक्षा एक नैतिक प्रश्न है, तब मानव समाज को निम्न बातों की अनिवार्य व्यवस्था करनी चाहिये (देखिये संयुक्त राष्ट्र घोषणा-पत्र धारा 55)।

(अ) उच्च जीवन स्तर, पूर्ण रोजगार एवं आर्थिक सामाजिक प्रगति एवं विकास की स्थितियाँ।

(ब) अन्तर्राष्ट्रीय आर्थिक, सामाजिक स्वास्थ्य एवं अन्य सम्बन्धित समस्याएँ तथा अन्तर्राष्ट्रीय सांस्कृतिक एवं शैक्षिक सहयोग।

(स) सभी के मानव अधिकारों तथा मूलभूत स्वतन्त्रता के प्रति जाति, धर्म, भाषा तथा लिंग के भेदभाव के बिना सार्वभौमिक आदर।

यह आवश्यक है कि मानव अधिकारों का ज्ञान, अनुभवों एवं कार्यों के रूप में मानव सम्बन्धों के क्षेत्रों, जैसे – विद्यालय, समाज तथा राष्ट्र और विश्व में समझे जावें, जिससे कि इनके पक्ष में उचित वातावरण बन सके।

घोषणा-पत्र की धारा 20 शिक्षा से सम्बन्धित है, जो बताती है कि शिक्षा मानव व्यक्तित्व के पूर्ण विकास तथा मानवीय अधिकारों तथा मूलभूत स्वतन्त्रता के प्रति आदर को सशक्त करने के लिए होनी चाहिये। यह सभी देशों, जातीय एवं धार्मिक

वर्गों के मध्य सहनशीलता, सद्भाव तथा मित्रता की वृद्धि करेगी तथा संयुक्त राष्ट्र संघ की शान्ति स्थापना के लिए की जाने वाली प्रवृत्तियों को आगे बढ़ाएगी। यह बिन्दु 14 विद्वानों एवं शिक्षाविदों की एक समिति ने दिया है। उनके अनुसार आज के विश्व में नवीन प्रकार के खतरों के कारण जीवन के लिए उचित प्रकार की शिक्षा का पता लगाना कठिन हो गया है। उनके अनुसार लोगों को न केवल विभिन्न प्रकार के नवीन कौशलों का ज्ञान दिया जाना चाहिये, अपितु इस जटिल समाज में अच्छे जीवन के लिए आवश्यक अभिवृत्तियों तथा मूल्यों को लघु मानव समूहों से बड़े समूहों तक और अन्त में समस्त विश्व समुदाय में प्रचारित करने के लिए रास्ता खोजना भी शिक्षा का अभिप्राय होना चाहिये।

प्रजातान्त्रिक रूप से (Democratically) उन्मुख – शिक्षा समाजीकरण का एक रूप है, इसलिए यह अच्छी एवं बुरी दोनों हो सकती है। ठीक इसी प्रकार सामाजिक विचारधारा से उत्पन्न अभिप्राय (Aim) भी अच्छे एवं बुरे दोनों हो सकते हैं। वैध अभिप्राय केवल प्रजातान्त्रिक विचारधारा से ही प्राप्त किए जा सकते हैं। केवल प्रजातन्त्र ही वह व्यवस्था है, जिसमें सभी मूलभूत मानवीय आवश्यकताओं की पूर्ति पर्याप्त रूप से की जा सकती है। प्रजातान्त्रिक पद्धति की मुख्य विशेषताएँ निम्न हैं :

(अ) प्रत्येक व्यक्ति के महत्व एवं गौरव का आदर किया जाता है।

(ब) प्रत्येक व्यक्ति को स्वयं का अधिकतम विकास करने तथा दूसरों के विकास में योगदान देने के समान अवसर प्राप्त होते हैं।

(स) शासितों की मुक्त रूप से व्यक्त की गयी सहमति से सरकार बनती है तथा वह उनका प्रतिनिधित्व करती है एवं उनके प्रति उत्तरदायी रहती है।

(द) विभिन्नता को मानवता की स्वाभाविक एवं वांछित विशेषता के रूप में मान्यता प्रदान की जाती है। अतः व्यक्तिगत भिन्नताओं का आदर किया जाता है। उन्हें प्रोत्साहित एवं विकसित किया जाता है।

(इ) प्रत्येक व्यक्ति अपनी अन्तरात्मा के अनुसार विचार करने, बोलने, पढ़ने, लिखने तथा पूजा-अर्चना करने के लिए स्वतन्त्र है, बशर्ते वह दूसरे व्यक्तियों को यही सब करने दे।

मुक्त समाज के कुछ महत्वपूर्ण कौशल एवं विधियाँ हैं :

समालोचनात्मक चिन्तन एवं वैज्ञानिक विधि–वैज्ञानिक विधि से न केवल समस्या का समाधान होता है, अपितु इससे वास्तविकता का परीक्षण भी किया जा सकता है।

सामाजिक सार्थकता (Social Relevance) – स्थिर समाज में अभिप्राय (Aim) वर्तमान मूल्यों को परिलक्षित करते हैं तथा भविष्य के लिए वैध हो सकते हैं, किन्तु जिस समाज में परिवर्तन तीव्र गति से होते हैं, उनमें आज के उद्देश्य कल के लिए उपयुक्त नहीं हो सकते। शैक्षिक अभिप्राय ऐसे होने चाहिये, जो न केवल वर्तमान के लिए सार्थक हों, अपितु वे भविष्य की आवश्यकताओं के अनुरूप हों अर्थात् उनकी सार्थकता भविष्य में भी होनी चाहिये। इसलिए पाठ्यचर्या का सतत् पुनर्संगठन

आवश्यक है। भविष्य के सम्बन्ध में कुछ भी निश्चयपूर्वक नहीं कहा जा सकता है। केवल इतना ही कहा जा सकता है कि वह वर्तमान से अलग होगा। इसलिए विद्यार्थियों को यह सीखना होगा कि वे परिवर्तन की सम्भावना को स्वीकार करें, उसके लिए योजना बनाएं एवं देखें कि वह सही प्रकार का परिवर्तन है या नहीं। उन्हें यह जानना चाहिये कि वे वर्तमान का विश्लेषण कैसे करें? एवं अपने आपको उसके साथ कैसे अनुकूलित करें ? साथ ही साथ भविष्य के बारे में चिन्तन करे तथा व्यक्ति के रूप में तथा समाज, राष्ट्र एवं संसार के सदस्य के रूप में योजना बनावें।

व्यक्तिगत आवश्यकताएँ – पाठ्यचर्या कार्यकर्ताओं से व्यक्तियों की बुनियादी आवश्यकताओं को जानना चाहिये, साथ ही उन्हें इन आवश्यकताओं से सम्बन्धित संस्कृति के बारे में जानना चाहिये। इसके अलावा उन्हें सभी की समान आवश्यकताओं एवं किसी निश्चित समूह के व्यक्तियों की आवश्यकताओं के मध्य अन्तर भी करना चाहिये।

सन्तुलन (Balance) – पाठ्यचर्या अभिप्राय के पूर्व में बताये गये चारों निकष, जैसे – मानव अधिकारों से सामंजस्य, प्रजातान्त्रिक उन्मुखीकरण, सामाजिक सार्थकता एवं व्यक्तिगत आवश्यकताओं से सन्तुलन सम्बन्धित होता है, शैक्षिक अभिप्रायों का निर्धारण करते समय इन चारों पर पर्याप्त बल दिया जाना ही सन्तुलन है।

लक्ष्य
(Goals)

लक्ष्य शिक्षा के अन्तिम बिन्दु अथवा परिणामों के कथन हैं, दूसरे शब्दों में, प्रयोजन (Purpose) के कथन हैं। महाविद्यालय के लक्ष्यों के विश्लेषण के द्वारा हम इसके सम्पूर्ण शैक्षिक कार्यक्रम के क्षेत्र को ज्ञात कर सकते हैं। ये अभिप्रायों के तहत् खुले कथन नही होते है। ये विशिष्ट लिखित कथन होते हैं, जिससे कि कार्यक्रम निर्माण के लिए उत्तरदायी व्यक्ति किसी निश्चित प्रयोजन को प्राप्त करने के लिए मार्गदर्शिका के रूप में इनका उपयोग कर सकें।

लक्ष्य विभिन्न अभिप्रायों से प्राप्त होते हैं। लक्ष्य अध्यापकों एवं पाठ्यचर्या निर्णय लेने वालों को सीधे कथन प्रदान करते हैं, जिससे उन्हें यह पता चलता है कि किसी विषय अथवा शैक्षिक कार्यक्रम के परिणामस्वरूप विद्यार्थियों के अधिगम के रूप में क्या प्राप्त होना चाहिये। जहाँ अभिप्राय, दिशा का बोध कराते हैं, वहीं लक्ष्य वास्तविक गंतव्य का वर्णन करते हैं।

पर्यवेक्षण एवं पाठ्यचर्या विकास संघ (1980) अलेक्जेन्ड्रिया ने युवकों के लिए दस लक्ष्य निर्धारित किये हैं–

1. आत्म संकल्पनाकरण सीखना,
2. अन्य व्यक्तियों को समझाना,
3. बुनियादी कौशलों का विकास करना,
4. सतत् शिक्षा में रुचि एवं क्षमताओं को प्रोत्साहित करना,

5. समाज के उत्तरदायी सदस्य बनना,
6. शारीरिक एवं मानसिक स्वास्थ्य का विकास करना,
7. सृजनात्मकता का संवर्धन करना,
8. उत्पादन एवं खपत के आर्थिक जगत में सहभागिता के बारे में सूचित करना।
9. संसार को समझने में एकत्रित ज्ञान का उपभोग करना एवं
10. परिवर्तन का सामना करना।

फाय डेल्टा एवं कामा समाज केलिफोर्निया (1976) ने लक्ष्यों की एक सूची दी है, जिनमें से कुछ लक्ष्य निम्न हैं–

1. अच्छा नागरिक कैसे बने ? यह सीखना।
2. संसार में होने वाले परिवर्तनों के बारे में सीखना एवं समझने का प्रयास करना।
3. पठन, लेखन, भाषण एवं श्रवण कौशलों का विकास करना।
4. सूचनाओं का परीक्षण एवं उपयोग करना सीखना।
5. प्रजातान्त्रिक विचारों एवं आदर्शों को समझना एवं अपनाना।
6. स्वास्थ्य एवं सुरक्षा के विचारों को समझना एवं अपनाना।
7. संसार में संस्कृति एवं सुन्दरता की प्रशंसा करना।

उद्देश्य
(Objectives)

प्रत्येक अर्थपूर्ण कार्य सोद्देश्य होता है। शिक्षा प्रदान करने के पश्चात् विद्यार्थियों के व्यवहार में क्या परिवर्तन होंगे? यह हमें शैक्षिक उद्देश्यों से ज्ञात हो सकता है। किसी भी शैक्षिक योजना के निर्धारण एवं कार्यान्वयन के लिए हमें शैक्षिक उद्देश्यों का निर्धारण करना होता है। इन उद्देश्यों के द्वारा व्यक्तियों को अपनी दिशा प्राप्त होती है, जिससे वे अपने वांछित लक्ष्य पर पहुँच पाते हैं।

शैक्षिक अभिप्रायों एवं लक्ष्यों के सन्दर्भ में उद्देश्यों का प्रतिपादन इसलिए आवश्यक होता है, क्योंकि उद्देश्यों द्वारा पाठ्यचर्या के परिणाम प्रदर्शित होते हैं। लक्ष्यों एवं अभिप्रायों से उद्देश्यों का भ्रम पैदा होता है। अभिप्रायों को लक्ष्यों में तोड़ा जा सकता है एवं लक्ष्यों से उद्देश्य प्राप्त होते हैं। सामान्य उद्देश्यों को लक्ष्यों का पर्याय माना जाता है।

अभिप्राय, लक्ष्य एवं उद्देश्यों का क्रम निम्न प्रकार से स्पष्ट किया जा सकता है–

दर्शन → अभिप्राय → लक्ष्य → उद्देश्य

शैक्षिक उद्देश्य के निर्माण के लिए मार्गदर्शिका–

उद्देश्य अपेक्षित अधिगम परिणाम को दर्शाते हैं। पाठ्यचर्या की सफलता उसके उद्देश्यों पर निर्भर करती है। आर्न्स्टिन एवं हन्किन्स (1988) ने उद्देश्य निर्माण की अग्र मार्गदर्शिका दी है –

मिलान (Matching) – उद्देश्य, लक्ष्यों एवं अभिप्रायों जिनसे वह उत्पन्न हुआ है, से सम्बन्धित होना चाहिये। बहुधा पाठ्यचर्या निर्देशिका में जो उद्देश्य दिये होते हैं, वे लक्ष्यों से सम्बन्धित नहीं होते हैं।

योग्य/लायक (Worth) – प्रायः शैक्षिक उद्देश्य के बारे में विवाद रहता है कि कौन-से उद्देश्य योग्य हैं एवं कौन-से उद्देश्य योग्य नहीं है। अनेक विद्यालय गणित एवं पठन जैसे कौशल विषयों में उद्देश्यों के विस्तार पर आवश्यकता से अधिक बल देते हैं।

वाक्य रचना (Wording) – उद्देश्य प्रभावी हों, इसलिए आवश्यक है कि जो व्यक्ति पाठ्यचर्या निर्देशिका का उपयोग करें, वे उसको उसी रूप में समझें, जिसकी लेखकों को अपेक्षा हो। संक्षिप्त एवं शब्दाडम्बर रहित उद्देश्य समझने में आसान होते हैं। किसी उद्देश्य की वाक्य रचना की उपयुक्तता उसके स्तर पर निर्भर करती है। उद्देश्य सामान्य विषय, इकाई एवं प्रकरण के हो सकते हैं।

उपयुक्तता (Appropriateness) – सभी उद्देश्य सभी विद्यार्थियों द्वारा प्राप्त नहीं किये जा सकते हैं। पाठ्यचर्या विशेषज्ञों को यह प्रश्न करना चाहिये कि विद्यार्थियों की आवश्यकताएँ क्या हैं? किस प्रकार के अधिगम परिणामों को उन्हें प्राप्त करना चाहिये? उपयुक्तता ज्ञात करने के लिए शिक्षा-शास्त्रियों को अनुदेशन प्राप्त करने वाले विद्यार्थियों एवं पाठ्यचर्या प्रेषित करने वाली विषय-वस्तु ज्ञात की जानी चाहिये। जो कार्य विद्यार्थी नहीं कर सकते हैं, ऐसी बातों का उल्लेख यदि उद्देश्य में होगा, तब वे उद्देश्य अनुपयुक्त होंगे। कुछ उद्देश्य विद्यार्थियों की रुचियों की पूर्ति नहीं कर सकने के कारण अनुपयुक्त होंगे। कुछ उद्देश्य ऐसे परिणामों का उल्लेख करने के कारण अनुपयुक्त होंगे, जिन्हें विद्यार्थियों ने पूर्व में ही प्राप्त कर लिया हो।

तार्किक समूहन (Logical Grouping) – उद्देश्यों को तार्किक ढंग से समूह में रखना चाहिये। प्रायः उद्देश्यों में संगठनात्मक सम्बद्धता की कमी रहती है। विचारों को समानता के आधार पर समूह में रखा जाना चाहिये। इन समान विचारों को कुछ विद्वानों ने प्रभाव क्षेत्र (Domain) कहा है, जैसे – ज्ञानात्मक, भावात्मक, मनोगामक।

नियतकालिक संशोधन (Periodic Revision) – कोई भी उद्देश्य हमेशा के लिए नहीं होना चाहिये। उद्देश्यों के नियतकालिक संशोधन की आवश्यकता होती है। यह इसलिए आवश्यक है, क्योंकि ज्ञान के क्षेत्र में परिवर्तन हो रहे हैं, विद्यार्थी में परिवर्तन हो रहे हैं तथा अनुदेशन व्यूह रचनाओं में परिवर्तन हो रहे हैं। शिक्षा शास्त्री कभी-कभार ही उद्देश्यों का विश्लेषण कर यह जानने का प्रयास करते हैं कि उनके उद्देश्यों का कार्यक्रम के लिए मूल्य है अथवा नहीं।

प्रेट (1980) ने पाठ्यचर्या उद्देश्यों के निम्न सात निकष दिये हैं –

1. उद्देश्यों को अधिगम परिणामों की पहचान करना चाहिये।
2. उद्देश्यों को पाठ्यचर्या अभिप्राय के समनुरूप (Consistent) होना चाहिये।
3. उद्देश्य सुस्पष्ट होने चाहिये।
4. उद्देश्य साध्य (Feasible) होने चाहिये।

5. उद्देश्य कार्यात्मक (Functional) होने चाहिये।
6. उद्देश्य सार्थक होने चाहिये।
7. उद्देश्य उपयुक्त होने चाहिये।

उद्देश्य विद्यार्थियों के व्यवहार में होने वाले परिवर्तनों के सूचक हैं। **बी.एस.ब्लूम** तथा उनके साथियों ने शैक्षिक उद्देश्यों का वर्गीकरण प्रस्तुत किया। उनके अनुसार विद्यार्थियों के व्यवहार में होने वाले परिवर्तन तीन क्षेत्रों में होते हैं –

(अ) ज्ञानात्मक (Cognitive)
(ब) भावात्मक (Affective)
(स) मनोगामक (Psychomotor)

इन तीनों का वर्णन क्रमशः यहाँ किया गया है–

संज्ञानात्मक क्षेत्र के उद्देश्यों का वर्गीकरण (Classification of objectives of Cognitive Domain) – संज्ञानात्मक क्षेत्र में वे उद्देश्य शामिल किये जाते हैं, जो व्यक्ति के चिन्तन, ज्ञान तथा समस्या समाधान से सम्बन्धित होते हैं। ब्लूम (1956) के अनुसार ज्ञानात्मक क्षेत्र में वे उद्देश्य होते हैं, जो ज्ञान के पुनः स्मरण या पहचान तथा बौद्धिक योग्यताओं व कौशलों के विकास से सम्बन्धित होते हैं।

ब्लूम के संज्ञानात्मक क्षेत्र के वर्ग एवं सम्बद्ध कार्य क्रियाएँ निम्नलिखित हैं–

ब्लूम : उद्देश्य वर्गीकरण के मुख्य वर्ग

वर्ग (Categories)	**सम्बद्ध कार्य क्रियाएँ** (Associated ActionVerbs)
1. ज्ञान उत्पादन के रूप में ज्ञान (Know-ledge) – ज्ञान में प्राथमिक पठन कौशल अथवा विशिष्ट सूचनाओं या अनुभवों का पुनः स्मरण शामिल होता है। ज्ञान के उच्च स्तर में सूचनाओं के साथ व्यवहार करने के तरीके एवं माध्यम को जानना शामिल है। इसमें परिवर्तन के साथ ही साथ प्रवृत्ति और क्रम, वर्गीकरण निष्कर्ष एवं रीति-विधान सभी के उच्च स्तर में सार्व-भाौमिकताओं एवं अमूर्तताओं का ज्ञान शामिल है। इसके अंतर्गत नियमों एवं सामान्यी-करण तथा साथ ही साथ सिद्धान्तों एवं संरचनाओं का ज्ञान आते हैं।	वर्णन करना, प्रत्ययीकरण करना, परिभाषित करना, पहचानना, नाम बताना, सूची बनाना, पुनरुत्पादन करना, मापना, नामांकित करना, लिखना, अर्जित करना।
2. बोध (Comprehension)-इसमें प्रत्यक्षण शामिल है। बोध सूचनाओं की प्रकिया को बाध्य करता है, जो सूचनाओं को शिक्षार्थी के लिए अधिक अर्थपूर्ण बनाती है।	समझना, भविष्यवाणी करना, निर्वचन करना, सोदाहरण समझना अनुवाद करना, चित्र बनाना, अन्तर्वेशन करना, बर्हिवेशन करना।

3. अनुप्रयोग (Application)-अनुप्रयोग के अन्तर्गत किसी वस्तु का विशिष्ट प्रकार से उपयोग करना आता है।	अनुप्रयुक्त करना, दिखाना, प्रदर्शित करना, उपयोग करना, सम्बन्ध बताना, विकास करना, स्थानान्तर करना, निर्माण करना, व्याख्या करना।
4. विश्लेषण (Analysis)-विश्लेषण के अन्तर्गत विभाजित करना अथवा पूर्ण का इसके घटक भागों में अलग करना आता है। यह एक तर्क अथवा चिन्तन की प्रक्रिया है। सरलतम रूप में विश्लेषण के अन्तर्गत इसके तत्वों की सूची बनाना आता है।	विश्लेषण करना, अलग करना, भेद करना, वर्गीकृत करना, भंग करना, पता लगाना, भेद दिखलाना।
5. संश्लेषण (Synthesis) संश्लेषण में अनेक तत्वों को आपस में जोड़कर पूर्ण प्राप्त किया जाता है। इस प्रक्रिया से तार्किक परिणाम निकाला जाता है। इस अर्थ में यह चिन्तन एवं सृजनात्मकता से सम्बन्धित है। संश्लेषण में तत्वों को मौलिक रूप से जोड़ा जाता है।	जोड़ना, संक्षिप्त करना, सामान्यीकरण करना, निष्कर्ष निकालना, संगठित करना, स्पष्ट करना, निर्माण करना, प्रस्तावित करना, परिणाम निकालना।
6. मूल्यांकन (Evaluation) यह वर्गीकरण का उच्चतम स्तर है, इसमें पिछले पाँच वर्गों का योग होता है। मूल्यांकन का सम्बन्ध मूल्यों के बारे में निर्णन लेने से होता है। मूल्यांकन मात्रात्मक एवं गुणवत्तात्मक, प्रत्यक्ष अथवा परोक्ष, विषयनिष्ठ अथवा वस्तुनिष्ठ हो सकता है। प्राय: निर्णय आन्तरिक साक्ष्यों के आधार पर लिये जाते हैं। निर्णय बाह्य निकष के आधार पर लेना मूल्यांकन गतिविधि का उच्च्तम स्तर माना गया है।	मूल्यांकन करना, निश्चय करना, चुनना, निर्णय करना, आलोचना करना, चयन करना, समर्थन देना, आक्रमण करना, बचाव करना, वैषम्य दिखलाना।

भावात्मक क्षेत्र के उद्देश्यों का वर्गीकरण (Classification of the objectives of Affective Domain) – **क्रथवाल** एवं साथियों (1964) ने बताया कि भावात्मक क्षेत्र में वे उद्देश्य शामिल हैं, जिनका सम्बन्ध रुचियों, अभिवृत्तियों तथा मूल्यों में परिवर्तन से एवं प्रशंसा तथा समायोजन के विकास से है। इसके वर्गीकरण के मुख्य वर्ग अग्रलिखित हैं–

क्रथवाल : भावात्मक पक्ष वर्गीकरण के मुख्य वर्ग

मुख्य वर्ग (Major categories)	सम्बद्ध कार्य क्रियाएं (Associated Action Verbs)
1. प्राप्त करना (Receiving)–इस वर्गीकरण का यह निम्नतम वर्ग है। इससे तात्पर्य है कि, केवल सम्प्रेषण सुना जाएगा। प्रक्रिया में शामिल व्यक्ति सन्देश अथवा उद्दीपक के प्रति सजग है।	सूचना प्राप्त करना, नियन्त्रित करना, चयन करना, जागरूक होना, प्रत्यक्षण करना, पक्ष लेना, स्वीकार करना, संग्रह करना।
2. अनुक्रिया करना (Responding)–किसी प्रकार का उत्तर प्राप्त होता है, इससे तात्पर्य है कि, रुचि एवं अभिप्रेरण के स्तर स्रोत के रूप में कार्य करते हैं। समर्पण का स्तर निम्न है, किन्तु जिज्ञासा का अंश हुआ। अनुक्रिया में तत्परता एवं खुशी शामिल है।	उत्तर देना, पूर्ण करना, चयन करना, अंकित करना, सूची बनाना, विकसित करना, अनुसरण करना।
3. मूल्य निर्धारित करना (Valuing) इसमें सम्बन्धित व्यक्ति की योग्यता अथवा आन्तरिक योग्यता को ध्यान में रखकर अभिवृत्ति बनती है। मूल्य निर्धारण का यह उद्देश्य पुनः मूल्य स्वीकृति, मूल्य वरीयता तथा किसी दृष्टिकोण के प्रति समर्पण में विभाजित किया जा सकता है।	स्वीकार करना, पहचानना, भाग लेना, बढ़ावा देना, विकसित करना, प्राप्त करना, निश्चय करना, प्रभावित करना, समर्थन देना, तर्क करना, प्रशंसा करना।
4. संगठन (Organization) – जब ऐसी स्थिति का सामना करना पड़े जहाँ एक से अधिक अभिवृद्धि एवं मूल्य हों, तब संगठन का उपयोग किया जाता है। अन्यथा व्यवहार असंगत हो जाता है। मूल्य पद्धति का प्रारंभ संगठन में निहित होता है। दोनों ही स्थितियों में मूल्य को शब्दों में व्यक्त करने के लिए योग्यता से अधिक किसी चीज की आवश्यकता होती है तथा किसी प्रकार की योग्यता अपने मूल्यों के बचाव के लिए निहित होती है। मूल्य का संकल्पन एवं मूल्य पद्धति का संगठन में दो उपवर्ग संगठन में शामिल हैं।	सम्बन्ध बताना, सह–सम्बन्ध बताना, संतुलन करना, परिभाषा देना।
5. मूल्य में चारित्रीकरण अथवा मूल्य संकुल (Characterization by Value or Value Complex) मूल्य संकुलन का सम्बन्ध व्यक्ति के चरित्र एवं	बदलना, सामना करना, स्वीकार करना, विकसित करना,

उसके एक व्यक्ति के रूप में अनोखेपन से होता है। विश्वास, विचार एवं अभिवृत्ति आपस में मिलकर जीवन को सम्पूर्ण दृष्टि प्रदान करते हैं। चरित्र चित्रण एवं सामान्यीकरण इसके दो उपवर्ग हैं।	निर्णय करना, अस्वीकार करना, माँगना।

मनोगामक क्षेत्र के उद्देश्यों का वर्गीकरण (Classification of the objectives of Psychomotor Domain) – मनोगामक क्षेत्र का सम्बन्ध माँसपेशियों के विकास तथा प्रयोग एवं शारीरिक क्रियाओं के समन्वय की योग्यता से होता है। हेरो (1972) के मनोगामक क्षेत्र के वर्ग एवं सम्बद्ध कार्य क्रियाएँ निम्नलिखित हैं–

मुख्य वर्ग	सम्बद्ध कार्य क्रियाएं
1. सहजगतियाँ (Reflex Movements)–इन्हें उद्दीपकों के प्रति गामक अनुक्रियाओं के रूप में परिभाषित किया गया हैं। ये किसी भी प्रकार की गति वाले व्यवहार के आधार होते हैं। इनमें एक या अधिक सुषुम्ना खण्ड शामिल होते हैं।	मोड़ना, तानना, खींचना, शक्ति प्रदान करना, फैलाना, रोकना, लम्बा करना, छोटा करना, सख्त करना, कसना, शिथिल करना।
2. बुनियादी मूलभूत गतियाँ (Basic Fundamental Movements)—वे जन्मजात शारीरिक गतियों के तरीके जो कि, सहज गतियों की बुनियाद से बनते हैं। बुनियादी मूलभूत गतियाँ कहलाती हैं। वे प्रायः जीवन के पहले वर्ष में स्वतः आती है। इस वर्ग की गतियाँ सभी सामान्य मानव दैनिक गतिविधियों की मूल आधार होती है तथा इनकी न्यूनता बहुत गम्भीर होती है।	रेंगना, फिसलना, चलना, दौड़ना, कूदना, सरकना, ग्रहण करना, पहुँचना, सहारा देना, चलाना, सही करना।
3. प्रत्यक्षणात्मक योग्यताएँ (Perceptual Abilities) – इन्हें गामक योग्यताओं से अलग करना मुश्किल हैं। ये योग्यताएँ शिक्षार्थी को उद्दीपकों के निर्वचन में सहायता करती हैं, जिससे वह पर्यावरण के साथ समायोजन कर सकता है। श्रेष्ठ गामक गतिविधियाँ प्रत्यक्षण के विकास पर निर्भर होती है। ये संवेदना भेद, दृष्यिक भेद, श्रवण भेद, इसके अन्तर्गत आते हैं, तथा ये आँख, हाथ तथा पैर की योग्यताओं में समन्वय करती है।	झेलना, खाना, लिखना, सन्तुलन करना, झुकाना, स्मृति से प्राप्त करना, स्पर्श से भेद करना, उछालना, खोजबीन करना।

4.	शारीरिक योग्यताएँ (Physical Abilities) – गामक क्रियाओं के लिए शारीरिक योग्यताएँ अनिवार्य होती हैं। वे व्यक्ति की ताकत से सम्बन्धित होती है, जिनके द्वारा व्यक्ति अपने पर्यावरणीय मांगों की पूर्ति करता है, कौशल युक्त गतियों के विकास के लिए शारीरिक योग्यताएँ आवश्यक बुनियादी होती हैं। शारीरिक योग्यताओं में मुख्य है – गति।	सख्त क्रियाओं को सहना, लम्बेसमय तक सहन करना, सुधार करना, बढ़ाना, प्रारम्भ एवं रोकना, सुस्पष्ट घूमना, पैर की ऊँगलियाँ छूना।
5.	कौशलयुक्त गतियाँ (Skilled Movements) – सफलतापूर्वक किये गये किसी जटिल कार्य की गति को कौशलयुक्त गति कहते हैं। ये सुगमता से निष्पादित किये जाते हैं।	कलाबाजी करना, नाचना, देखना, टाइप करना, पियानो बजाना, तार (बागड) लगाना, बदलना, समतल करना, आग लगाना, फाइल करना, नाव खेना,
6.	अशाब्दिक सम्प्रेषण (Non-Discursive Communication)-वे व्यवहार जो गति सम्प्रेषण में शामिल होते हैं। इनकी सीमा चेहरे की अभिव्यक्ति से लगाकर उच्च परिष्कृत नृत्य में वर्गों जैसे बैले तक होती है। इसमें संकेतन, आसन तथा निर्वाचनात्मक गतियाँ शामिल हैं, जो या तो सौन्दर्यात्मक अथवा सृजनात्मक रूप में हों।	बाजीगरी करना, संकेतन करना, खड़े होना, बैठना, कुशलता से नृत्य करना, कुशलता से निष्पादन करना, चेहरे से व्यक्त करना, जान–बूझकर मुस्कराना।

सिम्पसन (1972) का मनोगामक क्षेत्र का वर्गीकरण

सिम्पसन ने मनोगामक क्षेत्र के निम्न सात स्तर बताए हैं :

क्र.	मनोगामक क्षेत्र का स्तर	वर्णन
1	**प्रत्यक्षण**	संवेदी उद्दीपक के प्रति जागरूक होना और निश्चित उद्दीपक का चयन क्रिया के आधार के रूप में करना।
2	**विन्यास**	मानसिक,शारीरिक, और अभिवृत्ति रूप से क्रिया के लिए तैयारी विकसित करना।
3	**निर्देशित अनुक्रिया**	दूसरे के अनुकरण में अथवा प्रयास एवं त्रुटि की प्रक्रिया द्वारा क्रिया करना।
4	**युक्ति**	अनुक्रिया आदत में आ जाती है।
5	**जटिल बाह्य अनुक्रियाएं**	जटिल गामक क्रिया को प्रभावी एवं विश्वास से करना।
6	**अनुकूलन**	बिना निर्देशन के गामक क्रिया को अधिक प्रभावी बनाने के लिए अनुकूलित करना।
7	**संगठन**	नयी परिस्थितियों का सामना करने के लिए नये गामक कौशलों को विकसित करना।

गेने (1965) का वर्गीकरण

शाब्दिक सूचनाएँ	पूर्व में सीखी सामग्री को कहना जैसेः संकल्पनाएँ, तथ्य, नियम इत्यादि
बौद्धिक कौशल	
1. विभेदीकरण	वस्तुओं, गुणों, संकेतों में भेद करना
2. मूर्त संकल्पनाएँ	मूर्त वस्तुओं, गुणों एवं घटनाओं के वर्गों की पहचान करना
3. परिभाषित संकल्पनाएँ	घटनाओं या विचारों के नये उदाहरणों का वर्गीकरण उनकी परिभाषा द्वारा करना
4. नियम	समस्याओं के वर्ग के समाधान के लिए एकाकी संबंध का उपयोग करना
5. उच्च क्रम नियम	जटिल समस्याओं के समाधान के लिए नियमों के नये संयोजन का उपयोग करना
संज्ञानात्मक व्यूह रचनाएँ	अधिगम, चिन्तन, अभिनय एवं अनुभूतियों के निर्देशन के लिए व्यक्तिगत तरीकों का उपयोग
अभिवृतियाँ	बोध एवं अनुभूति के आंतरिक स्तर पर आधारित व्यक्तिगत क्रियाओं का चयन करना
गामक कौशल	पेशियों का उपयोग करते हुए निष्पादन करना

राष्ट्रीय शैक्षणिक अनुसन्धान एवं प्रशिक्षण परिषद (1986) का वर्गीकरण

संज्ञानात्मक क्षेत्र के उद्देश्य

ज्ञान उद्देश्य में निम्न योग्यताओं को शामिल किया गया है

अ. प्रत्यास्मरण ब. पहचान
स. तादात्म्य द. पुनरुत्पादन

बोध उद्देश्य में निम्न योग्यताओं को शामिल किया गया हैः

अ. अनुवाद करना ब. दृष्टान्त देना
स. अन्तर करना द. संबंध की पहचान करना
इ. वर्गीकरण करना ई. व्याख्या करना
उ. निर्वचन करना क. बहिर्वेशन करना

अनुप्रयोग उद्देश्य में निम्न योग्यताओं को शमिल किया गया हैः

अ. विश्लेषण ब. परिकल्पना
स. परिकल्पना के परीक्षण की विधि सुझाना द. संबंध सथापित करना
इ. कारण देना ई. सामान्यीकरण करना
उ. भविष्यवाणी करना क. निर्णय करना

अभिप्राय के आधार पर लक्ष्य, एवं लक्ष्य के आधार पर उद्देश्य तथा उद्देश्य के आधार पर मूल्यांकन परीक्षणों का निर्माण कर मूल्यांकन किया जाता है।

7

उपलब्धि एवं अन्य परीक्षणों का मानकीकरण
(Standardization of an Achievement and Other Tests)

अनुदेशन की प्रभाविता का आकलन विद्यार्थियों की उपलब्धियों से किया जाता है। विद्यालय में अध्यापक उपलब्धि परीक्षण का निर्माण कर उन्हें प्रशासित करते हैं और विद्यार्थियों की उपलब्धियाँ ज्ञात करते हैं। अध्यापक द्वारा निर्मित उपलब्धि परीक्षण में एक अच्छे परीक्षण के सारे गुण जैसे – विश्वसनीयता, वैधता, व्यापकता, संवेदनशीलता, वस्तुनिष्ठता, तुलनीयता, विभेदकता, उपयोगिता (Usability) इत्यादि नहीं होते हैं। इसलिए विद्वानों ने मानकीकृत परीक्षण की परिभाषा निम्न प्रकार से दी है:

गुड (1957) के शब्दों में – "एक मानकीकृत परीक्षण वह परीक्षण है, जिसमें विषयवस्तु का चयन अनुभव के आधार पर किया गया हो, जिसके मानक ज्ञात हों, जिसके प्रशासन एवं फलांकन की समरूप विधियों को विकसित किया गया हो तथा फलांकन को वस्तुनिष्ठ विधि से किया गया हो।"

क्रौनबेक (1990) के अनुसार – "किसी मानकीकृत परीक्षण में प्रक्रिया, फलांकन, मूल्यांकन आदि सभी निश्चित होते हैं जिससे इसका प्रयोग विभिन्न अवसरों पर किया जा सके। इसमें मानकों की सारणी तथा किसी समूह के प्रतिनिधित्वकारी विद्यार्थियों का सम्भावित प्राप्तांक ज्ञात रहता है।"

थॉमस के अनुसार – "मानकीकृत परीक्षण वह परीक्षण है जिसमें परीक्षण निर्माता पर्याप्त परिशुद्धता के साथ यह निर्धारित कर सके कि किसी निश्चित उम्र या कक्ष का व्यक्तित्व इसमें कितना सफल होता है।"

उपर्युक्त परिभाषाओं के आधार पर हम कह सकते हैं कि "एक मानकीकृत परीक्षण वह परीक्षण है जिसका निर्माण सुव्यवस्थित पदों के अंतर्गत किया गया हो।"

परीक्षण मानकीकरण के सोपान
(Steps of Standardization of Test)

रॉस (1965) ने परीक्षण रचना के सामान्य सिद्धान्तों के अंतर्गत उपलब्धि परीक्षण के मानकीकरण के अंतर्गत अग्र सोपान बताए हैं :

1. परीक्षण की योजना बनाना,
2. परीक्षण की तैयारी करना,
3. जाँच करना / पद विश्लेषण करना, और
4. मूल्यांकन करना

इनका क्रमानुसार वर्णन निम्नानुसार है :

1. परीक्षण की योजना बनाना (Planning of the Test) – योजनानुसार कार्य करने से कार्य निर्धारित समय में पूर्ण हो जाता है तथा कार्य पूर्ण करने में आने वाली बाधाओं से आसानी से निपटा जा सकता है। उपलब्धि परीक्षण की योजना बनाते समय हमें अनेक बातों को ध्यान में रखना चाहिए :

(अ) किस विषयवस्तु के लिए परीक्षण निर्मित किया जा रहा है?
(ब) परीक्षण में ज्ञानात्मक (Cognitive) भावात्मक (Affective) तथा मनोगामक (Psychomotor) उद्देश्यों में से किन उद्देश्यों की पूर्ति के लिए परीक्षण निर्मित किया जा रहा है?
(स) परीक्षण में वस्तुनिष्ठ, लघुउत्तरीय, निबंधात्मक में से किस प्रकार के प्रश्नों को शामिल किया जा रहा है?
(द) प्रत्येक प्रकार के प्रश्नों की कितनी शृंखला रखी जाएगी तथा परीक्षण की समयावधि कितनी होगी?
(इ) परीक्षण का अंकन किस प्रकार किया जाएगा?

रेमर्स एवं अन्य (1967) ने परीक्षण की योजना के समय ध्यान रखने योग्य निम्न बिन्दु बताए हैं :

(अ) सभी कर्मचारियों का सहयोग प्राप्त करना।
(ब) अपनी योजना का लक्ष्य निश्चित करना।
(स) उपलब्ध परीक्षणों को प्राप्त करना।
(द) यह निर्णय लेना कि अपने उद्देश्य की पूर्ति के लिए कौन–सा उपकरण बेहतर होगा?
(इ) परीक्षण प्रशासन के लिए वार्षिक योजना तैयार करना।
(ई) कार्यक्रम को क्रियान्वयन के लिए प्रस्तुत करना।

सामान्यतौर पर परीक्षण की योजना बनाते समय सर्वप्रथम यह तय करना होता है कि हम परीक्षण के द्वारा जिस परिवर्ती का मापन करने जा रहे हैं, उसकी संक्रियात्मक परिभाषा (Operational Definition) क्या है? उदाहरणार्थ, यदि हम बुद्धि परीक्षण का निर्माण कर रहे हैं तब हम यह पाते हैं कि मनोवैज्ञानिकों ने बुद्धि की अनेक परिभाषाएँ दी हैं। तब हम उन परिभाषाओं में से एक परिभाषा लेंगे, ताकि उसका आकलन संभव हो सके। जैसे हमने संक्रियात्मक (Operational) परिभाषा ली कि "बुद्धि अमूर्त चिंतन की योग्यता है।" तब हम परीक्षण निर्माण करते समय केवल अमूर्त चिंतन से संबंधित पद ही बनायेंगे। इससे परीक्षण के अनावश्यक विस्तार से भी बचा जा सकेगा तथा निर्दिष्ट उद्देश्यों की प्राप्ति भी कर सकेंगे। यदि हम योजना

बनाते समय ही संक्रियात्मक परिभाषा का निर्धारण कर लेते हैं तब हमारे परीक्षण में संक्रियात्मक परिभाषा के अनुसार ही पहलू/पहलुओं को शामिल किया जा सकेगा तथा अन्य अनावश्यक पहलुओं से बचा जा सकेगा।

अतः योजना निर्माण में परिवर्ती की संक्रियात्मक परिभाषा का निर्धारण करना अत्यन्त आवश्यक कार्य हैं। संक्रियात्मक परिभाषा का निर्धारण करने के लिए स्तरीय पुस्तकों, शब्दकोशों, विश्वकोषों, अन्तरजाल (Internet) की सहायता ली जा सकती है। परीक्षण-निर्माणकर्त्ता स्वयं भी परिवर्ती की संक्रियात्मक परिभाषा निर्मित कर सकता है, साथ ही साथ वह पूर्व में विद्वानों द्वारा दी गयी परिभाषाओं का उपयोग संक्रियात्मक परिभाषाओं के रूप में कर सकता है।

परीक्षण की योजना बनाते समय हमें उसकी फलांकन विधि का भी निर्धारण कर लेना चाहिए। यदि हम कम्प्यूटराइज्ड उत्तर पत्र का उपयोग करेंगे, तब उसका फलांकन कम्प्यूटर द्वारा किया जा सकता है। यदि परीक्षण में सभी प्रश्न वस्तुनिष्ठ हैं तब उनके फलांकन के लिए फलांकन कुंजी का उपयोग किया जा सकता है। उपलब्धि परीक्षण निर्माण की योजना बनाते समय हमें पूर्व में विषयवस्तु, उनका भार, प्रश्नों की संख्या, प्रश्न का प्रकार, जिस पक्ष से संबंधित प्रश्न है उसका स्तर इत्यादि को दर्शाता हुआ एक नील-पत्र (Blue Print) तैयार कर लेना चाहिए। उदाहरणार्थ यहाँ एक नील-पत्र पृ. 77 पर प्रस्तुत किया गया है।

2. परीक्षण की तैयारी करना (Preparing the Test) – परीक्षण की तैयारी करना परीक्षण मानकीकरण का द्वितीय सोपान होता है। इस सोपान के अंतर्गत परीक्षणकर्त्ता अनेक प्रकार के पदों का निर्माण करता है। उसे यह निर्णय लेना होता है कि किस प्रकार के कितने पद रखे जाएं, पदों का क्रम क्या है? तथा उनका संगठन कैसा हो?

रॉस (1965) एवं अन्य विशेषज्ञों ने परीक्षण की तैयारी के बारे में निम्न सुझाव दिए हैं :

1. परीक्षण का प्रथम प्रारूप जितनी जल्दी संभव हो, बना लेना चाहिए।
2. परीक्षण में एक से अधिक प्रकार के पदों को शामिल किया जाना चाहिए। यदि परीक्षण में एक ही प्रकार के पदों को शामिल किया जाता है तब परीक्षणार्थी को उनकी एकरूपता के कारण ऊब महसूस होती है तथा वह उनका ठीक से उत्तर नहीं देता है।
3. अंतिम परीक्षण में लगभग 50 प्रतिशत प्रश्न कठिन होने चाहिए।
4. परीक्षण के प्रथम प्रारूप में अन्तिम परीक्षण के लिए आवश्यक प्रश्नों से अधिक प्रश्नों को शामिल किया जाना चाहिए।
5. कुछ समय पश्चात् मूल्यांकन कर परीक्षण में सुधार किया जाना चाहिए।
6. पदों की रचना इस प्रकार से की जानी चाहिए कि उनका आकलन शब्दों से न होकर विषयवस्तु से हो।
7. पदों को इस प्रकार परीक्षण में रखना चाहिए कि पूर्ण पद उत्तर का निर्धारण करे न कि उसका एक भाग।

नील-पत्र (Blue-Print)
विषय - शिक्षा मनोविज्ञान
कक्षा - बी.एड.

क्र.	प्रकरण	संज्ञानात्मक पक्ष के स्तर									प्रश्नों की संख्या	भार (प्रतिशत)
		ज्ञान			बोध			अनुप्रयोग				
		प्रश्न			प्रश्न			प्रश्न				
		वस्तु.	लघु.	निब.	वस्तु.	लघु.	निब.	वस्तु.	लघु.	निब.		
1.	शिक्षा–मनोविज्ञान अर्थ, परिभाषा, प्रकृति	2 (5%)	—	—	—	3 (7.5%)	—	1 (2.5%)	—	2 (5%)	8	20
2.	वृद्धि व विकास	—	2 (5%)	—	1 (2.5%)	—	2 (5%)	1 (2.5%)	—	—	6	15
3.	बुद्धि	2 (5%)	1 (2.5%)	2 (5%)	—	1 (2.5%)	—	—	3 (7.5%)	1 (2.5%)	10	25
4.	सृजनात्मकता	—	2 (5%)	—	—	2 (5%)	1 (2.5%)	2 (5%)	1 (2.5%)	—	8	20
5.	विशिष्ट बालकों की शिक्षा	1 (2.5%)	1 (2.5%)	2 (5%)	—	1 (2.5%)	—	1 (2.5%)	2 (5%)	—	8	20
	योग										40	100

8. एक प्रकार के पदों को परीक्षण में एक ही स्थान पर रखना चाहिए। जैसे परीक्षण के निबंधात्मक प्रश्न एक साथ, वस्तुनिष्ठ प्रश्न एक साथ, ताकि एक प्रकार के पदों के लिए निर्देश एक ही साथ दिए जा सके।
9. परीक्षण में एक ही प्रकार के पदों को उनके कठिनाई स्तर के अनुसार आरोही (ascending) क्रम में रखना चाहिए।
10. पदों में प्रत्युत्तर (Response) का निश्चित क्रम नहीं होना चाहिए। जैसे बहुविकल्प प्रश्न में हर प्रश्न का यदि 'स' विकल्प ही सही उत्तर होगा, तब विद्यार्थी सही उत्तर का अनुमान लगा लेगा तथा शीघ्रता से उत्तर देगा।
11. विद्यार्थियों की अनुक्रियाओं के सुविधाजनक लिखित रिकार्ड रखने के लिए प्रावधान होना चाहिए।
12. जहाँ तक संभव हो, परीक्षण के उद्देश्य स्पष्ट, पूर्ण एवं संक्षिप्त हों ताकि विद्यार्थी उन्हें सुगमता से समझ सके।

सामान्यतः पद-रचना करते समय हमें निम्न बिन्दुओं का ध्यान रखना चाहिए :

1. संक्रियात्मक परिभाषा में जितने पहलू शामिल किए गए हैं, उन सभी से संबंधित पद लिखना चाहिए।
2. परीक्षण में जितने पद रखने हैं उससे दुगने पदों की रचना करनी चाहिए, क्योंकि मानकीकरण की आगे की प्रक्रिया में कई पदों में परिवर्तन हो जाता है या वे हटा लिए (Withdraw) जाते हैं।
3. पद की भाषा सरल होनी चाहिए। साथ ही पद में द्विअर्थी शब्दों (Vague Words) का प्रयोग नहीं किया जाना चाहिए। द्विअर्थी शब्द वे होते हैं जिनका अर्थ सभी लोग अपने-अपने अनुसार निकालते हैं जैसे बहुत, कम, अधिक, अति। पद में द्विअर्थी शब्द शामिल करने से प्राप्त अनुक्रिया सही व निश्चित नहीं होती है।
4. एक पद में एक ही पहलू को शामिल किया जाना चाहिए। जैसे – 'व्याख्यान सूचनात्मक एवं रोचक है।'
   उपर्युक्त पद से प्राप्त अनुक्रिया से यह स्पष्ट नहीं होगा कि परीक्षार्थी व्याख्यान के सूचनात्मक पक्ष के लिए अनुक्रिया दे रहा है या रोचक पक्ष के लिए।
5. पद किसी एक परिवेश या संस्कृति से संबंधित नहीं होना चाहिए। पदों में ऐसे शब्दों का प्रयोग करना चाहिए जो सामान्य हों।
6. पदों की अनुक्रिया हम किस तरह चाहते हैं, इसके लिए आवश्यक है कि उनके लिए निर्देश स्पष्ट दिए जाएँ। इस हेतु परीक्षण में एक प्रकार के प्रश्न एक साथ दिए जाने चाहिए।
7. उपकरण बनाने के उद्देश्य/उद्देश्यों के आधार पर पदों की रचना की जाना चाहिए।
8. संज्ञानात्मक पक्ष के परीक्षण में समय निश्चित करना अनिवार्य होता है। अतः पद लिखते समय ही यह निश्चित कर लिया जाना चाहिए कि पद

की अनुक्रिया देने में कितना समय लगेगा और यह समय पद के प्रकार/प्रकृति पर निर्भर करता है।

9. यदि संक्रियात्मक परिभाषा में परिवर्ती के कई पहलुओं को शामिल किया गया हो तो पदों की रचना करते समय ही उनका पहलूवार (Aspectwise) वर्गीकरण किया जाना चाहिए। ताकि विशेषज्ञ प्रत्येक पद का संबंधित पहलू से मिलान कर यह देख ले कि पद उसी पहलू के अनुसार है या नहीं, पदों में परस्पर-व्यापन (Overlapping) तो नहीं है तथा किसी पहलू में अधिक/कम पद तो नहीं लिखे गए हैं। पदों को अंत में एक साथ मिलाया (mix) जा सकता है।

3. जाँच करना/पद विश्लेषण करना (Trying out the Test/Item Analysis)– द्वितीय सोपान में तैयार किए गए पद उपयुक्त हैं या नहीं, इसका पता लगाने के लिए पदों की जाँच (Try out) की जाती है। यह जाँच दो प्रकार से की जाती है–

जाँच
(Try out)
↓

प्रारंभिक जाँच (Initial Try out)	अंतिम जाँच (Final Try out)

प्रारंभिक जाँच के निम्न विशिष्ट उद्देश्य होते हैं :

1. पदों में संशोधन करना।
2. पद-विश्लेषण करना।

अर्थात् प्रारंभिक जाँच के द्वारा पदों में सुधार किया जाता है व पद-विश्लेषण कर यह निश्चित किया जाता है कि उपकरण में कौन से पद रखे जाएं। प्रारंभिक जाँच तीन प्रकार से की जाती है।

प्रारंभिक जाँच
(Initial Try out)
↓

विशेषज्ञों द्वारा (By Experts)	व्यक्तिगत रूप से (By Individual)	समूह द्वारा (By Group)

विशेषज्ञों द्वारा जाँच (Experts Try Out) – परीक्षण का प्रथम प्रारूप निर्मित होने के पश्चात् सर्वप्रथम 10 से 15 विशेषज्ञों को जाँच के लिए दिया जाता है। ये विशेषज्ञ ना केवल विषय के विशेषज्ञ होते हैं, अपितु मूल्यांकन के भी विशेषज्ञ होते हैं। अर्थात् जिन्हें पद रचना में दक्षता हासिल होती है। विशेषज्ञ परीक्षण के पदों को ध्यान से पढ़कर यह बताते हैं कि किन पदों को परीक्षण में शामिल किया जाए तथा किन्हें

हटा दिया जाए। वे पदों में आवश्यक संशोधन भी कर देते हैं जैसे पदों की पुनर्रचना करना तथा शब्द बदल देना। वे पदों को परीक्षण में शामिल करने अथवा हटाने का सुझाव परीक्षण में शामिल परिवर्ती की संक्रियात्मक परिभाषा के आधार पर देते हैं अर्थात् यदि संक्रियात्मक परिभाषा में शामिल पहलुओं में से किसी पहलू पर आधारित पदों का निर्माण नहीं किया गया है, तो वे उस पहलू के लिए नए पदों को शामिल करने का सुझाव दे सकते हैं और यदि परीक्षण में ऐसे पद शामिल किए गए हों, जो संक्रियात्मक परिभाषा से मिलान नहीं करते हैं तब वे उन पदों को हटाने का सुझाव दे सकते हैं। इसके अतिरिक्त विशेषज्ञ पदों की भाषा के लिए प्रारंभिक जाँच के आधार पर भी पद में संशोधन करने का सुझाव दे सकते हैं। यदि विशेषज्ञ पद की भाषा में परिवर्तन करना चाहते हैं तो हमें उन्हें यह स्वतंत्रता दे देनी चाहिए कि वे स्वयं पद में भाषा-परिवर्तन कर दें। विशेषज्ञ पदों की भाषा में परिवर्तन हमारे लक्ष्य समूह (Target Group) के आधार पर करते हैं। अतः हमें उन्हें अपने लक्ष्य समूह का उम्र स्तर व अन्य विशेषताएँ स्पष्ट रूप से बता देनी चाहिए। इस प्रकार विशेषज्ञ परीक्षण की विषयवस्तु वैधता को बताते हैं। यह आवश्यक नहीं है कि सभी विशेषज्ञों की राय किसी पद के बारे में एक जैसी हो, तब परीक्षण निर्माता को बहुमत के आधार पर पद/पदों में संशोधन का निर्णय लेना चाहिए, लेकिन यदि परीक्षण निर्माता को लगता है कि अल्पमत विशेषज्ञों का मत महत्त्वपूर्ण है तब वह उनके मत के आधार पर भी पद/पदों में संशोधन कर सकता है।

व्यक्तिगत जाँच (Individual Try-out) – प्रत्येक परीक्षण का निर्माण किसी लक्ष्य समूह के लिए किया जाता है उसी लक्ष्य समूह के लिए मानक निर्मित किए जाते हैं, अतः प्रथम प्रारूप की जाँच लक्ष्य समूह के 20–25 सदस्यों पर करना चाहिए। इस लक्ष्य समूह के प्रत्येक व्यक्ति/बालक को उपकरण दिया जाता है तथा उनसे कहा जाता है कि आप इस उपकरण को ध्यान से पढ़िए तथा जो शब्द/वाक्य व निर्देश आपको समझ न आए वह हमें बता दीजिए। यहाँ यह ध्यान रखने योग्य है कि सदस्यों को उपकरण में केवल पद व निर्देश ही पढ़ने के लिए दिए जाते हैं, उत्तर नहीं।

यदि वह किसी पद में कोई शब्द प्रतिकूल बताता है तो उस शब्द को तुरन्त अनुकूल बना कर उसे बताया जाए कि अब आपको समझ आ रहा है या नहीं। यदि वह हाँ कहे तो हमें उस शब्द में परिवर्तन करना चाहिए। एक व्यक्ति से प्राप्त परिवर्तित शब्द/वाक्य को हमें अपने परीक्षण में रखना चाहिए तथा दूसरे व्यक्ति को मूल परीक्षण देना चाहिए। इस प्रकार यदि वह भी उस शब्द को प्रतिकूल बताता है तब उसे भी पहले व्यक्ति से प्राप्त परिवर्तित शब्द बताना चाहिए। यदि वह कुछ अन्य परिवर्तन बताता है तब हमें वैसा परिवर्तन करना चाहिए। इस प्रकार अधिकांश व्यक्ति/बालक जिस परिवर्तन के लिए कहे, वह परिवर्तन उस विशेष पद में करना चाहिए।

इसका उद्देश्य यह पता करना है कि परीक्षण के निर्देश विद्यार्थियों को समझ में आ रहे हैं अथवा नहीं, साथ ही भाषा की क्लिष्टता (Difficulty) का पता लगाया

जा सकता है इससे परीक्षण बोधगम्य बन सकता है। लेकिन यदि हम भाषा दक्षता का मापन कर रहे हैं तब हम यह नहीं करेंगे।

इस प्रकार विशेषज्ञों एवं व्यक्तिगत जाँच का उद्देश्य परीक्षण के पदों में आवश्यक संशोधन करना है।

समूह जाँच (Group Try-out) – समूह जाँच का उद्देश्य पद–विश्लेषण करना है। यह पद–विश्लेषण पदों का विभेदकारिता व कठिनाई स्तर ज्ञात कर किया जाता है। विशेषज्ञों एवं व्यक्तिगत जाँच के पश्चात् पदों में आवश्यक संशोधन किया जाता है तथा संशोधित परीक्षण को बड़े लक्ष्य समूह पर प्रशासित किया जाता है। इस बड़े समूह का आकार परीक्षण बनाने के उद्देश्य, जनसंख्या का आकार, परीक्षणकर्त्ता/शोधकर्त्ता का समय, धन इत्यादि को ध्यान में रखकर निर्धारित किया जाता है। सामान्यतः यह समूह जनसंख्या का प्रतिनिधित्व करने वाला होना चाहिए।

समूह जाँच के लिए बालकों/सदस्यों को उपकरण देने से पूर्व उसे अंतिम रूप (Final Touch) दे दिया जाना चाहिए। अर्थात् प्रारंभ में उपकरण का नाम, उसके नीचे उपकरण-निर्माण करने वाले का नाम, जिस व्यक्ति पर उपकरण प्रशासित किया जाना है, उसका नाम, लिंग, कक्षा, विद्यालय का नाम, जन्म–दिनांक, सामाजिक-आर्थिक स्थिति, पिता का नाम, माता का नाम, उसकी आय इत्यादि प्राप्त करने के लिए उनके शीर्षक देकर रिक्त स्थान देना चाहिए। अर्थात् वे सभी जानकारी, जो हम परीक्षार्थी के बारे में प्राप्त करना चाहते हैं, उपकरण में उनके शीर्षक देना चाहिए। इसके पश्चात् उपकरण में निर्देश दिए जाने चाहिए। प्रत्येक उपकरण के निर्देश अलग होते हैं। कुछ व्यक्ति उपकरण में पहले सामान्य निर्देश देते हैं, तत्पश्चात् आवश्यकतानुसार विशिष्ट निर्देश देते हैं। निर्देश किसी भी रूप में दिए जा सकते हैं, लेकिन वे स्पष्ट व पूर्ण होना चाहिए। निर्देश में यह बताया जाना चाहिए कि उपकरण क्या आकलित कर रहा है, उसमें कितने पद हैं, उनके उत्तर किस प्रकार देना है। सामान्यतः समूह जाँच करते समय किसी भी उपकरण के लिए समय–सीमा निश्चित नहीं की जाती है, क्योंकि यहाँ परीक्षार्थी से सभी पदों की अनुक्रिया प्राप्त करना जरूरी होता है, ताकि उपकरण का और अधिक विश्लेषण (Further Analysis) किया जा सके। अतः निर्देश में यह स्पष्ट कर दिया जाना चाहिए कि परीक्षार्थी को सभी पदों के उत्तर देना अनिवार्य है। प्रस्तुत उदाहरण को देखिए :

व्यावसायिक सम्प्रेषण : निकष परीक्षण
(Business Communication : Criterion Test)

प्रिय विद्यार्थी,

प्रस्तुत परीक्षण के द्वारा हम व्यावसायिक सम्प्रेषण के बारे में आपका ज्ञान जानना चाहते हैं। आपके द्वारा दिए गए उत्तरों को पूर्णतः गोपनीय रखा जाएगा। उनका उपयोग केवल शोध कार्य में किया जाएगा। प्रस्तुत परीक्षण में चार प्रकार के प्रश्न शामिल किए गए हैं : (अ) बहुविकल्प प्रश्न (ब) रिक्त स्थान की पूर्ति वाले प्रश्न (स) मिलान प्रश्न (द) लघुउत्तरीय प्रश्न।

बहुविकल्प प्रश्न में प्रत्येक प्रश्न के चार विकल्प दिए गए हैं। जिसमें से आप उपयुक्त विकल्प का चयन कर उस विकल्प का क्रम उत्तर पत्र पर लिखिए। रिक्त स्थान की पूर्ति वाले प्रश्न में रिक्त स्थान की पूर्ति उचित शब्द द्वारा कर शब्द को उत्तर पत्र पर लिखिए। मिलान प्रश्नों में 'अ' एवं 'ब' दो कॉलम दिए गए हैं। आप 'अ' कॉलम के वाक्यों का मिलान 'ब' कॉलम के वाक्यों से करते हुए वाक्य का क्रमांक उत्तर पत्र पर लिखिए। लघुउत्तरीय प्रश्नों के उत्तर आप संक्षिप्त व विषयकेन्द्रित रूप में दीजिए। प्रश्नों के उत्तर, उत्तर पत्र पर दीजिए। चित्र से संबंधित 4 प्रश्न उत्तर पत्र पर दिए गए हैं उनके उत्तर वहीं दीजिए।

धन्यवाद

(मंजुलता शर्मा)
श्री वैष्णव कॉलेज
ऑफ टीचर्स ट्रेनिंग, इन्दौर

इस प्रकार उपकरण को समूह जाँच के लिए अंतिम रूप देने के पश्चात् प्रशासित किया जाना चाहिए। इसके लिए हम जिस समूह पर उपकरण को प्रशासित करना चाहते हैं, उस समूह के सदस्यों या संबंधित अधिकारी से पूर्व में अनुमति प्राप्त करनी चाहिए और परीक्षणार्थियों से अच्छी तरह से तादात्म्य (Rapport) स्थापित किया जाना चाहिए तथा उन्हें ये विश्वास दिलाया जाना चाहिए कि इस परीक्षण का उनकी परीक्षा से कोई संबंध नहीं है तथा उनसे प्राप्त उत्तर गोपनीय रखे जायेंगे तथा उनका उपयोग केवल शोध-कार्य के लिए ही किया जायेगा।

चूंकि समूह जाँच के लिए लिया गया समूह पर्याप्त बड़ा होता है, अतः हमें एक से अधिक स्थानों पर जाकर उपकरण को प्रशासित करना पड़ सकता है। अतः उपकरण प्रशासन में एकरूपता (Consistency) रखनी चाहिए। ये एकरूपता निम्न बिन्दुओं पर रखनी चाहिए :

1. समय – सभी स्थानों पर एक जैसे समय पर ही उपकरण प्रशासित किया जाना चाहिए। जैसे एक जगह उपकरण सुबह के समय प्रशासित किया गया हो तो अन्य स्थानों पर भी सुबह के समय ही उपकरण प्रशासित किया जाना चाहिए। साथ ही समय सीमा भी निश्चित रखी जानी चाहिए।

2. निर्देश – सभी स्थानों पर परीक्षार्थियों को एक जैसे निर्देश दिए जाने चाहिए। अर्थात् शब्दों पर दबाव, हावभाव, उद्दीपन-परिवर्तन, आवाज की तीव्रता, गति व लहजा (Tone) इत्यादि समान होना चाहिए। इसलिए निर्देशों को लिखित रूप में देना उचित होता है।

3. परिस्थितियाँ – एक स्थान पर जिस परिस्थिति में उपकरण प्रशासित किया गया हो, अन्य स्थानों पर भी वैसी परिस्थिति रखी जानी चाहिए। अर्थात् बैठक व्यवस्था, प्रकाश-व्यवस्था, हवा, सफाई, शांति इत्यादि सभी स्थानों पर एक समान होनी चाहिए।

इस प्रकार समूह जाँच के लिए उपकरण प्रशासित किया जाता है। बच्चों/सदस्यों ने पदों को हल करने में कितना समय लिया, इसे अंकित करना

चाहिए, क्योंकि संज्ञानात्मक पक्ष पर आधारित उपकरणों में समय-सीमा निर्धारित करनी होती है। प्रशासन के पश्चात् प्रत्येक विद्यार्थी को दिए गए परीक्षण का फलांकन किया जाता है तथा उन्हें प्राप्तांकों के आधार पर आरोही क्रम में जमा लिया जाता है।

यहाँ पर यह ध्यान रखने योग्य बात है कि यदि उपलब्धि परीक्षण का पद-विश्लेषण किया जाता है तब उसके लिए विभेदकारिता व कठिनाई स्तर दोनों ज्ञात किए जाते हैं। लेकिन अन्य परीक्षणों का पद-विश्लेषण करते समय उनकी केवल विभेदकारिता ही ज्ञात की जाती है, कठिनाई स्तर नहीं।

रॉस व स्टेनले पद-विश्लेषण विधि

प्रस्तुत विधि में फलांकन के पश्चात् पूर्व में बताए अनुसार विद्यार्थियों की उत्तरपुस्तिकाओं को आरोही अथवा अवरोही क्रम में जमा लेते हैं और उच्च वर्ग के 27 प्रतिशत विद्यार्थियों व निम्न वर्ग के 27 प्रतिशत विद्यार्थियों के दो वर्ग बना लेते हैं। बीच के 46 प्रतिशत विद्यार्थियों की उत्तरपुस्तिकाओं को अलग कर देते हैं तथा प्रत्येक पद के लिए उच्च वर्ग के द्वारा अशुद्ध किए गए उत्तरों की संख्या ज्ञात कर लेते हैं तथा निम्न वर्ग के द्वारा अशुद्ध किए गए उत्तरों की संख्या को ज्ञात कर लेते हैं तथा सूत्र के द्वारा विभेदकारिता निर्देशांक एवं कठिनाई स्तर ज्ञात करते हैं। निम्न तालिका की सहायता से विभेदकारिता निर्देशांक व कठिनाई स्तर की गणना को समझा जा सकता है :

पद संख्या	उच्च वर्ग द्वारा दिए गए अशुद्ध उत्तर W_H (1)	निम्न वर्ग द्वारा दिए गए अशुद्ध उत्तर W_L (2)	विभेदकारिता (2-1) $D_1 = W_L - W_H$ (3)	कठिनाई (Б2) $D_2 = W_L + W_H$ (4)	विभेदकारिता निर्देशांक (3) % N	कठिनाई स्तर (4) % 2N
1.	2	5	3	7	.3	.35
2.	2	4	2	6	.2	.30
3.	1	3	2	4	.2	.20
4.	1	2	1	3	.1	.15
5.	0	5	5	5	.5	.25
6.	2	4	2	6	.2	.30
7.	5	7	2	12	.2	.60
8.	1	6	5	7	.5	.35
9.	4	5	1	9	.1	.45
10.	6	8	2	14	.2	.70

यदि कुल विद्यार्थियों की संख्या 37 है तो 27 प्रतिशत उच्च व 27 प्रतिशत निम्न समूह के विद्यार्थियों की संख्या 10 होगी, अर्थात् N = 10।

उपर्युक्त सारणी में –

W_L (Wrong Lower) = निम्न वर्ग में अशुद्ध उत्तर देने वाले विद्यार्थियों की संख्या

W_H (Wrong Higher) = उच्च वर्ग में अशुद्ध उत्तर देने वाले विद्यार्थियों की संख्या

D_1 = विभेदकारिता

D_2 = कठिनाई

$$\text{विभेदकारिता निर्देशांक} = \frac{W_L - W_H}{N}$$

$$\text{कठिनाई स्तर} = \frac{W_L + W_H}{2N}$$

N = प्रत्येक वर्ग में विद्यार्थियों की संख्या।

अन्य विधि

प्रस्तुत विधि में बड़े समूह पर उपकरण को प्रशासित करने के पश्चात् बालकों को दिए गए परीक्षणों का फलांकन कर लिया जाता है और उनकी सूची बना ली जाती है। इसके पश्चात् उनके फलांकों को आरोही या अवरोही क्रम में व्यवस्थित कर लिया जाता है। जैसे यदि कुल छात्र 500 हो तो इन्हें दो भागों में बाँट कर उच्च वर्ग के 27 प्रतिशत छात्र अर्थात् 135 छात्रों के फलांक तथा निम्न वर्ग के 27 प्रतिशत छात्र अर्थात् 135 छात्रों के फलांक लिए जाते हैं। यहाँ मध्य के 46 प्रतिशत छात्र अर्थात् 230 छात्रों के फलांकों को गणना में शामिल नहीं किया जाता है, क्योंकि उनके फलांकों में अधिक अन्तर नहीं होता है, अतः उनमें विभेदीकरण करना मुश्किल होता है।

उपलब्धि परीक्षण में पदों के मानक उत्तर होने से उत्तर सही/गलत होते हैं, अतः उपलब्धि परीक्षण में विभेदीकरण स्तर के साथ-साथ कठिनाई स्तर ज्ञात किया जाता है, जबकि अनुसूची (Inventroy) व मापनी (Scale) में मानक उत्तर नहीं होते हैं। अतः उनका केवल विभेदीकरण स्तर ही ज्ञात किया जाता है, कठिनाई स्तर नहीं। साथ ही उपलब्धि परीक्षण का विभेदीकरण स्तर अलग विधि से निकाला जाता है तथा अनुसूची व मापनी का विभेदीकरण स्तर अलग विधि से ज्ञात किया जाता है।

उपलब्धि परीक्षण के लिए विभेदीकरण स्तर व कठिनाई स्तर निकालने की विधि

उच्च वर्ग के 27 प्रतिशत व निम्न वर्ग के 27 प्रतिशत विद्यार्थियों के फलांक ज्ञात करने के पश्चात् प्रत्येक पद पर उच्च वर्ग में से सही अनुक्रिया देने वाले विद्यार्थियों व निम्न वर्ग में से सही अनुक्रिया देने वाले विद्यार्थियों की संख्या ज्ञात की जाती है व उस पद का कठिनाई स्तर ज्ञात किया जाता है। इसके लिए उच्च व निम्न वर्ग में से सही अनुक्रिया देने वाले विद्यार्थियों के प्रतिशत का औसत निकाला जाता है व 100 से भाग (Divide) दिया जाता है।

जैसे –

पद क्रम	27 प्रतिशत छात्रों में से सही अनुक्रिया देने वाले छात्रों का प्रतिशत		कठिनाई स्तर
	उच्च वर्ग	निम्न वर्ग	
1.	10	10	$= \frac{10+10}{2} = 10\,\% = .1$
2.	80	30	$= \frac{80+30}{2} = 55\,\% = .55$
3.	29	32	$= \frac{29+32}{2} = 30.5\,\% = .305$
4.	15	0	$= \frac{15+0}{2} = 7.5\% = .075$
5.	100	0	$= \frac{100+0}{2} = 50\% = .5$

यदि कठिनाई स्तर का मूल्य 0 से .4 होता है तब वह पद अत्यधिक कठिन होता है। यदि कठिनाई स्तर का मूल्य .4 से .6 होता है तब वह पद औसत कठिनाई का होता है और .6 से 1 मूल्य वाला पद अधिक सरल होता है। परीक्षण में अत्यधिक कठिनाई स्तर/औसत कठिनाई स्तर/निम्न कठिनाई स्तर के प्रश्नों की संख्या कितनी हो, यह परीक्षण निर्माणकर्त्ता पर निर्भर करता है।

प्रत्येक उपकरण में विभेदीकरण का गुण होना आवश्यक होता है। विभेदीकरण स्तर को वैधता सूचकांक भी कहा जाता है। विभेदीकरण का अर्थ प्रत्येक पद में विद्यार्थियों में विभेद करने की योग्यता से है। उपलब्धि परीक्षण का विभेदीकरण स्तर एक तालिका की सहायता से ज्ञात किया जाता है। इसे निम्न उदाहरण की सहायता से समझा जा सकता है।

पद क्रम	27 प्रतिशत छात्रों में से सही अनुक्रिया देने वाले छात्रों का प्रतिशत		विभेद स्तर
	उच्च वर्ग	निम्न वर्ग	
1.	10	10	0
2.	80	30	.51
3.	60	30	.31
4.	51	10	.485
5.	0	0	0

यहाँ प्रथम पद को उच्च वर्ग के जितने प्रतिशत विद्यार्थियों ने सही हल किया है उतने ही निम्न वर्ग के प्रतिशत विद्यार्थियों ने हल किया है। अतः इसका विभेद स्तर 0 होगा अर्थात् यह पद विद्यार्थियों में विभेद नहीं कर रहा है। इसलिए इसे उपकरण में शामिल नहीं किया जाना चाहिए।

यदि दूसरे पद के लिए हमें विभेदीकरण स्तर ज्ञात करना हो तो हम मानक

तालिका में उच्च वर्ग में 80 का मान व निम्न वर्ग में 30 का मान देखेंगे। यदि तालिका में इनका वास्तविक (exact) मान नहीं दिया गया होगा तो उसके आसपास की संख्या के मान के आधार पर विभेदीकरण स्तर की गणना की जायेगी। जैसे तालिका में उच्च वर्ग में 80 के मान के लिए उसके आसपास की संख्या के मान यानि 78 व 82 के मान निम्न वर्ग के 30 के मान के आधार पर निकालकर गणना करेंगे।

जैसे, तालिका में उच्च वर्ग में 78 व 82 के मान निम्न वर्ग में 30 पर निम्न हैं :

	78	82
30	.49	.53

यहाँ 80 का मान इस प्रकार ज्ञात करेंगेः–

उच्च वर्ग में 82 व निम्न वर्ग में 30 के लिए मान = 0.53

उच्च वर्ग में 78 व निम्न वर्ग में 30 के लिए मान = 0.49

82 व 78 में अंतर 4

मान में अंतर = .04

$\because$ (चूंकि) 4 के अंतर पर मान में वृद्धि = .04

$\therefore$ (इसलिए) 2 के अंतर पर मान में वृद्धि = $\frac{.04 \times 2}{4} = .02$

अतः 80 का मान = 0.49 +.02 = 0.51

इस प्रकार पद क्र. 2 का विभेदीकरण स्तर .51 होगा। अन्य पदों का विभेदीकरण स्तर भी इसी प्रकार ज्ञात किया जाएगा जो क्रमशः .31, .485 व 0 होगा।

यदि पद का विभेदीकरण स्तर .2 के बराबर या उससे अधिक हो तो उसे उपकरण में शामिल किया जाना चाहिए। उपकरण – निर्माणकर्त्ता को उच्च से निम्न क्रम के विभेदीकरण स्तर के आधार पर पदों का चयन करना चाहिए। अर्थात् सबसे पहले अधिक विभेदीकरण स्तर वाले पद को, तत्पश्चात् निम्न विभेदीकरण स्तर वाले पद को उपकरण में शामिल करना चाहिए।

अनुसूची व मापनी के लिए विभेदीकरण स्तर की गणना

अनुसूची व मापनी के पदों के विभेदीकरण स्तर को ज्ञात करने के लिए उच्च वर्ग के 27 प्रतिशत विद्यार्थियों व निम्न वर्ग के 27 प्रतिशत विद्यार्थियों के दो वर्ग बनाने के पश्चात् प्रत्येक पद पर उच्च वर्ग के सभी विद्यार्थियों के फलांक व निम्न वर्ग के सभी विद्यार्थियों के फलांक ज्ञात किए जाते हैं व उनका योग कर माध्य ज्ञात कर t – परीक्षण लगाया जाता है। यदि t का मान सार्थक होता है तो इसका अर्थ है कि उच्च वर्ग व निम्न वर्ग के विद्यार्थियों की अनुक्रियाओं में अंतर है। अर्थात् पद विद्यार्थियों में विभेद करने की क्षमता रखता है।

इस प्रकार विभेदीकरण स्तर व कठिनाई स्तर के आधार पर उपकरण के लिए पदों का चयन कर लिया जाता है और यहाँ प्रारंभिक जाँच पूर्ण हो जाती है।

अंतिम जाँच (Final Try-out)

प्रारंभिक जाँच के आधार पर पदों में संशोधन व कमी/वृद्धि होने के पश्चात् उनकी अंतिम जाँच की जाती है। अंतिम जाँच का उद्देश्य उपकरण की विश्वसनीयता व वैधता निर्धारित करना व उपकरण के मानक निर्धारित करना है।

8

निदानात्मक परीक्षण
(Diagnostic Test)

कक्षा में कई तरह के विद्यार्थी होते हैं, जिनके सीखने की गति भिन्न-भिन्न होती है। कुछ विद्यार्थी शीघ्रता से सीखते हैं, तो कुछ अत्यन्त देर से। विद्यार्थियों के धीरे सीखने का कारण उन्हें अधिगम में आने वाली कठिनाइयाँ हो सकती हैं। हो सकता है कि उन्हें संकल्पना स्पष्ट न हुई हो या उन्हें उस संकल्पना को सीखने के लिए आवश्यक पूर्व ज्ञान न हो। यदि विद्यार्थियों को अधिगम में आने वाली कठिनाइयों का ज्ञान हो जाए तो उन कठिनाइयों को दूर करके उन्हें भी शीघ्र गति से सीखने वाले विद्यार्थियों के स्तर तक लाया जा सकता है। प्रत्येक विद्यार्थी को अधिगम में आने वाली कठिनाइयाँ अलग-अलग होती हैं। जिनको पहचानना अत्यन्त मुश्किल होता है। विद्यार्थियों की अधिगम संबंधी कठिनाइयों की पहचान करना निदान कहलाता है और उसके लिए जो परीक्षण उपयोग में लाया जाता है, उसे निदानात्मक परीक्षण (Diagnostic Test) कहा जाता है।

निदान के सिद्धांत

विद्यार्थियों की अधिगम संबंधी कठिनाइयों का निदान कुछ सिद्धांतों के आधार पर किया जाना चाहिए जो निम्न है (दास एवं अन्य, 1984) :

1. विद्यार्थी के साथ तादात्म्य स्थापित करना – विद्यार्थियों को अधिगम में आने वाली कठिनाइयों का पता लगाने के लिए अध्यापक को उनके साथ तादात्म्य स्थापित करना चाहिए ताकि वे बिना किसी तनाव व चिंता के अपना श्रेष्ठ निष्पादन कर सकें और उनकी वास्तविक कठिनाइयाँ दृष्टिगत हो सकें।

2. समूह एवं व्यक्तिगत अध्ययन का सिद्धांत – अधिगम संबंधी कुछ कठिनाइयाँ ऐसी होती है जिनकी पहचान विद्यार्थियों के समूह में अध्ययन करने पर नहीं की जा सकती है, जैसे कि पठन संबंधी कठिनाई। अतः किसी विद्यार्थी की अधिगम के प्रति प्रतिक्रिया जानने के लिए समूह अध्ययन के साथ-साथ उसके व्यक्तिगत अध्ययन पर भी ध्यान दिया जाना चाहिए।

3. परीक्षण का सिद्धांत – निदान का तीसरा सिद्धांत परीक्षण का सिद्धांत है अर्थात् अध्यापक को विद्यार्थियों को पढ़ाना नहीं है, बल्कि परीक्षण करना है। अतः उसे निदानात्मक परीक्षण का उपयोग करते समय किसी भी तरह के वाक्य, जैसे 'आप ठीक बोल रहे हैं', 'कोशिश करो', इत्यादि नहीं कहना चाहिए। क्योंकि इनसे विद्यार्थी प्रोत्सहित/हतोत्साहित हो सकते हैं और उनकी वास्तविक अधिगम कठिनाई का पता नहीं लगाया जा सकता है।

4. सम्पूर्णता का सिद्धांत – निदान का चौथा सिद्धांत सम्पूर्णता का आश्वासन देना है अर्थात् निदान विद्यार्थियों की अधिगम सम्बन्धी कठिनाइयों के निदान पर ही समाप्त नहीं हो जाना चाहिए, बल्कि इसे उपचारात्मक सत्र तक चलना चाहिए जिसमें ज्ञात की गयी कठिनाइयों को दूर करने के उपाय किए जाते हैं।

5. कुशलता का सिद्धांत – निदान का एक सिद्धांत कुशलता बनाए रखना है अर्थात् एक कुशल निदान वह होता है जिसमें समस्या के समाधान तक पहुँचने के लिए एक शिक्षक द्वारा आवश्यक समझे जाने वाले सभी उपायों को शामिल किया जाता है।

6. प्रतिरूपों के संदर्भ में निदानात्मक प्रदत्तों का मूल्यांकन करना – एक निदान में विद्यार्थियों की पठन योग्यताओं के विभिन्न अन्तर्सम्बन्धित उपायों को शामिल करने की आवश्यकता होती है। जब सभी अन्तर्सम्बन्धित उपायों पर एक समान त्रुटियाँ घटित होती हैं, तब त्रुटियों का प्रतिरूप प्रकट होता है।

निदान के सोपान (Steps of Diagnosis)

निदान के निम्न आवश्यक सोपान होते हैं, जिनके आधार पर निदान किया जाता है। ये हैं :

1. ऐसे विद्यार्थियों की पहचान करना जिन्हें अधिगम संबंधी कठिनाइयाँ होती हैं।
2. अधिगम कठिनाई की विशिष्ट प्रकृति निर्धारित करना।
3. ऐसे कारकों का निर्धारण करना जिनके कारण अधिगम कठिनाइयाँ होती हैं।

इन सोपानों का वर्णन इस प्रकार है :

1. उन विद्यार्थियों की पहचान करना जिन्हें अधिगम कठिनाइयाँ होती हैं – निदान के लिए सबसे पहले उन विद्यार्थियों की पहचान करना होती है जिन्हें अधिगम संबंधी कठिनाइयाँ होती हैं। इसका एक तरीका यह है कि विद्यार्थियों पर एक शैक्षणिक अभिक्षमता परीक्षण और मानकीकृत उपलब्धि परीक्षणों को प्रशासित किया जाए और फिर उनके परिणामों की तुलना की जाए। यदि किसी विद्यार्थी की उपलब्धि का स्तर उसकी शैक्षणिक अभिक्षमता स्तर से कम आता है तो यह माना जा सकता है कि वह अपनी सामर्थ्य या क्षमता के अनुपात में प्राप्त नहीं कर रहा है। अतः उसे अधिगम संबंधी कठिनाइयाँ हैं और उनका निदान करने की आवश्यकता है। लेकिन इस विधि को प्रयुक्त करते समय निदानकर्ता को कुछ सावधानियाँ रखनी चाहिए जैसे–

अ. उपलब्धि परीक्षणों एवं शैक्षिक अभिक्षमता परीक्षण को मानकीकृत होना चाहिए।

ब. उपलब्धि परीक्षणों एवं शैक्षिक परीक्षण द्वारा प्राप्त फलांक समान तुलनीय इकाइयों में व्यक्त करने वाला होना चाहिए।

स. मापन त्रुटियों के कारण उत्पन्न अंतरों की संभावना न हो इसलिए उपलब्धि एवं अभिक्षमता के मध्य असंगतता ज़्यादा होनी चाहिए।

द. कुछ अधिगम कठिनाइयाँ ऐसी हो सकती हैं जो दोनों परीक्षणों पर फलांकों को कम कर सकती हैं और उपलब्धि एवं अभिक्षमता को समान बता सकती हैं। अतः निदान की आवश्यकता होने वाले विद्यार्थी भी औसत विद्यार्थी की तरह दिखाई देते हैं।

अधिगम संबंधी कठिनाइयों वाले विद्यार्थियों की पहचान का दूसरा तरीका है कि विद्यार्थियों पर एक मानकीकृत उपलब्धि परीक्षण प्रशासित किया जाए तथा उसका विश्लेषण किया जाए। विश्लेषण के लिए प्रत्येक विद्यार्थी द्वारा गलत किए गए पदों की आवृत्ति की (टेली) लगाई जाए तथा उन पदों को ज्ञात किया जाए जिन्हें अधिकांश विद्यार्थियों ने गलत किया है तो इसका अर्थ है कि सम्पूर्ण कक्षा उस पद की विषयवस्तु में कमज़ोर है। अतः इसका अर्थ है कि परीक्षण की विषय वस्तु वैधता नहीं है या फिर पाठ्यचर्चा एवं शिक्षण विधि में परिवर्तन की आवश्यकता है। इस विधि में प्रत्येक विद्यार्थी की विशिष्ट अधिगम कठिनाइयों का ज्ञान हमें उसके द्वारा की गई त्रुटियों से हो जाता है।

इसके अतिरिक्त शिक्षक को कक्षा में अनौपचारिक मूल्यांकन प्रक्रिया जैसे टैस्ट लेकर, निर्धारण मापनियाँ, जाँचसूची, प्रश्न पूछना इत्यादि की सहायता से सामूहिक व व्यक्तिगत अधिगम कठिनाइयों का पता लगाते समय विषयवस्तु एवं आधारभूत कौशलों से संबंधित कठिनाइयों के साथ-साथ उनके संवेगात्मक समायोजन, सामाजिक सम्बन्धों एवं व्यक्तिगत सामाजिक विकास से संबंधित कठिनाइयों पर भी ध्यान देना चाहिए क्योंकि ये अधिगम त्रुटियों को प्रत्यक्ष व अप्रत्यक्ष दोनों तरह से प्रभावित करती हैं।

2. अधिगम कठिनाई की विशिष्ट प्रकृति निर्धारित करना – अधिगम कठिनाइयों वाले विद्यार्थियों की पहचान करने के पश्चात् उनकी अधिगम कठिनाई की सुनिश्चित प्रकृति निर्धारित की जाती है अर्थात् उन्हें किस तरह की अधिगम कठिनाई है यह ज्ञात किया जाता है, इसके लिए अध्यापक विद्यार्थियों को एक उपलब्धि परीक्षण देकर उनसे प्रत्येक प्रश्न का उत्तर मौखिक रूप से पूछ सकते हैं। इससे न केवल ज्ञान व कौशल में विद्यार्थी की कमज़ोरी का ज्ञान होता है बल्कि उसके अनुक्रिया देने में बाधक संवेदनात्मक घटकों या अवांछनीय आदतों को भी जाना जा सकता है।

विद्यार्थी की अधिगम कठिनाई की प्रकृति निर्धारित करने के लिए शिक्षक निदानात्मक परीक्षण का उपयोग भी कर सकते हैं। निदानात्मक परीक्षण विद्यार्थियों द्वारा की जाने वाली सामान्य त्रुटियों पर आधारित होता है और विद्यार्थी की विशिष्ट

समस्या को ढूँढने की एक व्यवस्थित विधि प्रदान करता है। इसमें मापे जाने वाले कौशल के प्रत्येक पहलू से संबंधित कई सारे पद होते हैं जिससे विद्यार्थी द्वारा की जाने वाली वास्तविक त्रुटियों का ज्ञान होता है। अतः उपलब्धि परीक्षण की तुलना में ये अधिगम कठिनाई की प्रकृति को सुनिश्चित रूप से निर्धारित करते हैं। उपलब्धि परीक्षण एवं निदानात्मक परीक्षण के अतिरिक्त संचयी आवृत्ति प्रतिवेदन, घटनावृत्त, कोर्स ग्रेड, पूर्व परीक्षणों के परिणामों के विश्लेषण, इत्यादि से भी एक विद्यार्थी द्वारा अनुभव की जाने वाली अधिगम कठिनाइयों को जाना जा सकता है।

3. अधिगम कठिनाई होने के कारकों को निर्धारित करना (Determining the Factors Causing the Learing Difficulty) – अधिगम कठिनाइयाँ किस तरह की होती हैं, इसका निर्धारण करने के पश्चात् निदान करने वाले शिक्षक को यह निर्धारित करना होता है कि किसी भी विद्यार्थी को अधिगम कठिनाइयाँ किस कारण से होती हैं। हालांकि अधिगम कठिनाइयों के कारणों को पूर्णतया ढूँढ निकालना मुश्किल होता है तथा ये कारण कई व जटिल होते हैं। लेकिन फिर भी विद्यार्थी के संचयी आवृत्ति प्रतिवेदन, विशिष्ट परीक्षण एवं निरीक्षण, विद्यार्थी का साक्षात्कार और यदि सम्भव हो तो उसके परिवार के लोगों व घर के वातावरण के सम्बन्ध में पर्याप्त जानकारी प्राप्त कर किसी विद्यार्थी की अधिगम कठिनाइयाँ होने के कारणों को जाना जा सकता है और उसके आधार पर उपचार दिया जा सकता है। यदि अनेक विद्यार्थी एक ही तरह की अधिगम कठिनाई अनुभव कर रहे हों तो उसका कारण अनुचित शिक्षण विधि, अनुपयुक्त पाठ्यगामी दबाव या अत्यधिक जटिल पाठ्यक्रम सामग्री हो सकते हैं। इन कारणों को अनुदेशन सामग्रियों का विकास कर दूर किया जा सकता है। दोषपूर्ण अनुदेशन के अतिरिक्त कुछ समस्याएँ ऐसी होती हैं, जिनका पता विद्यार्थी शैक्षणिक अभिक्षमता, पठन, अंकगणितीय एवं भाषा कौशलों, अध्ययन आदत, स्वास्थ्य एवं शारीरिक स्थिति, संवेगात्मक समायोजन, गृह एवं विद्यालय पर्यावरण इत्यादि का सावधानीपूर्वक अध्ययन कर लगाया जाता है।

निदानात्मक परीक्षण (Diagnostic Test)

गुड (1959) ने निदानात्मक परीक्षण को इस प्रकार परिभाषित किया है– "विद्यार्थियों की विशिष्ट कमज़ोरियों के निर्धारण के दृष्टिकोण से एक सीमित विषय क्षेत्र या संबंधित उपक्षेत्र में उपलब्धि मापने का एक इच्छित/अभीष्ट (intended) परीक्षण, जिसके आधार पर उपचारात्मक उपाय किए जा सके, निदानात्मक परीक्षण कहलाता है"।

निदानात्मक परीक्षण के निर्माण के सोपान
(Steps in Construction of a Diagnositc Test)

एक निदानात्मक परीक्षण का निर्माण कुछ सोपानों के आधार पर किया जाता है। इन सोपानों का वर्णन इस प्रकार है –

1. **योजना बनाना (Planning)** – निदानात्मक परीक्षण के निर्माण की प्रक्रिया उपलब्धि परीक्षण से भिन्न होती हैं। अतः अध्यापक को इसके निर्माण के पहले

सुनिश्चित योजना बनानी होती है। इसके निर्माण के लिए सबसे पहले शिक्षक को विद्यार्थियों की अधिगम कठिनाइयों को जानने के लिए अधिक प्रदत्त इकट्ठा करना होते हैं, तत्पश्चात् उनके आधार पर संबंधित विषयवस्तु का विस्तृत विश्लेषण किया जाता है। विषयवस्तु विश्लेषण के लिए इकाइयों या विषयवस्तु को अधिगम बिंदुओं में तोड़ा जाता है और फिर उन्हें पदानुक्रम (hierarchical order) में व्यवस्थित किया जाता है। इन अधिगम बिंदुओं में निरंतरता होनी आवश्यक होती है यदि इनमें निरंतरता नहीं होती है तो कुछ अधिगम बिंदु परीक्षण में शामिल होने से रह जाते हैं। जिससे उनसे संबंधित कठिनाइयाँ होने वाले बालकों का निदान नहीं हो पाता है।

2. पदों को लिखना (Writing the Item) – निदानात्मक परीक्षणों के निर्माण के लिए नील-पत्र (Blue print) बनाने की आवश्यकता नहीं होती है। अतः दूसरा सोपान पद लेखन का होता है जिसमें विषयवस्तु विश्लेषण के दौरान निर्धारित किए गए अधिगम बिंदुओं के पदानुक्रम के आधार पर पदों को लिखा जाता है। प्रत्येक अधिगम बिंदु से संबंधित इतने पद लिखे जाते हैं ताकि उनसे पर्याप्त निर्णयात्मक साक्ष्य प्राप्त हो सकें। इसके लिए सामान्यतः एक अधिगम बिंदु से संबंधित तीन से अधिक पद लिखे जाने चाहिए। वस्तुनिष्ठ पद के साथ-साथ लघुउत्तरीय पद भी लिखे जाने चाहिए। पद औसत कठिनाई स्तर के होने चाहिए। इनके लिए कोई निश्चित समय निर्धारित नहीं किया जाना चाहिए, विद्यार्थी जितना समय सभी पदों के उत्तर देने के लिए चाहते हैं, उन्हें उतना समय प्रदान करना चाहिए। इसके अतिरिक्त विभिन्न प्रकार के पदों को लिखते समय उन सभी बातों का ध्यान रखना चाहिए जो कि परीक्षण मानकीकरण में पद लेखन में दी गई है।

3. पदों को एकत्रित करना (Assembling of the Items) – पद लेखन के पश्चात् निदानात्मक परीक्षण के लिए पदों को व्यवस्थित किया जाता है। इसके लिए प्रत्येक अधिगम बिंदु से संबंधित सभी पदों को एक साथ रखा जाता है, भले ही वे पद विभिन्न प्रकार (वस्तुनिष्ठ, लघुउत्तरीय) के हों और फिर उन्हें जटिलता के आधार पर व्यवस्थित किया जाता है। ऐसा करने से विद्यार्थियों को एक अधिगम बिंदु से संबंधित प्रश्न एक साथ मिलते हैं। जिससे उन्हें अपने मानसिक विन्यास (mental sets) को बार-बार परिवर्तित करने की आवश्यकता नहीं होती है तथा उनकी कमज़ोरियों को पहचानने में आसानी होती है।

4. निर्देश प्रदान करना (Providing Directions) – निदानात्मक परीक्षण में शामिल पदों के संबंध में विद्यार्थियों की अनुक्रियाएँ प्राप्त करने के लिए उनसे संबंधित निर्देश स्पष्ट एवं विशिष्ट रूप से दिए जाने चाहिए, ताकि विद्यार्थी उपयुक्त अनुक्रियाएँ दे सकें। साथ ही परीक्षण प्रशासन के लिए भी स्पष्ट निर्देश दिए जाने चाहिए जिससे परीक्षण का उपयोग करने वाला उन निर्देशों का पालन कर सके।

5. अंकन कुंजी एवं अंक योजना तैयार करना (Preparing Scoring Key and Marking Scheme) – परीक्षण का उपयोग करने वाले सभी व्यक्ति एक ही प्रकार से अंकन कर सकें तथा परीक्षण की विश्वसनीयता, वैधता एवं वस्तुनिष्ठता बनी रहे, इसके लिए परीक्षण में अंकन कुंजी एवं अंक प्रदान करने की योजना देनी चाहिए।

6. समीक्षा एवं सम्पादन (Reviewing and Editing) – परीक्षण को तैयार करने के पश्चात् उसकी समीक्षा एवं सम्पादन करना चाहिए। इसके लिए परीक्षण को विषय-विशेषज्ञों को देना चाहिए तथा उनके सुझावानुसार पदों में संशोधन करना चाहिए।

उपचार के सिद्धांत (Principles of Remediation)

विद्यार्थियों की अधिगम कठिनाइयों की पहचान के पश्चात उनका उपचार किया जाता है। एक प्रभावी उपचारात्मक कार्यक्रम कुछ सिद्धांतों पर आधारित होता है जो इस प्रकार है –

1. एक उपचारात्मक कार्यक्रम की सफलता के लिए यह अत्यन्त आवश्यक है कि उपचार दिए जाने वाले विद्यार्थियों की अभिवृत्ति उपचार के प्रति सकारात्मक हो। पढ़ाई में लगातार असफल होने वाले विद्यार्थियों की अध्ययन के प्रति अरुचि विकसित हो जाती है और वे हतोत्साहित हो जाते हैं। अतः उनमें यह अभिवृत्ति विकसित की जानी जरूरी होती है कि उपचार कार्य से वे अध्ययन में सफल होंगे और इसके लिए उन्हें दिए जाने वाले उपचार में प्रारंभिक पाठ उनके मजबूत बिंदुओं की ओर निर्देशित किए जाने चाहिए तथा संपूर्ण उपचार कार्यक्रम के प्रत्येक पाठ में कुछ समय उन्हें उनके मजबूत बिंदुओं की ओर निर्देशित किए जाने चाहिए।

2. उपचार कार्यक्रम का दूसरा सिद्धांत विद्यार्थियों को उनकी सफलता के बारे में बताना है। उन्हें उपचार कार्यक्रम के दौरान जो भी अनुभव हुए हैं वह उनकी सफलता होती है और उन्हें उससे वास्तविक रूप से परिचित कराना होता है ताकि वे आगे भी सफल हों।

3. इसका तीसरा सिद्धांत विद्यार्थियों को उपचारात्मक कार्यक्रम का वास्तविक परिस्थिति में स्थानान्तर करने का अवसर देना है अर्थात् उपचार कार्यक्रम के दौरान विद्यार्थियों को आवश्यकतानुसार विभिन्न क्षेत्रों में अकेले अभ्यास करने का अवसर देना चाहिए।

4. उपचार कार्यक्रम में नम्यता होनी चाहिए अर्थात् बालकों की बदलती आवश्यकताओं के अनुसार उपचार कार्यक्रम में गतिविधियों को समायोजित करना चाहिए।

5. उपचार कार्यक्रम को लक्ष्य निर्देशित होना चाहिए। प्रांरभ में ही अनुदेशात्मक उद्देश्य बना लेना चाहिए, और उनके अनुसार उपचार कार्यक्रम चलाया जाना चाहिए।

6. उपचार कार्यक्रम, कौशलों का विकास करने वाला होना चाहिए। उपचार कार्यक्रम को इस तरह अभिकल्पित किया जाना चाहिए कि विद्यार्थियों को उनकी कमियाँ दिखाई दे सकें और वे उन्हें दूर कर लें तथा अपनी दैनिक विद्यालयीन सफलता के लिए उपचार कार्यक्रम पर ही निर्भर ना रहें।

उपचार कैसे प्रारंभ किया जाए?

विभिन्न परिस्थितियों एवं व्यक्तियों के अनुसार उपचार कार्यक्रम को संचालित किया जा सकता है। सामान्यतः इसके क्रियान्वयन के लिए निम्नलिखित प्रक्रिया को अपनाया जाना चाहिए –

1. उपचार कार्यक्रम निदान पर आधारित होता है लेकिन इसे सफल बनाने के

लिए इसमें शामिल विद्यार्थियों की रुचि व स्वीकृति होनी चाहिए। अतः उपचार कार्यक्रम को विद्यार्थियों के निदान किए गए मजबूत बिंदुओं पर आधारित गतिविधियों से प्रारम्भ किया जाना चाहिए।

2. उपचार के लिए अध्यापक को विद्यार्थियों को सीधे ही उनकी कमज़ोरियों को नहीं बताना चाहिए, बल्कि उनकी अच्छाइयों एवं मजबूत बिंदुओं से शुरूआत करते हुए कमज़ोरियों पर आना चाहिए।
3. प्रत्येक अध्याय का प्रांरभ व अंत गतिविधियों से करना चाहिए ताकि सफलता की गारंटी हो।
4. एक घंटे के सत्र में विद्यार्थियों की कमियों को बताने के लिए दस मिनट से अधिक समय नहीं लेना चाहिए। उनकी अच्छाइयों का उपयोग करते हुए कमज़ोरियों पर आना चाहिए।
5. विद्यार्थियों को उनके द्वारा की जाने वाली गतिविधियों के लिए योजना बनाने में शामिल करना चाहिए।
6. विद्यार्थियों को छोटे समूह में अनुदेशन देना चाहिए, तथा प्रत्येक दिन समूह में सफल होने वाले विद्यार्थियों को ढूँढना चाहिए।
7. विद्यार्थियों के माता-पिता एवं अन्य शिक्षकों से लगातार संपर्क में रहना चाहिए, तथा उन्हें विद्यार्थी की सफलता के बारे में बताना चाहिए ताकि वे भी विद्यार्थियों को पुनर्बलन प्रदान कर सके।
8. विद्यार्थियों को निश्चित गतिविधियों को पसंद या नापसंद करने के अवसर प्रदान करना चाहिए।
9. नए क्षेत्रों में सफलतापूर्वक कार्य करने के लिए पुरस्कार प्रदान किए जाने चाहिए।
10. एक विद्यार्थी को अन्य विद्यार्थियों के साथ कार्य करने के अवसर प्रदान करना चाहिए।

उपचार में परीक्षण एवं मूल्यांकन की भूमिका (Role of Testing and Evaluation in Remediation)

उपचार कार्यक्रम में विद्यार्थियों का समय-समय पर परीक्षण एवं मूल्यांकन करने से निम्न लाभ होते हैं –

1. यह विद्यार्थियों की कठिनाइयों एवं अधिगम आवश्यकताओं के बारे में आगे की निदानात्मक सूचनाएँ प्रदान करता है।
2. इससे विद्यार्थियों को यह स्पष्ट हो जाता है कि उनसे किस प्रकार की विशिष्ट अनुक्रियाओं की अपेक्षा की जाती है।
3. परीक्षण अभ्यासों के आधार पर सावधानीपूर्वक निकाली गई ग्रेड्स विद्यार्थियों को प्रदान कर उन्हें सफलता की अनुभूति कराई जा सकती है।
4. इसमें अल्पकालीन लक्ष्यों को निर्धारित किया जाता है और प्रगति का तुरन्त ज्ञान कराया जाता है, अतः यह विद्यार्थियों की अभिप्रेरणा को बढ़ाता है।
5. इससे उपचारात्मक कार्यविधि की प्रभाविता से संबंधित सूचनाएँ प्रदान की जा सकती हैं।

9

मानक एवं मानक फलांक

(Norm and Standard Score)

किसी मनोवैज्ञानिक परीक्षण पर प्रयोज्य द्वारा प्राप्त फलांक उसकी (प्रयोज्य की) उस योग्यता या गुण को बताता है जिसे परीक्षण के द्वारा आकलित अथवा मापा जा रहा हो। मनोविज्ञान में अधिकांश परिवर्तियों का मापन अन्तराल मापनी (Interval Scale) पर किया जाता है जिसमें कोई परम शून्य (Absolute Zero) नहीं होता है। इसी कारण शिक्षा एवं मनोविज्ञान में मूल फलांकों (Raw Scores) के अर्थ को समझने के लिए मानक (Norms) का निर्माण किया जाता है प्रायः मानक का सम्बन्ध तुलना से होता है। परीक्षण के मानक वे हैं जिनकी सहायता से तुलना करके परीक्षण से प्राप्त परिणामों की व्याख्या की जा सकती है। परीक्षण मानकीकरण के दौरान मानक तैयार किए जाते हैं जो कि विशिष्ट समूह के लिए होते हैं तथा जिन्हें माध्य एवं माध्यिका के आधार पर ज्ञात किया जाता है।

विद्वानों ने मानक (Norm) को निम्न प्रकारों से परिभाषित किया है :

इबेल (1965) के अनुसार "किसी परीक्षण के मानक बताते हैं कि किसी विशेष सन्दर्भ समूह के सदस्य परीक्षण में किस प्रकार से अंक प्राप्त करते हैं।"

रैमर्स एवं अन्य (1960) के अनुसार "मानक विद्यार्थियों के किसी परिभाषित समूह के द्वारा परीक्षण पर प्राप्त निष्पादन स्तर है।"

मनोविज्ञान परिभाषा कोश (1976) के अनुसार (अ) किसी समूह विशेष के सामान्य निष्पादन से संबंधित मूल्यों का परास या कोई मूल्य; (ब) केन्द्रीय प्रवृत्ति का कोई भी माप।

मानकों के प्रकार (Types of Norms)

मानक प्रायः चार प्रकार के होते हैं :

1. उम्र मानक (Age Norms)
2. ग्रेड मानक (Grade Norms)
3. प्रतिशतांक मानक (Percentile Norms)
4. मानकीकृत फलांक मानक (Standardised Scores Norms)

1. उम्र मानक (Age Norm) – उम्र मानक से तात्पर्य विभिन्न उम्र वर्गों के विद्यार्थियों द्वारा उस परीक्षण पर प्राप्त औसत फलांकों से होता है। प्रायः उम्र मानकों का उपयोग ऐसे परीक्षणों के लिए किया ज़ाता है जहाँ उम्र बढ़ने के कारण परिवर्ती (Variable) में परिवर्तन की सम्भावना होती हो। उम्र मानकों का निर्धारण दो प्रकार से किया जा सकता है।

(*i*) प्रत्येक उम्र स्तर पर प्रयोज्यों के प्राप्तांकों का औसत प्राप्तांक।

(*ii*) परीक्षण में संभावित विभिन्न फलांकों के आधार पर प्रयोज्यों की औसत उम्र का निर्धारण करना।

शिक्षा एवं मनोविज्ञान में उम्र मानकों का उपयोग बहुतायत से किया जाता है। उम्र के साथ परिवर्तित होने वाली विशेषताओं के लिए उम्र मानक उपयोगी होते हैं। लम्बाई, वज़न, मानसिक योग्यता इत्यादि के लिए उम्र मानक उपयोगी होते हैं।

उम्र मानकों की परिसीमाएँ (Delimitations of Age Norms)

(*i*) ये मानक प्रारम्भिक उम्र के लिए अधिक उपयुक्त होते हैं। इनका उपयोग शारीरिक गुण जैसे लम्बाई, वज़न को व्यक्त करने के लिए किया जाता है।

(*ii*) उम्र स्तर की इकाइयाँ किशोरावस्था में योग्यता स्तर को व्यक्त करने के लिए उपयोगी नहीं होती।

(*iii*) इन मानकों का उपयोग तभी किया जाना चाहिए जबकि उम्र के साथ–साथ अन्य परिवर्तियों में भी परिवर्तन हो।

(*iv*) उम्र मानकों का उपयोग ऐसे गुणों के लिए किया जाना चाहिए जिनका विकास सामान्य गति से होता हो। कुछ ऐसे गुण भी होते हैं जिनका विकास किशोरावस्था में रुक जाता है जैसे पथजाल अंकन (Maze Tracing)। शाब्दिक भण्डार का विकास 20 वर्ष के बाद नहीं होता।

चौहान एवं तिवारी नैराश्य के उम्र मानक

P	14 वर्ष		16 वर्ष		18 वर्ष		19 वर्ष		प्रौढ़	
	पुरुष	महिला	पुरुष	महिला	पुरुष	महिला	पुरुष	महिला	पुरुष	महिला
99	41	48	43	47	47	47	40	36	42	44
95	40	45	40	39	42	44	39	35	40	42
90	33	42	39	37	40	38	36	35	38	41
85	31	41	37	36	39	36	35	35	38	38
80	29	35	36	35	37	35	34	35	37	36
75	28	35	35	35	36	35	33	34	36	36
70	27	34	34	34	35	34	32	34	36	35
65	26	33	33	33	34	33	31	34	34	35
60	26	32	31	32	33	33	30	33	32	33

(*v*) एक ही उम्र के बालकों की योग्यता की तुलना उम्र मानकों से नहीं की जा सकती है।

2. ग्रेड मानक (Grade Norm) – ग्रेड मानक उम्र मानक के समान होते हैं। जिस प्रकार उम्र मानक में विभिन्न उम्र के प्रयोज्यों के लिए औसत फलांक ज्ञात करते हैं, ठीक उसी प्रकार कक्षा मानक में विभिन्न ग्रेड अथवा कक्षाओं के लिए औसत फलांक ज्ञात करते हैं। ग्रेड मानक ज्ञात करने के लिए परीक्षण को विभिन्न कक्षा के प्रतिनिधि न्यादर्श विद्यार्थियों पर प्रशासित किया जाता है तथा विभिन्न कक्षा/ग्रेडों के विद्यार्थियों द्वारा प्राप्त फलांकों का औसत ज्ञात कर लिया जाता है। विभिन्न कक्षाओं के लिए ये औसत फलांक ही ग्रेड मानक कहलाते हैं। इनका शैक्षिक परिस्थितियों के लिए महत्व होता है। कक्षा मानक अध्यापकों एवं प्राचार्यों के लिए विशेष महत्व रखते हैं वे विद्यार्थी द्वारा प्राप्त फलांकों की व्याख्या कर सकते हैं। इस प्रकार के मानकों की मुख्य बातें निम्न हैं :

(*i*) उपलब्धि परीक्षणों में इनका उपयोग मुख्य रूप से किया जाता है।

(*ii*) इनकी व्याख्या स्पष्ट नहीं है, चूंकि एक ही ग्रेड में विभिन्न उम्र के विद्यार्थी अध्ययन करते हैं।

(*iii*) इस प्रकार के मानकों का निर्धारण करना सरल होता है।

(*iv*) इस प्रकार के मानकों का कक्षा से बाहर कोई उपयोग नहीं होता।

3. शतांशीय मानक (Percentile) – शतांशीय मानक से अभिप्राय किसी परीक्षण पर प्रयोज्यों के किसी प्रतिनिधित्व न्यादर्श के द्वारा प्राप्त फलांकों के विभिन्न शतांशों से होता है। शतांशीय मान वे फलांक होते हैं जिनसे कम अंक प्राप्त करने वाले प्रयोज्यों की संख्या एक दी गई प्रतिशत के बराबर होती है। कोई शतांश वह फलांक है जिसके नीचे एक दिए गए प्रतिशत के बराबर प्रयोज्य अंक प्राप्त करते हैं जैसे P_{25}, का अर्थ है यह वह फलांक है जिससे कम फलांक पाने वाले प्रयोज्यों का प्रतिशत 25 है। शतांशीय मानक 1 से 99 तक हो सकते हैं, किन्तु कुछ चुने हुए शतांशों को ही ज्ञात किया जाता है जैसे P_5, P_{10}, P_{15}, P_{20}, P_{25}, P_{30}, P_{35}, P_{40}, P_{45}, P_{50}, ...P_{95},

शतांशीय मान ज्ञात करने के लिए परीक्षण को किसी न्यादर्श (प्रतिनिधित्व) पर प्रशासित किया जाता है। प्रयोज्यों का फलांकन कर उनमें कक्षा अन्तराल बना लिए जाते हैं एवं वांछित शतांश ज्ञात कर लिए जाते हैं। ये शतांश ही शतांशीय मानक होते हैं। रावेन स्टेण्डर्ड प्रोग्रेसिव मेटराइसेस के भी शतांशीय मानक हैं।

विशेषताएँ (Characterstics)

1. इन्हें आसानी से विकसित किया जा सकता है।
2. इनकी व्याख्या आसान होती है।
3. प्रायः व्यक्तित्व, बुद्धि, अभिक्षमता एवं रूचि परीक्षणों के शतांश मानक ही ज्ञात किए जाते हैं।
4. शतांशीय मानक शैक्षिक, औद्योगिक एवं सैन्य आदि में समान रूप से उपयोग में लाए जाते हैं।

परिसीमाएँ (Delimitations)

1. इन मानकों का सांख्यिकीय विश्लेषण सम्भव नहीं है।
2. शतांशीय मानक प्रायः प्रतिशत फलांक से भ्रमित होते हैं।
3. शतांशीय फलांकों की इकाइयाँ समान नहीं होती है।
4. शतांशीय मानकों के द्वारा प्रयोज्य की समूह में सापेक्ष स्थिति ज्ञात होती है।

सिंह एवं शर्मा की अध्यापन अभिक्षमता परीक्षणमाला के मेन्युअल में प्रतिशतांक एवं लिंग के आधार पर परीक्षण के मानक ज्ञात किए गए हैं जिन्हें यहाँ दिया गया है :

	पूर्ण परीक्षण		
	कुल	**पुरुष**	**महिला**
P_{90}	77.60	78.00	76.40
P_{80}	71.00	71.50	69.20
P_{70}	66.90	67.20	65.30
P_{60}	63.40	63.90	61.40
P_{50}	59.90	60.60	58.00
P_{40}	56.30	56.40	54.90
P_{30}	52.70	53.00	57.80
P_{20}	48.59	48.90	47.20
P_{10}	41.01	41.00	41.20

4. मानकीकृत फलांक मानक (Standardized Score Norms) – विभिन्न प्रकार के मानकीकृत फलांकों का उपयोग भी मानक की तरह ही किया जाता है। मूल फलांकों (Raw Scores) को माध्य एवं मानक विचलन (Standard Deviation) की सहायता से मानकीकृत फलांकों में बदल लिया जाता है।

मानकों की उपयुक्तता (Adequacy of Norms)

निम्न निकष के आधार पर परीक्षण की गुणवत्ता का आकलन किया जा सकता है :

1. परीक्षण के मानक सार्थक होने चाहिए – परीक्षण के मानक विभिन्न प्रकार के समूहों पर आधारित होते हैं। कुछ सभी विद्यार्थी के किसी कक्षा एवं उम्र के राष्ट्रीय न्यादर्श का प्रतिनिधित्व करते हैं तथा अन्य किसी क्षेत्र विशेष तक सीमित रहते हैं। मानक तालिका का उपयोग करने से पूर्व यह ज्ञात कर लेना आवश्यक होता है कि मानक किस समूह विशेष के लिए बनाए गए हैं। यदि हम केवल हमारे विद्यार्थियों की तुलना सामान्य सन्दर्भ समूह से करना चाहते हैं और विभिन्न क्षेत्र में उनकी कमज़ोरियों एवं शक्तियों की तुलना करना चाहते हैं तब हम राष्ट्रीय न्यादर्श का उपयोग कर सकते हैं। यहाँ पर हमारा उद्देश्य यह ज्ञात करना है कि हमारे विद्यार्थी किस सीमा तक उनके (मानक आबादी के) समान हैं। यह समानता विद्यालयीन अभिक्षमता, शैक्षिक अनुभव, एवं सांस्कृतिक पृष्ठभूमि हो सकती है।

किन्तु जब हमें यह तय करना होता है कि किस विद्यार्थी को त्वरण (Accelerated) समूह में रखा जाए, किस विद्यार्थी को महाविद्यालयीन तैयारी

पाठ्यचर्या के लिए अभिप्रेरित किया जाए अथवा किस विद्यार्थी को चिकित्सा शिक्षा में अपना भविष्य बनाना चाहिए, तब हमें स्थानीय अर्थात् विशिष्ट समूह के मानकों का उपयोग करना चाहिए।

2. परीक्षण मानक प्रतिनिधित्व पूर्ण होने चाहिए – जब हम परीक्षण के मानकों से संतुष्ट हो जाते हैं जो कि तुलना करने वाले समूह पर आधारित होते हैं। तब यह प्रश्न करना उचित होगा कि क्या मानक उस समूह का प्रतिनिधित्व करते हैं? आदर्श रूप में मानक उस आबादी (Population) का दैव न्यादर्श होने चाहिए जिसका वे प्रतिनिधित्व करते हैं। हालांकि यह एक अत्यन्त कठिन एवं खर्चीला कार्य है। राष्ट्रीय मानकों के लिए, यह वांछित है कि विभिन्न उपसमूहों से विद्यार्थियों का उचित अनुपात लिया जाए जैसे लड़के एवं लड़कियाँ, भौगोलिक क्षेत्र, ग्रामीण एवं शहरी क्षेत्र, सामाजिक-आर्थिक स्तर तथा विभिन्न आकार के विद्यालय इत्यादि।

3. परीक्षण मानक आद्यतन (Uptodate) होने चाहिए – परीक्षण मानकों की उपयुक्तता तय करने में सामान्यतः एक कारक जिसकी अवहेलना की जाती है वह है परीक्षण की वर्तमान में अनुप्रयुक्तता। प्रायः यह देखा गया है कि अनेक पी-एच.डी. के शोधार्थी भी उन परीक्षण के मानकों का उपयोग करते हैं जोकि 30-40 वर्ष पूर्व के होते हैं। परीक्षण के प्रकाशन का जो दिनांक दिया रहता है उससे पहले उनका मानकीकरण किया जाता है।

4. परीक्षण मानक तुलनीय होने चाहिए – यह वांछित होता है कि विभिन्न परीक्षणों के फलांक तुलनीय हों। जब हम परीक्षण परिणामों की पार्श्व (Profile) की तुलना विद्यार्थी की कमजेरियों एवं शक्तियों का पता लगाने के लिए करते हैं अथवा जब हम अभिक्षमता और उपलब्धि परीक्षणों का उपयोग निम्न उपलब्धि वाले विद्यार्थियों का पता लगाने के लिए करते हैं ऐसी तुलना तभी की जा सकती है जबकि मानक तुलनीय हों।

5. परीक्षण मानक उपयुक्त रूप से वर्णित होने चाहिए – यह जानना कठिन होगा कि मानक तुलना के लिए अर्थपूर्ण आधार प्रदान करते हैं जब तक कि हमें मानक समूह एवं मानक की प्रक्रिया न ज्ञात हो जाए। हमें परीक्षण की हस्तपुस्तिका (Manual) से अग्र जानकारी की अपेक्षा रहती हैं–(i) न्यादर्शन की विधि, (ii) मानक न्यादर्शन का आकार एवं वितरण (iii) मानक समूह की उम्र, लिंग, प्रजाति, विद्यालयीन अभिक्षमता, शैक्षिक स्तर, सामाजिक आर्थिक स्तर विद्यालय का प्रकार एवं भौगोलिक उम्र के परिप्रेक्ष्य में विशेषताएँ (iv) परीक्षण प्रशासन के दौरान मानक स्थितियाँ किस सीमा तक बनाए रखी गई एवं (v) परीक्षण का दिनांक।

मानक फलांक (Standard Scores)

जब कक्षा में अध्यापक गणित का उपलब्धि परीक्षण प्रशासित करते हैं, तब उनके विभिन्न विद्यार्थियों के मूल (Raw) फलांक प्राप्त होते हैं। इन प्राप्तांकों से हमें अर्थ निकालना कठिन होता है। यदि राजेश के 88 अंक हैं तब इससे राजेश की कक्षा अथवा विद्यालय में सापेक्ष स्थिति का पता नहीं चलता है। किन्तु यदि हमें यह ज्ञात

हो जाता है कि कक्षा का औसत फलांक 60 है (और फलांकों का विस्तार 40 से 90 है) तब यह कहा जा सकता है कि राजेश कक्षा में गणित विषय में अन्य विद्यार्थियों से श्रेष्ठ है। यहाँ पर माध्य के ज्ञान से यह स्पष्ट हो जाता है कि राजेश के फलांक औसत विद्यार्थियों से काफी ज़्यादा हैं। तथा उच्चतम अंक के ज्ञान से यह भी पता चलता है कि सर्वश्रेष्ठ विद्यार्थी को प्राप्त फलांक से वह कितना कम है। यहाँ पर माध्य एवं प्रसार ने सन्दर्भ (Reference) बिन्दुओं का कार्य किया।

फलांकों को सार्थक अर्थात् अर्थपूर्ण बनाने के लिए किसी न किसी आधार अर्थात् सन्दर्भ आधार (Frame of Reference) को जानना अथवा प्रदान करना आवश्यक होता है जिस प्रकार भौतिक राशियों को उनके मापन की विभिन्न इकाइयों में परिवर्तित किया जा सकता है जैसे किलो को पॉण्ड एवं इंच को सेन्टीमीटर में किन्तु शिक्षा एवं मनोविज्ञान के परिवर्तियों के लिए ऐसा करना कठिन होता है।

मानक फलांक का अर्थ (Meaning of Standard Score)

मूल (Raw) प्राप्तांकों को अर्थ प्रदान करने के लिए उन्हें किसी सन्दर्भ आधार पर मानक फलांकों में बदला जाता है। मानक फलांक प्राप्त होने से हम किसी भी व्यक्ति के प्राप्त फलांकों से अर्थ प्राप्त कर सकते हैं तथा अन्य व्यक्ति को प्राप्त फलांकों से उसकी तुलना भी कर सकते हैं। मानक फलांक किसी सन्दर्भ समूह के लिए विभिन्न फलांकों की सापेक्ष (Relative) स्थिति को बताते हैं। मानक फलांक में मानक शब्द इस बात को दर्शाता है कि इन फलांकों का एक निश्चित माध्य, मानक विचलन (Standard Deviation) एवं वितरण की प्रकृति है। चूंकि समूहों के माध्य एवं मानक अनेक प्रकार के हो सकते हैं। अतः मानक फलांक भी अनेक प्रकार के हो सकते हैं।

मानक फलांक के प्रकार (Type of Standard Score)

जैड फलांक (Z Scores) – मानक फलांकों में सर्वाधिक प्राचीन एवं प्रचलित जैड फलांक है इसे मानक फलांक के रूप में जाना जाता है। ये फलांक वितरण के मानक विचलन (Standard Deviation) से ज्ञात किए जाते हैं। जैड फलांक वितरण के मानक विचलन के आधार पर यह बताते हैं कि माध्य (Mean) से प्रयोज्य फलांकों की दूरी अधिक या कम है। धनात्मक जैड फलांक बताता है कि मूल फलांक माध्य से अधिक है तथा ऋणात्मक जैड फलांक बताता है कि मूल फलांक माध्य से कम है।

जैड फलांक ज्ञात करने का निम्न सूत्र है –

$$Z \text{ फलांक} = \frac{X - M}{SD}$$

जहाँ –

X = कोई मूल (Raw) फलांक

M = मूल फलांकों का माध्य

SD = मूल फलांकों का मानक विचलन

उदाहरणार्थ, माना कि सुरेश को विज्ञान में 60 अंक मिले हैं तथा कक्षा में विद्यार्थियों के फलांकों का माध्य 40 तथा मानक विचलन 5 है तब राम का जैड फलांक होगा –

यहाँ X = 60

M = 60

SD = 5

$$Z \text{ फलांक} = \frac{60-40}{5} = 4$$

Z फलांक से मूल फलांक भी ज्ञात किए जा सकते है। जिसका सूत्र निम्न है–

$$X = M + (Z \times SD)$$

Z फलांकों के साथ यह असुविधा होती है कि ये धनात्मक एवं ऋणात्मक दोनों हो सकते हैं तथा प्रायः इन्हें दशमलव के दो अंकों में लिखा जाता है। इन फलांकों को सम्प्रेषित तो किया जा सकता है किन्तु ये सामान्य व्यक्तियों को आसानी से समझ में नहीं आते हैं।

टी फलांक (T Scores) – जैड फलांकों की कठिनाइयों को दूर करने के लिए टी फलांकों का उपयोग किया जाता है। 'T' फलांकों की खोज मैक्कालन ने 1922 में की थी। टी फलांक जैड फलांकों का रेखीय रूपान्तरण है। इसे निम्न सूत्र की सहायता से ज्ञात किया जाता है।

$$\text{टी फलांक} = 50 + 10\,(Z)$$

यहाँ माध्य 50 है और मानक विचलन 10 है।

यह तब टी फलांक प्रदान करेगा जबकि की मूल फलांकों का मूल वितरण सामान्य हो। टी शब्द का प्रयोग प्रसिद्ध मनोवैज्ञानिक इ.एल. थार्नडाइक (Thorndike) के सम्मान में प्रयुक्त किया जाता है।

हल फलांक (Hull Scores) – हल फलांक एवं टी फलांक में केवल यह अन्तर है कि इसमें मानक फलांक को 10 से गुणा न करके 14 से गुणा करते हैं तथा 50 को जोड़ देते हैं। हल फलांक ज्ञात करने का निम्न सूत्र है –

$$H = 50 + 14\,Z$$

जहाँ – H = हल फलांक

यदि Z का मान .5 है तब H फलांक होगा

$$H = 50 + 14 \times .5$$

$$H = 57$$

C फलांक (C Scores) – इन फलांकों के प्रतिपादक जे.पी. गिलफोर्ड हैं। यह टी फलांकों की तरह ही सामान्यीकृत मानक फलांक है। सी फलांकों के अंतर्गत मापनी के फलांकों का विस्तार 0 से 10 तक होता है। अर्थात् मूल फलांकों का विस्तार कुल ग्यारह इकाइयों में विभक्त रहता है जिसका माध्य (M) = 5 तथा मानक विचलन (SD) = 2 होता है।

टी फलांक एवं सी फलांक निम्न प्रकार से संबंधित रहते हैं।

$T = 5C + 2D$

or $C = 2T - 5$

स्टेनाइन फलांक (Stanine Scores) – यह एक सरल प्रकार का सामान्यीकृत मानक फलांक होता है जो सामान्यीकरण (Normalization) की प्रक्रिया की व्याख्या करती है। स्टेनाइन एक अंकीय फलांक होते हैं जो कि 1 से 9 अंक तक होते हैं। सामान्य वक्र जो कि अनुमानित मामले जो कि एक मानक विचलन अन्तराल में आते हैं, को बताती है। चूंकि मूल फलांकों का वितरण 9 भागों में विभाजित किया गया है, इसलिए सामान्य वितरण में फलांकों के इस वितरण का नाम स्टेनाइन दिया गया है।

तालिका 1

प्रतिशतांक कोटियों की सीमा		स्टेनाइन
96 अथवा अधिक	–	9
89 से 95	–	8
77 से 88	–	7
60 से 76	–	6
40 से 59	–	5
23 से 39	–	4
11 से 22	–	3
4 से 10	–	2
चार से कम	–	1

स्टेनाइन 5 सुव्यवस्थित रूप से वितरण का केन्द्र होता है तथा इसमें मानक विचलन के दोनों ओर के एक चौथाई मामले शामिल रहते हैं। सामान्य वितरण में 40 से 60 से संबंधित प्रतिशतांक कोटि एक चौथाई मानक विचलन माध्य के नीचे एवं ऊपर होता है। शेष स्टेनाइन 5 से नीचे एवं ऊपर वितरित रहते हैं।

स्टेनाइन 9 एवं 1 को छोड़कर सभी स्टेनाइन .50 SD के बराबर होते हैं। उदाहरणार्थ, स्टेनाइन 5 में वे व्यक्ति आएंगे जो माध्य एवं ± .25 SD के बीच आते हैं।

मूल फलांकों को स्टेनाइन में बदलने की सरल विधि यह है कि फलांकों को उनके विस्तार के अनुसार व्यवस्थित किया जाता है तथा सामान्य सम्भावना वक्र में उन्हें स्टेनाइन प्रदान किया जाता है।

स्टेनाइन	फलांकों का प्रतिशत
9	04.01
8	06.55
7	12.10
6	17.47
5	19.74
4	17.47
3	12.10
2	06.55
1	04.10

मूल फलांकों को स्टेनाइन में परिवर्तित इस प्रकार से किया जाता है, ताकि प्राप्त स्टेनाइन फलांकों का वितरण सामान्य हो। स्टेनाइन में प्रयोज्यों को 9 समूहों में विभाजित करते हैं। 9 स्टेनाइन वाला समूह 8 स्टेनाइन वाले समूह से बेहतर होता है। इसी प्रकार 6 स्टेनाइन वाला समूह 5 स्टेनाइन वाले समूह से बेहतर होता है। चूंकि इसमें प्रयोज्यों को केवल 9 समूहों में वर्गीकृत किया जाता है इस कारण इनकी विभेदीकरण की क्षमता कम होती है।

स्टेनाइन फलांकों की शक्तियाँ (Strengths of Stenine Scores)

1. स्टेनाइन पद्धति 9 बिन्दु मापनी का उपयोग करती है, जिसमें 9 उच्च, 1 निम्न एवं 5 औसत है। इस प्रकार पद्धति को विद्यार्थियों एवं माता-पिता को आसानी से समझाया जा सकता है।

2. स्टेनाइन सामान्य मानक फलांक होते हैं जिसके द्वारा किसी विद्यार्थी के निष्पादन की तुलना विभिन्न परीक्षणों (यदि सामान्य समूह पर आधारित हो) पर करना सम्भव है। यदि किसी विद्यार्थी का गणित में 7 स्टेनाइन हो एवं विज्ञान में 6 स्टेनाइन हो तब इसका तात्पर्य है वह गणित में बेहतर है।

3. स्टेनाइन पद्धति के द्वारा विविध (diverse) प्रकार के प्रदत्त (अर्थात् परीक्षण फलांक, निर्धारण, कोटिक्रमित प्रदत्त) संगठित किए जा सकते हैं। चूंकि स्टेनाइन की गणना प्रतिशतांक कोटियों के रूप में की जाती हैं, किन्तु मानक फलांकों के रूप में व्यक्त की जाती है। इस प्रकार स्टेनाइन में बदलना आसान है, और मानक फलांक के गुण यह सम्भव बनाते हैं कि विभिन्न मापकों से प्राप्त स्टेनाइन फलांक से संगठित फलांक प्राप्त करें।

4. चूंकि स्टेनाइन पद्धति में एक अंक फलांक का उपयोग किया जाता है। इसको आसानी से अंकित किया जा सकता है इसका कारण ये कम स्थान घेरता है।

5. स्टेनाइन फलांक अधिक विश्वसनीय होते हैं।

स्टेन फलांक (Sten Scores) – प्रस्तुत मापनी रेमण्ड बी कैटल ने प्रस्तुत की। स्टेन मापनी पर प्रयोज्य को 1 से 10 तक अंक प्रदान किए जाते हैं, तथा इनका औसत फलांक 5.5 होता है। स्टेन फलांक वे फलांक है जिनका माध्य 5.5 एवं मानक विचलन 2 होता है। इन्हें निम्न सूत्र की सहायता से ज्ञात किया जा सकता है :

$$\text{स्टेन फलांक} = 5.5 + \frac{(X-M)}{\sigma}$$

अथवा $5.5 + 2Z$

इन्हें शतांशीय में भी रूपान्तरित किया जा सकता है। कैटल की 16 कारक व्यक्तित्व मापनी के फलांकन के लिए भी स्टेन फलांकों का उपयोग किया जाता है।

सामान्य वक्र तुल्यता फलांक (Normal Curve Equivalent Scores) – सामान्य वक्र तुल्यता ग्रेड तुल्यता फलांकों की कमियों को दूर करने के लिए अस्तित्व में आया। टी फलांकों की तरह सामान्य तुल्यता वक्र फलांकों का माध्य 50 होता है, यद्यपि सामान्य वक्र तुल्यता फलांकों का मानक विचलन 21.06 होता है। इसी कारण सामान्य

महाविद्यालयीन विद्यार्थियों के लिए स्टेन फलांक
(महिलाओं के लिए) प्रारूप अ + प्रारूप ब
(20 वर्ष की उम्र पर आधारित) N = 1182

कारक	1	2	3	4	5	6	7	8	9	10	माध्य	मानक विचलन
A	0-11	12-13	14-16	17-19	20-22	23-26	27-28	29-31	32-34	35-40	22.88	6.04
B	0-10	11-12	13-14	15-16	17	18-19	20	21	22	23-26	17.50	2.94
C	0-16	17-19	20-23	24-27	28-31	32-34	35-37	38-41	42-43	44-52	31.19	7.10

वक्र तुल्यता फलांकों का विस्तार 1 से 99 तक होता है। तालिका 3 में सामान्य तुल्यता एवं उनकी संबंधित प्रतिशतांक कोटि एवं प्रतिशतांक कोटि तथा उससे संबंधित सामान्य तुल्यता फलांक दिए गए हैं।

यद्यपि सामान्य वक्र तुल्यता फलांकों की उससे संबंधित प्रतिशतांक कोटि से अलग अंकित मूल्य होता है तथा प्रतिशतांक कोटियों की तुलना में उनका विस्तार अधिक होता है।

तालिका 3
प्रतिशतांक कोटियों एवं सामान्य वक्र तुल्यता के मध्य अनुरूपता

सामान्य वक्र तुल्यता फलांक	अनुरूप प्रतिशतांक कोटि	प्रतिशतांक कोटि	अनुरूप सामान्य वक्र तुल्यता फलांक
99	99	99	99
90	97	90	77
75	88	75	64
50	50	50	50
25	12	25	36
10	03	10	23
01	01	01	01

मानक उम्र फलांक (Standard Age Scores)

योग्यता परीक्षण के लिए बहुतायत से उपयोग किए जाने वाला मानक फलांक मानक उम्र फलांक है। यहाँ पर माध्य 100 पर रखा जाता है तथा मानक विचलन 16 होता है। इस प्रकार एक विद्यार्थी जिसका मानक उम्र फलांक 84 है तथा मानक विचलन माध्य के ऊपर 1 है (टी फलांक = 60) यद्यपि पूर्व में इन परीक्षणों के प्रतिवेदित फलांकों को बुद्धि फलांकों के विचलन जिनका माध्य 100 और मानक विचलन 16 (15 किसी अन्य परीक्षण) पर लिया गया।

10

मूल्यांकन में नवाचार
(Innovations in Evaluation)

मूल्यांकन में निरन्तर परिवर्तन होते रहते हैं। यहाँ मूल्यांकन के प्रमुख नवाचारों का वर्णन प्रस्तुत है :

1. खुली पुस्तक परीक्षा (Open Book Examination)

प्रायः परीक्षा के दिनों में हम अखबारों में पढ़ते हैं कि नकल के इतने प्रकरण बने। अमुक केन्द्र में सामूहिक नकल होना पाया गया। वीक्षक (Invigilator) द्वारा नकल पकड़ने पर उसकी चाकू घोंपकर हत्या कर दी गई। अमुक महाविद्यालय नकल के लिए बदनाम है। अमुक विषय का पर्चा आऊट हो गया। विद्यार्थी परीक्षा होने से पूर्व की रात तक इधर-उधर महत्वपूर्ण प्रश्नों की तलाश में लगे रहते हैं एवं 'वन डे सीरिज' कुंजी, गाइड एवं 20 प्रश्नमाला से पढ़कर परीक्षा देकर पास होते हैं अथवा होना चाहते हैं, इत्यादि। इन सभी बातों से प्रतीत होता है कि परीक्षा करवाना कठिन एवं परीक्षा में पास होना आसान होता जा रहा है। अतः परीक्षाओं की वैधता एवं विश्वसनीयता बनी रहे एवं हिंसा एवं नकल की प्रवृत्ति से भी बचे रहें इसका एकमात्र विकल्प 'खुली पुस्तक परीक्षा' ही नजर आता है। खुली पुस्तक परीक्षा का सुझाव रवीन्द्रनाथ टैगोर ने लोक शिक्षा संसद में दिया था।

'खुली पुस्तक परीक्षा' जैसा कि नाम से प्रतीत होता है, के अंतर्गत परीक्षार्थियों को निर्धारित संख्या में पाठ्य पुस्तकें एवं सन्दर्भ पुस्तकें साथ में लाने एवं परीक्षा में प्रश्नोत्तर लिखने हेतु उपयोग में लाये जाने की छूट रहती है। आज संसार के अनेक देशों में इसका उपयोग किया जा रहा है। जैसे – चीन, अमेरीका, इंग्लैण्ड एवं भारत। हमारे देश में शिक्षा अध्ययनशाला, देवी अहिल्या विश्वविद्यालय, इन्दौर एवं बिड़ला इंस्टीट्यूट ऑफ टेक्नोलॉजी में इसका उपयोग किया जा रहा है।

खुली पुस्तक परीक्षा प्रणाली के लिए सुझाव

खुली पुस्तक परीक्षा प्रणाली के सफल संचालन के लिए अग्र बिन्दुओं पर ध्यान दिया जाना आवश्यक है :

(*i*) खुली पुस्तक परीक्षा में प्रश्न अनुप्रयोग (Applied) प्रकार के होने चाहिए न कि वर्णन एवं तथ्यात्मक सूचना वाले। यहाँ शिक्षा–मनोविज्ञान एवं पाठ्यचर्या विषय के कुछ प्रश्न दिए गए हैं, जो कि खुली पुस्तक परीक्षा के लिए उपयुक्त हो सकते हैं :

(अ) राम एवं श्याम दो जुड़वाँ भाई हैं। राम एवं श्याम दोनों का I.Q. = 130 है। राम ने बी.एड. किया है। दोनों के अध्यापन की तुलना कीजिए।

(ब) सात वर्ष की बालिका अपनी माँ के साथ पेन खरीदने बाजार जा रही है। लेविन के क्षेत्र सिद्धान्त के अनुसार स्थिति की व्याख्या कीजिए।

(स) सरहद के गाँवों के लिए विज्ञान की पाठ्यचर्या निर्मित कीजिए।

(द) राम ने गणित में 80 / 100 अंक तथा श्याम ने 20 / 100 अंक प्राप्त किए, उनके अंकों में अन्तर के कारणों की व्याख्या कीजिए।

(*ii*) विद्यार्थियों को उच्चकोटि की पाठ्य पुस्तकें एवं सन्दर्भ पुस्तकों की जानकारी देने के साथ ही ग्रंथालय में उन्हें उपलब्ध कराया जाना चाहिए।

(*iii*) मूल्यांकन एवं सम्बन्धित विषय में विशेषज्ञ शिक्षकों द्वारा ही प्रश्न पत्र सेट करवाए जाने चाहिए।

(*iv*) परीक्षा में उत्तीर्ण होने का प्रतिशत 33 प्रतिशत के स्थान पर 40 प्रतिशत होना चाहिए।

(*v*) परीक्षार्थियों के पास उत्तर लिखने एवं पुस्तकें रखने के लिए पर्याप्त स्थान होना चाहिए।

(*vi*) विद्यालयों में स्तरीय एवं पर्याप्त पुस्तकें क्रय करने के लिए धनराशि उपलब्ध कराई जाना चाहिए।

(*vii*) खुली पुस्तक परीक्षा में हालांकि विद्यार्थियों को पुस्तकें साथ में लाने की छूट होगी, किन्तु प्रश्नों की संरचना के कारण विद्यार्थी अन्य जानकार व्यक्तियों को आसपास कहीं बैठाकर उनसे उत्तर लिखवाकर बुलवा सकते हैं। अतः वीक्षण कार्य एवं संपूर्ण केन्द्र का निरीक्षण सतर्कता पूर्वक किया जाना चाहिए।

लाभ (Advantages)

(*i*) नकल की प्रवृत्ति पर खुली पुस्तक परीक्षा प्रणाली द्वारा रोक लगाई जा सकती है।

(*ii*) वीक्षकों एवं केन्द्राध्यक्ष के साथ होने वाली हिंसा को काबू में किया जा सकता है।

(*iii*) चूंकि परीक्षा में अनुप्रयोगात्मक (Applied) प्रश्न पूछे जाएंगे। अतः विद्यार्थी एवं अध्यापक वर्ष भर सक्रिय रहेंगे।

(*iv*) विद्यार्थी स्तरीय पुस्तकें एवं सन्दर्भ पुस्तकों का अध्ययन करेंगे। साथ ही कक्षा में भी वे सक्रिय रहकर अध्यापक से प्रश्न पूछकर अपनी शंकाओं का समाधान करेंगे।

(*v*) कक्षा में विद्यार्थियों की उपस्थिति बढ़ जाएगी।

(*vi*) कुंजी, गैस पेपर, वन डे सीरिज, दीपिका एवं 20 प्रश्नमाला के प्रति विद्यार्थियों का रूझान समाप्त हो जाएगा।

(*vii*) विद्यार्थी ग्रंथालय एवं अन्तरजाल (Internet) का उपयोग करेंगे।

(*viii*) विद्यार्थियों में रटने की प्रवृत्ति कम होगी।

(*ix*) विद्यार्थियों की उपलब्धियाँ बेहतर होने की संभावना बढ़ेगी।

(*x*) ऐसे विद्यार्थी, जो केवल परीक्षा में पास होना चाहते हैं खुली पुस्तक परीक्षा पद्धति से हतोत्साहित होंगे।

(*xi*) विद्यार्थी की सृजनात्मकता, संश्लेषण, विश्लेषण योग्यता का मूल्यांकन हो सकेगा।

सीमाएँ (Limitations)

(*i*) इस पद्धति से प्रतिभाशाली विद्यार्थी ज़्यादा लाभान्वित होंगे।

(*ii*) ऐसे विद्यार्थी जो पुस्तकें नहीं खरीद सकते तथा ग्रंथालय में बैठकर अध्ययन नहीं कर सकते, वे उपलब्धियों में पिछड़ जाएंगे।

(*iii*) पाठ्य-सहगामी गतिविधियों पर विद्यार्थी एवं अध्यापक दोनों ही अल्प ध्यान दे पाएंगे।

(*iv*) आज जहाँ विद्यालयों का बजट सीमित होता है तथा अनेक विद्यालयों में अच्छे पुस्तकालयों का अभाव है वहाँ के अध्यापक एवं विद्यार्थी दोनों ही इस पद्धति के साथ न्याय नहीं कर सकेंगे।

खुली पुस्तक परीक्षा देने वाले विद्यार्थियों के लिए सुझाव

1. परीक्षा के लिए कठोर मेहनत कीजिए।
2. जितने की अनुमति हो, ज़्यादा से ज़्यादा अध्ययन सामग्री लेकर परीक्षा भवन में जाइये।
3. अपने प्रश्नों का क्रम तय कीजिए कि पहले आपको किस प्रश्न का उत्तर देना है तथा उसके पश्चात् किसका? एवं उसके पश्चात् किसका? सबसे पहले उस प्रश्न का उत्तर दीजिए जिसके प्रति आपमें आत्मविश्वास हो? इसके उत्तर लिखने के साथ ही आपका मनोबल पर्याप्त बढ़ जाएगा।
4. प्रत्येक प्रश्न का उत्तर देने के लिए वास्तविक समय आवंटित (Allot) कीजिए।
5. अपनी सामग्री में से वह सामग्री छांटिए जो कि उत्तर के लिए सार्थक हो।
6. चित्र, मानचित्र एवं तालिकाओं का उपयोग कीजिए।
7. अपने ज्ञान के आधार पर उत्तर की रूपरेखा बनाइए।
8. रूपरेखा के आधार पर अपना उत्तर लिखिए।
9. उत्तर लिखने के पश्चात् उसे दुबारा पढ़ने की बजाय अगले प्रश्न का उत्तर लिखिए। यदि अंत में समय बचता है तब उत्तरों को पुनः पढ़ सकते हैं।
10. अपनी घड़ी साथ में लाइए, ताकि आप समय पर नजर रख सके।

11. समय का सतर्कतापूर्वक निरीक्षण कीजिए।
13. शैली के स्थान पर विषयवस्तु पर ध्यान दीजिए।

2. प्रश्नकोष (Question Bank)

अध्यापन-अधिगम प्रक्रिया में मूल्यांकन का महत्त्वपूर्ण स्थान है। एक शिक्षक द्वारा पूर्ण किए गए पाठ्यक्रम पर विभिन्न पक्षों के संदर्भ में विद्यार्थियों की उपलब्धि की जाँच के लिए समय-समय पर उनका मूल्यांकन करना आवश्यक होता है। इस हेतु प्रत्येक शिक्षक के लिए गुणवत्तात्मक प्रश्नों के द्वारा प्रश्नपत्र निर्माण (Setting) करने की आवश्यकता होती है। लेकिन एक सामान्य शिक्षक के पास अनुभव, समय एवं प्रश्नों के विकास के कौशल का अभाव होने से वह गुणवत्ता प्रश्नों को तैयार करने में समर्थ नहीं होता है। प्रत्येक शिक्षक प्रत्येक विषय क्षेत्र में गुणवत्ता प्रश्नों को तैयार नहीं कर सकता है। अतः विभिन्न विषयों में गुणवत्तात्मक प्रश्नों का विकास, प्रश्नों के निर्माण की तकनीकी का पर्याप्त ज्ञान रखने वाले अनुभवी शिक्षकों द्वारा किया जाना चाहिए। एक अनुमान के अनुसार एक विशेषज्ञ के द्वारा एक प्रश्न तैयार करने में एक दिन लगता है। जबकि एक प्रश्नपत्र निर्माणकर्ता के पास प्रश्नपत्रों का निर्माण करने के लिए एक निर्दिष्ट समय होता है। अतः यदि पूर्वनिर्धारित उद्देश्यों के अनुसार प्रश्नों का एक स्टाक पूर्व में ही तैयार कर दिया जाए तो यह शिक्षकों एवं परीक्षणकर्त्ताओं को तो मदद करेगा ही, मूल्यांकन के दोषों को दूर करने में भी सहायक होगा।

प्रश्नकोष प्रश्नों का एक नियोजित ग्रंथालय है जो अनेक विशेषज्ञों के सहयोग से तैयार किया जाता है। प्रश्नकोष में प्रश्नों का संग्रह होता है, लेकिन ये प्रश्न संयोग से एकत्रित नहीं होते हैं। इसे निश्चित पूर्वनिर्धारित उद्देश्यों की पूर्ति के लिए अभिकल्पित किया जाता है। प्रश्नकोष में विभिन्न विषयों के विभिन्न प्रकार के प्रश्न हो सकते हैं। इसमें शामिल प्रश्नों की संख्या निश्चित नहीं होती है लेकिन 5, 7 या 10 प्रश्न होने पर प्रश्नकोष नहीं बनता है, इसके लिए प्रश्नों की संख्या अधिक होनी चाहिए। एक प्रश्नकोष का विकास निम्न दो उद्देश्यों को प्राप्त करने के लिए किया जा सकता है :

(*i*) अनुदेशनात्मक पक्ष को समृद्ध करना।
(*ii*) अनुदेशनात्मक उद्देश्यों को प्राप्त करने के लिए विद्यार्थियों के निष्पादन का अनुमानन (Judge) करना।

उपर्युक्त दोनों उद्देश्यों को प्राप्त करने के लिए प्रश्नों का उपयोग विद्यार्थियों के पूर्वज्ञान को ज्ञात करने, पाठ का विकास करने व पाठ को दोहराने के लिए किया जाता है, इसके लिए विद्यार्थियों को पाठ्यपुस्तकों में अधिगम अभ्यास, गृहकार्य व प्रदत्तकार्य के रूप में प्रश्न दिए जा सकते हैं। एक अनुदेशनात्मक कार्यक्रम में विद्यार्थियों की उपलब्धि के आकलन व सुधार के लिए 20 प्रतिशत समय मूल्यांकन कार्य के लिए निर्धारित किया जाना चाहिए।

प्रश्नकोष का उपयोग पारंगतता परीक्षण, निदानात्मक परीक्षण के साथ–साथ रचनात्मक मूल्यांकन व योगात्मक मूल्यांकन में भी किया जा सकता है। रचनात्मक

मूल्यांकन में जहाँ प्रत्येक इकाई/प्रकरण का परीक्षण करने के लिए प्रश्नकोष का उपयोग किया जा सकता है वहीं योगात्मक मूल्यांकन में एक सत्र के अंत पर प्रश्नपत्रों को तैयार करने में इसे प्रयुक्त किया जा सकता है।

प्रश्नकोष में शामिल प्रश्नों की विशेषताएँ – एक प्रश्नकोष में कई अनेक प्रश्न होते हैं जिनकी निम्न विशेषताएँ होती हैं –

1. प्रश्नकोष में शामिल प्रश्नों में संवेदनशीलता होनी चाहिए। अर्थात् अगर छात्र के ज्ञान में थोड़ा सा भी परिवर्तन हो तो प्रश्न द्वारा उसका पता लगना चाहिए। निबंधात्मक प्रश्नों में संवेदनशीलता नहीं होती है, लघुउत्तरीय प्रश्नों में संवेदनशीलता कुछ सीमा तक होती है, और वस्तुनिष्ठ प्रश्नों में संवेदनशीलता बहुत ज़्यादा होती है।
2. प्रश्नकोष में शामिल प्रश्नों में वस्तुनिष्ठता होनी चाहिए। अर्थात् एक बार जाँचने के पश्चात् दूसरी बार अन्य परीक्षक द्वारा जाँचने पर भी उतने ही अंक मिलने चाहिए। वस्तुनिष्ठ प्रश्नों में विश्वसनीयता अत्यधिक होती है।
3. प्रश्नकोष में शामिल प्रश्न पक्ष (domin) आधारित होने चाहिए।
4. प्रश्नकोष में सभी प्रकार के प्रश्नों जैसे निबंधात्मक प्रश्न, लघुउत्तरीय प्रश्न, अति लघुउत्तरीय प्रश्न व वस्तुनिष्ठ प्रश्न को शामिल किया जाना चाहिए।
5. निबंधात्मक व लघुउत्तरीय प्रकार के प्रश्नों के उत्तर लिखने की शब्द सीमा निर्धारित की जानी चाहिए।
6. प्रश्नकोष में शामिल प्रश्नों के उत्तरों के लिए उत्तरकुंजी दी जानी चाहिए। साथ ही प्रत्येक प्रश्न के अंक पूर्वनिर्धारित होने चाहिए।

प्रश्नकोष का विकास (Developing the Question Bank) – प्रश्नकोष का विकास कुछ निश्चित सोपानों में किया जाता है, लेकिन इसके पूर्व कुछ बातों का निर्धारण अग्रिम में किया जाना आवश्यक है जैसे प्रश्नकोष संज्ञानात्मक पक्ष, भावात्मक पक्ष व मनोगामक पक्षों में से कौन से अथवा कौन-कौन से पक्षों के लिए तैयार किया जा रहा है? भावात्मक पक्ष के अन्तर्गत जाँच सूची, निर्धारण मापनी (Rating Scale), अभिवृत्ति मापनी, रुचि अनुसूचियों इत्यादि सभी के लिए बनाए गए प्रश्नों की संरचना भिन्न होती है। क्या प्रश्नकोष लिखित परीक्षाओं/मौखिक परीक्षाओं/प्रायोगिक परीक्षाओं या सभी के लिए निर्मित किया जा रहा है? इत्यादि बातों का निर्धारण कर प्रश्नकोष का विकास में किया जाता है :

प्रश्नकोष विकास के सोपान (श्रीवास्तव एवं अन्य, 1978)

(*i*) प्रश्नकोष का नीलपत्र (Blue Print) – प्रश्नों के समूह से प्रश्नकोष नहीं बनता है। यदि पद प्रश्नकोष के उद्देश्यों के अनुसार नहीं हों तो वह केवल प्रश्नों का एक ढेर बन कर रह जाता है। अतः प्रश्नकोष में सभी प्रश्न उद्देश्य, पहलू एवं विषयवस्तु पर आधारित होना चाहिए। इसके लिए एक नीलपत्र (Blue Print) तैयार किया जाता है। एक अच्छे प्रश्नकोष में सभी योग्यताओं के परीक्षण के लिए एक विषय के सभी

प्रकरणों पर प्रश्नों को शामिल किया जाना चाहिए। (उदाहरण के लिए देखिए नीलपत्र पृ. 77 पर)

(*ii*) प्रश्नों को लिखना (Writing of Questions) – नीलपत्र के अनुसार प्रश्न लिखे जाते हैं। प्रश्न विभिन्न स्रोतों जैसे मानकीकृत परीक्षणों, अच्छी पाठ्यपुस्तकों के अभ्यासों (Exercises) या विभिन्न परीक्षाओं के पुराने प्रश्नपत्रों से एकत्र किए जाते हैं। यदि एकत्र किए गए प्रश्नों की संरचना में कुछ परिवर्तन करने की आवश्यकता हो तो उन्हें प्रयुक्त करने के पूर्व परिवर्तन कर लेना चाहिए।

अनुभवी शिक्षकों, परीक्षकों एवं प्रश्नपत्र निर्माताओं को निर्धारित मानदेय (Honorarium) देकर उनसे नए प्रश्न लिखवाए जा सकते हैं। उनसे प्रश्न लिखवाते समय उन्हें पूर्व में ही नीलपत्र दे दिया जाना चाहिए। कार्यशालाओं का आयोजन कर भी प्रश्न लिखवाए जा सकते हैं। कार्यशाला में प्रतिभागी प्रत्यक्ष संपर्क के द्वारा लिखे गए प्रश्न पर चर्चा कर लेते हैं तथा प्रत्येक प्रतिभागी को उसकी योग्यता व अनुभव के अनुसार अनुदेशनात्मक उद्देश्य व विषयक्षेत्र पर प्रश्न लिखने को दिए जा सकते हैं, जिससे तैयार होने वाले प्रश्न गुणवत्तायुक्त होते हैं।

प्रायः प्रश्न 8"X 5" के सादे कागज की शीट पर लिखवाए जाते हैं। जिसमें ऊपर का एक इंच का भाग प्रश्न के विभिन्न पहलू जैसे – उद्देश्य, विनिर्देशन (Specification), प्रश्न का रूप, प्रकरण एवं उपप्रकरण लिखने के लिए छोड़ा जाता है। शीट के एक ओर प्रश्न तथा दूसरी ओर उत्तर की रूपरेखा / कुंजी दी जाती है।

(*iii*) प्रश्नों की छँटाई (Seruning of Questions) – प्रश्नों की छँटाई दो प्रकार से की जाती है। पहले प्रकार के अंतर्गत प्रश्नशीट को विशेषज्ञों के समूह के समक्ष उनकी राय जानने के लिए प्रस्तुत किया जाता है एवं उनकी टिप्पणियाँ एकत्र कर लेखक को दी जाती हैं। लेखक दो या तीन प्रतिभागियों के साथ चर्चा कर प्रश्न में आवश्यक संशोधन कर देते हैं। कभी-कभी लेखक श्यामपट पर भी प्रश्न लिखते हैं एवं समूहचर्चा कर प्रश्नों में संशोधन करते हैं।

द्वितीय स्तर की छँटाई परीक्षण निर्माण की तकनीक में कुशल तीन विशेषज्ञों के समूह द्वारा की जाती है। इनमें पहला व्यक्ति उस विषय का विशेषज्ञ होता है, जिस पर प्रश्न लिखा गया है, दूसरा व्यक्ति अनुभवी शिक्षक होता है, व तीसरा व्यक्ति मूल्यांकन विशेषज्ञ होता है जो कि प्रश्न की संरचना का, परीक्षण किए जाने वाले उद्देश्यों से मिलान करता है व आवश्यकतानुसार संशोधन करता है।

(*iv*) प्रश्नों को कार्ड पर लिखना (Writing Questions on Card) – छँटाई के पश्चात् संशोधित प्रश्नों को 8"X 5" के कार्ड पर लिखा जाता है। प्रश्नकार्ड तैयार करते समय विभिन्न उद्देश्यों एवं प्रश्नों के प्रकार के अनुसार अलग-अलग रंग के कार्डों का उपयोग किया जा सकता है अलग-अलग रंग के कार्डों का उपयोग करने से प्रश्नों की पहचान व छँटाई में आसानी होगी और प्रश्न एक वर्ग में व्यवस्थित किए जा सकेंगे।

प्रश्नों का प्रकार	ज्ञान स्तर	बोध स्तर	अनुप्रयोग	कौशल
1. वस्तुनिष्ठ प्रश्न	गहरा लाल	गहरा गुलाबी	गहरा नीला	गहरा हरा
2. लघुउत्तरीय प्रश्न	लाल	गुलाबी	नीला	हरा
3. निबंधात्मक प्रश्न	हल्का लाल	हल्का गुलाबी	हल्का नीला	हल्का हरा

प्रश्नकार्ड (आगे का भाग)

उद्देश्य– प्रकरण–
उप प्रकरण– प्रारूप– कठिनाई स्तर–
अनुमानित समय–
प्रश्न – लिखित व मौखिक सम्प्रेषण में से कौन सा बेहतर है। कारण बताइए।

प्रश्नकार्ड (पीछे का भाग)

कक्षा ....
जांच का दिनांक ....
कठिनाई स्तर .... दिनांक ....
स्थान ....
विभेदात्मक मूल्य ....
उत्तरकुंजी/उत्तर की रूपरेखा

(v) प्रश्नों का निकूटन (Coding of Questions) – प्रश्नों को कार्ड पर लिखने के पश्चात् कार्डो की छँटाई करने व तुरंत स्थिति का पता लगाने के लिए उन्हें एक व्यवस्थित क्रम में रखा जाना आवश्यक होता है और इसलिए कार्डों को निकूटित (Coded) किया जाता है। प्रश्नों का निकूटन पाठ्यक्रम, अनुदेशनात्मक उद्देश्य, विषयवस्तु के स्तर व प्रश्नों के रूप/प्रकार के आधार पर किया जाता है। जैसे–

प्रश्न : अशाब्दिक व्यवहार शाब्दिक व्यवहार को समझने में कैसे मदद करते हैं ?
कोड 3.2 CO-3s

यहाँ 3.2 संख्या में 3 अंक विषयवस्तु व 2 अंक प्रकरण, CO उद्देश्य बोध, 3–विषयवस्तु के स्तर व s प्रश्न के प्रकार लघु उत्तरीय को दर्शा रहा है।

(vi) प्रश्नों का संग्रहण व नत्थीकरण – प्रश्नकार्डों पर लिखे कोड नम्बर को देखकर प्रश्नकार्डों को छाँटा एवं पुर्नव्यवस्थित किया जाता है।

लाभ (Advantages) – निश्चित सोपानों के अंतर्गत तैयार किया गया प्रश्नकोष अत्यन्त उपयोगी होता है। इससे निम्न लाभ होते हैं –

1. ऐसे शिक्षक जो प्रश्न–पत्र निर्माण करने में सक्षम नहीं होते हैं प्रश्नकोष की सहायता ले सकते हैं।
2. प्रश्न–निर्माण करने में खर्च होने वाला समय बच जाता है साथ ही प्रश्नों की गुणवत्ता भी बनी रहती है।

3. विभिन्न अनुदेशनात्मक उद्देश्यों के लिए प्रश्नों का विवेकपूर्ण चयन किया जा सकता है।
4. छात्रों के पूर्वज्ञान का पता लगाने में, पाठ का विकास करने में, पाठ की पुनश्चर्या व दोहराने के लिए प्रश्न आसानी से उपलब्ध हो जाते हैं।
5. विद्यार्थियों की प्रगति के मूल्यांकन में, निदान में, किसी पाठ्यक्रम में प्रवेश के लिए प्रश्नकोष में से प्रश्न लिए जा सकते हैं।
6. विद्यालयों में प्रश्नकोष स्थापित किए जाने पर विद्यार्थी अपने शेष समय में अपना मूल्यांकन कर सकते हैं।
7. पाठ को दोहराने (Repeating) के लिए विद्यार्थी व शिक्षक प्रश्नकोष का प्रयोग कर सकते हैं।
8. एक ही कक्षा या विभागों में प्रश्नकोश के प्रश्नों का क्विज (Quiz) में उपयोग कर छात्र अधिगम कर सकते हैं। इससे स्वस्थ प्रतियोगिता की भावना भी विकसित होती है।

3. स्व एवं सहपाठी मूल्यांकन (Self and Peer Evaluation)

मनुष्य किसी भी कार्य को सीखने के लिए कई तरह की क्रियाएँ करता है। सीखने में प्रयास एवं त्रुटि का महत्वपूर्ण स्थान होता है। मनुष्य सीखने का प्रयास करता है, उसमें उससे त्रुटि होती है, वह त्रुटि को पहचानकर उसे दूर करने की कोशिश करता है, और प्रयास करता है, फिर त्रुटि होती है, पुनः उसे सुधारता है और प्रयास करता है इस तरह वह सीखता है।

कार्य करते समय होने वाली गलतियों की पहचान मनुष्य को कभी उसके आस-पास के लोग कराते हैं और कभी वह स्वयं अपनी गलतियों व कमियों को पहचानता है। शिक्षण-अधिगम प्रक्रिया में इन्हें दो नामों से जाना जाता है–स्व मूल्यांकन एवं सहपाती मूल्यांकन। इनका वर्णन इस प्रकार है :

(*i*) स्व मूल्यांकन (Self Evaluation) – कक्षा में पढ़ाते समय छात्राध्यापक/शिक्षक जो व्यवहार करते हैं, उसके बारे में जब वे स्वयं से प्रतिपोष प्राप्त करते हैं और अपनी अच्छाइयों व कमियों/गलतियों पर ध्यान देते हैं, तब यह स्व–मूल्यांकन कहलाता है। सरल शब्दों में – "जब व्यक्ति अपने व्यवहार पर ध्यान देते हुए अच्छाइयों व गलतियों को पहचानता है तथा स्वयं अपना मूल्यांकन करता है तो यह स्व-मूल्यांकन कहलाता है।"

एक शिक्षक शिक्षण कराने के पश्चात् अपने शिक्षण व्यवहार का मूल्यांकन स्मृति के आधार पर कर सकता है या फिर अपने शिक्षण व्यवहार की वीडियो रेकार्डिंग कर या टेप रेकार्डर द्वारा पाठ को रेकार्ड कर अपना मूल्यांकन कर सकता है। दृश्य-श्रव्य सामग्रियों की सहायता लेने से उसे अपने द्वारा किए गए व्यवहार की सूक्ष्म से सूक्ष्म जानकारी भी प्राप्त हो जाती है। शिक्षक स्व-मूल्यांकन संरचित रूप में भी कर सकता है और असंरचित रूप में भी। संरचित मूल्यांकन में शिक्षक के पास

एक प्रारूप होता है जिसमें क्रमवार निश्चित बिन्दु दिए गए होते हैं जिनके आधार पर शिक्षक स्व मूल्यांकन करता है जबकि असंरचित मूल्यांकन में कोई निश्चित प्रारूप नहीं होता है।

लाभ (Advantages)

1. स्व मूल्यांकन में व्यक्ति स्व सम्प्रेषण करता है जिसमें वक्ता भी वही होता है और श्रोता भी। स्व सम्प्रेषण अत्यन्त प्रभावी होता है, क्योंकि स्वयं से बातें करते समय वह अपनी कमियों व गलतियों को बिना किसी झिझक के स्वीकार करता है, जबकि दूसरों द्वारा अपनी गलतियाँ बताए जाने पर वह आसानी से नहीं मानता है।
2. स्व मूल्यांकन में व्यक्ति को अन्य व्यक्तियों से अपनी कमियों व गलतियों को नहीं जानना होता है। अतः मान-प्रतिष्ठा के खोने का भय नहीं होता है। यहाँ उसके अहम् (Ego) की रक्षा होती है।
3. स्व मूल्यांकन में व्यक्ति गलती होने पर तुरन्त प्रतिपोष प्राप्त कर अपने व्यवहार में सुधार कर सकता है। जैसे किसी शिक्षक की कक्षा में पीछे की पंक्ति में बैठे विद्यार्थी बातें कर रहे हों तब शिक्षक अपनी आवाज तेज कर सकते हैं, कक्षा में पीछे तक जा सकते हैं और शोर दूर कर सकते हैं। उन विद्यार्थियों से प्रश्न कर सकते हैं।
4. अन्य व्यक्तियों की अपेक्षा व्यक्ति स्वयं अपने आपको अच्छी तरह जानता है। अतः स्वयं द्वारा किया गया मूल्यांकन अधिक प्रभावी होता है।

दोष (Disadvantages)

1. प्रत्येक व्यक्ति स्वयं द्वारा किए गए कार्य को अच्छा ही मानता है। अतः उसे अपने द्वारा की गई गलतियाँ या कमियाँ दिखाई नहीं देती हैं।
2. किसी भी व्यक्ति की स्मृति 100 प्रतिशत अर्थात् फोटोग्राफिक नहीं होती है। अर्थात् व्यक्ति अपने द्वारा किए गए कार्य को हुबहू याद नहीं रख पाता है। अतः कुछ बातें उससे मूल्यांकन करते समय छूट जाती हैं।
3. मूल्यांकन वही व्यक्ति कर सकता है जिसे उस कार्य में महारत हासिल हो। जबकि स्व मूल्यांकन करने वाला व्यक्ति सीखने की प्रक्रिया में होता है।
4. यदि व्यक्ति किसी कार्य को गलत ही करता हो एवं उसे यह ज्ञात हो कि वह सही करता है तब यह गलती स्व मूल्यांकन से दूर नहीं हो सकेगी।

***(ii)* सहपाठी मूल्यांकन (Peer Evaluation)** – जब छात्राध्यापकों/शिक्षकों द्वारा कक्षा में किए गए व्यवहार का उनके एक या अधिक सहपाठियों (अन्य छात्राध्यापकों) द्वारा निरीक्षण किया जाता है और प्रतिपोष प्रदान किया जाता है तब यह सहपाठी मूल्यांकन कहलाता है।

लाभ (Advantages)

1. व्यक्ति स्वयं के प्रति पूर्वाग्रहों से ग्रसित रहता है। अतः उसे स्वयं की कमियाँ एवं गलतियाँ दिखाई नहीं देती है। ऐसी स्थिति में सहपाठी ज़्यादा अच्छी

तरह से छात्राध्यापकों को उनकी अच्छाइयों व कमियों से अवगत करा सकते हैं।

2. कई बार मनुष्य अचेतन रूप में ऐसे व्यवहार करता है जो वह करना नहीं चाहता है और वह स्वयं भी उन व्यवहारों के बारे में नहीं जानता है। अतः सहपाठी मूल्यांकन की स्थिति में सहपाठी, छात्राध्यापक के एक-एक व्यवहार को ध्यानपूर्वक देखते हैं, और उन व्यवहारों के बारे में भी अपनी राय व्यक्त करते हैं, जिनका छात्राध्यापक को पता नहीं होता है।
3. मूल्यांकन करने वाले सहपाठियों को भी छात्राध्यापक के व्यवहारों को देखकर यह ज्ञात होता है कि कौन से ऐसे व्यवहार है जिनसे उन्हें बचना चाहिए, और कौन से व्यवहार करने चाहिए? अतः मूल्यांकनकर्त्ता को भी सीखने के अवसर प्राप्त होते हैं।
4. जब छात्राध्यापकों का मूल्यांकन उनके शिक्षक करते हैं तो उनके व्यवहार में कृत्रिमता आ जाती है। कभी-कभी वे भय, संकोच व शर्म महसूस करते हैं और अपना वास्तविक व्यवहार व्यक्त नहीं कर पाते हैं। लेकिन सहपाठियों द्वारा मूल्यांकन करने पर वे उनके सामने बिना किसी झिझक व डर के शिक्षण करते हैं। अतः उनके वास्तविक व्यवहार का मूल्यांकन होता है।

दोष (Disadvantages)

1. छात्राध्यापक के अपने सहपाठियों के साथ संबंध का उनके द्वारा किए गए मूल्यांकन पर प्रभाव पड़ता है। यदि सहपाठियों के साथ उसके मधुर संबंध है तब वे उनकी गलतियों व कमियों को नजरअंदाज कर सकते हैं और यदि सहपाठियों के साथ उसके संबंध अच्छे नहीं हैं तब वे उनकी अच्छाइयों की ओर ध्यान न देकर जानबूझकर गलतियाँ बता सकते हैं।
2. प्रत्येक व्यक्ति के देखने का नजरिया अलग-अलग होता है। सहपाठी मूल्यांकन में एक सहपाठी द्वारा किया गया मूल्यांकन दूसरे सहपाठी द्वारा किए गए मूल्यांकन से भिन्न हो सकता है। अतः इसकी विश्वसनीयता में कमी होती है।
3. सहपाठियों के मध्य मान प्रतिष्ठा वाली बातें होने से छात्राध्यापक कई बार उनके द्वारा बताई गई गलतियों को स्वीकार नहीं करते हैं और उससे उनमें आपस में मतभेद वाली स्थिति निर्मित हो जाती है।
4. सहपाठी मूल्यांकन में छात्राध्यापकों को तुरन्त प्रतिपोष प्राप्त नहीं होता है। कक्षा समाप्त होने के पश्चात् सहपाठी प्रतिपोष प्रदान करते हैं। और तब तक मूल्यांकनकर्त्ता व छात्राध्यापक सभी बातों को याद नहीं रख पाते हैं। कुछ व्यवहारों को मूल्यांकनकर्त्ता बताना भूल जाते हैं। जबकि कुछ व्यवहार छात्राध्यापक स्वयं भूल जाते हैं। अतः मूल्यांकनकर्त्ता द्वारा बताने पर वे उन्हें स्वीकार नहीं करते और कहते हैं – 'ऐसा तो हमने किया ही नहीं।'

5. कई व्यवहार ऐसे होते हैं, जिनका ज्ञान व्यवहार करने वाले को ही होता है, दूसरे व्यक्ति उसकी उन गलतियों को नहीं पकड़ पाते हैं। अतः छात्राध्यापकों की कुछ गलतियाँ व कमियाँ सहपाठियों द्वारा नहीं जानने के कारण यह स्व मूल्यांकन की तुलना में उतना परिशुद्ध (Accurate) नहीं होता है।
6. सहपाठी, मूल्यांकन हेतु न तो विशेषज्ञ ही होते हैं और न ही परिपक्व, अतः सही मूल्यांकन नहीं हो पाता है।
7. कई बार सहपाठी ऐसा भी बोल सकते हैं कि जैसी पार्टी दोगे वैसा ही हम मूल्यांकन करेंगे।
8. सहपाठी मूल्यांकन में मित्रों द्वारा किए गये मूल्यांकन का अच्छाइयों की ओर झुकाव रहता है तथा उस सहपाठी से, जिससे आपकी अनबन हो, कमियों की ओर झुकाव रह सकता है।

सुझाव (Suggestions)

1. स्व मूल्यांकन हो या सहपाठी मूल्यांकन, दोनों के समय यदि सम्भव हो तो छात्राध्यापक के शिक्षण व्यवहारों की वीडियो या टेप द्वारा रेकार्डिंग की जानी चाहिए, ताकि मूल्यांकन में सभी व्यवहारों को शामिल किया जा सके तथा छात्राध्यापक स्वयं भी अपने द्वारा किए गए व्यवहारों को देख–सुन सके।
2. संरचित मूल्यांकन किया जाना चाहिए जिसमें एक निश्चित प्रारूप में क्रमवार बिन्दुओं को शामिल किया जाता है, ताकि मूल्यांकन में सभी व्यवहारों पर ध्यान दिया जा सके।
3. स्व मूल्यांकन की स्थिति में छात्राध्यापक को स्वयं के प्रति पूर्वाग्रह नहीं रखना चाहिए, उसे निःसंकोच भाव से अपनी गलतियों व कमियों को स्वीकार करना चाहिए।

   इसी तरह सहपाठी मूल्यांकन में भी सहपाठियों द्वारा बताई गई अच्छाइयों व कमियों को भी बिना किसी संकोच व मान–अपमान की चिंता किए स्वीकार करना चाहिए।
4. सहपाठी मूल्यांकन की स्थिति में मूल्यांकनकर्त्ता सहपाठियों को छात्राध्यापक के प्रति कोई पूर्वाग्रह नहीं रखना चाहिए। उन्हें छात्राध्यापक के साथ अपने संबंधों को मूल्यांकन से दूर रखना चाहिए तथा निष्पक्ष भाव से मूल्यांकन करना चाहिए।

4. सतत व्यापक मूल्यांकन (Continuous Comprehensive Evaluation)

शिक्षा का अभिप्राय (Aim) बालक का सर्वांगीण विकास करना होता है। प्रायः हम विद्यालयीन मूल्यांकन में यह पाते हैं कि हमारा बल शैक्षणिक विषयों में प्राप्त अंकों पर ही रहता है। यदि कोई विद्यार्थी परीक्षा में श्रेष्ठ अंक प्राप्त कर अव्वल आता

है तब हम उसे विशेष नज़र से देखते हैं, वहीं जब कोई विद्यार्थी खेलकूद, नाटक, कविता लेखन एवं अन्य गतिविधि में प्रथम आता है तब हम उसे उन्हीं नज़रों से नहीं देखते हैं जिससे हम कक्षा में अव्वल आने वाले को देखते हैं। सर्वांगीण विकास का तात्पर्य है शारीरिक, मानसिक, सांस्कृतिक, संज्ञानात्मक, नैतिक, संवेगात्मक एवं सामाजिक इत्यादि सभी प्रकार का विकास। हमारी विद्यालयीन समय-तालिका में इन सभी के लिए प्रावधान नहीं होता और न ही इन सभी का मूल्यांकन किया जाता है।

सतत व्यापक मूल्यांकन का विचार शैक्षिक जगत में अध्यापकों द्वारा समय-समय पर व्यक्त किया जाता रहा है, किन्तु इसकी मूर्त एवं औपचारिक अनुशंसा भोपाल में फरवरी (22–29) 1956 में परीक्षा पर आयोजित संगोष्ठी में की गई। व्यापक मूल्यांकन योजना के लक्ष्य, गैर–शैक्षणिक क्षेत्रों पर भी पर्याप्त बल देते हुए इस कमी को दूर कर अच्छा बनना है और इस प्रकार एक बालक की अभिवृद्धि के सभी पहलुओं का विकास उसके अधिकतम सामर्थ्य तक करने में योगदान देना है।

यह योजना परीक्षाओं की तरह ग्रेड में विद्यार्थियों के वर्गीकरण का पता नहीं लगाती है, बल्कि इसका लक्ष्य आवश्यक रूप से विद्यार्थियों के सभी क्षेत्रों में सुधार या विकास करना है। उनकी कमज़ोरियों, शक्तियों एवं प्रगति की गति खोजने के लक्ष्य के साथ समय–समय पर उनका आकलन किया जाता है और उस आधार पर उन्हें वांछनीय अभिवृद्धि तक लाने के लिए आवश्यक कदम उठाए जाते हैं।

इस प्रकार इस योजना के लक्ष्य विद्यार्थी की शैक्षणिक अभिवृद्धि को प्रेरित करने के साथ में उसके स्वास्थ्य में सुधार करना, उसके जरूरी व्यक्तिगत एवं सामाजिक गुणों का विकास करना, वांछनीय अभिवृत्तियों का निर्माण करना, उसकी अभिरुचियों को आगे बढ़ाने में उसकी मदद करना एवं विभिन्न पाठ्यसहगामी गति- विधियों में उसे सहभागिता करने एवं कौशल प्राप्त करने के अवसर प्रदान करना है।

प्रत्येक विद्यालय को विद्यार्थियों की देखभाल से प्रतिबद्ध रहते हुए उनके विकास के लिए एक न्यूनतम कार्यक्रम अपनाना चाहिए। योजना पर विचार करते समय प्रत्येक विद्यार्थी को एक सप्ताह में कम से कम एक बार बौद्धिक या सौंदर्यात्मक या सृजनात्मक गतिविधियों में और एक सप्ताह में कम से कम दो बार शारीरिक अभ्यास एवं खेल में सहभागिता के लिए अवसर दिए जाने चाहिए। इन गतिविधियों के द्वारा प्रत्येक विद्यार्थी को व्यक्तिगत एवं सामाजिक गुण एवं अभिवृत्तियों को विकसित करने में मदद करनी चाहिए। शारीरिक, बौद्धिक एवं सांस्कृतिक गतिविधियों के लिए सुविधाएँ एवं अवसर सभी विद्यालयों में समान रूप से उपलब्ध नहीं होती हैं। वास्तव में प्रत्येक विद्यालय के लिए प्रत्येक विद्यार्थी को उसकी पंसद के खेल, शौक एवं अन्य सृजनात्मक गतिविधियाँ प्रदान करना संभव नहीं है। इस योजना का मंतव्य प्रत्येक विद्यालय को छानबीन करने एवं समुदाय एवं विद्यालय में सुविधाओं का उपयोग करने के लिए प्रोत्साहित करना है एवं विद्यालयी बच्चों को उनसे लाभ प्राप्त करने में मदद करना है।

जैसे ही विद्यार्थी विद्यालय में प्रवेश लेता है, उसके जीवन-वृत्त (Bio-Data) एवं पारिवारिक पृष्ठभूमि के बारे में सूचनाएँ प्राप्त करनी चाहिए। जीवन वृत्त में उसके

स्वास्थ्य, मानसिक एवं शैक्षणिक उपलब्धि, अभिक्षमताओं एवं व्यक्तिगत एवं सामाजिक गुणों से संबंधित सूचनाएँ शामिल करना चाहिए। यह उस आधार रूप में भी होगा जिस पर विद्यार्थी के व्यक्तित्व का निर्माण होगा। विद्यार्थी के विद्यालय में रहने के कारण कक्षा में कौशलपूर्ण शिक्षण उसकी शैक्षणिक प्राप्ति के लिए उत्तरदायी होना चाहिए। लेकिन उसके शारीरिक, व्यक्तिगत एवं सामाजिक गुण एवं अभिवृत्तियों के विकास का भार मुख्यतः योजना के क्रियान्वयन पर जाता है। इस योजना को, एक विद्यार्थी के हृदय व मस्तिष्क के गुणों का विकास करने के विस्तार से सफलतापूर्वक मूल्यांकन किया जा सकता है।

इस योजना के अंतर्गत शामिल विभिन्न क्षेत्रों में आकलन की प्रक्रिया विद्यार्थियों की अभिवृद्धि एवं सतत सुधार पर भी लक्ष्य करती है। प्रत्येक पद के अंत पर संग्रहित प्रदत्त, प्रत्येक विद्यार्थी के द्वारा प्राप्त प्रगति को प्रदर्शित करते हैं।

व्यापक मूल्यांकन की योजना – श्रीवास्तव एवं अन्य (1978) ने व्यापक मूल्यांकन की योजना दी है उन्होंने इसमें निम्न पहलुओं के शामिल किए जाने की अनुशंसा की है :

(अ) शैक्षणिक पहलू – इसमें पाठ्यचर्यात्मक क्षेत्र एवं बुद्धि आते हैं। पाठ्यचर्यात्मक क्षेत्र का सतत मूल्यांकन लिखित, मौखिक एवं प्रायोगिक परीक्षाओं के द्वारा किया जाना चाहिए। बुद्धि का मापन किसी मानकीकृत बुद्धि परीक्षण द्वारा किया जाना चाहिए।

(ब) गैर शैक्षणिक पहलू – इसके अंतर्गत कुछ व्यक्तिगत एवं सामाजिक विशेषताएँ, रुचियाँ, अभिवृत्तियाँ एवं शारीरिक स्वास्थ्य आते हैं। जिन्हें निरीक्षण से निर्धारण मापनियों द्वारा आकलित किया जा सकता है। शारीरिक स्वास्थ्य की जाँच चिकित्सक द्वारा की जा सकती है। इन्हें प्रत्येक छः माह में जाँचा जा सकता है।

पाठ्यसहगामी गतिविधियाँ

चूंकि सभी विद्यार्थी साहित्यिक, वैज्ञानिक एवं सांस्कृतिक गतिविधियों में भाग नहीं ले सकते हैं अथवा वे चुनी हुई गतिविधियों में सहभागिता कर सकते हैं। इसलिए यहाँ तालिका में तीनों क्षेत्रों के पहलू, आकलन के उपकरण एवं तकनीक को दर्शाया गया है।

क्षेत्र	आवर्तिता	उपकरण एवं तकनीकें
शैक्षणिक पहलू		
पाठ्यचर्यात्मक क्षेत्र	वर्ष में 3 बार	– लिखित परीक्षा – मौखिक परीक्षा – प्रायोगिक परीक्षा – प्रश्न पत्र, नैदानिक परीक्षण, इकाई परीक्षा
बुद्धि परीक्षण	वर्ष में 3 बार–प्रारंभ, मध्य एवं समाप्ति पर	मानकीकृत अशाब्दिक एवं शाब्दिक परीक्षण तथा निष्पादन परीक्षण

क्षेत्र	आवर्तिता	उपकरण एवं तकनीकें
गैर शैक्षणिक पहलू		
– नियमितता		निरीक्षण, घटनावृत्त, अभिलेख
– अनुशासन		निर्धारण मापनियाँ, विडियो
– स्वच्छता की आदत		रेकार्डिंग
–संवेगात्मक स्थिरता		
– स्वोपक्रम		
– सहयोग		
– उत्तरदायित्व की भावना		
– उद्यमिता		
– नागरिक चेतना		
– समाज सेवा		
– रुचियाँ	वर्ष में तीन बार	निरीक्षण,
– साहित्यिक		विडियो रेकार्ड,
– वैज्ञानिक		निर्धारण मापनी,
– संगीतात्मक		घटनावृत्त अभिलेख
– कलात्मक		
– समाज सेवा		
– अभिवृत्तियाँ	वर्ष में तीन बार	निरीक्षण, साक्षात्कार, निर्धारण
– शिक्षकों के प्रति		मापनियाँ
– अध्ययन के प्रति		घटनावृत्त अभिलेख
– सहपाठियों के प्रति		प्रश्नावलियाँ
– विद्यालयीन कार्यक्रमों के प्रति		प्रक्षेपी तकनीक
– विद्यालयीन सम्पत्ति के प्रति		अर्थ–भिन्नता
– शारीरिक स्वास्थ्य		– निरीक्षण
– ऊँचाई		– साक्षात्कार
– वज़न		– चिकित्सा जाँच
– ऊँचाई एवं वज़न का अनुपात		– निर्धारण मापनियाँ
– सीना (फुलाकर)		
– शारीरिक कमियाँ यदि हो		
– आँखों की दृष्टि		
– श्रवण		
– दाँत		
– बीमारी का इतिहास यदि कोई हो		
– चिकित्सक के उपकरण		
गतिविधियाँ		
साहित्यिक एवं वैज्ञानिक	वर्ष में दो बार	निरीक्षण

क्षेत्र	आवर्तिता	उपकरण एवं तकनीकें
गतिविधियाँ		– घटनावृत्त अभिलेख
– ग्रंथालय		– निर्धारण मापनियाँ
– वादविवाद		
– सृजनात्मक लेखन		
– वार्ता		
– विज्ञान क्लब		
– सांस्कृतिक गतिविधियाँ		
– नाटक		
– संगीत		
– नृत्य		
– रेखांकन एवं चित्रकला		
– मूर्ति शिल्प		
– कलात्मक कढ़ाई		– निरीक्षण
– घटनावृत अभिलेख		
– निर्धारण मापनियाँ		
– अन्य गतिविधियाँ	वर्ष में दो बार	निरीक्षण
– खेल		– घटनावृत्त अभिलेख
– मनोरंजन		– निर्धारण मापनियाँ
– व्यायाम		
– तैरना		
– स्काउट		
– एन.सी.सी.		
– प्रथम उपचार		
– कनिष्ठ रेडक्रास		
– समुदाय सेवा		
– उद्यान लगाना		
– शिल्प		

5. पारंगतता अधिगम (Mastery Learning)

शिक्षा एवं मनोविज्ञान के क्षेत्र में पारंगतता अधिगम की संकल्पना का अत्यधिक उपयोग किया जाता है। शोधकर्ताओं के अनुसार 'यदि विद्यार्थियों को परम्परागत अधिगम पर्यावरण की अपेक्षा ऐसे पर्यावरण में सिखाया जाए जहाँ उन्हें परीक्षण, सतत् अधिगम, निदान एवं पुनर्परीक्षण का अवसर मिलता हो, तब वे अधिक विषयवस्तु सीखते हैं। ब्लूम (1976) के अनुसार मास्टरी (पारंगतता) अधिगम द्वारा विद्यार्थियों को विभिन्न विषयों में मास्टरी स्तर तक पहुँचाया जा सकता है। पारंगतता अधिगम को अग्रानुसार परिभाषित किया जा सकता है –

"पारंगतता अधिगम वह अधिगम उपागम है, जिसमें अधिकतम विद्यार्थी अधिकतम विषयवस्तु सीखते हैं अर्थात् इसमें शिक्षक यह तय करते हैं कि विद्यार्थियों का एक निश्चित प्रतिशत, विषयवस्तु के एक निश्चित प्रतिशत को सीख लेगा। जैसे 80%-100% विद्यार्थी, 80%-100% विषयवस्तु सीख लेंगे। इसमें प्रतिशत का उच्च स्तर (कम से कम 80%) ही निर्धारित करते हैं, क्योंकि अधिकतम विद्यार्थियों को अधिकतम विषयवस्तु सिखानी होती है। उन्हें पारंगत करना होता है।

पारंगतता अधिगम के सोपान – सभी विद्यार्थी मास्टरी का वांछित स्तर प्राप्त कर सकें, इसके लिए छात्रों एवं अध्यापकों को प्रभावी अध्यापन अधिगम प्रक्रिया तथा उसमें आने वाले दोषों का निवारण करने की जानकारी दी जाती है। पारंगतता अधिगम के सोपान निम्नलिखित हैं –

सोपान - 1ः मास्टरी के लिए उन्मुखीकरण – विद्यार्थियों के लिए मास्टरी अधिगम एक नयी प्रक्रिया होती है, अतः सबसे पहले अध्यापक विद्यार्थियों को मास्टरी अधिगम की प्रक्रिया की जानकारी प्रदान करते हैं। इसके अन्तर्गत अध्यापक उन्हें बताते हैं कि उन्हें मास्टरी के किस स्तर तक सीखना है? और कैसे सीखना है? उन्हें अपनी गलतियाँ कैसे ज्ञात करनी हैं तथा उन्हें किस प्रकार सुधारना है?

सोपान - 2ः एक इकाई का अध्यापन – उन्मुखीकरण के पश्चात् अध्यापक विद्यार्थियों को प्रथम इकाई का अध्यापन कराते हैं, लेकिन अध्यापन कराने के पूर्व उनके लिए यह जानना आवश्यक होता है कि विद्यार्थी उसके लिए आवश्यक पूर्व ज्ञान रखते हैं या नहीं। यह जानने के लिए अध्यापक विद्यार्थियों के पूर्व अपेक्षित ज्ञान का परीक्षण करते हैं और यदि विद्यार्थियों को नई इकाई सीखने के लिए पूर्व अपेक्षित ज्ञान नहीं होता है तब वे उन्हें वह ज्ञान अर्जित कराते हैं। इसके पश्चात् अध्यापक उन्हें प्रथम इकाई का इस प्रकार से अध्यापन कराते हैं कि अधिकतम विद्यार्थी, अधिकतम विषयवस्तु सीख सकें। और इसके लिए विद्यार्थियों को पूर्व में ही बता दिया जाता है कि उन्हें इस विषयवस्तु को पढ़ना है और पढ़ने के पश्चात् उनमें कौन से व्यावहारिक परिवर्तन (अनुदेशनात्मक उद्देश्य) होंगे। विद्यार्थी मास्टरी का अपेक्षित स्तर प्राप्त कर सकें, इसके लिए अध्यापक प्रभावी व्याख्या करते हैं, उदाहरणों द्वारा समझाते हैं, विद्यार्थियों से प्रश्न करते हैं और उनकी सहभागिता प्राप्त करते हैं, उन्हें पुनर्बलन,सतत् अनुश्रवण (Monitoring) एवं सुधारात्मक प्रतिपोष देकर उनकी उपलब्धियों को बढ़ाया जाता है।

सोपान - 3ः रचनात्मक मूल्यांकन (Formative Evaluation) – शिक्षक द्वारा प्रथम इकाई पढ़ाने के पश्चात् विद्यार्थियों के मास्टरी स्तर का मूल्यांकन किया जाता है और उन्हें निर्धारित स्तर प्राप्त करने में आने वाली कठिनाइयों को ज्ञात किया जाता है। मूल्यांकन के लिए रचनात्मक परीक्षण का उपयोग किया जाता है तथा परीक्षण के फलांकन के पश्चात् अध्यापक विद्यार्थियों को उनकी उपलब्धियों के अनुसार उन्हें विभिन्न समूहों में अग्रानुसार वर्गीकृत करते हैं –

समूह	उपलब्धि
अ	80% – 100% (मास्टरी स्तर प्राप्त समूह)
ब	60% – 79%
स	40% – 59%
द	20% – 39%
इ	0% – 19%

सोपान - 4: विभेदात्मक अध्यापन (Differential Teaching) – विभिन्न समूहों में वर्गीकृत करने के पश्चात् विद्यार्थियों को अलग–अलग तरह से अध्यापन कराया जाता है। जैसे उपर्युक्त वर्गीकरण में समूह "अ" वह समूह है, जिसने अपेक्षित मास्टरी स्तर प्राप्त कर लिया है, लेकिन "ब", "स", "द" एवं "इ" समूह मास्टरी स्तर प्राप्त करने से रह गए हैं। अतः संशोधित अध्यापन उपागम के द्वारा समूह "ब", "स", "द" एवं "इ" को नवीनीकृत उपाय कर पढ़ाया जाएगा। समूह "ब" (60% – 79%) ऐसा समूह है जो अपेक्षित मास्टरी स्तर प्राप्त करते-करते रह गया है, अतः इन्हें स्व अधिगम सामग्री, अभिक्रमित अधिगम सामग्री, दृश्य-श्रव्य सामग्री (वीडियो कैसेट) इत्यादि द्वारा थोड़ा अधिक अभ्यास कराया जाएगा।

समूह 'स' के विद्यार्थियों को सहपाठी अनुदेशन (Peer Instruction) कराया जाएगा, अर्थात् इन्हें मास्टरी स्तर प्राप्त समूह 'अ' के विद्यार्थी पढ़ाएँगे, इसके लिए समूह 'स' के विद्यार्थियों को 4–5 के लघु समूह में संगठित किया जाता है।

समूह 'द' के विद्यार्थियों को भी समूह 'अ' के विद्यार्थी सहपाठी अनुशिक्षकीय (Peer Tutorial) के रूप में सहायता करेंगे ताकि वे भी मास्टरी का वांछित स्तर प्राप्त कर सकें। इन्हें अध्ययन में आने वाली कठिनाइयों को सहपाठी अनुशिक्षकीय द्वारा दूर किया जाएगा।

समूह 'इ' ऐसा समूह है जिनकी उपलब्धि अत्यन्त कम है। अतः इनके लिए अध्यापक द्वारा विशेष प्रयास किए जाएँगे। इसके लिए अध्यापक इन पर व्यक्तिगत रूप से ध्यान देंगे। व्याख्यान में विभिन्न प्रकार के तरीकों एवं संकेतों का उपयोग करेंगे, पाठ्यवस्तु को अत्यन्त छोटे-छोटे भागों में बाँटकर पढ़ाएंगे तथा ऐसी स्थिति का निर्माण करेंगे, जिससे विद्यार्थी स्वयं पुनर्बलित हो।

सोपान - 5: पुनर्मूल्यांकन – विभेदात्मक अध्ययन के पश्चात् समूह 'ब', 'स', 'द' एवं 'इ' का पुनर्परीक्षण लिया जाता है और पुनर्मूल्यांकन किया जाता है। अतः मास्टरी प्राप्त करने वाले छात्रों की संख्या बढ़ जाती है और वे मास्टरी प्राप्त समूह में चले जाते हैं।

सोपान - 6: गहन अध्यापन सत्र – पुनर्मूल्यांकन के पश्चात् मास्टरी स्तर प्राप्त विद्यार्थियों की संख्या बढ़ जाती है। इसके बाद जो विद्यार्थी बच जाते हैं उन्हें पुनः विभेदात्मक अध्यापन कराया जाता है तथा गृहकार्य एवं अभ्यास करवाया जाता है व फिर से उनका रचनात्मक मूल्यांकन किया जाता है, इसके पश्चात् भी यदि कुछ विद्यार्थी बच जाते हैं जो अपेक्षित मास्टरी स्तर प्राप्त नहीं कर पाते हैं तब उन्हें कक्षा

के बाहर विशेष ध्यान देकर पढ़ाया जाता है तथा इसमें उनके माता–पिता की भी सहायता ली जाती है।

अगली इकाई का अध्यापन – एक इकाई के अध्यापन के पश्चात् अगली इकाई का अध्यापन कराया जाता है। इसके लिए पुनः द्वितीय सोपान से लगाकर छठे सोपान तक का उपयोग किया जाता है। इस प्रकार सभी इकाइयाँ पूर्ण की जाती हैं तथा सभी के समाप्त होने के पश्चात् योगात्मक मूल्यांकन किया जाता है और उसके आधार पर विद्यार्थियों को ग्रेड प्रदान की जाती है।

6. प्रायोगिक कार्य का आकलन (Assessment of Practical Work)

सामान्यतः सभी विषयों में एवं विशेषकर विज्ञान विषयों में प्रायोगिक कार्य अध्यापन का एक महत्वपूर्ण अंग होता है। जहाँ कहीं भी प्रायोगिक परीक्षा में आकलन की बात की जाती है प्रायः यही कहा जाता है कि प्रायोगिक परीक्षा में विद्यार्थी को उसकी योग्यता से कहीं अधिक अंक प्रदान किए जाते हैं तथा विद्यालयीन स्तर पर प्रायोगिक परीक्षा में अनुत्तीर्ण होने वाले विद्यार्थियों का प्रतिशत भी नगण्य ही होता है। अनेक संस्थाएँ उच्च कक्षा में प्रवेश देते समय एवं नौकरी के चयन में प्रायोगिक परीक्षा में प्राप्त अंकों को शामिल नहीं करती हैं। यह एक मनोवैज्ञानिक तथ्य है कि व्यक्ति जब किसी कार्य को कर लेता है तब वह उसे नहीं भूलता है। इसी कारण जहाँ पढ़े लिखे इंजीनियर जो कार्य जैसे स्कूटर, दूरदर्शन इनकी सामान्य त्रुटियों को भी सुधार नहीं पाते हैं वहीं अल्प शिक्षित मेकेनिक उसे आसानी से सुधार लेते हैं। कहने का तात्पर्य यह है कि सैद्धांतिक ज्ञान की तुलना में प्रायोगिक ज्ञान का सर्वाधिक महत्व है। अतः इसका आकलन भी उतना ही महत्वपूर्ण है।

प्रायोगिक कार्य की वर्तमान स्थिति – प्रायः यह देखा गया है कि ज़्यादातर राज्यों में विद्यालयों में माध्यमिक (8वीं) कक्षा तक प्रायोगिक कार्य विद्यार्थियों को नहीं करवाए जाते हैं। कभी-कभी अध्यापक किसी घटना को प्रदर्शन द्वारा विद्यार्थियों को समझा देते हैं। अनेक राज्यों में 10वीं कक्षा तक अल्प समय के लिए एवं अल्प मात्रा में प्रयोग करवाए जाते हैं, तथा उनकी नियमित कक्षाएँ भी नहीं लगती हैं। अनेक स्थानों पर विषय शिक्षक के स्थान पर प्रयोगशाला सहायक ही यह कार्य सम्पन्न कराते हैं। प्रायः प्रायोगिक परीक्षा में अनेक विद्यार्थी उच्च अंक प्राप्त करते हैं एवं 100 प्रतिशत विद्यार्थी उत्तीर्ण होते हैं। यह भी पाया गया है कि विद्यार्थी अल्प पाठ्यक्रम अर्थात् निर्धारित संख्या से कम प्रयोग ही करते हैं। प्रयोगशालाओं में पर्याप्त उपकरण, रसायन, जन्तु एवं अन्य सामग्रियाँ उपलब्ध नहीं होती हैं।

श्रीवास्तव एवं अन्य (1978) ने प्रायोगिक कार्य के आकलन के लिए निम्न बिन्दु सुझाए हैं :

(*i*) गति बनाम गुणवत्ता – यदि परीक्षार्थियों को ज़्यादा समय दिया जाए तब निष्पादन की गुणवत्ता में सुधार लाया जा सकता है। जिस प्रकार विद्यार्थी अलग-अलग गति से लिखते हैं, ठीक उसी प्रकार उनके प्रयोग करने के कौशल में भी भिन्नता होती है। यदि विद्यार्थियों को प्रयोग करने के लिए ज़्यादा समय दिया जाए तब उनके

प्रायोगिक कार्य की गुणवत्ता में सुधार होगा कभी-कभी अल्प समय के कारण विद्यार्थी संपूर्ण प्रयोग में असफल हो जाता है।

***(ii)* मानकीकृत स्थितियाँ** – प्रायोगिक कार्य करने की स्थितियाँ अलग-अलग विद्यालयों में अलग-अलग होती हैं। कहीं-कहीं प्रयोगशाला में उपकरण एवं प्रयोग करने का स्थान बेहतर होता है, तथा कहीं पर ऐसे उपकरणों का उपयोग किया जाता है जो पुराने एवं उपयोगी नहीं रह गए होते हैं जैसे बर्नर के स्थान पर गर्म करने के लिए स्प्रिटलेंप का उपयोग, वर्नियर केलिपर्स एवं स्क्रुगेज जिसमें निशान मिट गए हों, माइक्रोस्कोप जिसके लेंस धुंधले हों।

***(iii)* उत्पाद बनाम प्रक्रिया आकलन** – उत्पाद एवं प्रक्रिया दोनों का आकलन करना आवश्यक होता है, तथा दोनों ही समान रूप से महत्वपूर्ण हैं। निष्पादन की प्रक्रिया का आकलन गति तथा शुद्धता के परिप्रेक्ष्य में किया जा सकता है। इसका उपयोग इस बात का पता लगाने के लिए भी किया जा सकता है कि परीक्षार्थी ने उपयुक्त विधियों का उपयोग किया है अथवा नहीं। निष्पादन की गुणवत्ता का आकलन उत्पाद के द्वारा संभव है। उत्पाद का आकलन अधिक विश्वसनीय निम्न कारणों से होता है।

अ) आकलन के लिए अधिक समय उपलब्ध रहता है।

ब) एक से अधिक परीक्षक स्वतंत्र रूप से आकलन कर सकते हैं।

स) उत्पाद की मापनी विकसित की जा सकती है ताकि वस्तुनिष्ठ फलांकन किया जा सके।

***(iv)* अभ्यासों का प्रतिचयन** – लिखित परीक्षा में जहाँ विषयवस्तु का प्रतिनिधित्वपूर्ण प्रतिचयन संभव है वहीं प्रायोगिक परीक्षा में यह अत्यंत कठिन है।

इस हेतु निम्न सावधानियाँ रखनी चाहिए :

अ) ऐसे कार्य का चयन करें जो महत्वपूर्ण कौशलों का प्रतिनिधित्व करे।

ब) ऐसे कार्यों का चयन किया जाए जो अपेक्षाकृत कठिन हों।

स) कार्यों को दोहराया न जाए।

द) ऐसे अभ्याओं का चयन करें जिसमें कम समय लगे।

इ) ऐसे कार्यों का चयन करें जिनके लिए मानकीकृत स्थितियाँ उपलब्ध हों।

सत्रीय (Sessional) कार्य का आकलन – प्रायोगिक कार्य पुस्तिका, संग्रह, प्रतिमान इत्यादि के आकलन में यह समस्या आती है कि इनका आकलन विषय अध्यापक करें अथवा बाह्य परीक्षक। इनके आकलन का निकष क्या हो स्वच्छता, नियमितता, अभिलेखों का ड्राइंग का स्तर, निदर्श (speciman) प्रस्तुत करने का कौशल इत्यादि सभी का निकष प्रयोजन के परिप्रेक्ष्य में किया जाना चाहिए।

प्रायोगिक कार्य के आकलन के उपकरण – प्रायोगिक कार्य का आकलन निम्न उपकरणों द्वारा किया जा सकता है–

(अ) जाँच सूची – जाँच सूची का उपयोग उन कौशलों के आकलन के लिए किया जा सकता है जो उपस्थित अथवा अनुपस्थित थे। इसी प्रकार अम्ल (Acid)

के विश्लेषण की प्रक्रिया, किसी उपकरण के उपयोग के सोपान का निर्णय जाँच सूची द्वारा किया जा सकता है।

(ब) निर्धारण मापनियाँ – गुणवत्तात्मक आकलन के लिए निर्धारण मापनियों का उपयोग किया जा सकता है।

(स) उत्पाद मापनियाँ – विज्ञान के प्रतिमानों के आकलन के लिए उत्पाद मापनियों का उपयोग किया जा सकता है। उत्पाद के श्रेष्ठ एवं निकृष्ट होने का निर्णय विशेषज्ञों द्वारा किया जा सकता है।

(द) वस्तु परीक्षण – प्रारम्भ में वस्तु परीक्षण का उपयोग किया जा सकता है। पहचान एवं तादात्म्य (Identification) परीक्षणों का उपयोग ज्ञान एवं बोध के परीक्षण के लिए किया जाता है।

(य) प्रयोगशाला अभ्यास – प्रयोगशाला में प्रयोग करवाकर भी आकलन किया जा सकता है।

प्रायोगिक कार्य के आकलन के पहले यह सुनिश्चित करना होगा कि समय तालिका में प्रायोगिक कार्य को निश्चित स्थान मिले। प्रयोगशाला में अच्छे उपकरण हों तथा प्रयोग, योग्य शिक्षकों द्वारा ही करवाए जाएं।

7. ग्रेडिंग (Grading)

लंबे समय से विद्यालयीन व महाविद्यालयीन शिक्षा में अनेक प्रकार के सुधार किए गए जैसे पाठ्यक्रमों का पुनः संरचनाकरण (Restructuring) प्रश्नबैंक, सतत व्यापक मूल्यांकन, वस्तुनिष्ठ मूल्यांकन, ग्रेड प्रणाली इत्यादि। राष्ट्रीय शिक्षा नीति (1986) ने परीक्षा में सुधार के लिए ग्रेड प्रणाली की अनुशंसा की है।

ग्रेड शब्द का उदय लेटिन शब्द 'ग्रेड्स' से हुआ है जिसका अर्थ होता है 'श्रेणी'। ग्रेड प्रणाली में पूर्व-निर्धारित मापदंडों के आधार पर विद्यार्थियों को उनके निष्पादन के आधार पर ग्रेड प्रदान की जाती है। यदि हम उनके शैक्षिक परिप्रेक्ष्य में देखें, तो यह विद्यार्थियों को उनकी उपलब्धि सम्प्रेषित करने का तरीका है। ग्रेड के द्वारा विद्यार्थी, अध्यापक एवं विद्यार्थी के माता-पिता, विद्यार्थी की उपलब्धि के बारे में समझ लेते हैं। यही ग्रेड प्रणाली का उद्देश्य है। ग्रेड प्रणाली से दो विद्यार्थियों की उपलब्धि की तुलना की जा सकती है। साथ ही पाठ्यक्रम की समाप्ति पर यह भी पता चल सकता है कि विद्यार्थी ने क्या प्राप्त किया। जहाँ परम्परागत रूप से विद्यार्थियों की उपलब्धि को प्रथम, द्वितीय एवं तृतीय श्रेणी में बाँटा जाता है वहीं ग्रेड प्रणाली में ग्यारह बिन्दु मापनी तक विद्यार्थियों को उनकी उपलब्धि के आधार पर वर्गीकृत किया जा सकता है। विद्यार्थियों के निष्पादन का मूल्यांकन करने के लिए जिस किसी भी बिन्दु मापनी को प्रयुक्त किया जाना है उसका आधार स्पष्ट रूप से परीक्षकों को बता दिया जाना चाहिए। ताकि ग्रेडों के द्वारा किसी विशिष्ट मापदण्ड के संदर्भ में विद्यार्थियों के प्रदर्शन और उनके समकक्ष समूह के संदर्भ में विद्यार्थियों की सापेक्ष स्थिति को दर्शाया जा सके।

एन.सी.ई.आर.टी. की हस्तपुस्तिका 'विद्यालयों' में ग्रेड प्रणाली 2000 के अनुसार ग्रेड प्रणाली का वर्गीकरण प्रत्यक्ष ग्रेड प्रणाली और अप्रत्यक्ष ग्रेड प्रणाली के रूप में भी किया जा सकता है तथा निरपेक्ष ग्रेड प्रणाली ओर सापेक्ष ग्रेड प्रणाली के रूप में भी किया जा सकता है।

प्रत्यक्ष ग्रेड प्रणाली (Direct Grade System) – प्रत्यक्ष ग्रेड प्रणाली के द्वारा गुणात्मक मूल्यांकन किया जाता है। इस प्रणाली की सहायता से परीक्षक विद्यार्थियों के संज्ञानात्मक पक्ष और गैर-संज्ञानात्मक पक्ष का मूल्यांकन अक्षर ग्रेड देकर करते हैं।

अप्रत्यक्ष ग्रेड प्रणाली (Indirect Grade System) – अप्रत्यक्ष ग्रेड प्रणाली के अंतर्गत विद्यार्थियों के निष्पादन को अंक प्रदान कर निरपेक्ष या सापेक्ष मानकों के आधार पर ग्रेड्स में बदलकर मूल्यांकन किया जाता है।

निरपेक्ष ग्रेड प्रणाली (Absolute Grade System) – निरपेक्ष ग्रेड प्रणाली में विद्यार्थियों की उपलब्धि का मूल्यांकन पूर्व–निर्धारित मानक के आधार पर किया जाता है। विद्यार्थियों के निष्पादन को अंक प्रदान कर संपूर्ण विषयों के प्राप्तांक पर प्रतिशत ज्ञात कर लिया जाता है और उन्हें निश्चित मापदण्ड के आधार पर ग्रेड प्रदान की जाती है जैसे

85% या इससे अधिक पर	A
70% से 84.99% तक पर	B
55% से 69.99% तक पर	C
40% से 54.99% तक पर	D
40% से कम पर	F

सापेक्ष ग्रेड प्रणाली (Relative Grade System) – सापेक्ष ग्रेड प्रणाली में कोई पूर्व निर्धारित मानक नहीं होता है। इसके अंतर्गत जिस विद्यार्थी को अधिकतम अंक प्राप्त हुए हैं, उसके अंकों को शत-प्रतिशत या अन्य कुछ (80% या 70%, अध्यापक जो अपने विवेक से उचित समझे) मानकर उसके आधार पर शेष सभी विद्यार्थियों का मूल्यांकन कर दिया जाता है और ग्रेड प्रदान कर दी जाती है।

8. सेमिस्टर पद्धति (Semester System)

हमारी शिक्षा प्रणाली की कई आलोचनाएँ की जाती हैं। विभिन्न समितियों ने इसकी कमियों को दर्शाते हुए इसका मुख्य कारण हमारी परीक्षा प्रणाली को बताया है। उनके अनुसार यदि हम अपने परीक्षा लेने के तरीके में परिवर्तन कर दें तो हम अपनी शिक्षा प्रणाली में एक बड़ा सुधार कर सकते हैं। विद्यार्थियों की उपलब्धि का मूल्यांकन करने के लिए हम उनकी वार्षिक परीक्षा लेते हैं। वार्षिक परीक्षा के अंतर्गत हम विद्यार्थियों द्वारा अर्जित ज्ञान का मूल्यांकन वर्ष में एक बार करते हैं लेकिन इसके कई दोष हैं जैसे : विद्यार्थी अल्प समय में एक निश्चित पाठ्यक्रम का आंशिक भाग पढ़ कर उत्तीर्ण हो जाते हैं। शिक्षक व विद्यार्थियों में न्यूनतम अन्तर्क्रिया होती है, विद्यार्थियों को प्रतिपोष प्राप्त नहीं होता है इत्यादि। अतः इन दोषों को दूर करने

के लिए मूल्यांकन का एक तरीका सेमिस्टर प्रणाली को अपनाया जा सकता है। इसके अंतर्गत विद्यार्थियों का मूल्यांकन वर्ष में एक से अधिक बार किया जाता है जिससे शिक्षक व विद्यार्थी, दोनों को प्रतिपोष (Feedback) प्राप्त होता है, दोनों में अन्तर्क्रिया अधिक होती है तथा विद्यार्थियों में नियमितता आती है।

सेमिस्टर प्रणाली क्या है?

सेमिस्टर प्रणाली के अंतर्गत विद्यार्थियों का मूल्यांकन वर्ष में एक से अधिक बार किया जाता है। इसके लिए एक वर्ष के पाठ्यक्रम को दो या तीन भागों में बाँट दिया जाता है और प्रत्येक भाग का शिक्षण करवाकर उसका पृथक मूल्यांकन किया जाता है।

सेमिस्टर प्रणाली दो प्रकार की होती है :

1. दो सेमिस्टर प्रणाली
2. तीन सेमिस्टर प्रणाली

दो सेमिस्टर प्रणाली – 2 सेमिस्टर प्रणाली में एक वर्ष में दो सेमिस्टर होते हैं। प्रत्येक सेमिस्टर 18 सप्ताह का होता है। 18 सप्ताह में से 16 सप्ताह शिक्षण के लिए व 2 सप्ताह परीक्षा लेने के लिए होते हैं। यदि 16 सप्ताह का शिक्षण-कार्य नहीं हुआ हो तो परीक्षा नहीं ली जा सकती है।

तीन सेमिस्टर प्रणाली – 3 सेमिस्टर प्रणाली में एक वर्ष में तीन सेमिस्टर होते हैं। प्रत्येक सेमिस्टर 12 सप्ताह का होता है, अर्थात् 10 सप्ताह शिक्षण व 2 सप्ताह परीक्षा के होते हैं।

सेमिस्टर प्रणाली में एक खासियत होती है कि एकभाग के पाठ्यक्रम को दूसरे भाग की परीक्षा में नहीं पूछा जाता है।

क्रेडिट (Credit) – सेमिस्टर प्रणाली में प्रयुक्त शब्द 'क्रेडिट' महत्वपूर्ण होता है। 2 सेमिस्टर प्रणाली में एक क्रेडिट का अर्थ है 60 मिनट। अर्थात् यदि एक क्रेडिट सैद्धांतिक है तो इसका अर्थ है कि उस विषय की पढ़ाई प्रति सप्ताह 1 घण्टा लगातार 16 सप्ताह तक होनी चाहिए और यदि 1 क्रेडिट प्रायोगिक है तो इसका अर्थ है कि उस विषय की पढ़ाई प्रति सप्ताह 2 घंटे लगातार 16 सप्ताह तक होनी चाहिए।

3 सेमिस्टर प्रणाली में एक सेमिस्टर के लिए एक घण्टा व्याख्यान प्रति सप्ताह 2/3 क्रेडिट (सैद्धांतिक विषयों के लिए) व एक घंटा प्रति सप्ताह 1/3 क्रेडिट (प्रायोगिक विषय के लिए) होता है अर्थात् सैद्धांतिक विषयों की कक्षा 1 क्रेडिट के लिए डेढ़ घंटा प्रति सप्ताह व प्रायोगिक विषयों के लिए 3 घंटा प्रति सप्ताह होना चाहिए।

क्रेडिट के प्रकार – क्रेडिट दो प्रकार के होते हैं :

अ. वैध क्रेडिट – वैध क्रेडिट वे होते हैं, जिनका निश्चित पाठ्यक्रम होता है और नियमित कक्षाएँ लगती हैं।

ब. आभासी (Virtual) क्रेडिट – आभासी क्रेडिट वे होते हैं जिनका कोई निश्चित पाठ्यक्रम नहीं होता है और जिनकी कक्षाएँ नहीं लगती है। आभासी क्रेडिट के लिए मौखिक परीक्षा (Viva) के द्वारा मूल्यांकन किया जाता है और इसमें सैद्धांतिक/व प्रायोगिक विषय से संबंधित प्रश्न पूछे जाते हैं।

एक वर्ष में कुल कितने क्रेडिट हों?

प्रत्येक कार्यक्रम के लिए एक वर्ष में कुल वैध क्रेडिट 52 हो सकते हैं। अर्थात् यदि कोई कार्यक्रम 2 सेमिस्टर का है तो प्रत्येक सेमिस्टर 26 क्रेडिट का होगा। एक सेमिस्टर में 12 से 15 क्रेडिट सैद्धांतिक विषयों के व, 12 से 15 क्रेडिट प्रायोगिक विषय के हो सकते हैं। यहाँ सैद्धांतिक व प्रायोगिक विषयों के लिए क्रेडिट के बँटवारे की कोई विभाजन रेखा नहीं है अर्थात् विषय के विस्तार व प्रकृति के अनुसार प्रायोगिक व सैद्धांतिक विषयों के क्रेडिट में घट-बढ़ की जा सकती है जैसे एक सेमिस्टर में 26 में से 14 क्रेडिट सैद्धांतिक विषयों व 12 क्रेडिट प्रायोगिक विषयों के हों तथा दूसरे सेमिस्टर में 15 क्रेडिट सैद्धांतिक विषयों व 11 क्रेडिट प्रायोगिक विषयों के हो सकते हैं।

सेमिस्टर प्रणाली में एक विषय के लिए कम से कम दो टेस्ट व सेमिस्टर के अंत में एक परीक्षा होना जरूरी है। ये टेस्ट लिखित रूप में/संगोष्ठी/प्रदत्त कार्य/क्विज इत्यादि किसी भी रूप में लिए जा सकते हैं, टेस्ट की संख्या दो से अधिक भी हो सकती हैं। लेकिन मूल्यांकन के लिए विद्यार्थी के श्रेष्ठ निष्पादन वाले दो टेस्टों के अंक ही शामिल किए जाते हैं।

ग्रेड निकालने का तरीका – ग्रेड का निर्धारण 3 बिंदु, 5 बिंदु, 7 बिंदु या 9 बिंदु इत्यादि किसी भी मापनी के आधार पर किया जा सकता है यहाँ 8 बिंदु मापनी के आधार पर सेमिस्टर प्रणाली में ग्रेड निकालने का एक उदाहरण दिया गया है।

8 बिंदु मापनी में A^+, A, B^+, B, C^+, C, D व F ग्रेड दी जाती हैं, जिनके ग्रेड बिन्दु हैं –

Grade	Grade Point		
A^+	10	-	(>=90%)
A	9	-	(>=80% लेकिन <90%)
B^+	8	-	(>=70% लेकिन <80%)
B	7	-	(>=60% लेकिन <70%)
C^+	6	-	(>=50% लेकिन <60%)
C	5	-	(>=40% लेकिन <50%)
D	4	-	(>=30% लेकिन <40%)
F	2	-	(<=30%)

विद्यार्थियों को उपर्युक्त मानकों के आधार पर ग्रेड पहले प्रयास में दी जाती है लेकिन उनका द्वितीय प्रयास होने पर इन ग्रेड्स के ग्रेड बिन्दु बदल जाते हैं जो इस प्रकार हैं :

Grade	Grade Point
A^+	9
A	8
B^+	7
B	6

C^+	5
C	4
D	3
F	2

यहाँ 'F' का अर्थ है कि विद्यार्थी संबंधित विषय में अनुत्तीर्ण है।

सेमिस्टर प्रणाली में तीन बिंदुओं की गणना की जाती है :

(i) **SGPA** (Semester Grade Point Average) **सेमिस्टर ग्रेड बिन्दु औसत**–इसकी गणना प्रत्येक सेमिस्टर के पूर्ण होने के पश्चात् की जाती है।

(ii) **CGPA** (Cumulative Grade Point Average) **संचयी ग्रेड बिन्दु औसत**–इसकी गणना दो व दो से अधिक सेमिस्टर पूर्ण होने के पश्चात् की जाती है।

(iii) **GGPA** (Graduating Grade Point Average) **स्नातकीय ग्रेड बिन्दु औसत**–इसकी गणना सभी सेमिस्टर पूर्ण होने के पश्चात् की जाती है। इसके आधार पर विद्यार्थी को श्रेणी व उपाधि दी जाती है।

जैसे, 2 सेमिस्टर प्रणाली में

सेमिस्टर I में $SGPA_1$

सेमिस्टर II में $SGPA_2$, CGPA, GGPA

की गणना की जाती है :

$SGPA_1$ की गणना – यदि किसी एक विद्यार्थी 'क' को प्रथम सेमिस्टर में संचालित होने वाले विषयों में निम्न ग्रेड्स प्राप्त होते हैं–

कोड क्र.	विषय	क्रेडिट C	ग्रेड G	क्रेडिट X ग्रेड C × G = CG
501	शिक्षा–मनोविज्ञान	4	C	20
503	शैक्षिक मापन	3	D	12
505	सूक्ष्म शिक्षण एवं शिक्षण प्रतिमान एवं सम्प्रेषण	3	A^+	30
507	शैक्षिक तकनीकी	3	F	6
509	शिक्षण विधि (प्रथम)	3	F	6
511	कार्यानुभव	2	B	14
513	परियोजना	2	B^+	16
515	विद्यालय – अनुभव	3	C^+	18
517	शिक्षण विधि (द्वितीय)	3	D	12
519	व्यापक मौखिक परीक्षा (Comprehensive Viva-voce)	4	B	28
		$\Sigma C_1 = 30$		$\Sigma CG_1 = 162$

महत्वपूर्ण बिंदु

1. सेमिस्टर प्रणाली में संचालित होने वाले विषयों के कोड क्रमांक निर्धारित किए जाते हैं और उन विषयों को उनके नाम के स्थान पर कोड क्र. से पुकारा जाता है।

2. पाठ्यचर्या निर्माण करते समय प्रत्येक विषय के महत्व को ध्यान में रखते हुए उसका भार निर्धारित किया जाता है और वह उस विषय के क्रेडिट कहलाते हैं।

3. (i) शिक्षक द्वारा विद्यार्थियों को उनके निष्पादन के आधार पर ग्रेड प्रदान की जाती है। सेमिस्टर के दौरान एक शिक्षक प्रत्येक विद्यार्थी का कम से कम तीन बार आकलन करता है। इसके अंतर्गत उसे दो लिखित टेस्ट लेने होते हैं और सैद्धांतिक विषय के लिए वह तीसरा टेस्ट लिखित/क्विज/संगोष्ठी के रूप में ले सकता है। प्रयोगशाला कार्य का आकलन दिन–प्रतिदिन के प्रायोगिक कार्य द्वारा एवं टेस्ट द्वारा होना चाहिए। प्रत्येक विषय की सेमेस्टर के अंत में परीक्षा होती है। प्रत्येक विद्यार्थी को कम से कम दो टेस्ट व सेमिस्टर अंत परीक्षा में उपस्थित होना होता है अन्यथा उसे उस विषय में F ग्रेड प्रदान की जाती है।

(ii) सेमिस्टर प्रणाली में टेस्ट मूल्यांकन का आवश्यक भाग होना चाहिए। ये टेस्ट नियमित रूप से संचालित किए जाने चाहिए।

(iii) विद्यार्थियों के निष्पादन का आकलन करने के लिए उन्हें सर्वप्रथम अंक प्रदान किए जाते हैं। प्रत्येक विद्यार्थी के विषयवार टेस्ट, क्विज इत्यादि एवं सेमिस्टर-अंत-परीक्षा में प्राप्त अंकों का योग किया जाता है और फिर उन्हें प्रतिशत में रूपान्तरित किया जाता है। इसके पश्चात् उन्हें निरपेक्ष प्रणाली के आधार पर विषयवार ग्रेड प्रदान की जाती है। यहाँ यह बताना आवश्यक है कि प्रतिशत की गणना करते समय विद्यार्थी के तीन आकलन में से दो सर्वश्रेष्ठ आकलन (टेस्ट) व सेमिस्टर अंत परीक्षा के अंकों को शामिल किया जाता है।

(iv) प्रत्येक विषय के लिए कुल 100 अंक होते हैं जिसमें 60 अंक सेमिस्टर–अंत–परीक्षा के लिए व 20 अंक प्रत्येक टेस्ट के लिए होते हैं।

$$SGPA_1 = \frac{\Sigma CG_1}{\Sigma C_1}$$

यहाँ,

$\sum C_1$ = प्रथम सेमिस्टर के क्रेडिट का योग

$\sum CG_1$ = प्रथम सेमिस्टर के क्रेडिट x ग्रेड बिन्दु का योग

$$SGPA_1 = \frac{162}{30} = 5.4$$

विद्यार्थी को अगले सेमिस्टर में जाने के लिए उसका $SGPA_1$ का मान 4 या उससे अधिक होना चाहिए। यदि किसी विद्यार्थी का $SGPA_1$ का मान 4 से कम होता है तो उसे उस कार्यक्रम को छोड़ना होता है। वह एक नए विद्यार्थी के रूप में पुनः प्रवेश के योग्य होता है।

उपर्युक्त उदाहरण में विद्यार्थी का $SGPA_1$=5.4 है, अतः वह अगले सेमिस्टर में जा सकता है, लेकिन उसे जिन विषयों में F ग्रेड है, वह उन विषयों में अनुत्तीर्ण है अतः उसे उन विषयों के टेस्ट व परीक्षा अगले सेमिस्टर/जब वे विषय संचालित किए जाएँ तब देनी होगी और कम से कम D ग्रेड प्राप्त करनी होगी। दूसरे प्रयास में उसे मिलने वाले ग्रेडबिन्दु का मान कम हो जाएगा। यह अतिरिक्त अवसर उसे एक बार ही दिया जाएगा।

$SGPA_2$ की गणना – यदि विद्यार्थी 'क' को द्वितीय सेमिस्टर में संचालित होने वाले विषयों में निम्न ग्रेड्स प्राप्त होती हैं –

कोड क्र.	विषय	क्रेडिट C	ग्रेड G	क्रेडिट × ग्रेड C × G = CG
502	उदीयमान भारतीय समाज में शिक्षा	4	A	36
504	पाठ्यचर्या विकास	3	A+	30
506	शैक्षिक संस्था का प्रबंधन	3	B	21
508	निर्देशन व परामर्श	3	F	6
510	कार्यानुभव	2	B+	16
512	परियोजना	2	C+	12
514	मनोविज्ञान प्रायोगिक	2	B	14
516	प्रायोगिक शिक्षण	5	B+	40
518	सूचना एवं सम्प्रेषण तकनीकी	2	D	8
520	व्यापक मौखिक परीक्षा	4	C	20
		$\Sigma C_2 = 30$		$\Sigma CG_2 = 203$

तब द्वितीय सेमिस्टर में उसके $SGPA_2$ व CGPA की गणना की जाएगी।

$$SGPA_2 = \frac{\Sigma CG_2}{\Sigma C_2}$$

$$SGPA_2 = \frac{203}{30} = 6.76$$

CGPA की गणना – इसकी गणना करने के लिए निम्न सूत्र का उपयोग किया जाता है:

$$CGPA = \frac{\Sigma CG_1 + \Sigma CG_2}{\Sigma C_1 + \Sigma C_2}$$

यहाँ

$\sum CG_1$= प्रथम सेमिस्टर में प्राप्त क्रेडिट x ग्रेड बिन्दु का योग

$\sum CG_2$= द्वितीय सेमिस्टर में प्राप्त क्रेडिट x ग्रेड बिन्दु का योग

$\sum C_1$= प्रथम सेमिस्टर में कुल क्रेडिट

$\sum C_2$= द्वितीय सेमिस्टर में कुल क्रेडिट

$$CGPA = \frac{162 + 203}{30 + 30}$$

$$CGPA = \frac{365}{60} = 6.08$$

अब इसका GGPA ज्ञात किया जाएगा और उसके आधार पर उसे श्रेणी व उपाधि प्रदान की जाएगी।

GGPA की गणना – यदि निरपेक्ष प्रणाली है तो GGPA की गणना संपूर्ण पाठ्यक्रम के दौरान विद्यार्थी द्वारा प्राप्त किए गए क्रेडिट X गेड बिन्दु का योग ($\sum CG$) व कुल क्रेडिट के आधार पर की जाती है।

ऐसी स्थिति में अंतिम सेमिस्टर में ज्ञात किए गए CGPA व GGPA का मान एक समान होता है। अर्थात्

$$GGPA = \frac{\Sigma CG_1 + \Sigma CG_2}{\Sigma C_1 + \Sigma C_2}$$

GGPA की गणना कुल 52 वैध क्रेडिट एवं 8 आभासी क्रेडिट के आधार पर की जाती है। यदि संपूर्ण पाठ्यक्रम में 60 क्रेडिट हों (52 वैध + 8 आभासी क्रेडिट) तब CGPA = GGPA होगा।

उस परिस्थिति में जबकि वैध केडिट 52 से अधिक हों तब GGPA की गणना सर्वोत्तम 52 वैध केडिट तथा 8 आभासी क्रेडिट के आधार पर की जाती है। तब आवश्यक नहीं कि GGPA और CGPA के मान बराबर हों।

लेकिन सापेक्ष प्रणाली (Relative System) के अंतर्गत GGPA की गणना करते समय संपूर्ण पाठ्यक्रम के दौरान विद्यार्थी द्वारा प्राप्त किए गए क्रेडिट X गेड बिन्दु के योग में से उसके निकृष्ट 4 क्रेडिट के भार को कम किया जाता है, तथा कुल क्रेडिट में से भी 4 क्रेडिट कम किए जाते हैं। लेकिन इन निकृष्ट क्रेडिट को कम करते समय आभासी क्रेडिट के भार को कम नहीं किया जाता है।

जैसे $$GGPA = \frac{162 + 203 - 16}{30 + 30 - 4}$$

$$= \frac{349}{56} = 6.23$$

ऐसी स्थिति में अंतिम सेमिस्टर में ज्ञात किए गए GGPA व CGPA का मान एक समान नहीं होता है। विद्यार्थी के सफल होने के लिए GGPA का न्यूनतम मान 4.75 होना चाहिए, यदि उसके GGPA का मान 4.75 से कम होता है, तो निर्धारित सूत्र से प्रतिशत निकालने पर 48% से कम आता है और ऐसी स्थिति में वह अनुत्तीर्ण माना जाता है।

GGPA का अधिकतम मान 10 होता है।

प्रतिशत व श्रेणी की गणना – निम्न सूत्र की सहायता से प्रतिशत की गणना की जाती है :

प्रतिशत = 8.1 + (8.4 × GGPA)

विद्यार्थी 'क' के प्रतिशत = 8.1 + 8.4 × 6.23 = 60.43%

सूत्र के आधार पर प्रतिशत व श्रेणी के मानक रूप :

GGPA	प्रतिशत	श्रेणी
4.75 से कम	48% से कम	अनुत्तीर्ण
4.75	48%	द्वितीय
6.20	60.18% (60%)	प्रथम
8.0	75.3%	विशिष्ट योग्यता के साथ प्रथम

यहाँ तृतीय श्रेणी नहीं होती है।

सेमिस्टर प्रणाली के लाभ (Advantages of Semester System)

1. विद्यार्थी संपूर्ण पाठ्यचर्या का गहराई से अध्ययन करते हैं।
2. अध्यापक एवं विद्यार्थी दोनों ही वर्ष भर सक्रिय रहते हैं।
3. जहाँ विद्यार्थियों को अपनी उपलब्धि के बारे में सतत् प्रतिपोष (Feedback) प्राप्त होता है वहीं अध्यापकों को अनुदेशन के बारे में प्रतिपोष मिलता है।
4. विद्यार्थी का सतत् मूल्यांकन किया जाता है।
5. सेमिस्टर प्रणाली के द्वारा मूल्यांकन में पारदर्शिता होती है। चूंकि विद्यार्थियों की उत्तरपुस्तिकाएँ अध्यापक द्वारा जाँचने के पश्चात् उसे दिखाई जाती हैं तथा उस पर चर्चा भी की जाती है।
6. लघु पाठ्यचर्या का अध्ययन करना विद्यार्थी के लिए सुगम होता है।
7. सेमिस्टर प्रणाली में विद्यार्थी को कई बार परीक्षा देनी होती है इस कारण उसे अपनी कमियों को दूर करने का अवसर प्राप्त होता है।
8. चूंकि सेमिस्टर प्रणाली में दो या दो से अधिक टेस्ट लिए जाते हैं और उनमें से सर्वश्रेष्ठ दो टेस्ट के परिणाम विद्यार्थी के कुल निष्पादन की जाँच के लिए शामिल किए जाते हैं। यदि विद्यार्थी बीमार हो जाता है अथवा परिवार में कोई आपदा आ जाती है जिसके कारण वह कोई टेस्ट न दे पाए तो इससे उसका निष्पादन प्रभावित नहीं होता है व वर्ष नहीं बिगड़ता है।
9. सेमिस्टर प्रणाली में निर्धारित क्रेडिट होते हैं जिनके लिए समय निश्चित होता है तथा निर्धारित समय व अध्यापन पूर्ण होने के पश्चात् ही परीक्षा ली जाती है अर्थात् इसमें विषय का गहराई से अध्ययन व अध्यापन दोनों किया जाता है।
10. चूंकि इसमें लघुपाठ्यचर्या पूर्ण होने के पश्चात् परीक्षा ली जाती है तथा पाठ्यचर्या के प्रत्येक अंश में से प्रश्न पूछे जाते हैं अतः विद्यार्थी को महत्वपूर्ण एवं गैर-महत्वपूर्ण विषय वस्तु चुनने का अवसर प्राप्त नहीं होता है तथा संपूर्ण विषयवस्तु का अध्ययन करना होता है।
11. सेमिस्टर पद्धति से पढ़े हुए विद्यार्थी साक्षात्कार एवं प्रतियोगी परीक्षाओं में अधिक सफल होते हैं।

12. चिकित्सा, इंजीनियरिंग, फार्मेसी में इसके महत्व को देखते हुए ही इस पद्धति को लागू किया गया।
13. विद्यार्थी गैस-पेपर, कुंजी एवं गाइड के स्थान पर पाठ्यपुस्तकों, सन्दर्भ-पुस्तकों एवं वेब सामग्रियों का उपयोग करते हैं।
14. अध्यापक से कक्षा में विद्यार्थी अधिक प्रश्न करते हैं जिसके कारण अन्तर्क्रिया बढ़ती है।
15. चूंकि विद्यार्थियों को प्रत्येक टेस्ट के पश्चात् उनकी उत्तरपुस्तिकाएँ एवं अंक बताए जाते हैं जिससे उनमें स्वस्थ प्रतियोगिता की भावना विकसित होती है और वे अपने अध्ययन की ओर अधिक सक्रियता से जुड़ जाते हैं।
16. जो विद्यार्थी खेलकूद में व्यस्त होने के कारण या लापरवाही के कारण कम अंक प्राप्त करते हैं तब उनके माता-पिता इस सूचना की प्राप्ति पर सक्रिय हो जाते हैं और या तो वे स्वयं उसे पढ़ाते हैं अथवा असमर्थ होने की स्थिति में ट्यूशन इत्यादि की व्यवस्था करते हैं तथा उसके खेलकूद पर, दूरदर्शन देखने पर एवं अन्य गतिविधियों पर रोक लगाते हैं।

सेमिस्टर पद्धति की सीमाएँ (Limitations of Semester System)

1. शिक्षा का अभिप्राय विद्यार्थी का सर्वांगीण विकास (संज्ञानात्मक, भावात्मक, मनोगामक इत्यादि) करना होता है किन्तु सेमिस्टर पद्धति में केवल संज्ञानात्मक पक्ष पर ही ज़्यादा बल दिया जाता है।
   अच्छे खिलाड़ी और कलाकार की राह में सेमिस्टर पद्धति एक बाधा है।
2. विद्यार्थी पूरे सत्र के दौरान तनाव में रहता है अनेक विद्यार्थी इसी कारण घर से भाग जाते हैं अथवा आत्महत्या भी कर लेते हैं। (अन्य संकायों की तुलना में चिकित्सा एवं इंजीनियरिंग के विद्यार्थियों के आत्महत्या के प्रतिशत अधिक हैं।)
3. चूंकि ज़्यादातर स्थानों पर जहाँ सेमिस्टर पद्धति प्रचलित है वहाँ पढ़ाने वाले अध्यापक ही प्रश्नपत्र बनाते है और कॉपियाँ जाँचते हैं तथा कुछ अध्यापक अपने चहेते विद्यार्थियों को अधिक अंक दे देते हैं और पक्षपात को बढ़ावा देते हैं जिससे अन्य विद्यार्थियों में हीनभावना विकसित होती है और अध्ययनशील विद्यार्थी भी पढ़ाई से विमुख हो जाते हैं।
4. चूंकि सेमिस्टर पद्धति में ग्रेडिंग प्रणाली के द्वारा मूल्यांकन किया जाता है अतः अधिक अंक प्राप्त करने वाले विद्यार्थी की ग्रेड से कम अंक प्राप्त करने वाले विद्यार्थी की ग्रेड बेहतर हो सकती है जैसे एक विद्यार्थी ने दो विषयों में क्रमशः 89 व 79 अंक प्राप्त किए हैं, जबकि दूसरे विद्यार्थी ने 80–80 अंक प्राप्त किए हैं, तब ऐसी स्थिति में पहले विद्यार्थी को A व B+ ग्रेड मिलेगी तथा दूसरे विद्यार्थी को A व A ग्रेड मिलेगी, अर्थात् अधिक अंक प्राप्त करने वाला विद्यार्थी कम अंक प्राप्त करने वाले विद्यार्थी से पीछे रहेगा।
5. कोई विद्यार्थी सभी विषयों में उत्तीर्ण हो (D ग्रेड) किन्तु GGPA < 4.75 होने पर वह अनुत्तीर्ण हो सकता है, जो कि एक विसंगति है।

11

बुद्धि का आकलन
(Assessment of Intelligence)

बुद्धि शब्द से प्रत्येक व्यक्ति परिचित है। बुद्धि की संकल्पना के बारे में न केवल सामान्य व्यक्ति अपितु मनोवैज्ञानिकों तक में मतभेद हैं। अध्यापक कक्षा के उस विद्यार्थी को बुद्धिमान मानता है जो कक्षा में अध्यापक के प्रश्न का सही एवं तुरन्त उत्तर दे, गृहकार्य पूर्ण करे, हमेशा उच्च अंक प्राप्त करे, किसी से लड़े-झगड़े नहीं, ग्रंथालय का भरपूर उपयोग करे, अध्यापकों का सम्मान करे, विनम्र हो, आज्ञाकारी हो। दुकानदार उस सेल्स गर्ल को बुद्धिमान समझता है जो अपने सम्प्रेषण एवं व्यक्तित्व के द्वारा ज़्यादा से ज़्यादा ग्राहकों को अपनी दुकान में आने के लिए तत्पर करे, उन्हें अपने उत्पाद के गुण बताकर अपना सामान ज़्यादा से ज़्यादा मात्रा में बेच दे तथा जो ग्राहक सामान लेकर जाए वह उस दुकान में पुनः आकर सामान खरीदे। स्कूटर चालक उस मेकेनिक को बुद्धिमान समझता है जो उसके स्कूटर की त्रुटि को शीघ्र ज्ञात कर उसे न्यूनतम पारिश्रमिक में सुधार सके। ठीक उसी प्रकार मनोवैज्ञानिकों के भी बुद्धि की संकल्पना के संबंध में मतभेद हैं :

फ्रीमैन ने इन्हें चार भागों में वर्गीकृत किया है

1. सीखने की योग्यता, 2. वातावरण के प्रति समायोजन की योग्यता,
3. अमूर्त चिन्तन की योग्यता एवं 4. शक्तिपुंज सामान्य योग्यता।

बुद्धि की कुछ महत्वपूर्ण परिभाषाएँ निम्न हैं –

वेश्लर के अनुसार – "बुद्धि व्यक्ति की सार्वभौम योग्यता है जिसके द्वारा वह उद्देश्यपूर्ण कार्य करता है। तर्कपूर्ण ढंग से सोचता है तथा प्रभावपूर्ण ढंग से वातावरण के साथ सम्पर्क स्थापित करता है।"

स्टोडार्ड के अनुसार – "बुद्धि वह मानसिक योग्यता है जिसके द्वारा इस प्रकार की क्रियाओं को क्रियान्वित किया जाता है, जिसमें 1. कठिनाई, 2. जटिलता, 3. अमूर्तता, 4. मितव्ययता, 5. सोद्देश्यता, 6. सामाजिक महत्ता एवं 7. मौलिकता होती है।"

टर्मन के अनुसार – "एक व्यक्ति उसी अनुपात में बुद्धिमान है जिस अनुपात में वह अमूर्त चिन्तन करने योग्य है।"

बुद्धि-लब्धि (I.Q.) की चर्चा आज वह व्यक्ति भी करता है, जिसका संबंध मनोविज्ञान एवं शिक्षा से नहीं है। वास्तव में इस संकल्पना का उपयोग आज बुद्धि के परिमाणात्मक आकलन में किया जाता है। स्टर्न ने 1912 में मानसिक-लब्धि (Mental Quotient) की संकल्पना दी। कालांतर में टर्मन ने बुद्धि लब्धि की संकल्पना एवं गणना का सूत्र दिया। स्टर्न ने मानसिक लब्धि को ज्ञात करने के लिए निम्न सूत्र दिया–

$$\text{मानसिक लब्धि} = \frac{\text{मानसिक उम्र}}{\text{शारीरिक उम्र}}$$

वहीं टर्मन ने बुद्धिलब्धि का सूत्र स्टर्न के सूत्र में 100 का गुणा कर दिया–

$$\text{बुद्धि लब्धि} = \frac{\text{मानसिक उम्र}}{\text{शारीरिक उम्र}} \times 100$$

उक्त सूत्र के अनुसार वही व्यक्ति बुद्धिमान होगा, जिसकी मानसिक उम्र शारीरिक उम्र की तुलना में अधिक होगी। साथ ही वही व्यक्ति मंदबुद्धि होगा जिसकी मानसिक उम्र शारीरिक उम्र की तुलना में कम होगी।

भारतीयों के लिए राइस ने बुद्धि लब्धि के अनुसार निम्न वर्गीकरण दिया है:

बुद्धि लब्धि का डॉ. राइस का भारतीय वर्गीकरण

बुद्धि लब्धि	**वर्ग**
55 से कम	क्षीण बुद्धि (Feeble Mind)
55 से 70	सीमावर्ती हीनता
70 से 85	मन्द बुद्धि
85 से 120	औसत
120 से 140	श्रेष्ठ
140 से 165	अति श्रेष्ठ
165 से अधिक	प्रतिभाशाली (Gifted)

बुद्धि के सिद्धांत
(Theories of Intelligence)

यहाँ बुद्धि के सिद्धांतों का संक्षिप्त परिचय प्रस्तुत है:

1. संकाय सिद्धांत (Faculty Theory)

यह बुद्धि की प्रकृति के बारे में पुरातन सिद्धांत है। जिसे 18वीं एवं 19वीं सदी में रीड ने प्रतिपादित किया था। इसे शक्ति मनोविज्ञान का सिद्धांत भी कहते हैं। इसके अनुसार मस्तिष्क विभिन्न संकायों का बना है, जैसे तर्कणा, स्मृति विभेदीकरण, कल्पना करना, इच्छा करना, जानना, निर्णय करना इत्यादि। ये संकाय एक दूसरे से स्वतंत्र होते हैं तथा गहन प्रशिक्षण के द्वारा विकसित किए जा सकते हैं। रीड ने तीस शक्तियाँ बताई हैं। उन तीस शक्तियों में बुद्धि भी एक शक्ति है।

2. एक कारक सिद्धांत (One Factor Theory)

प्रस्तुत सिद्धांत के प्रस्तुतकर्ता बिने थे। जिसके समर्थक स्टर्न, टर्मन एवं एबिंगहास थे। बिने के अनुसार बुद्धि समस्त मानसिक कार्यों को प्रभावित करने वाली शक्ति है। वे सभी योग्यताओं को एक सामान्य बुद्धि अथवा सामान्य समझ में शामिल करते हैं। इससे तात्पर्य है कि वे सभी आपस में पूर्णतः सहसंबंधित हैं। इस सिद्धांत के अनुसार यदि कोई व्यक्ति किसी एक क्षेत्र में निपुण है, तब वह अन्य क्षेत्र में भी निपुण होगा। इसी सिद्धांत के आधार पर बिने ने बुद्धि को निर्णय देने की योग्यता, टर्मन ने विचारने की योग्यता, स्टर्न ने नवीन परिस्थितियों में समायोजन की योग्यता बताया।

3. स्पियरमैन का द्विकारक सिद्धांत (Spearman's Two Factor Theory)

इस सिद्धांत का प्रतिपादन चार्ल्स स्पियरमैन ने 1904 में किया। स्पियरमैन की बुनियादी मान्यता यह थी कि सामान्य मानसिक कार्यों के लिए दो प्रकार की योग्यताओं की आवश्यकता होती हैं, सामान्य योग्यता 'G' एवं विशिष्ट योग्यता 'S'। 'G' कारक सार्वभौम जन्मजात योग्यता है, यह बुनियादी तौर पर संबंधों के ग्रहण करने की योग्यता है। यह किसी भी प्रकार की बौद्धिक समस्या के समाधान की योग्यता के लिए उत्तरदायी है। सामान्य योग्यता 'G' सभी बौद्धिक कार्यों के लिए समान है जबकि 'S' दिये गये कार्य के लिए विशिष्ट होती है। इसे पर्यावरण से अर्जित किया जा सकता है। निष्कर्षतः 'G' एक होती है किंतु विशिष्ट योग्यताएँ 'S' विभिन्न बौद्धिक कार्यों के अनुसार अनेक हो सकती हैं। उदाहरणार्थ हमारे पास शब्द भण्डार एवं गणित के परीक्षण हैं। दोनों ही परीक्षणों में सामान्य योग्यता होगी, किंतु इसके अतिरिक्त, प्रत्येक के लिए विशिष्टीकृत योग्यताओं की आवश्यकता होती है जो एक दूसरे से स्वतंत्र हैं। जैसे शब्द भण्डार परीक्षण में विशिष्ट शाब्दिक योग्यता S_1 की आवश्यकता होती है तथा गणितीय परीक्षण में विशिष्ट अंकिक योग्यता S_2 की आवश्यकता होती है। चूंकि दोनों परीक्षणों के लिए सामान्य योग्यता की आवश्यकता होती है, इसलिए ये दोनों धनात्मक रूप से सह संबंधित होंगी। S_1 एवं S_2 एक दूसरे से स्वतंत्र होने के कारण इनमें सहसंबंध पूर्ण नहीं होता है। जैसे चित्रानुसार इलिप्स 'V' एवं 'A' क्रमशः शब्द भण्डार एवं गणितीय परीक्षणों का प्रतिनिधित्व करते हैं। चूंकि ये परीक्षण सह संबंधित हैं इसलिए दोनों इलिप्स एक दूसरे को व्याप्त (Overlap) करते हैं। व्याप्त करने के क्षेत्र को 'G' द्वारा दर्शाया गया है। स्वतंत्र क्षेत्र S_1 एवं S_2 का प्रतिनिधित्व करता है। इसी तर्क का अधिक सामान्य तौर पर अनुप्रयोग करने पर, स्पियरमैन के अनुसार सभी बौद्धिक परीक्षण G पर केन्द्रित हैं जबकि सभी धनात्मक रूप से सहसंबंधित होते हैं।

स्पियरमैन का द्विकारक सिद्धांत निरीक्षित तथ्य की व्याख्या करता है कि जो बच्चे एक बौद्धिक क्षेत्र में योग्यता प्रदर्शित करते हैं, दूसरे क्षेत्रों में भी योग्यता प्रदर्शित करते हैं। चूंकि एक दूसरे से विशिष्ट योग्यताएँ स्वतंत्र हैं, इसलिए यह सिद्धांत कि निरीक्षित तथ्य व्यक्ति अधिक विशिष्टीकृत अभिक्षमताओं में अंतर प्रदर्शित करते हैं, की स्वीकृति भी देता है। उदाहरणार्थ एक व्यक्ति जिसकी बुद्धि सामान्य बुद्धि परीक्षण

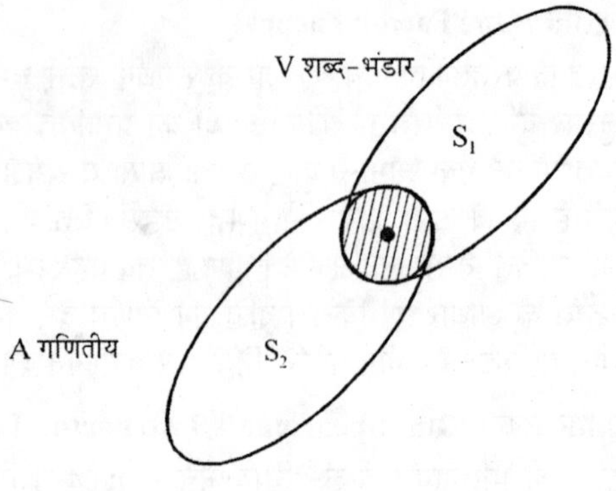

चित्र 11.1 स्पियरमैन का द्विकारक सिद्धांत

द्वारा मापे जाने पर सामान्य है यदि उपयुक्त विशिष्ट परीक्षण लिए जाते हैं तब यह अंकिक योग्यता की तुलना में बेहतर शाब्दिक योग्यता प्रदर्शित कर सकता है। सामान्य परीक्षण में ये दो विशिष्ट योग्यताएँ संतुलन कर देती हैं। किसी व्यक्ति में भले ही सामान्य बुद्धि सामान्य हो किंतु उसमें विशिष्ट अभिक्षमता उच्च हो सकती है। यह इसलिए होता है क्योंकि 'G' एवं 'S' एक दूसरे से स्वतंत्र हैं। इसी तरह किसी व्यक्ति में उच्च सामान्य योग्यता होने पर भी उसमें विशिष्ट योग्यता न्यून हो सकती है।

4. थार्नडाइक का बुद्धि का सिद्धांत (Thorndike's Theory of Intelligence)

थार्नडाइक ने बताया कि प्रत्येक मानसिक गतिविधि के लिए विभिन्न योग्यताओं के समुच्चय का योग आवश्यक होता है। थार्नडाइक ने बुद्धि के निम्न चार गुण बताए हैं–

अ. स्तर (Level)
ब. परास (Range)
स. क्षेत्र (Area)
द. गति (Speed)

अ. स्तर (Level) – यह कार्य की कठिनाई स्तर को प्रदर्शित करता है। यदि किसी परीक्षण के पद कठिनाई के बढ़ते क्रम में हैं, तब जिस स्तर के प्रश्न हम हल कर सकते हैं उससे हमें बुद्धि की उच्चता का ज्ञान होगा।

ब. परास (Range) – परास से तात्पर्य दी गई कठिनाई के अंश की गतिविधियों के अंकों से होता है।

स. क्षेत्र (Area) – क्षेत्र से तात्पर्य प्रत्येक स्तर पर स्थितियों की पूर्ण संख्या, जिनके प्रति व्यक्ति अनुक्रिया कर सकता है।

द. गति (Speed) – गति से तात्पर्य है कि व्यक्ति किस गति से परीक्षण के पदों के प्रति अनुक्रिया कर सकता है।

5. थॉम्सन का न्यादर्शन सिद्धांत (Thomson's Sampling Theory)

जी.एच. थॉम्सन ने बौद्धिक संगठन का न्यादर्शन सिद्धांत प्रस्तावित किया। उनका तर्क था कि बौद्धिक व्यवहार अनेक स्वतंत्र योग्यताओं पर निर्भर करता है, जो अपने सीमित विस्तार के होते हुए भी विविध कार्यों में अपनी भूमिका निभाता है। परिणामस्वरूप किसी भी एक बुद्धि परीक्षण को प्रशासित करने पर बौद्धिक तत्वों का एक निश्चित न्यादर्श प्रयुक्त होता है। अन्य परीक्षण द्वारा अन्य न्यादर्श प्रयुक्त होता है।

विभिन्न संज्ञानात्मक परीक्षणों में प्राप्त धनात्मक सहसंबंध, जो कि विभिन्न न्यादर्शों अथवा योग्यताओं के तरीकों के परस्पर व्याप्त करने से प्राप्त होता है।

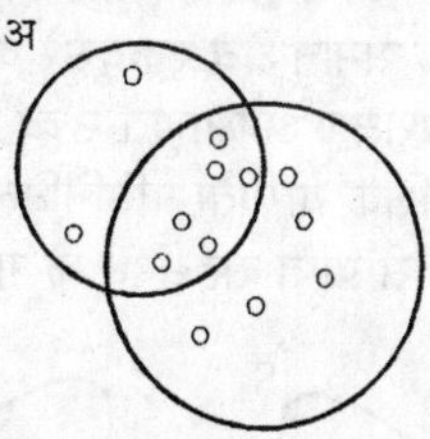

चित्र 11.2 थॉम्सन का न्यादर्न सिद्धांत

थॉम्सन का सिद्धांत मानसिक योग्यताओं के मध्य संबंध बता सकता है। उदाहरणार्थ यह एक सर्वविदित तथ्य है कि अधिक जटिल परीक्षणों का सहसंबंध एक दूसरे से सरल परीक्षणों की तुलना में उच्च होता है। थॉम्सन का सिद्धांत विविध परीक्षणों के एकत्रीकरण के लिए पुख्ता आधार प्रदान करता है। इस तकनीक का उपयोग कर व्यक्तिगत योग्यताओं की विस्तृत सीमा का मापन किया जा सकता है। थॉगरान का सिद्धांत व्यावसायिक एवं अभिक्षमता परीक्षण के कार्यक्रम में सहयोग प्रदान करता है।

6. थर्स्टन का प्राथमिक मानसिक योग्यताओं का सिद्धांत (Thurston's Theory of Primary Mental Abilities)

एल.एल. थर्स्टन ने शैक्षिक एवं मनोवैज्ञानिक मापन के क्षेत्र में अनेक शोधकार्य किये। उन्होंने अपने शोध से सात समूह कारकों का पता लगाया। ये प्राथमिक मानसिक योग्यताएँ हैं :

(*i*) संख्या कारक (N) – इसके अंतर्गत अंकिक गणनाएँ सही एवं शीघ्रता से हल करने की योग्यता आती है।

(*ii*) शाब्दिक कारक (V) – ये शब्द बोध परीक्षण की योग्यता है।

(*iii*) दैशिक कारक (S) – इसके अंतर्गत काल्पनिक वस्तु को निर्वात में परिचालित करने की योग्यता आती है।

(*iv*) प्रत्यक्षणात्मक गति कारक (PS) – इसके अंतर्गत दृश्यिक विस्तार में भेद और चित्रित वस्तु में सगानताएँ एवं अंतर करने की योग्यताएँ आती है।

(v) शब्द प्रवाह योग्यता (Fluency Ability) – इसके अंतर्गत शब्दों के चिंतन की गति आती है जैसे कि तुकबंदी करने तथा वर्ण विपर्यय को हल करने की योग्यता।

(vi) स्मृति कारक (M) – इसके अंतर्गत शब्दों, अंकों, अक्षरों इत्यादि को रटने की योग्यता आती है।

(vii) आगमनात्मक तर्क योग्यता (Inductive Reasoning) – इसके अंतर्गत दी गयी सूचनाओं से नियम को खोजने की योग्यता आती है जिस प्रकार अंक श्रृंखला के कुछ अंश द्वारा अंक श्रृंखला का ज्ञान होता है

थर्स्टन के कार्य का चित्रात्मक प्रतिनिधित्व इलिप्स V_1, V_2, V_3 एवं V_4 शब्दिक योग्यता के चार परीक्षणों का प्रतिनिधित्व करती है, तथा इलिप्स S1', S2', S3' एवं S4' दैशिक परीक्षणों का प्रतिनिधित्व करती है। शाब्दिक परीक्षणों का सहसंबंध एक दूसरे के साथ-साथ है जैसा कि समान क्षेत्र एकदूसरे को परस्पर व्याप्त (Overlap) करते हैं। इसी प्रकार दैशिक परीक्षण अपेक्षाकृत उच्च सहसंबंध प्रदर्शित करते हैं। V एवं S क्रमशः शाब्दिक एवं दैशिक योग्यता प्रतिनिधित्व करते हैं और शाब्दिक एवं दैशिक योग्यताओं के परीक्षणों से प्राप्त सहसंबंध के गुच्छों द्वारा परिभाषित है।

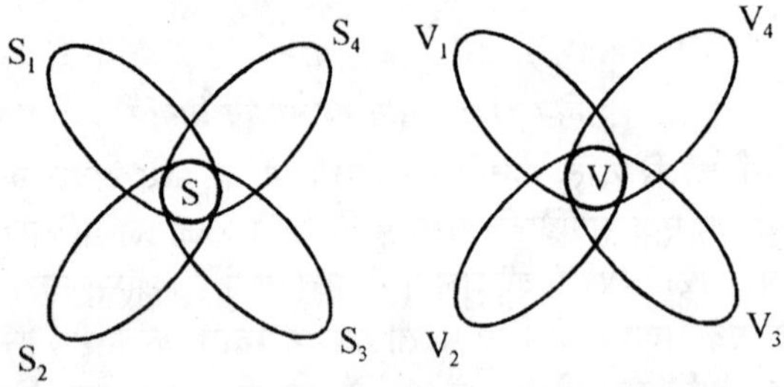

चित्र 11.3 थर्स्टन का प्राथमिक मानसिक योग्यताओं का सिद्धांत

7. वर्नन का पदानुक्रम सिद्धांत (Vernon's Hierachical Theory)

गिलफोर्ड के बुद्धि के बहुकारक सिद्धांत के विकल्प के रूप में पेड़ के आकार का प्रतिमान मनोवैज्ञानिक फिलिप वर्नन (1964) ने प्रतिपादित किया। वर्नन के अनुसार बुद्धि विभिन्न स्तर की योग्यताओं से बनी होती है। चित्र के अनुसार उच्चतम स्तर पर सामान्य संज्ञानात्मक कारक (g) स्थित है। आगे दो मुख्य कारक शाब्दिक शैक्षिक (V.ed) एवं प्रायोगिक एवं यांत्रिक दैशिक (K.M.) अगले स्तर पर स्थित हैं। शाब्दिक शैक्षिक एवं प्रायोगिक यांत्रिक दैशिक को कई गौण समूह कारकों में तोड़ा जाता है उदाहरण के लिए शाब्दिक कारक शाब्दिक प्रवाहता, अंकिक योग्यता और शायद सृजनात्मकता इत्यादि से बना होता है। प्रायोगिक यांत्रिक दैशिक कारक के अंतर्गत कुछ गौण कारक हैं, यांत्रिक मनोगामक योग्यता और दैशिक संबंध। अन्ततः निम्नतम स्तर पर विशेष कारक हैं।

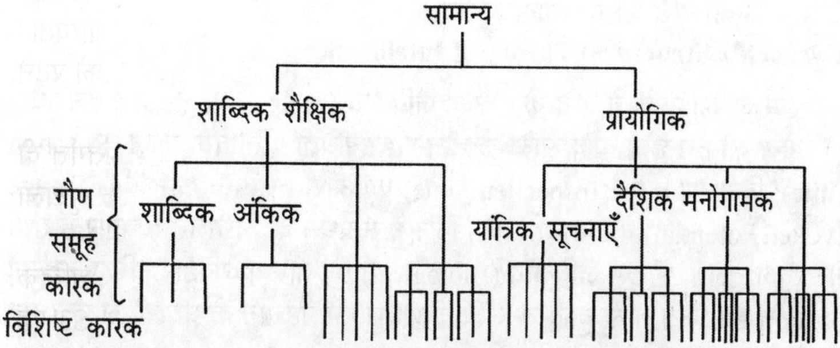

चित्र : 11.4 वर्नन का बौद्धिक योग्यताओं का पदानुक्रम सिद्धांत

8. केटल का द्रवीय एवं मणिभीय बुद्धि का सिद्धांत (Cattle's Liquid and Fluid Intelligence Theory)

आर.बी.केटल के बुद्धि सिद्धांत के अनुसार सामान्य बुद्धि दो कारकों से बनी होती है। तरल बुद्धि एवं मणिभीय बुद्धि। उसने बताया कि ये दो कारक सह संबंधित होते हैं। दोनों प्रकार की बुद्धि संबंधों के प्रत्यक्षण की योग्यता से संबंधित होती है किंतु तरल योग्यता विभिन्न क्षेत्रों में सामान्य है तथा मणिभीय योग्यता कुछ क्षेत्रों जैसे विद्यालयीन अधिगम के लिए विशिष्ट होती है। तरल बुद्धि का उपयोग उन कार्यों में होता है जहाँ आदतें निश्चित हो गई हों। तरल बुद्धि बुनियादी क्षमता है जो आनुवांशिकता पर अधिक आश्रित रहती है। केटल के अनुसार यदि तरल बुद्धि किसी संस्कृति मुक्त परीक्षण में मापी जाती है, तब यह 14–15 वर्ष की उम्र में अधिकतम होती है, किंतु मणिभीय योग्यता जो कि विद्यालयीन अनुभव पर अनुप्रयुक्त तरल बुद्धि का परिणाम होती है, 25–30 वर्ष तक बढ़ती रहती है।

तरल बुद्धि पिछले एवं नए अनुभवों से प्रभावित होती है। इसके लिए अत्यन्त अल्प विशिष्ट ज्ञान की आवश्यकता होती है। इसमें जटिल संबंधों को देखने की आवश्यकता होती है तथा समस्या समाधान की योग्यता आवश्यक होती है। जैसे अंक श्रृंखला –

1,3,5,7,————

इसमें अगला अंक क्या होगा?

मणिभीय योग्यता का मापन शाब्दिक परीक्षणों के द्वारा किया जाता है। मणिभीय बुद्धि अनुभवों, अधिगम एवं पर्यावरण का परिणाम है। यह संस्कृति पर आधारित होती है, इसमें तथ्यात्मक सूचनाएँ आती है। इसके अंतर्गत ऐसे कार्य आते हैं जैसे शब्द भण्डार, सामान्य सूचनाएँ और गणितीय समस्याएँ। जैसे –

शब्द भण्डार – दैशिक प्रत्यक्षण से आप क्या समझते हैं?

सामान्य सूचनाएँ – एक रूपये में कितने पैसे होते हैं?

9. आइजंक का बुद्धि का संरचनात्मक सिद्धांत (Eysenck's Structural Theory of Intelligence)

हंस जे. आइजंक ने बुद्धि के तंत्रिका जैविकीय (Neurobiological) सहसंबंधितों की खोज की। उन्होंने बुद्धि लब्धि के तीन सहसंबंधितों प्रतिक्रिया काल (Reaction Time), निरीक्षण काल (Inspection Time) एवं औसत उत्पन्न सामर्थ्य (Average Evoked Potential) की पहचान की। जिसमें से प्रथम दो निरीक्षित व्यवहार हैं तथा तीसरे की तुलना में कम जैविकीय (Biological) हैं। तीसरा व्यवहार मस्तिष्क तरंगों का वर्णन है। किंतु तीनों बुद्धि के जैविक आधार की पहचान के प्रयासों से एक सूत्र में बंधे हैं।

श्रवणात्मक एवं दृष्टि दोनों के प्रतिक्रिया काल के प्रयोगों में यह पाया गया कि यदि उद्दीपकों को बढ़ाया जाता है, तो अल्प बुद्धि वाले व्यक्तियों का प्रतिक्रियाकाल भी बढ़ता जाता है। दूसरी ओर उद्दीपन जितना जटिल होता है उच्च बुद्धि वाले प्रयोज्यों की प्रतिक्रिया उतनी ही तेज होगी। दूसरे शब्दों में तीव्र बुद्धि (Brighter) वाले व्यक्ति उत्तरोत्तर (Progressively) कम समय लेते हैं। इसके अलावा वे प्रतिक्रियाकाल में कम विचलनशीलता (Variability) प्रदर्शित करते हैं। वे न केवल फुर्तीले होते हैं बल्कि अधिक औसत उत्पन्न सामर्थ्य (Average Evoked Potential) का मापन इलेक्ट्रोइन्सेफेलोग्राम की तरंग की आवृत्ति की ऊँचाई, तरंग की आवृत्ति तरंगों के मध्य मिली सेकण्ड में समय की लंबाई, तथा तरंग की जटिलता (अनियमितता) से किया जाता है।

10. सेसी का जैव पारिस्थिक बुद्धि सिद्धांत (Ceci's Bioecological Theory of Intelligence)

स्टीफन सेसी (1990) प्रस्तावित करते हैं कि व्यक्ति में बहु संज्ञानात्मक सामर्थ्य होते हैं न कि सामान्य बुद्धि 'g'। ये बहु बुद्धियाँ जैविकीय (Biologically) आधारित होती हैं तथा मानसिक प्रक्रियाओं की सीमा निर्धारित करती हैं। इससे अधिक ये बुद्धियाँ अथवा योग्यताएँ व्यक्ति के पर्यावरण अथवा सन्दर्भ में चुनौतियों एवं अवसरों से घनिष्ठ रूप से जुड़ी रहती हैं। उनकी दृष्टि में संज्ञानात्मक योग्यताओं के प्रदर्शन के लिए सन्दर्भ आवश्यक हैं। संदर्भ से उसका तात्पर्य ज्ञान के पक्ष के साथ व्यक्तित्व, अभिप्रेरणा एवं शिक्षा इत्यादि कारकों से है। संदर्भ मानसिक, सामाजिक एवं शारीरिक हो सकते हैं। एक निश्चित व्यक्ति एवं आबादी में कुछ मानसिक योग्यताओं की कमी दिखाई दे सकती है। किंतु यदि अधिक रुचिकर एवं अभिप्रेरणात्मक संदर्भ दिया जाए, वही व्यक्ति एवं आबादी निष्पादन का उच्च स्तर प्रदर्शित कर सकते हैं। सेसी के अनुसार व्यक्ति की पारिस्थितिकी के द्वारा व्यक्ति की व्यावसायिक एवं आर्थिक सफलता निर्धारित की जा सकती है।

11. संवेगात्मक बुद्धि का सिद्धांत (Theory of Emotional Intelligence)

गोलमैन (1995) के अनुसार संवेगात्मक बुद्धि ऐसी योग्यताओं से संबंधित होती है, जैसे कि अपने आप को अभिप्रेरित करना तथा कुण्ठाओं का सामना करना, मनोरोगों का नियंत्रण करना तथा परितुष्टि में विलंब करना, अपने मूड को सुचालित करना, अपने संवेगों को जानना, संवेगों का प्रबन्धन करना, अपने आप को अभिप्रेरित करना, दूसरों के संवेगों को जानना तथा संबंधों को बनाए रखना।

12. एण्डरसन का बुद्धि एवं संज्ञानात्मक विकास का सिद्धांत (Anderson's Theory of Intelligence and Cognitive Development)

एण्डरसन ने अपना सिद्धांत थर्स्टन एवं अन्य के सामान्य बुद्धि के आधार पर बनाया। उसके अनुसार बुद्धि एवं बौद्धिक क्षमता में अंतर की व्याख्या विभिन्न युक्तियों द्वारा की जा सकती है। उसके अनुसार बुद्धि में अंतर बुनियादी संसाधन युक्ति के कारण होता है जो कि चिंतन को एवं ज्ञान को कार्यान्वित करती है। जिस व्यक्ति के संसाधन (Processing) करने की गति धीमी होगी, वह ज्ञान प्राप्त करने में कठिनाई अनुभव करेगा अर्थात् उसकी बुद्धि कम होगी। कई लोग 2+2 भी नहीं जोड़ पाते हैं। ये युक्तियाँ प्रतिरूपक कहलाती हैं। प्रत्येक प्रतिरूपक स्वतंत्र रूप से कार्य करते हैं तथा ये बुनियादी संसाधन से प्रभावित नहीं होते हैं। यदि भाषा का प्रतिरूपक विकसित हो जाता है तब व्यक्ति पूर्ण वाक्य बोल सकता है।

इन प्रतिरूपकों के अलावा बुद्धि में दो विशिष्ट योग्यताएँ होती हैं। इनमें से एक भाषा गणितीय अभिव्यक्ति का सामना करती है तथा दूसरी दृश्यिक एवं दैशिक कार्यविधि को बताती है। एण्डरसन ने सुझाया कि इन योग्यताओं से संबंधित योग्यताएँ विशिष्ट संसाधकों द्वारा कार्यान्वित की जाती हैं। प्रत्येक विशिष्ट संसाधक समस्याओं अथवा ज्ञान के व्यापक वर्ग का संचालन करता है साथ ही विशिष्ट संसाधक बुनियादी प्रक्रियन युक्ति से प्रभावित होते हैं। उच्चगति प्रक्रियन युक्ति व्यक्ति को विशिष्ट संसाधकों के अधिक प्रभावी उपयोग करने के योग्य बनाती है। साथ ही उसे परीक्षणों पर उच्च फलांक प्राप्त करने और वास्तविक संसार में अधिक निपुण बनाती है। एण्डरसन के बुद्धि सिद्धांत ने ज्ञान के दो नये मार्ग सुझाए हैं। प्रथम में बुनियादी प्रक्रियन युक्ति का उपयोग विशिष्ट संसाधकों द्वारा ज्ञान अर्जन के लिए संचालित होता है। एण्डरसन ने इसे चिंतन बताया है तथा यह बुद्धि में व्यक्तिगत भिन्नताओं के लिए उत्तरदायी है। दूसरे मार्ग में ज्ञान अर्जन के लिए प्रतिरूपकों का उपयोग किया जाता है। प्रतिरूपक आधारित ज्ञान जैसे कि त्रिविमायी अंतरिक्ष का प्रत्यक्षण अपने आप आता है, यदि प्रतिरूपक पर्याप्त रूप से परिपक्व हो चुका हो। प्रतिरूपक विकास के लिए उत्तरदायी है।

13. गार्डनर का बहु-बुद्धियों का सिद्धांत (Gardner's Theory of Multiple Intelligence)

होवार्ड गार्डनर (1983) का बहुबुद्धियों का सिद्धांत यह बताता है कि किस प्रकार बुद्धिमतापूर्ण व्यवहार से सूचना संसाधन कौशल संबंधित होते हैं। गार्डनर का विश्वास है कि बुद्धि को सुस्पष्ट (Distinct) संसाधन की क्रियाओं के समूह के रूप में परिभाषित किया जा सकता है, जो कि व्यक्तियों को समस्याओं के समाधान, उत्पादनों के सृजन तथा नये ज्ञान की सांस्कृतिक मूल्यित गतिविधियों को बहुदिश व्यूह रचना में खोज की अनुमति देती है। गार्डनर ने दस स्वतंत्र बुद्धियों को प्रस्तावित किया है। वे हैं : भाषिक, तार्किक, गणितीय, संगीतात्मक, दैशिक, शारिरिक–गतिज, अन्तर वैयक्तिक, स्वगत, प्रकृतिवादी, आध्यात्मिक एवं अस्तित्ववादी। गार्डनर इन सभी बुद्धियों को स्वतंत्र मानते हैं और इसके पक्ष में यह तर्क देते हैं कि शोध परिणाम बताते हैं कि वयस्क के मस्तिष्क का यदि कोई भाग क्षतिग्रस्त हो जाता है तब इससे एक अथवा दो योग्यताएँ (जैसे भाषिक अथवा दैशिक) ही प्रभावित होती हैं तथा शेष योग्यताएँ अप्रभावित रहती हैं। इससे सभी बुद्धियों के स्वतंत्र होने की पुष्टि होती है। अन्ततः गार्डनर तर्क देते हैं कि प्रत्येक बुद्धि का जैविक सामर्थ्य विकास का सुस्पष्ट समय और विभिन्न विशेषज्ञ अथवा अन्त अवस्था निष्पादन रखती है। उसी समय वे यह बल देते हैं कि शिक्षा की लंबी प्रक्रिया के द्वारा कच्चे बौद्धिक सामर्थ्य को परिपक्व सामाजिक भूमिका में बदला जाता है।

गार्डनर द्वारा प्रस्तावित बुद्धियों का वर्णन इस प्रकार है –

1. भाषिक (Linguistic) – यह मस्तिष्क के बायें अर्ध गोलाई में स्थित रहती है। भाषिक पक्ष अर्थ विज्ञान, व्याकरण, स्वर विज्ञान (Phonology) और वाग्मिता (Rhetoric) की बुनियादी क्रियाओं का निष्पादन करता है।

2. संगीतात्मक (Musical) – यह मस्तिष्क के दायें अर्ध गोलार्द्ध में स्थित रहती है। संगीतात्मक पक्ष स्वरमान, प्रबलता, लय और ध्वनि रूप (Timber) की बुनियादी क्रियाओं का निष्पादन करता है।

3. तार्किक गणितीय (Logical Mathematical) – यह पुरुषों के मस्तिष्क के दायें अर्धगोलार्द्ध में स्थित रहती है तथा महिलाओं के दोनों अर्धगोलार्द्धों में स्थित रहती हैं। तार्किक गणितीय पक्ष, तर्क की लंबी शृंखलाएँ, अमूर्तन (Abstraction) की ओर गणना की क्षमता की बुनियादी क्रियाओं का निष्पादन करता है।

4. दैशिक (Spatial) – यह मस्तिष्क के उत्तर दायें अर्धगोलार्द्ध में स्थित रहती है। दैशिक पक्ष सही वस्तु प्रत्यक्षण और वस्तुओं का मस्तिष्क में रूपान्तरण एवं घुमाने की क्रियाओं का निष्पादन करता है।

5. शारीरिक गतिज (Bodily Kinesthetic) – यह दायें मस्तिष्क प्रधान व्यक्तियों में बायें अर्धगोलार्द्ध में स्थित होती है तथा बायें मस्तिष्क प्रधान व्यक्तियों में दायें अर्धगोलार्द्ध में स्थित होती है। यह पक्ष शरीर नियंत्रण एवं वस्तुओं के परिचालन की बुनियादी क्रियाओं का निष्पादन करता है।

6. वैयक्तिक (Personal) – (अन्तः वैयक्तिक व स्वगत) – यह पुरूषों के मस्तिष्क के दायें सामने के क्षेत्र में स्थित होती है तथा महिलाओं के दायें–बायें दोनों के सामने क्षेत्र में स्थित होती है। व्यक्तिगत पक्ष स्वगत समझ (अपनी अनुभूतियों को जानना) और अन्तः वैयक्तिक समझ (दूसरों की मनोवृत्ति, अनुभूतियों एवं आवश्यकताओं को जानना) की बुनियादी क्रियाओं का निष्पादन होगा।

7. प्रकृतिवादी (Naturalistic) – वनस्पति एवं जंतुओं एवं पर्यावरण के अन्य तत्वों की जो पहचान करते हैं एवं वर्गीकृत करते हैं।

8. आध्यात्मिक (Spiritualistic) – जो व्यक्ति पराभौतिक को जानने एवं समझने का प्रयास करते हैं अथवा सत्य की कुछ समझ प्राप्त करते हैं और जो सामग्रियों से आगे जाकर संबंध रखते हैं।

9. अस्तित्ववादी (Exitentialistic) – अपने आप को संसार में रखना तथा यह समझना कि कोई जीवन में कहाँ जा रहा है और क्यों? अस्तित्वादी योग्यता को दर्शाता है।

14. स्टेर्नबर्ग का त्रिसूत्री बुद्धि का सिद्धांत (Sternberg's Triarchic Theory of Intelligence)

स्टेर्नबर्ग (1985, 88) का बुद्धि का त्रिसूत्री सिद्धांत तीन अन्तर्क्रियात्मक उपसिद्धांतों से मिलकर बना है :

1. घटकात्मक उपसिद्धांत (Componential Subtheory)
2. अनुभवात्मक उपसिद्धांत (Experiential Subtheory)
3. प्रासंगिक उपसिद्धांत (Contextual Subtheory)

उन्होंने बुद्धि को स्वप्रबंधन (Self Management) की क्षमता के रूप में परिभाषित किया है।

उनके अनुसार इन तीनों पक्षों में स्वप्रबंधन की आवश्यकता होती है। स्टेर्नबर्ग का सिद्धांत बताता है कि सूचना संसाधन कौशलों, कार्यों से पूर्व अनुभव और प्रासंगिक (अथवा सांस्कृतिक) कारक अंतर्क्रिया कर बुद्धिमान व्यवहार का पता लगाते है।

बुद्धि के घटकात्मक पक्ष का कार्य उत्पादन होता है, वह मानसिक प्रयास पर शोध, नियोजन एवं कार्यवाही करता है। इस घटक का उदाहरण उच्च शिक्षा में विद्यार्थी द्वारा शोध पत्र (Research Paper) तैयार करना है। अनुभवात्मक पक्ष सृजनात्मकता का कार्य करता है। इसमें व्यक्ति मौलिकता, अनुपमता, नवाचार, अंतर्दृष्टि के लिए खोज करता है। प्रासंगिक पक्ष समस्या समाधानक है। यह बताता है कि बुद्धिमता पूर्ण व्यवहार संस्कृति मुक्त नहीं होता है।

घटकात्मक कार्य मानसिक प्रयास की दक्षता (Efficiency) से संबंध रखता है,अनुभवात्मक कार्य प्रयास की मौलिकता से संबंध रखता है तथा प्रासंगिक कार्य प्रयास की दृढ़ता से संबंध रखता है। जो व्यक्ति समस्या समाधान के लिए एक ही व्यूह रचना का उपयोग करता है वह उस व्यक्ति की तुलना में जो विभिन्न अवसरों के अनुसार विभिन्न व्यूह रचनाओं का उपयोग करता है कम बुद्धिमान होता है।

बुद्धि का प्रसंगः मानसिक स्व प्रबंधन के कार्य (The context of Intelligence: Functions of Mental Self Management)

बुद्धि के त्रिसूत्री (Triarchic) सिद्धांत में बुद्धि की परिभाषा है "दैनिक बुद्धि, जीवन में यथार्थ पर्यावरण से अनुकूलन एवं यथार्थ पर्यावरण का चयन और स्वयं के जीवन एवं योग्यताओं के लिए सार्थक यथार्थ जगत पर्यावरणों को गढ़ना है। बुद्धि जब दैनिक जीवन में प्रयुक्त होती है तब तीन कार्य करती है :

अ. वर्तमान पर्यावरणों का अनुकूलन

ब. नये पर्यावरणों का चयन और

स. वर्तमान पर्यावरणों को नये पर्यावरणों में गढ़ना

व्यवहारों का एक स्पष्ट समूह नहीं है, जो प्रत्येक व्यक्ति के लिए बुद्धिमतापूर्ण हैं। प्रत्येक व्यक्ति अपने पर्यावरण से अलग-अलग प्रकार से अनुकूलन करता है। जबकि बुद्धि के मानसिक प्रबंधन के घटक सार्वभौम (Universal) हो सकते हैं, तथा इन घटकों को नवीन स्थितियों में उपयोग और स्वचालित करने की आवश्यकता भी सार्वभौम हो सकती है, एवं ये जिन लक्ष्यों के लिए प्रयुक्त होते हैं, वे न केवल विभिन्न समूहों अपितु व्यक्तियों के लिए भी अलग होंगे।

स्टेर्नबर्ग त्रिसूत्री सिद्धांत का प्रथम घटकात्मक उपसिद्धांत बुद्धिमतापूर्ण व्यवहार में प्रयुक्त सूचना संसाधन कौशलों को बताता है। इसके अंतर्गत परासज्ञांन व्यूहरचना, अनुप्रयोग एवं ज्ञान अर्जन आते हैं। परासंज्ञान से तात्पर्य है निष्पादन को प्रभावित करने वाली विचार प्रक्रिया के बारे में जागरूकता एवं समझ। परासंज्ञान निष्पादन को दिशा देते हैं, यह ज्ञान अर्जन घटक से अंतर्क्रिया करता है तथा यह परासंज्ञान को प्रतिपोष प्रदान करता है। उदाहरण के लिए जब आप बजट बनाते हैं तब पराघटक का उपयोग इस बात में करते हैं कि आप किस पर कितना खर्च करना चाहते हैं, निष्पादन घटकों का उपयोग हिसाब-किताब लिखने के लिए किया जाता है तथा ज्ञान अर्जन घटक का उपयोग बजट कैसे बनाएँ, के लिए किया जाता है।

अनुभवात्मक उपसिद्धांत यह बताता है कि नवीन परिस्थितियों में उच्च बुद्धि वाले व्यक्ति अल्प बुद्धि वाले व्यक्तियों की तुलना में सूचनाओं का संसाधन अधिक कुशलता से करते हैं। जब अपेक्षाकृत नया कार्य करने को दिया जाता है तब वे अधिक शीघ्रता से सीखते हैं।

यहाँ स्वचलताकरण से तात्पर्य है अपने आप होना। जैसे जब कोई पहले पहल चलना सीखता है तो यह कार्य अपेक्षाकृत नवीन होता है तथा अपना पूरा ध्यान इसी पर लगाता है। अन्ततः अपेक्षाकृत यह कार्य स्वतः होता है एवं जो कुछ ध्यान पूर्व में चलने पर लगा था, वह अब अन्य बातों जैसे रेडियो सुनना अथवा बातचीत करने अथवा दोनों पर लगाया जा सकता है।

स्टेनबर्ग का तृतीय उपसिद्धांत प्रासंगिक पक्ष समस्या समाधानक है, जो बताता है कि बुद्धिवान व्यक्ति अपनी व्यक्तिगत इच्छा एवं दैनिक जीवन की मांग के अनुसार सूचना संसाधन कौशलों का अनुकूलन करते हैं। जब वे इसका अनुकूलन नहीं कर

पाते तब वे इसे गढ़ते हैं अथवा बदलते हैं, ताकि उसकी आवश्यकताओं की पूर्ति हो सके। यदि वे गढ़ नहीं पाते हैं, तब प्रसंग को बदल देते हैं जैसे जब हम किसी के यहाँ ट्यूशन करते हैं तब हम बच्चे के अनुसार अनुकूलन करते हैं। जब हम ऐसा नहीं कर पाते हैं तब उसे निश्चित प्रकार का व्यवहार करने को कहते हैं। ऐसा नहीं पाए जाने पर हम किसी अन्य बालक की ट्यूशन कर लेते हैं। (चयन)

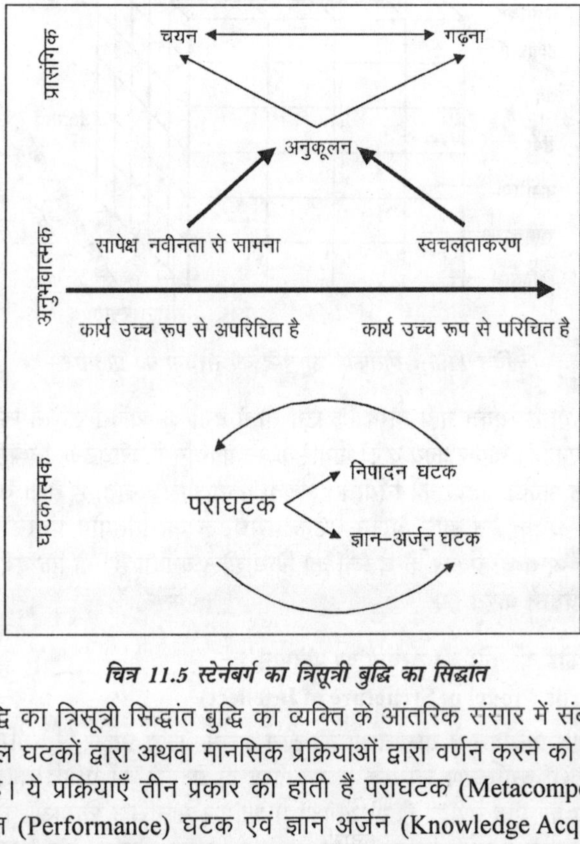

चित्र 11.5 स्टेर्नबर्ग का त्रिसूत्री बुद्धि का सिद्धांत

बुद्धि का त्रिसूत्री सिद्धांत बुद्धि का व्यक्ति के आंतरिक संसार में संबंध चिंतन में शामिल घटकों द्वारा अथवा मानसिक प्रक्रियाओं द्वारा वर्णन करने को प्रस्तावित करता है। ये प्रक्रियाएँ तीन प्रकार की होती हैं पराघटक (Metacompontents), निष्पादन (Performance) घटक एवं ज्ञान अर्जन (Knowledge Acquisition) घटक।

पराघटक वे कार्य प्रक्रियाएँ हैं जिनका उपयोग समस्या समाधान की योजना, अनुश्रवण (Monitoring) एवं मूल्याकंन में किया जाता है। निष्पादन घटक निम्न क्रम की प्रक्रियाएँ हैं जिनका उपयोग पराघटकों के निर्देशों के क्रियान्वयन के लिए किया जाता है और ज्ञान अर्जन घटक वे प्रक्रियाएँ हैं जिनका उपयोग प्रथम स्थान पर समस्या समाधान कैसे करें? यह सीखने के लिए किया जाता है। ये घटक उच्च रूप से अन्तर आश्रित (Interdependent) होते हैं। जैसे : ऐसा व्यवसाय उचित नहीं होगा जिसमें केवल प्रबंधन हो अथवा कर्मचारी हों अथवा विद्यार्थी प्रशिक्षु (Trainees)

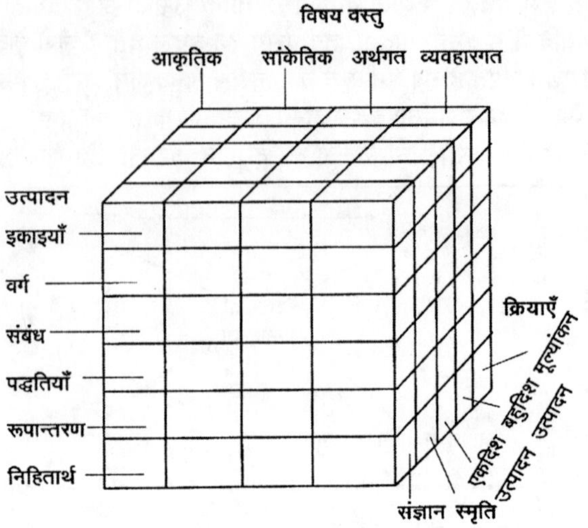

चित्र 11.6 : गिलफोर्ड का बुद्धि की संरचना का प्रतिमान

और यह भी उपयुक्त नहीं होगा कि उन तीनों वर्गों के व्यक्ति उचित रूप से एक दूसरे से एकाकी होकर कार्य करें। मानसिक स्व-प्रबन्धन में पराघटक, निष्पादन घटक तथा ज्ञान अर्जन घटक को नियंत्रित अथवा क्रियाशील बनाता है तथा उसी समय निष्पादन घटक एवं ज्ञान अर्जन घटक पराघटक को प्रतिपोष प्रदान करते हैं। पराघटक अन्य दो प्रकार के घटकों को क्रियाशील बनाता है, जो कि बदले में उसे प्रतिपोष प्रदान करते हैं।

15. गिलफोर्ड का बुद्धि की संरचना का प्रतिमान (Guilfords Model of Structure of Intellect)

प्रस्तुत प्रतिमान में योग्यताओं को तीन अलग-अलग प्रकार से वर्गीकृत किया गया है तथा वर्गीकरण का एक प्रकार अन्य दो प्रकारों को प्रतिच्छेद करता है। वर्गीकरण का एक तरीका है योग्यताओं में शामिल मानसिक क्रियाओं के संदर्भ में प्रत्येक योग्यता में सरल संज्ञान (जानना), स्मृति (अथवा सीखना), एकदिश उत्पादन (एक ही दिशा में सोचना), बहुदिश उत्पादन (तार्किक विकल्पों को उत्पन्न करना), एवं मूल्याकंन (जो ज्ञात है अथवा उत्पादित किया गया उसकी अच्छाई का निर्णय लेना।)

वर्गीकरण का दूसरा प्रकार है विषयवस्तु अथवा सूचना के क्षेत्र जिसमें क्रियाएँ निष्पादित की जाती हैं इसके संदर्भ में – आकृतिक (मूर्त, प्रत्यक्षित), सांकेतिक (चिन्ह, कूट तत्व जैसे अंक एवं अक्षर), अर्थगत (विचारों, संकल्पनाओं अथवा अन्वयों) और व्यावहारिक (मनोवैज्ञानिक) वर्गीकरण का तीसरा प्रकार है उत्पादन। यह औपचारिक

प्रकार की सूचनाओं का वर्गीकरण करता है, सूचनाएँ इकाइयों (अलग किए गए अंश), वर्गों (समुच्चय में उपस्थित समान विशेषताएँ), संबंध (अर्थपूर्ण संयोजनों), पद्धतियों (संगठित तरीकों), रूपांतरणों (परिवर्तनों, पारगमनों) और निहितार्थों (दूसरी सूचना से सुझायी सूचना) में वर्गीकृत की जाती हैं। इन तीनों वर्गीकरणों को एक साथ रखने पर हमें 120 छोटे घन (Cube) प्राप्त होते हैं, जिसमें से प्रत्येक योग्यता के अनोखे प्रकार का प्रतिनिधित्व करता है।

प्राचलों की परिभाषाएँ एवं उनके वर्ग (Definitions of Parameter and Their Categories) प्राचलों की औपचारिक परिभाषाएँ एवं उनके वर्ग यहाँ दिए गए हैं :

क्रियाएँ (Operations) (O) – बौद्धिक गतिविधियों के मुख्य प्रकार अथवा प्रक्रियाएँ, वस्तुएँ जो कि प्राणी सूचनाओं के संसाधन में करता है, जिन्हें कि प्राणी विभेदित करता है, के रूप में सूचना को परिभाषित किया जाता है।

संज्ञान (Cognition) (C) – तात्कालीन खोज,जागरूकता,पुनर्खोज अथवा इसके विविध रूपों में सूचना की पहचान,बोध अथवा समझ।

स्मृति (Memory) (M)–भण्डार में नई प्राप्त सूचना का स्थायीकरण।

एकदिश उत्पादन (Conergent Production) (N) – जहाँ अनोखे अथवा पंरपंरागत रूप से सर्वश्रेष्ठ परिणामों की आवश्यकता हो वहाँ दी गयी सूचनाओं से तार्किक निष्कर्ष निकालना।

बहुदिश उत्पादन (Divergent Production) (D) – जबकि विविधता, मात्रा और सूचना की सार्थकता पर जोर हो तब दी गयी सूचना से तार्किक विकल्पों को उत्पन्न करना।

मूल्याकंन (Evaluation) (E) – सूचनाओं के पदों की परिवर्तियों के संदर्भ में तुलना और निकष संतुष्टि से संबंधित निर्णय लेना (सहीपन, पहचान, एकरूपता)

विषयवस्तु (Contents) – विस्तृत, तार्किक (Substantive) सूचनाओं के बुनियादी प्रकार एवं क्षेत्र।

आकृतिक (Figural) (F) – मूर्त रूप से संबंधित सूचना, प्रतिबिम्बों के रूप में प्रत्यास्मरणित अथवा प्रत्यक्षणित, शब्द 'आकृतिक' से तात्पर्य आकृति-पृष्ठभूमि प्रत्यक्षणात्मक संगठन से है। विभिन्न केन्द्रीय रूपात्मकता (Modulities) शामिल हो सकती हैं – दृश्यिक, श्रव्य, गतिज और शायद अन्य।

सांकेतिक (Symbolic) (S) – सूचना संकेतों के रूप में सूचनाओं से संबंधित जो कि अपने आप से कोई सार्थकता रखते हों,जैसे अक्षर, अंक, कूट (Code) एवं शब्द।

अर्थगत (Semantic) (M) – संकल्पन अथवा मानसिक अन्वयों से संबंधित सूचनाओं के लिए प्रायः शब्द प्रयोग किये जाते हैं। इसलिए शाब्दिक चिंतन में उपयोग किया जाता है, किंतु यह आवश्यक नहीं कि शब्द पर आश्रित रहें। अर्थयुक्त चित्र भी अर्थगत सूचनाएँ संप्रेषित करते हैं।

व्यावहारिक (Behavioural) (B) – मानव अंतर्क्रिया में शामिल आवश्यक रूप से गैर आकृतिक एवं गैर शाब्दिक सूचनाओं से संबंधित जहाँ दूसरों एवं स्वयं की

अभिवृत्तियाँ, आवश्यकताएँ, इच्छाएँ, मिजाज, मंशाएँ (Intentions) प्रत्यक्षण एवं विचार शामिल हों।

उत्पादन (Products) – बुनियादी सूचना के रूपों में, जो कि प्राणी द्वारा संसाधित करने में उपयोग आती हैं।

इकाई (Unit) (U) – अपेक्षाकृत अलग की हुई (Segregated) अथवा सीमित (Circumscribed) पदों अथवा सूचना के अंशों (Chunkes) जिसमें 'वस्तु' के गुण हों।

वर्ग (Classes) (C) – समान गुणों के आधार पर समूहीकृत सूचनाओं के पदों के समुच्चय से संबंधित संकल्पनाएँ।

संबंध (Relations) (R) – परिवर्तियों अथवा उन पर लागू संपर्क बिंदुओं पर आधारित सूचनाओं के पदों के बीच संयोजनों (Connections) संबंधात्मक संयोजन निहितार्थात्मक संयोजन की तुलना में अधिक परिभाषित करने योग्य हैं।

पद्धतियाँ (System) (S) – संगठित अथवा संरचित सूचना के पदों का सहयोग अंतर्संबंधित अथवा अंतर्क्रियाशील जटिलताएँ।

रूपातंरणों (Transformations) (T) – विभिन्न प्रकार के परिवर्तन, पुनर्परिभाषीकरण, स्थान परिवर्तनों (Shifts), पारगमनों (Transiction) अथवा संशोधन।

निहितार्थों (Implications) (I) - सूचनाओं के पदों के महत्व, सामीप्यता की विशेषता के कारण, अथवा कोई भी स्थिति जो संबंधों को आगे बढ़ाती है, परिस्थितिजन्य संयोजन।

गिलफोर्ड का बुद्धि की संरचना का नवीनतम प्रतिमान (1988) - गिलफोर्ड ने अपने प्रतिमान में निरन्तर शोध जारी रखी एवं 1988 में 180 कारकों का प्रतिमान प्रस्तुत किया। प्रस्तुत प्रतिमान में पूर्व प्रतिमान की तुलना में उत्पादन में कोई अंतर नहीं है, जबकि क्रियाओं के अंतर्गत स्मृति को दो भागों में विभक्त कर दिया गया: प्रथम है स्मृति धारण एवं द्वितीय है स्मृति अंकन (Recording)। पूर्व प्रतिमान की तुलना में विषयवस्तु के अंतर्गत आकृतिक विषयवस्तु के स्थान पर दृश्यिक एवं श्रव्य

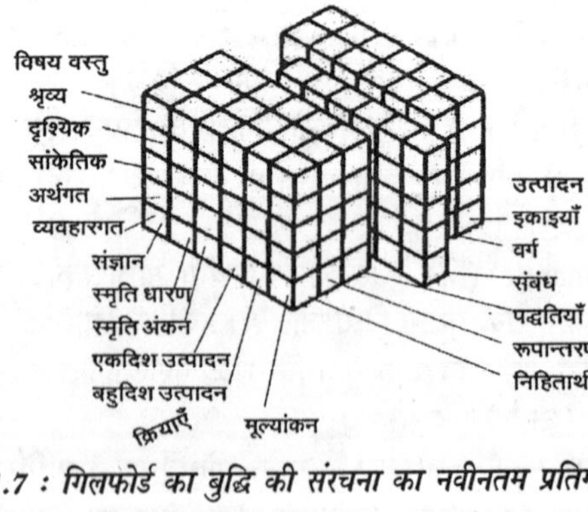

चित्र 11.7 : गिलफोर्ड का बुद्धि की संरचना का नवीनतम प्रतिमान (1988)

(Auditory) विषयवस्तु को जोड़ा गया। हालांकि गिलफोर्ड ने यह बताया कि उसके बुद्धि के 180 कारकों को उच्चक्रम की मानसिक योग्यताओं को छोटी संख्या में प्रस्तुत किया जा सकता है।

16 दास का बुद्धि सिद्धान्त

जे.पी. दास ने 1994 में बुद्धि का एक प्रतिमान दिया जिसे तीन तंत्रिकातापीय पद्धतियों (Neurological) के स्वतंत्र कार्य करने के परिणाम के रूप में समझा जा सकता है जो कि निम्न के लिए उत्तरदायी है :

(अ) उत्तेजना एवं अवधान।

(ब) निकूटन अथवा संसाधन – साथ–साथ एवं सफल संसाधन, और

(स) नियोजन – इससे तात्पर्य है समस्याओं की उत्पत्ति एवं लक्ष्य विन्यास, व्यूह रचना चयन और निष्पादन अनुश्रवण।

बुद्धि का आकलन (Assessment of Intelligence)

बुद्धि आकलन में प्रयुक्त परीक्षणों का वर्णन निम्न है :

प्रयाग मेहता का शाब्दिक सामूहिक बुद्धि परीक्षण (A Group Test of Intelligence by Prayag Mehta)

प्रस्तुत परीक्षण का निर्माण 1948 में प्रयाग मेहता द्वारा किया गया। इसमें 100 पद थे, जिन्हें 10 समूहों के अन्तर्गत प्रत्येक में 9 और एक समूह में 10, इस तरह व्यवस्थित किया गया था। इस परीक्षण को कई बार संशोधित किया गया और सन् 1955 में अंतिम रूप प्रदान किया गया। इसे कक्षा 7वीं एवं उसके ऊपर की कक्षाओं में पढ़ने वाले 12 से 14 वर्ष के 1800 विद्यार्थियों पर प्रशासित किया गया था। यह परीक्षण हिन्दी भाषी विद्यार्थियों के लिए है। इस परीक्षण का उद्देश्य विद्यार्थियों की सामान्य बुद्धि के साथ-साथ शैक्षिक सह शाब्दिक समूह योग्यता का मापन करना है। इसमें कुल 60 प्रश्न हैं। ये प्रश्न तार्किक चुनाव, सादृश्य, उत्तर चयन, सामान्य सूचना, क्रमहीन वाक्य, संख्या श्रेणी, वर्गीकरण, असंगतता, निष्कर्ष निकालना एवं गणितीय तर्क से संबंधित प्रश्न हैं। परीक्षण को पूर्ण करने के लिए 18 मिनट का समय दिया जाता है। यह परीक्षण एक गति परीक्षण है। इसे सामूहिक रूप में प्रशासित किया जाता है। प्रयोज्य को इस परीक्षण के प्रश्नों के उत्तर देने के लिए उत्तरों के सामने वाले गोले में गुणा (x) का निशान लगाना होता है। परीक्षण का फलांकन स्टेनसिल की सहायता से किया जाता है। इसके लिए स्टेनसिल के द्वारा सही उत्तरों की संख्या ज्ञात की जाती है और फिर उन्हें उम्र के आधार पर निकाले गए प्रतिशतांक मानक में परिवर्तित किया जाता है।

परीक्षण की विश्वसनीयता दो विधियों द्वारा ज्ञात की गई है। अर्द्ध-विच्छेद विधि द्वारा विश्वसनीयता गुणांक 0.930 तथा कुडर-रिचर्डसन सूत्र–21 द्वारा विश्वसनीयता गुणांक 0.81 से 0.90 पाया गया।

परीक्षण की पूर्वकथनीय वैधता ज्ञात की गयी जिसके अनुसार वैधता गुणांक 0.44 पाया गया।

शाब्दिक/वाचिक बुद्धि परीक्षण (Verbal Intelligence Test)

प्रस्तुत बुद्धि परीक्षण का निर्माण 1958 में ओझा एवं रे चौधरी द्वारा किया गया था। सन् 1958 में 13 वर्ष से 20 वर्ष की आयु समूह के 1200 छात्रों पर इसका मानकीकरण किया गया था। सन् 1964 से 1970 तक कई बार संशोधन एवं परिवर्तन करने के पश्चात् 13–20 वर्ष की उम्र के कक्षा 9वीं से कक्षा 12वीं तक के 1200 छात्रों पर परीक्षण का मानकीकरण किया गया। 20 वर्ष से अधिक उम्र वाले व्यक्तियों पर इस परीक्षण को प्रशासित नहीं करना चाहिए। यह परीक्षण 13 से 16 वर्ष की उम्र के बालकों के लिए अधिक उपयुक्त है।

प्रस्तुत परीक्षण एक वस्तुनिष्ठ बुद्धि परीक्षण है। यह सामूहिक और व्यक्तिगत दोनों ही प्रकार से प्रयुक्त किया जा सकता है। इस परीक्षण के द्वारा सामान्य मानसिक बुद्धि का मापन किया जाता है। परीक्षण के आठ भाग वर्गीकरण, तुल्यात्मक, पर्याय, संख्यात्मक परीक्षण, पूर्ति परीक्षण, परिच्छेद परीक्षण, उत्तम तर्क व सरल तर्क है। प्रत्येक भाग में पदों की संख्या अलग-अलग है। परीक्षण में कुल 112 प्रश्न है, जिनके उत्तर ज्ञात करने के लिए परीक्षण में उत्तर-कुंजी दी गई है। प्रत्येक प्रश्न के सही उत्तर के लिए 1 अंक प्रदान किया जाता है। इस प्रकार परीक्षार्थी के कुल फलांक 112 हो सकते हैं। कच्चे फलांकों को परीक्षण में उम्र के अनुसार दिए गए मानक शतांश, टी फलांक या फलांक सीमा के सात वर्गीकरण में परिवर्तित किया जाता है व बुद्धि-लब्धि भी (I.Q.) ज्ञात की जा सकती है।

संपूर्ण परीक्षण को हल करने की समय-सीमा 40 मिनट है। परीक्षण के संशोधन व परिमार्जन से यह ज्ञात हुआ है कि समय-सीमा का फलांकों पर कोई विशेष प्रभाव नहीं पड़ता है, फिर भी परीक्षक को समय का ध्यान रखना चाहिए।

प्रस्तुत बुद्धि परीक्षण की वैधता परीक्षण के विभिन्न भागों के पारस्परिक एवं कुछ फलांक से सहसम्बन्ध निकाल कर ज्ञात की गई है। इसके अतिरिक्त अन्य पाँच मानकीकृत परीक्षणों को कसौटी मानकर भी वैधता ज्ञात की गयी है। जिसके अनुसार परीक्षण का वैधता गुणांक गणितीय परीक्षण से 0.507, प्रारूप चित्रण (Pattern Drawing) से 0.463, वर्नन बुद्धि परीक्षण से 0.307, कोह ब्लॉक डिजाइन से 0.599 तथा रावेन्स स्टेण्डर्ड प्रोग्रेसिव मेटराइसेस से 0.397 है।

प्रस्तुत परीक्षण की विश्वसनीयता दो प्रकार से ज्ञात की गयी है। अर्द्ध विच्छेद विधि (Split half method) से संपूर्ण परीक्षण की विश्वसनीयता 0.87 तथा भाग 1 से लेकर भाग 8 तक क्रमशः 0.81, 0.86, 0.71, 0.74, 0.64, 0.68, 0.79, 0.75 ज्ञात की गई है, जबकि कुडर–रिचर्डसन सूत्र द्वारा संपूर्ण परीक्षण की विश्वसनीयता .91 तथा भाग 1 से भाग 8 तक क्रमशः 0.89, 0.88, 0.73, 0.88, 0.68, 0.79, 0.81, तथा 0.83 है।

जलोटा का सामान्य मानसिक योग्यता का समूह परीक्षण (The Group General Mental Ability Test by S. Jalota)

यह बुद्धि का एक बहुपक्षीय परीक्षण है जिसे एस. जलोटा ने सन् 1960 में विकसित एवं मानकीकृत किया है। इसमें निम्न तत्वों को शामिल किया गया है :

(i) शब्द भण्डार समानताएँ (Vocabulary Similarities)
(ii) शब्द भण्डार विपरीतार्थी (Vocabulary Opposites)
(iii) अंक शृँखला (Number Series)
(iv) वर्गीकरण (Classification)
(v) उपयुक्त उत्तर (Best Answers)
(vi) अनुमान (Inferences)
(vii) सादृश्यता (Analogies)

परीक्षण में 100 पदों को कठिनता पढ़ने के क्रम में व्यवस्थित किया गया है। इनके उत्तर देने के लिए 20 मिनट का समय दिया जाता है। प्रश्नों के उत्तर उत्तरपत्र पर संख्या के रूप में देने होते हैं।

प्रस्तुत उपकरण 13 से 16 उम्र वर्ग तथा कक्षा 8वीं से 11वीं में अध्ययनरत विद्यार्थियों की बुद्धि मापन में उपयोग किया जाता है।

उपकरण की निकष एवं कारकीय वैधता को निर्धारित किया गया। उपकरण का विश्वसनीयता गुणांक 0.938 पाया गया।

सामान्य मानसिक योग्यता परीक्षण (General Mental Ability Test)

प्रस्तुत परीक्षण का मानकीकरण डॉ. मोहनचन्द्र जोशी द्वारा 1956 में किया गया। इसमें कुल 100 प्रश्न हैं जो उत्तरोतर कठिनाई के क्रम में रखे गए हैं। यह बुद्धि का शक्ति (Power) परीक्षण है। इसमें सात प्रकार के प्रश्नों का उपयोग किया गया है।

(i) पर्याय (Synonymes)
(ii) विपर्याय (Antonymes)
(iii) संख्यात्मक श्रेणी (Number Series)
(iv) वर्गीकरण (Classification)
(v) सर्वोत्तम उत्तर (Best Answer)
(vi) तर्क (Reasoning) और
(vii) सादृश्य (Analogies)

यह परीक्षण कक्षा 8वीं से 12वीं तथा 12 से 19 वर्ष तक के उम्र वाले विद्यार्थियों की बुद्धि का मापन करता है। उपकरण की विषयवस्तु वैधता संतोषजनक पायी गई। पूर्व कथन वैधता गुणांक का विस्तार कक्षावार 0.42 से 0.47 तक पाया गया। थर्स्टन की सेन्ट्रायड विधि (1947) से कारक विश्लेषण करने पर प्रथम कारक के सामान्य कारक होने की संभावना उच्च स्तरीय पाई गई, तथा सामान्य कारक 'g' की संस्थिति उच्च पायी गई। उपकरण की कुडर रिचर्डसन सूत्र द्वारा विश्वसनीयता गुणांक का विस्तार 0.883 ± 0.003 पाया गया।

रावेन का प्रोग्रेसिव मेटराइसेस (Raven's Progressive Matrices)

प्रस्तुत परीक्षण का निर्माण प्रत्यक्षणात्मक संबंधों की योग्यता (अमूर्त बुद्धि) के आकलन के लिए जे.सी. रावेन द्वारा किया गया। यह परीक्षण तीन रूपों में उपलब्ध है। ये हैं – रंगीन प्रोग्रेसिव मेटराइसेस, स्टेण्डर्ड प्रोग्रेसिव मेटराइसेस एवं एडवान्सड प्रोग्रेसिव मेटराइसेस। इसमें रंगीन परीक्षण बच्चों के लिए है, स्टेण्डर्ड प्रोग्रेसिव सामान्य बुद्धि वाले परीक्षार्थियों के लिए तथा एडवान्सड प्रोग्रेसिव मेटराइसेस परीक्षण प्रतिभाशाली परीक्षार्थियों के लिए है। यह संस्कृति मुक्त परीक्षण है। इस परीक्षण के शीर्ष भाग में चित्र दिए गए हैं जिसका एक भाग रिक्त है। चित्र के नीचे के भाग में कुछ अलग-अलग भाग दिए गए हैं जिसमें से एक भाग को चुनकर उपरोक्त चित्र को पूर्ण किया जा सकता है। परीक्षार्थी शीर्ष चित्र व नीचे दिए गए भागों को देखकर समझता है, उनमें संबंध देखता है एवं तर्क कर सही उत्तर तलाश करता है। चूँकि यह एक अशाब्दिक परीक्षण है अतः इसका उपयोग निरक्षर व्यक्तियों की बुद्धि-मापन के लिए भी किया जा सकता है। कारक विश्लेषण यह बताते हैं कि यह सामान्य मानसिक योग्यता का परीक्षण है जिसमें कुछ स्थानगत प्रत्यक्षणात्मक कारक (Spatial Perceptual Factors) शामिल हैं। इस परीक्षण के तीनों रूपों का वर्णन इस प्रकार है–

रंगीन प्रोग्रेसिव मेटराइसेस (Coloured Progressive Matrices)

रंगीन प्रोग्रेसिव मेटाइसेस में 12–12 मेट्रिक्स के तीन सेट होते हैं। इसके द्वारा चार वर्ष से लगाकर दस वर्ष तक के बच्चों की बुद्धि का आकलन किया जाता है। जो बच्चे मन्दबुद्धि होते हैं अथवा जो अधिगम निर्योग्य होते हैं। 10 वर्ष से अधिक उम्र होने पर भी उनकी बुद्धि का आकलन रंगीन प्रोग्रेसिव मेट्राइसेस द्वारा किया जाता है।

स्टेण्डर्ड प्रोग्रेसिव मेटराइसेस (Standard Progressive Matrics)

बुद्धि-मापन के लिए स्टेण्डर्ड प्रोग्रेसिव मेटराइसेस का सर्वाधिक उपयोग किया जाता है। इसका प्रथम प्रकाशन सन् 1938 में हुआ। इसमें सुव्यवस्थित तर्क का मापन किया जाता है। प्रस्तुत परीक्षण में 60 पद हैं जो कि पाँच समूहों A, B, C, D तथा E में विभाजित हैं। प्रत्येक समूह में 12 पद है जो कठिनाई क्रम के अनुसार है। प्रायः इसे पूर्ण करने में 20 मिनट का समय लगता है, इसके प्रतिशतांक मानक है। यह परीक्षण सभी उम्र समूहों के लिए समान रूप से उपयोगी है। यह एक शक्ति परीक्षण है जिसमें प्रयोज्य को अपनी गति से कार्य करने की छूट प्रदान की जाती है। परीक्षण पर व्यक्ति का कुल फलांक उसकी बौद्धिक क्षमता का निर्देशांक होता है। तुलनात्मक प्रयोजन के लिए इसका उपयोग अन्तर्राष्ट्रीय स्तर पर किया जा रहा है। सन् 1947 में इसके B समूह के पद क्रमांक 8 में संशोधन किया गया।

विश्वसनीयता–प्रस्तुत परीक्षण को 6 से 65 वर्ष के ब्रिटिश व्यक्तियों तथा 6 से 12 वर्ष के आयरिस बच्चों पर प्रशासित किया गया। इसकी विश्वसनीयता परीक्षण-पुनः

परीक्षण विधि द्वारा निकाली गयी जो .83 से .93 तक पाई गई तथा अर्द्ध-विच्छेद विधि से विश्वसनीयता गुणांक का विस्तार 0.70 से 0.90 है।

वैधता – प्रस्तुत परीक्षण का टरमन मेरिल अनुसूची से सहसंबंध 0.86 पाया गया।

एडवान्सड प्रोग्रेसिव मेटराइसेस (Advanced Progressive Matrices)

प्रस्तुत परीक्षण का विकास सन् 1947 में श्रेष्ठ बौद्धिक योग्यताओं के मापन के लिए किया गया। इसमें शामिल पदों को एक निश्चित क्रम में रखना संभव नहीं था। अतः शोध के पश्चात् 1962 में इसमें से 12 पदों को हटा दिया गया एवं परीक्षण में कुल 36 पद बचे। इसका उपयोग व्यावसायिक निर्देशन तथा चयन के लिए किया जाता है। इसके दो भाग हैं। सेट I तथा सेट II। सेट I में 12 पद हैं। जिनका उपयोग परीक्षार्थी को परीक्षण में किस प्रकार के पदों को हल करना है, इसका परिचय कराने के लिए किया जाता है। सेट II में 36 पद हैं, ये पद प्रथम सेट के समान हैं। ये क्रमशः कठिन एवं जटिल होते जाते हैं। इन्हें एक बार में 40 मिनट से कम समय में असाधारण बौद्धिक क्षमता वाला व्यक्ति भी हल नहीं कर पाता है। इसे पूर्ण करने में 1 घण्टा समय लगता है।

इसके द्वारा व्यक्ति की निरीक्षण एवं स्पष्ट चिन्तन की कुल क्षमता का मापन किया जाता है। इसका उपयोग प्रगत विज्ञान एवं तकनीकी अध्ययन के लिए विद्यार्थी चयन के लिए किया जाता है। प्रस्तुत परीक्षण पर मन्दबुद्धियों का फलांक 6 से कम होता है।

भारतीय बच्चों हेतु ड्रा ए मैन मापनी (Draw A Man Scale for Indian Children)

प्रस्तुत परीक्षण का निर्माण प्रमिला फाटक (1966) द्वारा किया गया है। प्रस्तुत परीक्षण के द्वारा 3 से 8 वर्ष उम्र के तथा कक्षा 1 से 4 में अध्ययनरत बच्चों की बुद्धि मापी जा सकती है। उपकरण पर भाषा, लिंग, वर्ग इत्यादि का प्रभाव नहीं होता है।

यह पेपर, पेन्सिल, प्रकार का एक अशाब्दिक परीक्षण है इसे विद्यार्थी अपनी सुविधानुसार पूर्ण कर सकते हैं। अर्थात् इसके प्रशासन की समय सीमा नहीं है। परीक्षण में बच्चों को मनुष्य का चित्र बनाने के लिए कहा जाता है। उपकरण की विषयवस्तु वैधता संतोषजनक पाई गई। उपकरण की विश्वसनीयता का निर्धारण परीक्षण पुनः परीक्षण द्वारा किया गया तथा यह 0.79 पाया गया।

मानव आकृति ड्राइंग परीक्षण (Human Figure Drawing Test (Draw A Man Test)

प्रस्तुत परीक्षण सन् 1970 में ए.एन. मिश्रा द्वारा मानकीकृत किया गया है। प्रस्तुत परीक्षण 6 से 12 वर्ष उम्र के बालक-बालिकाओं की बुद्धि के आकलन के लिए बनाया गया है। इसमें उनके ड्राइंग के निष्पादन के द्वारा बुद्धि का आकलन किया जाता है। यह एक पेपर पेन्सिल अशाब्दिक शक्ति परीक्षण है। इसमें प्रयोज्यों को मनुष्य

का चित्र बनाने को कहा जाता है। परीक्षण हिन्दी एवं अंग्रेज़ी दोनों ही भाषा में उपलब्ध है। परीक्षण की आन्तरिक वैधता के अंतर्गत सहसंबंध 0.99 प्राप्त हुआ। समवर्ती वैधता के अंतर्गत ओल्टस मेज परीक्षण के सन्दर्भ में सहसंबंध 0.15 ± 0.022 से 0.46 ± 0.018 पाया गया।

परीक्षण की विश्वसनीयता परीक्षण पुनर्परीक्षण द्वारा 0.99 पायी गई तथा अर्द्ध-विच्छेद विधि द्वारा 0.847 पाई गई।

भाटिया बुद्धि परीक्षण माला (Bhatia Intelligence Test Battery)

प्रस्तुत परीक्षण का निर्माण सी.एम. भाटिया ने सन् 1955 में किया। यह बुद्धि का निष्पादन परीक्षण है। चूंकि हमारे देश में निरक्षरों की संख्या 2001 के आंकड़ों के आधार पर भी 36 करोड़ है। अतः उनकी बुद्धि का आकलन भी प्रस्तुत परीक्षण के द्वारा दिया जा सकता है।

भाटिया ने प्रस्तुत परीक्षण का मानकीकरण 1154 लड़कों के न्यादर्श पर किया। इस बुद्धि परीक्षण में निम्न पाँच परीक्षण शामिल थे :

(i) कोह ब्लाक डिजाइन परीक्षण
(ii) अलेक्जेन्डर पास अलांग परीक्षण
(iii) आकृति चित्रण परीक्षण
(iv) अंक तत्काल स्मृति परीक्षण एवं
(v) चित्र रचना परीक्षण

इनका क्रमानुसार वर्णन यहाँ किया गया है :

(i) कोह ब्लाक डिजाइन परीक्षण – प्रस्तुत परीक्षण में 10 रंगीन डिजाइनों को, जो कि कार्ड पर छपी होती हैं, लकड़ी के रंग बिरंगे घनों को घुमा फिराकर बनाना होता है। यह अमूर्त चिन्तन का परीक्षण है।

(ii) अलेक्जेन्डर पास अलांग परीक्षण – प्रस्तुत परीक्षण में 8 कार्ड पर रंगीन डिजाइन होती है तथा उन्हें रंगीन गुटकों को खिसकाकर बनाना होता है। प्रत्येक के लिए अलग-अलग समय दिया रहता है। कार्ड पर दिए गए डिजाइन को गुटकों को उल्टा कर प्रयोज्य को सही डिजाइन बनाने को कहा जाता है। यह मूर्त बुद्धि का आकलन करता है।

(iii) आकृति चित्रण परीक्षण – इस परीक्षण में आठ कार्ड होते हैं जिसमें प्रत्येक पर एक आकृति बनी होती है। प्रयोज्य को बिना पेन्सिल उठाए तथा एक बार बनी हुई रेखा पर बिना दूसरी बार पेन्सिल चलाए डिजाइन बनाना होती है। इसके द्वारा व्यक्ति की पहचानने की शक्ति ज्ञात की जाती है।

(iv) अंक तत्काल स्मृति परीक्षण – यह परीक्षण दो वर्गों में बँटा हुआ है। तात्कालिक स्मृति सीधी एवं तात्कालिक स्मृति – विपरीत। प्रथम भाग में प्रयोज्य आरोही क्रम में (कम अंकों से अधिक अंकों) अंकों का उच्चारण कर दोहराता है। दूसरे भाग में प्रयोज्य पलटकर दोहराता है।

(v) **चित्र रचना परीक्षण** – इस परीक्षण में पाँच चित्र होते हैं जो कि टुकड़ों में विभाजित किए जा सकते हैं। प्रयोज्य को इन टुकड़ों की सहायता से चित्र बनाने को कहा जाता है। इसके द्वारा व्यक्ति के निर्णय करने की क्षमता ज्ञात की जाती है।

परीक्षण की विश्वसनीयता अर्द्ध विच्छेद विधि से 0.851 (शिक्षितों के लिए) तथा 0.841 (निरक्षरों के लिए) पायी गयी।

सामाजिक बुद्धि मापनी (Social Intelligence Scale)

प्रस्तुत मापनी एन.के. चड्ढा तथा उषा गणेशन द्वारा निर्मित की गई है। यह परीक्षण अंग्रेज़ी भाषा में है। यह परीक्षण व्यक्तिगत व सामूहिक तथा शाब्दिक परीक्षण है। इसमें सामाजिक बुद्धि के आठ पहलुओं को शामिल किया गया है :

(i) धैर्य
(ii) सहभागिता
(iii) विश्वास
(iv) संवेदनशीलता
(v) सामाजिक वातावरण की पहचान
(vi) तथ्यपरखता
(vii) समझदारी और
(viii) स्मृति

उपकरण में कुल 66 पद हैं। उपकरण शक्ति परीक्षण है। उपकरण में विभिन्न उप समूहों के संदर्भ में क्रास वैधता गुणांक का विस्तार 0.75 से 0.95 तक तथा सम्पूर्ण परीक्षण हेतु 0.80 पाया गया। उपकरण की अर्द्ध विच्छेद विधि से विश्वसनीयता का उपसमूहों हेतु विस्तार 0.89 से 0.96 तक पाया गया। इसी प्रकार परीक्षण पुनर्परीक्षण हेतु सहसंबंध गुणांक का विस्तार 0.84 से 0.97 पाया गया।

संवेगात्मक बुद्धि मापनी (Emotional Intelligence Scale)

प्रस्तुत उपकरण का निर्माण अंकुल हिडे, संज्योत पैठे तथा उपेन्द्र धर द्वारा किया गया। परीक्षण का प्रकाशन वेदान्त पब्लिकेशन लखनऊ द्वारा किया गया है। उपकरण हिन्दी एवं अंग्रेज़ी भाषा में उपलब्ध है। यह एक शाब्दिक पेपर पेन्सिल परीक्षण है जिसे व्यक्तिगत एवं सामूहिक रूप में उपयोग में लाया जा सकता है। प्रस्तुत परीक्षण में संवेगात्मक बुद्धि के निम्न दस पहलुओं का आकलन किया जाता है।

(*i*) स्व–जागरूकता
(*ii*) महत्व
(*iii*) स्व–अभिप्रेरणा
(*iv*) संवेगात्मक स्थिरता
(*v*) सम्बन्ध–प्रबन्धन
(*vi*) एकीकरण
(*vii*) आत्म विकास
(*viii*) मूल्य–उन्मुखीकरण
(*ix*) वचनबद्धता और
(*x*) उच्च स्तरीय व्यवहार

परीक्षण में कुल 34 पद हैं। यह एक शक्ति परीक्षण है। अर्द्ध विच्छेद विधि द्वारा उपकरण की विश्वसनीयता 0.88 पायी गई।

12

व्यक्तित्व का आकलन
(Assessment of Personality)

प्रायः हम व्यक्तित्व शब्द का उपयोग करते हैं तथा प्रत्येक व्यक्ति इसका भिन्न अर्थ लगाता है। व्यक्तित्व शब्द अंग्रेज़ी के पर्सनालिटी (Personality) का हिन्दी पर्याय है। व्यक्तित्व शब्द का उदय लैटिन परसोना (Persona) से हुआ है, जिसका अर्थ होता है 'नकाब'। ऑलपोर्ट ने अपनी पुस्तक में व्यक्तित्व की 50 परिभाषाएँ दी हैं। इससे इसकी संकल्पना के व्यापक होने का संकेत मिलता है। व्यक्ति के संपूर्ण बाह्य एवं आंतरिक लक्षणों की समग्रता ही उसका व्यक्तित्व है।

मन (1958) के अनुसार, "व्यक्तित्व व्यक्ति की रचनाओं, व्यवहार के ढंगों, रुचियों, अभिवृत्तियों, शक्तियों, योग्यताओं तथा अभिरुचियों का विशिष्ट संगठन है।"

काज़ एवं शैक के अनुसार, "व्यक्तित्व के अंतर्गत व्यक्ति की सभी विचारात्मक, संवेगात्मक एवं गत्यात्मक प्रतिक्रियाएँ एवं इन प्रतिक्रियाओं का संगठन सम्मिलित है।"

आलपोर्ट (1937) के अनुसार, "व्यक्तित्व व्यक्ति में मनोदैहिक व्यवस्थाओं का वह गत्यात्मक संगठन है जो वातावरण के साथ उसके अनुपम (Unique) समायोजन का निर्धारण करता है।"

व्यक्तित्व के प्रकार सिद्धान्त
(Type Theories of Personality)

प्रस्तुत सिद्धान्त के अनुसार मनुष्य को उनके शारीरिक गुणों के आधार पर वर्गीकृत किया जाता है। इनमें गालेन, क्रेश्मर, शैल्डन एवं स्पेन्ज़र के वर्गीकरण आते है :

1. गालेन का वर्गीकरण

द्रव्य	**स्वभाव**	**व्यक्तित्व**
रक्त	प्रसन्नचित	क्रियाशील, आशावादी
पीलापित्त (Bile)	क्रोधी	शीघ्र उत्तेजित होने वाले
कफ (Phlegm)	आलसी	सुस्त
काला पित्त (Bile)	विवादग्रस्त	निराशावादी

2. क्रेश्मर का वर्गीकरण (Kretschmer's Classification)

शरीर रचना की दृष्टि से क्रेश्मर ने व्यक्तियों को तीन वर्गों में विभाजित किया है –

(*i*) **लम्बकाय (Asthenic)** – ऐसे व्यक्ति लम्बे एवं दुबले पतले शरीर वाले होते हैं। प्रायः ये दूसरों से घनिष्ठ संबंध बनाने से बचते हैं तथा अपने क्रोधों को सीधे–सीधे व्यक्त नहीं कर पाते।

(*ii*) **सुडौलकाय (Atheletic)** – ऐसे व्यक्ति हृष्ट-पुष्ट शरीर वाले होते हैं।

(*iii*) **गोलकाय (Pyknic)** – ऐसे व्यक्ति छोटे कद के तथा मोटे होते हैं। ये प्रसन्नता एवं दुःख, सक्रिय एवं निष्क्रिय, उत्साह एवं निरुत्साह के बीच झूलते रहते हैं।

शैल्डन ने शरीर रचना को आधार बनाकर निम्न प्रकार के व्यक्ति बताये हैं

शैल्डन (Sheldon's) का शरीर के प्रकार का वर्गीकरण

शरीर का प्रकार	**व्यक्ति का प्रकार**	**विशिष्ट लक्षण**
गोलाकार (Endomorphy)	आंतरांगप्रधानता (Viscerotonia)	भोजन के शौकीन, ज्यादा खाने की प्रवृत्ति वाले असुरक्षित, अच्छी तरह सोने वाले, प्यार के भूखे, दूसरों पर आश्रित रहने वाले।
सुडौलकाय (Mesomorphy)	शरीरानुरूपता (Somatotonia)	साहसी, कठोर व्यायाम एवं ठंडा फुहारा स्नान पसंद करते हैं, औपचारिक वेषभूषा पहनते हैं, आसानी से एवं स्वेच्छा से दर्द का सामना करते हैं।
लम्बकाय (Ectomorphy)	मनस्वी (Cerebrotonia)	असामाजिक, अप्रिय, व्यायाम की इच्छा का अभाव, डरपोक, आसानी से दर्द का सामना नहीं करते।

मूल्य दृष्टिकोण (Values Viewpoint)–स्प्रेन्ज़र (1928) ने मूल्यों के आधार पर व्यक्तियों को छः वर्गों में वर्गीकृत किया है –

1. सैद्धान्तिक (Theoritical) – इनका प्राथमिक मूल्य सत्य की खोज करना होता है। इनमें ज्ञान पिपासा होती है। सत्य की खोज हेतु ये व्यक्ति औचित्य, आलोचक एवं प्रयोगात्मक प्रक्रिया का उपयोग करते हैं। सैद्धान्तिक व्यक्ति बुद्धिजीवी होते हैं। ये प्रायः वैज्ञानिक अथवा दार्शनिक होते हैं।

2. आर्थिक (Economical) – आदर्श आर्थिक व्यक्ति यह मूल्यन करता है कि उपयोगी क्या है? ऐसे व्यक्ति धन एवं भौतिक सुख के इच्छुक होते हैं।

3. सौन्दर्यानुभवी (Aesthetic) – आदर्श सौन्दर्यानुभवी व्यक्ति उसके उच्चतम मूल्य को आकार एवं सौन्दर्य में देखता है। ये सुन्दर व्यक्ति के उपासक होते हैं, इन्हें ललित कलाओं, संगीत, नृत्य, चित्रकला, सजावट आदि से विशेष लगाव होता है।

4. सामाजिक (Social) – आदर्श सामाजिक व्यक्ति संबंध एवं प्यार को उच्चतम मूल्य देता है। ऐसे व्यक्ति दयालु एवं सहानुभूतिपूर्ण, त्यागी एवं परोपकारी होते हैं।

5. राजनैतिक (Political) – आदर्श राजनैतिक व्यक्ति उच्चतम मूल्य शक्ति को देते हैं। उसकी गतिविधियाँ राजनीति की संकीर्ण सीमा में सीमित नहीं होती, अपितु उसका प्राथमिक केन्द्र व्यक्तिगत संबंधों में शक्ति तथा प्रभाव और इसे बनाए रखने एवं विस्तारण में सक्रिय प्रतिस्पर्धा में होता है।

6. धार्मिक (Religious) – आदर्श धार्मिक व्यक्ति के लिए उच्चतम मूल्य एकता में होता है। ऐसे व्यक्ति भगवान में विश्वास रखने वाले, दैवीय विपदाओं से डरने वाले तथा धार्मिक मान्यताओं के अनुरूप कार्य करने वाले होते हैं।

विशेषक सिद्धान्त (Trait Theories)

विशेषक सिद्धान्त के अन्तर्गत आलपोर्ट, कैटल एवं आइजंक के सिद्धान्त आते हैं इनका वर्णन यहाँ हैः

आलपोर्ट का व्यक्तित्व का सिद्धान्त (Allport's Theory of Personality)

विशेषक (Traits) व्यक्तित्व की बुनियादी इकाइयाँ हैं। वे सामान्यीकृत व्यक्तित्व वृत्तियों का प्रतिनिधित्व करते हैं जो कि व्यक्ति की स्थितियों एवं समय के कार्यों में नियमितता के लिए उत्तरदायी हैं। विशेषकों को तीन गुणों के द्वारा परिभाषित किया जा सकता है – आवृत्ति, तीव्रता एवं स्थितियों की पहुँच (Range)।

विशेषकों के प्रकार (Kinds of Traits) – आलपोर्ट ने तीन प्रकार के विशेषक बताये हैं –

1. मूलभूत विशेषक (Cardinal Traits) – मूलभूत विशेषक उस प्रवृत्ति की अभिव्यक्ति करता है जो किसी व्यक्ति के जीवन में इतना व्यापक एवं उत्कृष्ट हो जिससे व्यक्ति के प्रत्येक कार्य की पहचान इसके प्रभाव से हो सके। सभी व्यक्तियों में यह प्रवृत्ति नहीं पायी जाती है। जिन व्यक्तियों में यह प्रवृत्ति पायी जाती है वे पूर्ण रूप से इस प्रवृत्ति द्वारा जाने जाते हैं। जैसेः नेहरू को शांति एवं गाँधी को अहिंसा तथा सरदार पटेल को उनकी दृढ़ता के लिए जाना जाता है।

2. केन्द्रीय विशेषक (Central Traits) – जिस व्यक्ति को आप जानते हैं उसके बारे में यदि आप से एक अनुशंसा पत्र लिखने को कहा जाता है तब आप उस पत्र में जिन विशेषताओं को शामिल करेंगे वे उस व्यक्ति की केन्द्रीय प्रवृत्ति होंगी। इसके उदाहरण हो सकते हैं, ईमानदारी, सामाजिकता, आत्मविश्वास, दयालुता इत्यादि। ऑलपोर्ट का विश्वास था कि प्रत्येक व्यक्ति की कुछ केन्द्रीय प्रवृत्तियाँ होती हैं। इनकी संख्या पांच से लगाकर दस तक हो सकती है। इन प्रवृत्तियों के मध्य व्यक्ति का व्यक्तित्व अधिक सक्रिय रहता है।

3. द्वितीयक विशेषक (Secondary Traits) – ये ऐसी प्रवृत्तियों का प्रतिनिधित्व करते हैं जो कि न्यूनतम स्पष्ट, सामान्यीकृत और संगत हों। इसमें व्यक्ति की व्यक्तिगत विशेषताएँ (Idiosyncrasies) शामिल होती है जैसे कि किसी निश्चित

प्रकार के भोजन अथवा कपड़े को प्राथमिकता देना। इनसे व्यक्ति के व्यक्तित्व को समझने में विशेष सहायता नहीं मिलती है।

कैटल का व्यक्तित्व सिद्धान्त (Cattell's Theory of Personality)

रेमण्ड कैटल (1965) ने विशेषकों के संगठन के अध्ययन के लिए कारक विश्लेषण (Factor Analysis) का उपयोग किया। उसने व्यक्तित्व के बुनियादी तत्वों की खोज के लिए व्यापक कारक विश्लेषण तीन प्रकार के प्रदत्तों : जीवन अभिलेखों (Life Records), अर्थात् व्यवहार का दैनिक जीवन की स्थितियों में निर्धारण, व्यक्तित्व मापनी पर स्वनिर्धारण तथा वस्तुनिष्ठ परीक्षण पर फलांक का निष्पादन द्वारा किया। प्रारंभ में कैटल ने 4500 विशेषकों की सूची का परीक्षण किया। तत्पश्चात् पर्यायवाची एवं लगभग पर्यायवाची विशेषकों को एक समूह में रखकर इस सूची को 200 से कम विशेषकों में घटाया। यह फलांक अंशों पर प्राप्त किए गए जो कि व्यक्ति उन विशेषकों को धारण करते थे तथा परिणामों का कारक विश्लेषण किया गया। इस प्रकार 36 सतह विशेषक (अनुक्रियाओं का गुच्छ अथवा बाह्य व्यवहार जो आपस में समान हो) तथा लघु संख्या में स्रोत विशेषक पाये गये।

विशेषक (Trait)

कैटल के लिए विशेषक मानसिक संरचना है। निरीक्षित व्यवहार से इस व्यवहार की नियमितता एवं संगतता के लेखा के लिए अनुमान लगाया जाता है। उसने विशेषक को व्यक्तित्व निर्माण की ईंट माना है।

विशेषकों के प्रकार (Types of Traits)

सतह विशेषक (Surface Trait) – सतह विशेषक निरीक्षणों के समूह हैं जो कि सहसंबंधित हैं। सतह विशेषक उस व्यवहार की अभिव्यक्ति करते हैं जो कि सतही स्तर पर साथ-साथ जाता हुआ दिखायी देता है, किन्तु वास्तव में हमेशा ऊपर एवं नीचे साथ-साथ नहीं चलता है। यह आवश्यक नहीं है कि उनका समान कारण हो। सतह विशेषक को विषयनिष्ठ विधियों से ज्ञात किया जा सकता है जैसे कि लोगों से पूछना कि कौन सी दो व्यक्तित्व की विशेषताएँ साथ-साथ जा सकती हैं।

स्रोत विशेषक (Source Trait) – स्रोत विशेषक व्यवहारों में साहचर्य की अभिव्यक्ति करता है, जो साथ-साथ परिवर्तित होते हैं तथा जो व्यक्तित्व की एकात्मक (Unitary) स्वतंत्र विमा का निर्माण करते हैं। स्रोत विशेषकों की खोज के लिए कारक विश्लेषण आवश्यक है। स्रोत विशेषक व्यवहार के कारण हैं। ये व्यक्ति की व्यक्तित्व संरचना के महत्वपूर्ण अंश का निर्माण करते हैं, और अंततोगत्वा व्यक्ति के व्यक्तित्व के संगत व्यवहार के लिए उत्तरदायी होते हैं। स्रोत विशेषक कई सतह विशेषकों को प्रभावित करते हैं। स्रोत विशेषक व्यक्तित्व के बुनियादी तत्व हैं। कैटल कहते हैं कि सभी व्यक्तियों में वही स्रोत विशेषक रहते हैं किन्तु उनकी उपस्थिति अलग-अलग अंशों में होती है। उदाहरण के लिए सभी व्यक्तियों में बुद्धि (स्रोत विशेषक) होती है किन्तु उसकी मात्रा अलग-अलग होती है।

व्यापक शोध अध्ययन के पश्चात कैटल ने यह निष्कर्ष निकाला कि निम्न 16 स्रोत विशेषक होते हैं –

क्र.	कारक	निम्न फलांक	उच्च फलांक
1	A	घुन्ना (Reserved)	बहिर्गामी (Outgoing)
2	B	कम बुद्धिमान (Less Intelligent)	अधिक बुद्धिमान (More Intelligent)
3	C	अनुभूतियों से प्रभावित होने वाला	संवेगात्मक स्थिर
4	E	उदार (Humble)	हिमायती (Assertive)
5	F	गंभीर (Sober)	लापरवाह (Happy go lucky)
6	G	व्यावहारिक (Expedient)	कर्त्तव्यनिष्ठ (Consciencious)
7	H	शर्मीला (Shy)	जोखिम उठाने वाला (Venturesome)
8	I	विचारवान (Thought Minded)	संवेदनशील (Tender Mindness)
9	L	भरोसेमंद (Trusting)	शंकालु (Suspicious)
10	M	प्रायोगिक (Practical)	कल्पनात्मक (Imaginative)
11	N	स्पष्टवादी (Forthright)	चतुर (Shrewd)
12	O	शान्त (Placid)	आशंकित (apprehensive)
13	Q1	रूढ़िवादी (Conservative)	प्रयोगवादी (Experimenting)
14	Q2	समूह निर्भर (Group Dependent)	आत्मनिर्भर (Self Sufficient)
15	Q3	अनुशासनहीन (Undisciplined)	नियंत्रित (Controlled)
16	Q4	शिथिल (Relaxed)	तनावग्रस्त (Tense)

योग्यता विशेषक (Ability Traits) – कुछ स्रोत विशेषक जो कि व्यक्ति में होते हैं जिससे यह पता लगाया जा सके कि कितने प्रभावी रूप से वह अपने वांछित लक्ष्य की ओर कार्य करता है, इन्हें योग्यता विशेषक कहते हैं। सर्वाधिक महत्वपूर्ण योग्यता विशेषक बुद्धि है। कैटल ने मणिभीय एवं द्रवीय बुद्धि बतायी हैं। द्रवीय बुद्धि वह होती है जो कि ज़्यादातर जन्मजात होती है और आपको अनुकूलित करती है। मणिभीय बुद्धि वह होती है जो कि विद्यालय में सीखी जाती है। वह शब्द भण्डार एवं अंकिक योग्यता द्वारा मापी जाती है।

स्वभाव विशेषक (Temperament Traits) – ये आनुवांशिकता द्वारा मापित विशेषताएँ हैं जिनके द्वारा व्यक्ति की सामान्य शैली एवं गति का पता चलता है। स्वभाव विशेषकों के द्वारा व्यक्ति की ऊर्जा, गति एवं संवेगों का पता चलता है जिनके द्वारा वह किसी स्थिति के प्रति अनुक्रियाकरता है। वे इस बात का पता लगाते हैं कि व्यक्ति कितना सौम्य आचरणी, क्रोधी अथवा दृढ़ है। इससे व्यक्ति की संवेगात्मकता का पता चलता है।

गतिशील विशेषक (Dynamic Traits) – गतिशील विशेषक द्वारा किसी व्यक्ति के किसी लक्ष्य की ओर बढ़ने की गति निर्धारित होती है। इसलिए इन्हें व्यक्तित्व के अभिप्रेरणात्मक तत्व कहते हैं।

आइजंक का व्यक्तित्व का सिद्धान्त (Eyesenck's Theory of Personality)

आइजंक यूरोपीय मनोवैज्ञानिकों जैसे युंग एवं क्रेश्मर, सर सिरिल बर्ट की आनुवांशिकता पर की गयी शोध, पैवलोव के प्रयोगात्मक कार्य तथा क्लार्क हल के अधिगम सिद्धान्त के चिन्तन से प्रभावित हुआ। हालांकि उसका कार्य सामान्य एवं रोग विज्ञान आबादी पर था, किन्तु उसने अपना अधिकांश कार्य मनोरोगविज्ञान संस्थान, मॉड्सले अस्पताल इंग्लैण्ड में किया।

विशेषक आकलन : कारक विश्लेषण (Traits Assessment : Factor Analysis)

आइजंक ने विशेषक सिद्धान्त का समर्थन किया। उसने विशेषकों के उपयुक्त मापन की आवश्यकता पर बल दिया। उसने विशेषक के सिद्धान्त विकसित करने की आवश्यकता बतायी जिसका परीक्षण कर सिद्ध किया जा सके अथवा नकारा जा सके। उसने विशेषक के अस्तित्व जीवविज्ञानी आधार स्थापित करने की आवश्यकता भी बतायी।

आइजंक ने कारक विश्लेषण का उपयोग विशेषकों के वर्गीकरण एवं विकास के लिए किया। कारक विश्लेषण में बड़ी संख्या में परीक्षण पद कई व्यक्तियों पर प्रशासित किये जाते हैं। विशेषक सिद्धान्त के अनुसार व्यक्तित्व की प्राकृतिक संरचनाएँ होती हैं तथा कारक विश्लेषण द्वारा उन्हें पहचाना जाता है। यदि परीक्षण की अनुक्रियाएँ समान (Common) प्राप्त होती हैं तब यह अनुमान लगाया जा सकता है कि उनमें कुछ न कुछ समान गुण हैं, अर्थात वे व्यक्तित्व के कार्य करने की समान इकाई से संबंधित हैं। कारण विश्लेषण की मान्यता है कि जो व्यवहार एक दूसरे से कार्य करते हैं वे संबंधित होते हैं। यही समान व्यवहार विशेषक की मान्यता को प्रदर्शित करते हैं और आगे सांख्यिकीय प्रक्रिया द्वारा आइजंक ने कारक अथवा विशेषक की बुनियादी विमाओं का पता लगाया। इन बुनियादी विमाओं को उसने प्रकार (Types) कहा। उदाहरणार्थ सामाजिकता, जीवन्तता (Liveliness) एवं उत्तेजितता (Excitability) इत्यादि विशेषकों को बहिर्मुखिता की संकल्पना के अंतर्गत समूहीकृत किया जा सकता है।

व्यक्तित्व की बुनियादी विमाएँ (Basic Dimensions of Personality)

आइजंक ने अपने प्रारंभिक शोध में दो बुनियादी विमाओं जैसे अंतर्मुखिता-बहिर्मुखिता एवं तंत्रिकातापिता (Neuroticism) (स्थिर-अस्थिर) बतायीं। व्यक्तित्व की उन दो बुनियादी विमाओं के मध्य संबंध को चार मुख्य स्वाभाविक प्रकारों में ग्रीक चिकित्सक, हिप्पोक्रेट और गालेन ने विभाजित किया। आइजंक ने बाद में इसमें तीसरी विमा भी जोड़ी जिसे उसने मनस्तापिता (Psychotism) नाम दिया। इस विमा पर जिन व्यक्तियों का फलांक उच्च होगा वे अकैले, असंवेदनशील एवं दूसरों के प्रति लापरवाह तथा सामाजिक परम्पराओं का विरोध करने वाले होंगे।

आइजंक के अनुसार बर्हिमुखी व्यक्ति सामाजिक, पार्टियाँ पंसद करने वाला, बहुत मित्रों वाला, उत्तेजना के प्रति लालायित रहने वाला, तत्काल क्रिया करने वाला

तथा प्रेरक होता है। इन विशेषताओं के विपरीत अन्तर्मुखी व्यक्ति शान्त, अन्तर्दर्शनात्मक, एकाकी, प्रेरक, निर्णयों के प्रति अविश्वासी, विमर्शक, सुक्रमित जीवन पसंद करने वाला होता है।

व्यक्तित्व का आकलन (Assessment of Personality)

व्यक्तित्व की अनेक संकल्पनाओं एवं सिद्धान्तों के विश्लेषण से हम पाते हैं कि व्यक्तित्व का आकलन एक कठिन कार्य है। इसके बावजूद मनोवैज्ञानिकों ने अपने सतत एवं अथक प्रयासों के द्वारा अनेक व्यक्तित्व परीक्षणों का विकास किया। व्यक्तित्व आकलन की इन विधियों को तीन वर्गों में विभाजित किया जा सकता है।

1. आत्मनिष्ठ अथवा विषयनिष्ठ विधियाँ (Subjective Methods)
2. वस्तुनिष्ठ विधियाँ (Objective Methods)
3. प्रक्षेपीय विधियाँ (Projective Methods)

1. आत्मनिष्ठ अथवा विषयनिष्ठ विधियाँ (Subjective Methods)–आत्मनिष्ठ विधियों के अंतर्गत आत्मकथा, व्यक्ति अध्ययन, साक्षात्कार, निरीक्षण इत्यादि को शामिल किया जाता है। जैसा कि नाम से विदित होता है इसमें मापनकर्त्ता का प्रभाव परिणामों पर पड़ता है।

आत्मकथा (Autobiography) – आत्मकथा के द्वारा विद्यार्थी के बारे में अधिक सुव्यवस्थित एवं विस्तृत जानकारी प्राप्त होती है। प्रायः विद्यार्थी आत्मकथा अभिभावक एवं शिक्षकों के निर्देश के आधार पर लिखता है उसे यह स्कूल के पश्चात् लिखने को दी जाती है। यह एक आत्मनिष्ठ (Subjective) विधि है। विद्यार्थी सही आत्मकथा लिखे इसके लिए आवश्यक है कि अध्यापक अथवा परामर्शदाता पहले उससे तादात्म्य (Rapport) स्थापित करे एवं विद्यार्थी को यह आश्वासन दे कि उसके द्वारा प्राप्त जानकारी का उपयोग केवल उसकी सहायता करने के लिए किया जाएगा तब वह अधिक स्पष्ट रूप से जानकारी प्रदान करेंगे।

प्रायः आत्मकथाएँ दो प्रकार की होती हैं–

अ. संरचित (Structured)

ब. असंरचित (Unstructured)

साहित्यिक आत्मकथाएँ अधिकतर असंरक्षित होती है। व्यावहारिक विज्ञानों में संरचित कथाओं का उपयोग अध्ययनों हेतु किया जाता है। संरचित आत्मकथाओं में व्यक्ति को दी गयी निर्देशिका के अनुसार आत्मकथा लिखने को कहा जाता है। जैसे – 1. मेरा परिवार, 2. मेरा बचपन, 3. मेरे माता–पिता, 4. मेरे प्राथमिक शाला के अनुभव, 5. मेरे विद्यालय जाने के पूर्व के अनुभव, 6. मेरी (पिकनिक/पर्यटन) शालाएँ, 7. माध्यमिक शाला के मेरे अनुभव, 8. मेरे द्वारा पढ़े जाने वाले अखबार, 9. मेरी पसंद की पुस्तकें, 10. मेरे मित्र, 11. मेरी रुचियाँ, 12. मेरी महत्वाकाँक्षाएँ।

व्यक्ति अध्ययन (Case Study) – व्यक्ति अध्ययन किसी व्यक्ति के गहन अध्ययन के पश्चात् तैयार किया जाता है। इसका उद्देश्य प्रयोज्य के उस व्यवहार

का पता लगाना होता है,जिस पर तुरन्त ध्यान दिए जाने की आवश्यकता हो। यहाँ व्यक्ति अध्ययन प्रपत्र दिया गया हैः

व्यक्ति अध्ययन प्रपत्र (Case Study Proforma)

नाम ....

समस्या ....

समस्या प्रारंभ होने का समय अथवा

सबसे पहले समस्या कब देखी गई ....

निवारण के उपाय (यदि किये गये हों) निवारणकर्त्ता कौन था?

उसने कैसे निवारण किया तथा उसके परिणाम ....

व्यक्ति का वैयक्ति इतिहास

नाम ....

जन्म दिनांक .... उम्र ....

गर्भ के समय माता की स्थिति ....

गर्भ के पूर्ण/अल्प समय में जन्म ....

यदि जुड़वाँ पैदा हो तो उसका विवरण ....

सामान्य प्रसूति अथवा आपरेशन के द्वारा ....

माता के दूध से विकास हुआ अथवा बोतल का दूध पीकर ....

माता का दूध कब और क्यों पीना समाप्त किया ....

क्या जन्म के पश्चात माता की मृत्यु हो गई ....

यदि हाँ तो कितने समय पश्चात ....

बाद में किसने पालन–पोषण किया ....

आरंभिक विकास

कमज़ोर/स्वस्थ ....

दाँत आने का समय ....

बोलना प्रारंभ करने का समय ....

चलना प्रारंभ करने का समय ....

बचपन के समय की विलक्षणताएँ -

नींद में डरना, बिस्तर गीला करना, अँगूठा चूसना ....

नाखून कुतरना, हकलाना, शर्माना आदि ....

विद्यालयीन पृष्ठभूमि (School Background)

विद्यालय का नाम ....

विद्यालय का प्रकार : शासकीय, पब्लिक, अशासकीय, मिश्नरी ....

पढ़ाई का माध्यम ....

विद्यालय कहाँ स्थित है ....

वातावरण कैसा है ....

मनोरंजन व अन्य सुविधाओं का विवरण ....

भवन, फर्नीचर, पुस्तकालय का विवरण ....

घर से दूरी ....

प्रवेश दिनांक ....

शैक्षिक प्रगति ....

क्रम	कक्षा	वर्ष	प्राप्तांक/पूर्णांक	परीक्षा परिणाम	श्रेणी विशेष
1.					
2.					
3.					
4.					

पाठ्य सहगामी क्रियाओं का विवरण :

एन.सी.सी., एन.एस.एस., ए.सी.सी. स्काउट

इत्यादि में भाग लिया हो तो उसका विवरण ....

वाद–विवाद, परिसंवाद, कवि–सम्मेलन,

नाटक में भाग लिया हो उसका विवरण ....

अन्य पाठ्य सहभागी क्रियाओं का विवरण :

विद्यालय के प्रति विद्यार्थी का दृष्टिकोण ....

अध्यापकों के प्रति दृष्टि ....

परिवार का इतिहास (Family History)

पिता .... जीवित/मृत ....

उम्र/मृत्यु होने के समय उम्र .... जाति ....

शिक्षा .... प्रशिक्षण ....

मातृभाषा .... धर्म ....

व्यवसाय ....

आय ....

बुरी आदतें : (शराब पीना, जुआ खेलना, तम्बाकू खाना

गाँजा/सिगरेट पीना, घुड़दौड़ में दाँव लगाना) ....

रुचियाँ ....

सामान्य स्वास्थ्य ....

यदि कोई लंबी बीमारी से ग्रस्त हों या रहे हों तो उसका विवरण ....

माता .... जीवित/मृत ....

उम्र/मृत्यु होने के समय उम्र .... जाति ....

शिक्षा .... प्रशिक्षण ....

मातृभाषा .... धर्म ....

व्यवसाय ....

आय ....

बुरी आदतें ....

रुचियाँ ....

यदि सौतेले माता–पिता हों उनका विवरण ....

कितनी उम्र से बालक उनके संपर्क में आया ....

उनका बालक के प्रति व्यवहार कैसा है ....

परिवार के अन्य सदस्यों का विवरण ....

जीवितों की संख्या .... मृत ....

क्रमवार विवरण

क्रम	नाम	बालक से संबंध	उम्र	शिक्षा	व्यवसाय	आय
1.						
2.						
3.						
4.						

सौतेले भाई–बहनों का विवरण भी इसी क्रम में दिया जा सकता है।

अभिभावकों की बालक के प्रति तथा

उसकी समस्या के प्रति समझ ....

अभिभावकों के बालक के संबंध में विचार,

महत्वाकांक्षा ....

परिवार के बच्चों को नियंत्रित करने की विधियाँ
तथा अनुशासन के उपाय ....

बालक के साथ अभिभावकों का व्यवहार
उपेक्षित/असहयोगी/सामान्य ....

बालक की परिवार के सदस्यों के प्रति अभिवृत्ति ....

वह किसे अधिक पसंद अथवा नापसंद करता है ....

पालकों, प्राचार्य तथा शिक्षकों का विद्यार्थी की
प्रगति के संबंध में मत ....

परिवार की आर्थिक एवं सामाजिक स्थिति –

परिवार के संपूर्ण सदस्यों की आय, सम्पत्ति तथा आय के साधन,
यदि हों तो उनका विवरण ....

सदस्यों की संख्या के अनुपात में आय का विवरण ....

ऋण लिया हो तो उसका विवरण ....

मकान कहाँ स्थित है, उसमें कितने कमरे हैं ....

मकान किराए का है अथवा स्वयं का है ....

वातावरण कैसा है, पानी–निकास की सुविधाएँ क्या हैं? ....

शिक्षा हेतु सुविधाएँ –

क्या बालक का अध्ययन हेतु अलग से कमरा है ....

कौन–कौन सी पुस्तकें उसके पास हैं ....

बालक उसके अध्ययन में रुचि लेते हैं अथवा नहीं ....

स्वास्थ्य (Health)

सामान्य स्वास्थ्य ....

ऊँचाई .... वज़न .... दृष्टि ....

श्रवण .... सीना–सामान्य .... विस्तृत ....

यदि किसी गंभीर रोग से ग्रस्त हों तो उसका विवरण ....

चिकित्सक की रिपोर्ट ....

मनोवैज्ञानिक आकलन

बुद्धि (Intelligence), रुचि, अभिक्षमताएँ, समायोजन, उपलब्धियाँ, चिंता, महत्वाकांक्षा का स्तर, सृजनशीलता,

यदि असाधारण योग्यताएँ हों तो उनका विवरण

1.
2.
3.

विषय का अपना इतिहास ....

अपनी समस्या के प्रति विचार ....

उसकी दृष्टि में कारण ....

भविष्य की योजना तथा दृष्टिकोण ....

समस्या के प्रति मत एवं सुझाव

अ. अभिभावक ....

ब. शिक्षक ....

स. परामर्शदाता ....

द. प्राचार्य ....

यदि अन्य तथ्य उपलब्ध हों तो उनका विवरण ....

समस्या के संभावित कारण ....

....

....

अध्ययनकर्त्ता की अनुशंसाएँ

1.

2.

3

अध्ययनकर्त्ता का नाम .... लिंग ....

उम्र .... शिक्षा .... प्रयोजन ....

साक्षात्कार विधि (Interview Method) – साक्षात्कार विधि में बाल मनोवैज्ञानिक, अध्यापक अथवा परामर्शदाता बालक की रुचियों, व्यक्तित्व की विशेषताओं, समस्याओं का अध्ययन बालक से साक्षात्कार द्वारा सूचनाएँ प्राप्त करके करते हैं। साक्षात्कार में बालक से आमने-सामने का सम्पर्क होता है इसलिए जो बातें प्रश्नावली में दी गयी हों उनकी सत्यता का भी ज्ञान साक्षात्कार के द्वारा हो जाता है। साक्षात्कार में अशाब्दिक व्यवहार जैसे चेहरे के हावभाव, आँखों एवं संकेतनों से भी व्यवहार का ज्ञान होता है। साक्षात्कार विधि में अधिक समय लगता है तथा इससे प्राप्त प्रदत्त विषयनिष्ठ (Subjective) होते हैं।

निरीक्षण (Observation) – किसी समस्या का अध्ययन करने व उसके कारणों का पता लगाने के लिए निरीक्षण विधि एक महत्वपूर्ण पद्धति है। इसके द्वारा हमें किसी व्यक्ति, घटना या समस्या के बारे में तथ्य प्राप्त होते हैं। ये तथ्य व्यक्ति सुनकर, देखकर, छूकर या चख कर प्राप्त करता है तथा समस्या व उसके कारणों का पता लगाता है। इतना ही नहीं, बल्कि समस्या के संभावित समाधान भी वह निरीक्षण द्वारा ही प्राप्त करता है। 'सावधानीपूर्वक परीक्षण करना ही निरीक्षण है।' इसे 'बिना यंत्रों का मापन' (Measurement without Instruments) भी कहा जाता है। यह ...

अत्यधिक पुरानी तकनीक है, जिसे मानव प्रारम्भ से उपयोग करता आया है। जैसे भारतीय किसान आकाश में सूर्य, चंद्रमा व तारों की स्थिति देखकर मौसम का अनुमान लगाते थे। मनुष्य वस्त्रों को देख कर सुन्दर, अतिसुन्दर व खराब श्रेणियों में विभक्त करते हैं। अध्यापक बालकों के निष्पादन का निरीक्षण कर उन्हें उपलब्धि में अच्छा, औसत या कमज़ोर श्रेणियों में विभक्त करते हैं।

निरीक्षण की कुछ परिभाषाएँ यहाँ दी गयी हैं –

गुड के अनुसार – "निरीक्षण उपयुक्त परिस्थितियों में व्यक्तियों के बाह्य व्यवहार के साथ कार्य करता है।"

निरीक्षण के प्रकार (Types of Observation)

निरीक्षण दो प्रकार से किया जा सकता है–

1. प्राकृतिक निरीक्षण (Naturalistic Observation) - प्राकृतिक निरीक्षण प्राकृतिक पर्यावरण में किया जाता है। चूंकि इसमें शोधक/निरीक्षणकर्ता प्रयोज्य का सहभागी बने बिना उसके व्यवहार का निरीक्षण करता है। इसलिए इसे गैर सहभागी (Non-Participant Observation) भी कहा जाता है। इसमें निरीक्षणकर्ता प्रयोज्य से दूर रहकर उसके प्राकृतिक पर्यावरण में परिवर्तियों के नियंत्रण अथवा परिचालन किए बिना निरीक्षण करता है।

लाभ (Advantages)

1. प्राकृतिक निरीक्षण की उच्च बाह्य वैधता होती है।
2. प्राकृतिक पर्यावरण में निरीक्षण किए जाने से शोधक को यह ज्ञात होता है कि वास्तविक संसार में व्यवहार कैसे घटित होता है।

हानियाँ (Disadvantages)

1. प्राकृतिक निरीक्षण के द्वारा निरीक्षणकर्ता प्रयोज्य के व्यवहार के कारणों का मात्र अनुमान लगा सकता है।
2. समय व धन की दृष्टि से यह एक खर्चीली प्रक्रिया है।
3. इस पद्धति के द्वारा व्यवहार का वर्णन किया जाता है। अतः यह एक वर्णनात्मक तकनीक है।
4. निरीक्षणकर्ता प्रयोज्य के कुछ व्यवहारों का निरीक्षण करता है, जिसके आधार पर उसके संपूर्ण व्यवहार के बारे में निकाला गया निष्कर्ष गलत हो सकता है।
5. निरीक्षित व्यक्ति के केवल बाह्य व्यवहार को ही जाना जाता है, उसके आंतरिक व्यवहार के बारे में कुछ नहीं कहा जा सकता है।

सहभागी निरीक्षण (Participant Observation) – सहभागी निरीक्षण में निरीक्षणकर्ता निरीक्षण किए जाने वाले समूह का भाग होकर शामिल हो जाता है और प्रयोज्य से प्रत्यक्ष अन्तर्क्रिया करते हुए उसके व्यवहार का निरीक्षण करता है। इससे उसे प्रयोज्य के वास्तविक व्यवहार को समझने में मदद मिलती है।

लाभ (Advantages)

1. निरीक्षित समूह या व्यक्ति को अपने व्यवहार का निरीक्षण किए जाने की जानकारी नहीं होने से उनके वास्तविक व्यवहार को जाना जा सकता है।
2. प्रयोज्य का व्यवहार प्राकृतिक होने के कारण ऐसे निरीक्षण की बाह्य वैधता रहती है।
3. निरीक्षणकर्ता द्वारा प्रयोज्य से प्रत्यक्ष अन्तर्क्रिया करने के कारण उसके ऐसे व्यवहार को भी ज्ञात किया जा सकता है जो कि प्राकृतिक निरीक्षण से ज्ञात नहीं किया जा सकता है।
4. इसे सभी उम्र समूह के व्यक्तियों के व्यवहार का निरीक्षण करने के लिए उपयोग में लाया जा सकता है। शर्मीले बच्चों/व्यक्तियों के लिए यह विधि उपयुक्त है।
5. इस विधि द्वारा निरीक्षण करने से किन्हीं विशेष उपकरण या यंत्रों की आवश्यकता नहीं होती है।

हानियाँ (Disadvantages)

1. सहभागी निरीक्षण में निरीक्षणकर्ता को निरीक्षित समूह या व्यक्ति के साथ अनेक कार्य करने पड़ते हैं, अतः निरीक्षणकर्ता का एक प्रशिक्षित व्यक्ति होना आवश्यक है।
2. निरीक्षणकर्ता निरीक्षित समूह/व्यक्ति से प्रत्यक्ष अन्तर्क्रिया करने से उनके व्यवहार को प्रभावित कर सकता है।
3. निरीक्षण किए जाने वाले व्यक्ति के पूर्वाग्रह निरीक्षण में शामिल हो सकते हैं।

निरीक्षण में सुधार के सुझाव (Suggestions for Improvement in Observation) – अग्रलिखित उपायों को अपनाकर बेहतर निरीक्षण किया जा सकता है–

1. निरीक्षणकर्ता को निरीक्षण किए जाने वाली संपूर्ण परिस्थिति का अध्ययन करना चाहिए।
2. निरीक्षणकर्ता को निरीक्षण करते समय अपने पूर्वाग्रहों से मुक्त रहना चाहिए।
3. निरीक्षणकर्ता की समस्त ज्ञानेन्द्रियाँ ठीक प्रकार से कार्य करने वाली होनी चाहिए ताकि वह निरीक्षित समूह / व्यक्ति के व्यवहारों का पूर्णतः निरीक्षण कर सके।
4. निरीक्षण के लिए कृत्रिम स्थिति का निर्माण करना चाहिए। अर्थात् निरीक्षण किए जाने वाले व्यक्ति को यह ज्ञात नहीं होना चाहिए कि उसके व्यवहार को निरीक्षित किया जा रहा है। इसके लिए काली फिल्म लगे शीशे, वीडियो व टेप रिकार्डर इत्यादि उपकरणों का उपयोग करना चाहिए।
5. निरीक्षण में उपयोग में लाए जाने वाले उपकरण वैध व संवेदनशील होने चाहिए अर्थात् सूक्ष्म व्यवहार को भी सही–सही मापने वाले होने चाहिए।
6. यदि संभव हो तो एक से अधिक निरीक्षक द्वारा निरीक्षण किया जाना चाहिए तथा उनकी अन्तरनिरीक्षक विश्वसनीयता ज्ञात की जानी चाहिए।

7. अगर निरीक्षण करते समय निरीक्षित व्यवहार से पृथक कोई अन्य बात पता चल रही हो जो कि निरीक्षित व्यवहार की व्याख्या में शामिल हो तो उसे अलग से लिखना चाहिए। जैसे कोई छात्राध्यापक पाठ प्रस्तुत कर रहा हो और उसे 102 डिग्री बुखार हो।
8. मानव की स्मरण–शक्ति की एक सीमा होती है। व्यक्ति एक समय में सभी बातें याद नहीं रख पाता है। अतः निरीक्षणकर्ता को निरीक्षित व्यवहार का लिखित ब्यौरा रखना चाहिए।

2. वस्तुनिष्ठ विधियाँ (Objective Methods) – वस्तुनिष्ठ विधियों के अंतर्गत निम्न विधियों को शामिल किया गया है –

अ. निर्धारण मापनी
ब. प्रश्नावलियाँ एवं सूचियाँ
स. परिस्थितिक परीक्षण
द. समाजमितीय प्रविधियाँ

अ निर्धारण मापनी (Rating Scale) – निर्धारण मापनी का उपयोग किसी व्यक्ति के व्यक्तित्व का आकलन करने के लिए किया जाता है। इसके लिए उस व्यक्ति के घनिष्ठ सम्पर्क में आने वाले व्यक्तियों से उसमें विद्यमान गुणों का निर्धारण करने को कहा जाता है। जैसे यदि किसी छात्रा के व्यक्तित्व का आकलन निर्धारण मापनी से करना हो तो उसके माता-पिता, भाई-बहन, अध्यापकों, सहपाठियों व प्राचार्य को निर्धारण मापनी देकर उसमें उल्लेखित गुणों के आधार पर छात्रा में विद्यमान गुणों के बारे में पूछा जाता है। निर्धारण मापनी द्वारा गुणों का निर्धारण करने वाले व्यक्तियों को निर्धारक कहा जाता है। निर्धारण मापनी का उपयोग करते समय एक से अधिक निर्धारकों से निर्धारण कराया जाता है।

निर्धारण मापनियों के प्रकार - किसी व्यक्ति के व्यक्तित्व के मापन के लिए निर्धारण मापनी का उपयोग कई प्रकार से किया जाता है। ये प्रकार हैं –

क. जाँच सूची (Check List)
ख. क्रम निर्धारण मापनी (Rank Rating Scale)
ग. आंकिक निर्धारण मापनी (Numerical Rating Scale)
घ. स्थिति निर्धारण मापनी (Position Rating Scale)
ण. ग्राफिक मापनी (Graphic Rating Scale)

क. जाँच सूची (Check List) – जाँच सूची में निर्धारक को प्रायः कुछ कथनों की सूची दी जाती है तथा वे उन कथनों में दिए गए गुण के आधार पर व्यक्ति में उपस्थित या अनुपस्थित गुणों की जाँच करते हैं।

ख. क्रम निर्धारण मापनी (Rank Rating Scale) – जैसा कि नाम से स्पष्ट है, इस मापनी में निर्धारक किसी व्यक्ति में उपस्थित गुणों की मात्रा का निर्धारण कर उन्हें मात्रा के आधार पर क्रम प्रदान करते हैं।

ग. आंकिक निर्धारण मापनी (Numerical Rating Scale) – आंकिक निर्धारण मापनी में निर्धारक कथनों की सूची के आधार पर किसी व्यक्ति में उपस्थित/

अनुपस्थित गुणों को अंक प्रदान करते हैं। जैसे गुण कथन अंकन कर्त्तव्यनिष्ठ –

(अ) अत्यधिक कर्त्तव्यनिष्ठ	+ 2 या 0
(ब) कर्त्तव्यनिष्ठ	+ 1 या +1
(स) गैर कर्त्तव्यनिष्ठ	0 या +2

आंकिक निर्धारण मापनी में अंकों का निर्धारण निम्नतम से उच्चतम या उच्चतम से निम्नतम की ओर किया जाता है।

घ. स्थिति निर्धारण मापनी (Position Rating Scale) – स्थिति निर्धारण मापनी में निर्धारक किसी व्यक्ति में उपस्थित गुणों की मात्रा का मापन करते हैं और उन्हें स्थान मानों जैसे दशांक, प्रतिशतांक इत्यादि में व्यक्त करते हैं। इसमें निर्धारक किसी व्यक्ति की स्थिति का निर्धारण उसके समूह के संदर्भ में करते हैं।

ण. ग्राफिक निर्धारण मापनी (Graphic Rating Scale) – जिस प्रकार आंकिक निर्धारण मापनी में निर्धारक व्यक्ति में उपस्थित/अनुपस्थित गुणों को अंकों द्वारा व्यक्त करते हैं, उसी तरह ग्राफिक निर्धारण मापनी में निर्धारक अपना निर्णय एक क्षैतिज रेखा पर व्यक्त करते हैं। जैसे –

सत्यता

सदैव **अधिकतर** **सामान्य रूप से** **अधिकतर नहीं** **कभी नहीं**

निर्धारण मापनियों द्वारा प्राप्त परिणामों की वैधता पूर्ण रूप से निर्धारकों पर निर्भर करती है। अतः निर्धारण मापनियों का उपयोग करते समय निम्न बातों का ध्यान रखना चाहिए –

(*i*) निर्णायकों का चयन – निर्धारण मापनियों के लिए उन्हीं व्यक्तियों को निर्णायक बनाना चाहिए जो कि उस व्यक्ति को अच्छी तरह जानते हों, जिसके गुणों का उन्हें निर्धारण करना है।

(*ii*) लक्षणों की प्रासंगिकता – निर्धारण मापनियों में उन्हीं लक्षणों का उपयोग किया जाना चाहिए जिनका निरीक्षण करना निर्णायकों के लिए सम्भव है।

(*iii*) स्पष्ट संकल्पना – निर्णायकों को व्यक्तित्व के गुणों की संकल्पना स्पष्ट होनी चाहिए तभी वे किसी व्यक्ति में उन गुणों की उपस्थिति/अनुपस्थिति का उचित निर्धारण कर सकेंगे।

ब. प्रश्नावलियाँ एवं सूचियाँ - इनका वर्णन यहाँ किया गया है:

कैटल की सोलह व्यक्तित्व कारक प्रनावली (Cattle's 16 PF Questionnaire)

सोलह व्यक्तित्व कारक प्रश्नावली व्यक्तित्व के अधिकांश पहलुओं को शामिल करने वाला एक वस्तुनिष्ठ परीक्षण है। इस व्यक्तित्व प्रश्नावली का निर्माण और मानकीकरण आर.बी. कैटल एवं एच. डब्ल्यु. इबर (1956) ने किया है और इसका भारतीय अनुकूलन एस.डी. कपूर द्वारा किया गया है। यह परीक्षण 16 वर्ष और उससे अधिक उम्र वाले प्रयोज्यों के लिए बनाया गया है। इस परीक्षण के A, B, C, D, E व F प्रारूप उपलब्ध हैं, जिसमें से A, B, C, D प्रारूप उन शिक्षित प्रयोज्यों के लिए

उपयुक्त है जिनका शैक्षिक स्तर सामान्य हाई स्कूल विद्यार्थियों के समान है। प्रारूप A, B, C, D में प्रत्येक में 187–187 पद चक्रीय (Cyclic) क्रम में दिए गए हैं व प्रत्येक पद के तीन संभावित उत्तर दिए गए हैं। प्रयोज्य को स्वयं के लिए सबसे अधिक उपयुक्त उत्तर के खाने (Box) में गुणा (X) का निशान लगाना होता है। परीक्षण के E व F प्रारूप अल्प शिक्षित प्रयोज्यों के लिए है। इन दोनों प्रारूपों में 128–128 पद दिए गए हैं। इनमें प्रत्येक पद के दो संभावित उत्तर दिए गए हैं। जिसमें से अधिक उपयुक्त उत्तर के खाने में गुणा (X) का निशान लगाना होता है। प्रस्तुत परीक्षण द्वारा सोलह कारकों का मापन किया जाता है। ये सोलह कारक प्रथम क्रम के कारक कहलाते हैं। इन सोलह कारकों का चयन कैटिल ने कारक विश्लेषण विधि के आधार पर किया है। ये सभी कारक एक–दूसरे से सापेक्षिक रूप से स्वतंत्र है। पदों द्वारा प्राप्त प्राप्तांकों को परीक्षण में उपलब्ध सारणियों की सहायता से स्टेन मानकों (Stens Norms) में सरलता से परिवर्तित किया जा सकता है। परीक्षण का अंकन हाथों से या मशीन से या उपलब्ध विभिन्न प्रकार के उत्तर–पत्रों से किया जा सकता है। परीक्षण से प्राप्त अंकों को स्टेन फलांकों में बदला जाता है। स्टेन फलांक 1 से 10 तक विस्तारित होते हैं। 1 से 3 तक के स्टेन फलांक कारक की निम्न सीमा व 8 से 10 तक के फलांक कारक की उच्च सीमा तथा 5 व 6 फलांक औसत को प्रदर्शित करते हैं। 4 व 7 फलांक निम्न व उच्च दिशा के परिप्रेक्ष्य में आंशिक विचलित होते हैं।

इसमें शामिल किए गए 16 विशेषकों एवं उनका वर्णन इस प्रकार है –

1. कारक A घुन्ना बनाम् बहिर्गामी – यहाँ घुन्ना शब्द ऐसे व्यक्ति को बताता है जो शुष्क, उदासीन, अविश्वासी, विलग प्रवृत्ति का होता है। जो लोगों की अपेक्षा वस्तुओं को पसंद करता है। अकेले कार्य करना पसंद करता है और विचारों के समझौते टालता है।

जबकि बहिर्गामी शब्द ऐसे व्यक्ति को बताता है जो कि अच्छे स्वभाव का, सरल, भावात्मक अभिव्यक्ति वाला, सहयोग के लिए तैयार, लोगों का सत्कार करने वाला, नरमदिल, दयालु, अनुकूली हो।

2. कारक B कम बुद्धिमान बनाम् अधिक बुद्धिमान – कम बुद्धिमान व्यक्ति मूर्त चिंतन करने वाला होता है। उसकी शैक्षणिक मानसिक क्षमता निम्न होती है। ऐसे व्यक्ति में सीखने व ग्रहण करने की क्षमता धीरे होती है, मंदबुद्धि (dull) होता है।

अधिक बुद्धिमान व्यक्ति अमूर्त चिंतन करने वाला व तेज होता है। उसकी शैक्षणिक मानसिक क्षमता उच्च होती है। जिसमें विचारों को शीघ्रता से ग्रहण करने की प्रवृत्ति होती है, शीघ्र सीखने वाला होता है।

3. कारक C अनुभूतियों से प्रभावित होने वाला बनाम् संवेगात्मक स्थिर – कारक C पर निम्न फलांक पाने वाले व्यक्तिओं में कुण्ठाओं की अल्प सहनशीलता होती है। उनमें परिवर्तन योग्य एवं सुनम्य,, असंतुष्टि में सक्रिय, तंत्रिकातापी लक्षण पाये जाते हैं।

कारक C पर उच्च अंक पाने वाला व्यक्ति संवेगात्मक रूप से परिपक्व, स्थिर, जीवन के प्रति वास्तविक, समूह का मनोबल बनाए रखने वाला होता है।

4. कारक E उदार बनाम् हिमायती – वह व्यक्ति जिसके फलांक कारक E पर निम्न होते हैं, वह विनम्र, एक दूसरे को रास्ता दिखाने वाली प्रवृत्ति का होता है। वह अधिकतर आश्रित, विश्वासी, शुद्धता के लिए चिंतित होता है।

वहीं कारक E पर उच्च फलांक वाला व्यक्ति हिमायती होता है हिमायती शब्द हठधर्मी, आत्मविश्वासी एवं आत्म निर्भर दिमाग वाले व्यक्ति को बताता है, वह अतिसंयमी, स्वयं के नियम मानने वाला, विरोधी, अधिकारवादी (दूसरों पर प्रबंध करने वाला) एवं अधिकारों की अवमानना करने वाला होता है।

5. कारक F गंभीर बनाम् लापरवाह – एक व्यक्ति जिसका फलांक कारक F पर निम्न होता है वह नियंत्रित, अल्पभाषी, अन्तर्दर्शी प्रवृत्ति का होता है। वह कभी-कभी कठोर, निराशावादी, अत्यधिक सावधान/विवेकशील (unduly deliberate), एवं आत्मसंतुष्टि/दंभी (Smug) होता है। वह एक गंभीर, आश्रित व्यक्ति होता है।

जबकि ऐसा व्यक्ति जिसका फलांक F कारक पर उच्च होता है वह खुशमिजाज, सक्रिय, बातूनी, स्पष्टवादी, अर्थपूर्ण/सार्थक (Expressive), गुस्सैल (Effervescent), बेफिक्र प्रवृत्ति का होता है। वह आवेगी एवं चंचलचित्त का भी हो सकता है।

6. कारक G व्यावहारिक बनाम् कर्त्तव्यनिष्ठ – कारक G पर निम्न फलांक वाला व्यक्ति उद्देश्य में अस्थिर प्रवृत्ति का होता है। वह अक्सर सांस्कृतिक मांगों एवं समूह जिम्मेदारी के लिए प्रयासों में कमी एवं अनिश्चितता रखता है। समूह से उसकी स्वतंत्रता असामाजिक कार्यों की ओर ले जाने को प्रभावित कर सकती है।

कारक G पर उच्च फलांक वाला व्यक्ति चरित्र में सही/सख्त, कर्त्तव्य को निभाने वाला, दृढ़ रहने वाला, जिम्मेदार, नियोजित प्रवृत्ति का होता है। वह सामान्यतया कर्त्तव्यनिष्ठ एवं शिक्षाप्रद/नीतिवादात्मक (Moralistic) होता है एवं वह विनोदपूर्ण/हाजिर-जवाब साथियों की अपेक्षा मेहनती लोगों को प्राथमिकता देता है।

7. कारक H शर्मीला बनाम् जोखिम उठाने वाला – प्रस्तुत विशेषक पर निम्न फलांक वाला व्यक्ति शर्मीला, पीछे हटने वाला (Withdrawing), चिंतित, संकोची प्रवृत्ति का होता है। वह अधिकांशतः हीनभावना से ग्रस्त रहता है। वह स्वयं को अभिव्यक्त करने एवं वाणी में अटकने वाला एवं धीमा होता है। व्यक्तिगत संपर्क करने वाले कार्यों को नापसंद करने वाला होता है। वह बड़े समूहों में एक या दो निकट मित्रों को प्राथमिकता देता है और अपने आसपास रहने वाले सभी लोगों के साथ संपर्क नहीं रखता है।

कारक H पर उच्च फलांक रखने वाला सामाजिक, निडर, नयी वस्तुओं को सीखने वाला, सहज एवं संवेगात्मक अनुक्रिया में प्रचुर होता है। उसकी मोटी चमड़ी उसे लोगों के साथ कार्य करने में सुख व दुःख का सामना करने में समर्थ रखती है और बिना थकान के संवेगात्मक परिस्थितियों में कार्य करता है। तथापि वह विस्तृत (Detail) वर्णन के प्रति लापरवाह हो सकता है, खतरनाक संकेतों की उपेक्षा करता

है, और अधिक समय बातों में लगाता है। वह आगे बढ़ने (Pushy) की प्रवृत्ति का होता है और विपरीत लिंग में अधिक रुचि लेता है।

8. कारक I विचारवान बनाम् संवेदनशील – कारक I पर निम्न फलांक वाला व्यक्ति व्यावहारिक, प्रायोगिक, आदर्शवादी, पुरुषोचित (Masculine), आत्मनिर्भर, जिम्मेदार, लेकिन व्यक्तियों के लिए संदेही (Skeptical of Subjective), सांस्कृतिक विस्तारण (Cultural Elaborations) प्रवृत्ति का होता है। वह कभी-कभी भावशून्य (Unmoved), कठोर, निंदक, कटुस्वभाव, आत्मसंतुष्ट/दम्भी (Smug) होता है। वह मुखर्तापूर्ण आधार की बजाय आदर्शवादी एवं प्रायोगिक आधार पर समूह रखने की प्रवृत्ति का होता है।

कारक I पर उच्च फलांक रखने वाला व्यक्ति संवेदनशील, दिवास्वप्न देखने वाला, कलात्मक, नाजुक (Fastidious), स्त्रियोचित होता है। वह कभी-कभी आदर सत्कार, एवं मदद की मांग करने वाला, अधीर/व्याकुल, आश्रित, अव्यावहारिक होता है। वह निर्दयी लोगों एवं रूखे पेशों को नापसंद करता है। वह समूह निष्पादन में मंदगति वाला होता है।

9. कारक L भरोसेमंद बनाम् शंकालु – कारक L पर निम्न फलांक वाला व्यक्ति ईर्ष्यालु प्रवृत्तियों से मुक्त, समायोजी, खुशमिजाज, गैर प्रतियोगी, दूसरे लोगों के प्रति चिंतित, एक अच्छा टीम कार्यकर्त्ता प्रवृत्ति का होता है।

कारक L पर उच्च फलांक वाला व्यक्ति अविश्वासी एवं संदेही प्रवृत्ति का होता है। वह अक्सर अपने स्वयं के अहम् में डूबा रहता है, वह हठधर्मी होता है एवं आंतरिक, मानसिक जीवन में रुचि रखता है। वह सामान्यतः उसी के कार्यों पर विचार करता रहता है, दूसरे लोगों के प्रति गैर चिंतित व एक कमज़ोर टीम सदस्य होता है।

10. कारक M प्रायोगिक बनाम् कल्पनात्मक – कारक M पर निम्न फलांक वाला व्यक्ति सही वस्तुओं को करने के लिए चिंतित, प्रायोगिक बातों को ध्यान देने वाला एवं स्पष्टतया क्या संभव है? की आज्ञापन के उद्देश्य की प्रवृत्ति वाला होता है। वह अति विवरण से संबंध रखता है, आकस्मिकताओं को अपने दिमाग में रखने में समर्थ होता है, लेकिन कभी-कभी गैर कल्पनात्मक होता है।

कारक M पर उच्च फलांक वाला व्यक्ति गैर परंपरागत, रोज-रोज की बातों से संबंध नहीं रखने वाला, स्वप्रेरित, निरकुंश/रूढ़िमुक्त (Bohemian), काल्पनिक (Imaginative), सृजनात्मक, अनिवार्यताओं से संबंधित एवं विशेष लोगों एवं भौतिक वास्तविकताओं को भूलने वाला होता है। उसकी आंतरिक-निर्देशित रुचियाँ कभी-कभी अभिव्यक्तात्मक विस्फोट के द्वारा साथ-साथ चलते हुए गैर आदर्शवादी परिस्थितियों की ओर बढ़ाती है। उसकी वैयक्तिकता प्रवृत्ति उसे समूह क्रियाकलापों में अस्वीकृत करने का कारण बनती है।

11. कारक N स्पष्टवादी बनाम् चतुर – कारक N पर निम्न फलांक वाला व्यक्ति गैर दुनियादार, भावुक एवं साधारण होता है। वह कभी-कभी निर्दयी एवं कष्टकर (Awkward) होता है, लेकिन आसानी से प्रसन्न हो जाता है एवं जो पाता है उससे संतुष्ट हो जाता है, एवं स्वाभाविक एवं सहज हो जाता है।

कारक N पर उच्च फलांक वाला व्यक्ति परिष्कृत, अनुभवी, सांसारिक चतुर प्रवृत्ति का होता है। वह अक्सर समझदार एवं विश्लेषणात्मक होता है। वह एक बुद्धिमान व्यक्ति होता है, परिस्थितियों के लिए गैर भावुक उपागम रखने वाला होता है।

12. कारक O शांत बनाम् आशंकित – कारक O पर निम्न फलांक वाला व्यक्ति शांतिप्रिय, अविचल/अटल शक्ति वाली प्रवृति का होता है। वह एक परिपक्व, स्वयं में अचिंतित,आत्मविश्वास वाला और वस्तुओं से अपनी क्षमता के साथ कार्य करने वाला होता है। वह लचीला एवं निशचित होता है।

कारक O पर उच्च फलांक वाला व्यक्ति अवसादी (Depressed), चिन्तित, तुनकमिजाजी, विचार मग्न रहता है। कठिनाइयों में उसमें बच्चों की तरह चिन्ता करने की प्रवृति होती है।

13. कारक Q_1 रूढ़िवादी बनाम् प्रयोगवादी – कारक Q_1 पर निम्न फलांक वाला व्यक्ति विश्वस्त होता है कि वह विश्वास से सीख सकता है, और असंगति के बावजूद कष्ट/क्लेश एवं सच को स्वीकार करता है। जबकि कुछ अन्य अच्छा हो सकता है। वह नये विचारों के संबंध में समझौता करता है वह सावधान रहता है। इस प्रकार वह परिवर्तनों को स्थगित करता है और विरूद्ध प्रवृत्ति का होता है व परंपराओं के प्रति झुकाव रखता है, वह राजनीति एवं धर्म के प्रति अधिक रूढ़िवादी होता है, एवं विश्लेषणात्मक बौद्धिक विचारों में रुचि नहीं रखने वाली प्रवृत्ति का होता है।

कारक Q_1 पर उच्च फलांक वाला व्यक्ति बौद्धिक विषयों में रुचि रखने वाली प्रवृत्ति का होता है, मौलिक मुद्दों पर शंका करता है। वह संदेही होता है एवं विचारों के प्रति, चाहे वे पुराने हो या नए, खोजबीन करता है। वह अधिक जानकारी रखने वाला, उपदेशों के प्रति कम झुकाव रखने वाला, साधारणतया जीवन में प्रयोग के प्रति अधिक झुकाव रखने वाला एवं परिवर्तन एवं तकलीफ को अधिक सहन करने वाला होता है।

14. कारक Q_2 समूह निर्भर बनाम् आत्म निर्भर – कारक Q_2 पर निम्न फलांक वाला व्यक्ति अन्य व्यक्तियों के साथ काम करने व निर्णय लेने को प्राथमिकता देता है, सामाजिक समर्थन एवं प्रशंसा पर निर्भर रहता है व पसंद करता है। उसकी समूह के साथ जाने की प्रवृत्ति होती है एवं व्यक्तिगत रूप से निर्णय लेने की कमी होती है। यह आवश्यक नहीं है कि वह स्वयं की पसंद से सामाजिक हो, बल्कि उसे समूह समर्थन की आवश्यकता होती है।

कारक Q_2 पर उच्च फलांक वाला व्यक्ति स्वभाव से आत्मनिर्भर होता है, स्वयं के रास्ते पर जाने का आदि होता है, स्वयं निर्णय लेता है और उन पर कारवाई करता है। वह जनमत पर विश्वास नहीं करता है, वह लोगों को नापसंद नहीं करता है, लेकिन साधारणतया उसे उनकी सहमति या समर्थन की आवश्यकता नहीं होती है।

15. कारक Q_3 अनुशासनहीन बनाम् नियंत्रित – ऐसे व्यक्ति जिसके फलांक Q_3 पर निम्न होते हैं, वह सामाजिक मांगों को समझने व उनके साथ नियंत्रित होने की

परवाह नहीं करता है। वह बहुत अधिक मेहनती, सतर्क, दूसरों का लिहाज करने वाला नहीं होता है। वह कुसमायोजित अनुभव करता है।

कारक Q_3 पर उच्च फलांक वाला व्यक्ति उसके सामान्य व्यवहार एवं संवेगों पर दृढ़ नियंत्रण रखने वाला होता है। वह सामाजिक रूप से अवगत (Socially Aware), परवाह करने वाला, आत्म-सम्मान वाला एवं सामाजिक प्रतिष्ठा को मानने वाला होता है। वह कभी-कभी जिद्दी प्रवृत्ति का भी होता है।

16. कारक Q_4 शिथिल बनाम् तनावग्रस्त – कारक Q_4 पर निम्न फलांक वाला व्यक्ति सौम्य, शिथिल, शांत एवं संतुष्ट (कुंठित नहीं) प्रवृत्ति का भी होता है। कुछ परिस्थितियों में उसकी अतिसंतुष्टि उसके आलसीपन एवं निम्न निष्पादन को इस अर्थ में बढ़ा सकती है कि कम अभिप्रेरण कम/कुछ प्रयास एवं त्रुटि को उत्पन्न करता है। इसके विपरीत उच्च तनाव स्तर विद्यालय एवं कार्य निष्पादन को तोड़ सकता है।

कारक Q_4 पर उच्च फलांक वाला व्यक्ति तनाव, उत्तेजनीय, बेचैन, चिड़चिड़ा, अशांत प्रवृत्ति का होता है। वह अक्सर थका हुआ, लेकिन निष्क्रिय बने रहने में असमर्थ होता है। उसकी कुण्ठा अत्यधिक उत्तेजना, लेकिन आभारमुक्त चालन को प्रदर्शित करती है।

माड्सले व्यक्तित्व अनुसूची (Maudsley Personality Inventory)

प्रस्तुत अनुसूची का निर्माण एच.जे. आयजंक द्वारा 1959 में किया गया। तथा सन् 1965 में प्रोफेसर एस.एस. जलोटा तथा एस.डी. कपूर ने चण्डीगढ़ के 150 स्नातकोत्तर विद्यार्थियों पर प्रशासित कर हिन्दी व पंजाबी भाषा में भारतीय परिस्थितियों के अनुरूप अनुकूलन किया।

माड्सले व्यक्तित्व अनुसूची संक्षिप्त तथा मानकीकृत है। इसे व्यक्तित्व के पक्ष तंत्रिकातापिता – स्थिरता (Neuroticism – stability) एवं अन्तर्मुखी-बहिर्मुखी का आकलन करने के लिए आसानी से प्रशासित एवं फलांकन किया जा सकता है। यह अनुसूची सामान्य, असामान्य प्रौढ़ों तथा किशोरों के लिए उपयुक्त है। यह परीक्षण समूह एवं व्यक्तिगत दोनों रूपों में प्रयुक्त किया जा सकता है। अनुसूची का उपयोग 15–16 वर्ष या इससे अधिक उम्र के व्यक्तियों पर किया जा सकता है। अनुसूची का उपयोग करने के लिए प्रयोज्य को सामान्य शब्दावली का ज्ञान होना चाहिए। अनुसूची में कुल 48 पद है। अनुसूची में दो मापनियाँ हैं – लघु मापनी तथा दीर्घ मापनी। लघु मापनी में प्रश्न क्रमांक 1 से 12 तक तथा दीर्घ मापनी में प्रश्न क्रमांक 1 से 48 तक है। अनुसूची को हल करने की कोई समय-सीमा नहीं है। फिर भी लघु-मापनी को हल करने में सामान्यतः 3 से 5 मिनट तथा दीर्घ मापनी को हल करने में 15 से 20 मिनट लगते हैं। प्रत्येक पद में तीन विकल्प दिए गए हैं – 'हाँ', '?' व 'नहीं'। प्रयोज्य को पद को पढ़कर अपने लिए उपयुक्त किसी एक विकल्प पर 'सही' (✓) का निशान लगाना होता है। प्रत्येक पद दो पक्षों (अन्तर्मुखी-बहिर्मुखी) में से किसी एक पक्ष में ही शामिल होता है। इस प्रकार अनुसूची में 24 पद अन्तर्मुखी

एवं 24 पद बहिर्मुखी पक्ष का मापन करते हैं। प्रत्येक पद में अन्तर्मुखी एवं बहिर्मुखी के निम्न से उच्च स्तर के लिए 0, 1, 2 अंक प्रदान किए जाते हैं। इस प्रकार दोनों पक्षों के अलग-अलग कुल कच्चे फलांक ज्ञात कर उन्हें मानक तालिका के आधार पर परिवर्तित कर व्यक्तित्व के प्रभुत्वता वाले पक्ष को जाना जाता है।

विश्वसनीयता एवं वैधता – अनुसूची की विश्वसनीयता अर्द्ध-विच्छेद विधि (Split-half) से ज्ञात की गयी जिसके अनुसार अन्तर्मुखी का विश्वसनीयता गुणांक .567 एवं बहिर्मुखी का विश्वसनीयता गुणांक .358 पाया गया।

मित्तल समायोजन अनुसूची (Mittal Adjustment Inventory)

प्रस्तुत समायोजन अनुसूची वाय.के. मित्तल द्वारा उच्च माध्यमिक एवं महाविद्यालयीन (स्नातक एवं स्नातकोत्तर) विद्यार्थियों, (जो 11 वर्ष से लेकर वयस्क हैं) के लिए विकसित की गई है। इसे छात्र एवं छात्राओं दोनों के लिए प्रयुक्त किया जा सकता है। इसमें छात्र एवं छात्राओं के लिए अलग-अलग परीक्षण पत्र का उपयोग किया जाता है। इस उपकरण को कक्षा 9वीं से लेकर स्नातकोत्तर स्तर तक के 1200 विद्यार्थियों पर प्रशासित कर मानकीकृत किया गया है। प्रस्तुत परीक्षण मुख्यतः निम्न समायोजित एवं उच्च समायोजित विद्यार्थियों में अंतर करता है। इसमें विद्यार्थी के चार क्षेत्रों में समायोजन का मापन किया जाता है। ये क्षेत्र हैं – गृह समायोजन, सामाजिक समायोजन, स्वास्थ्य एवं संवेगात्मक समायोजन, विद्यालयीन/महाविद्यालयीन समायोजन। परीक्षण में प्रत्येक क्षेत्र से संबंधित 20 पद दिए गए हैं इस प्रकार कुल पद 80 हैं जिनके उत्तर प्रत्यर्थी को 'हाँ', '?' या 'नहीं' श्रेणी में देने होते हैं। परीक्षण का फलांकन स्टेनसिल की सहायता से किया जाता है। प्राप्त फलांकों को मानक विचलन या शतांश मानक में बदला जाता है और विद्यार्थी का समायोजन ज्ञात किया जाता है। अनुसूची का उच्च फलांक श्रेष्ठ समायोजन व निम्न फलांक निम्न समायोजन प्रदर्शित करता है। प्रस्तुत उपकरण को व्यक्तिगत व सामूहिक दोनों ही तरह से प्रयुक्त किया जा सकता है। इसकी कोई समय-सीमा नहीं है।

विश्वसनीयता – प्रस्तुत अनुसूची की विश्वसनीयता अर्द्ध-विच्छेद विधि से ज्ञात की गयी है जिसके अनुसार संपूर्ण परीक्षण का विश्वसनीयता गुणांक 0.94 व गृह समायोजन 0.64, सामाजिक समायोजन 0.44, स्वास्थ्य एवं संवेगात्मक समायोजन 0.80 तथा विद्यालय समायोजन 0.74 है।

वैधता

(a) अनुसूची की वैधता दो बाह्य निकष – शिक्षकों द्वारा निर्धारण एवं पालकों द्वारा निर्धारण के आधार पर ज्ञात की गयी। जिसमें शिक्षक-निर्धारण एवं अनुसूची फलांकों का संशोधित सहसंबंध गुणांक 0.68, पालक-निर्धारण एवं अनुसूची फलांकों का संशोधित सहसंबंध गुणांक 0.597 एवं पालक-निर्धारण एवं गृह समायोजन फलांकों का संशोधित सहसंबंध गुणांक 0.693 पाया गया।

(b) छात्राओं के लिए उच्च माध्यमिक स्तर पर अनुसूची को उच्च माध्यमिक छात्राओं के लिए कु. आशारानी गुप्ता द्वारा विकसित हिन्दी कठिनाई जाँच सूची

(Hindi Problem Check-list) द्वारा सहसंबंधित किया गया जिससे प्राप्त पीयर्सन r 0.45 पाया गया, जो बहुत उच्च नहीं था लेकिन सार्थक था।

(c) महाविद्यालयीन स्तर पर – महाविद्यालयीन स्तर पर टी.आर. चावला ने समायोजन अनुसूची फलांकों को रोटर की आई.एस.बी. (Rotter's I.S.B.) के साथ सहसंबंधित किया और पीर्यसन r की गणना की जो 0.75 था।

कारकीय अध्ययन (Factorial Study)

अनुसूची का कारकीय अध्ययन किया गया जिसकी भार स्थिति दो कारकों पर इस प्रकार थी –

क्र.	उप-परीक्षण	कारक भार - स्थिति	
		कारक I	कारक II
(अ)	गृह समायोजन	XX	.774
(ब)	सामाजिक समायोजन	.672	XX
(स)	स्वास्थ्य एवं संवेगात्मक समायोजन	XX	.730
(द)	विद्यालय समायोजन	.638	XX

भाग्या की विद्यालयीन समायोजन सूची (Bhagia's School Adjustment Inventory)

प्रस्तुत सूची एन.एम. भाग्या द्वारा सन् (1966) में बनाई गई थी तथा मानसायन, दिल्ली द्वारा प्रकाशित की गई थी। इसका उपयोग उच्च माध्यमिक एवं उच्चतर माध्यमिक विद्यालयों में पढ़ने वाले छात्र व छात्राओं के लिए किया जा सकता है। यह विद्यालयीन समायोजन के सभी मुख्य पहलुओं जैसे – शैक्षणिक समायोजन, सहपाठियों के साथ समायोजन, अध्यापकों के साथ समायोजन, विद्यालय संगठन के साथ समायोजन एवं आत्म समायोजन को मापती है। इन्हें A, S, G, T एवं P से कूट किया गया है। यहाँ A शैक्षणिक समायोजन (Academic), S सहपाठी समायोजन (Schoolmates), T अध्यापकीय समायोजन (Teachers), G विद्यालय संगठन (School Organization) एवं P आत्म समायोजन (Person) को दर्शाते हैं। यह सूची विद्यार्थियों की विद्यालय के बारे में भावनाएँ एवं उनके व्यवहार विशेषताओं के संदर्भ में उनके विद्यालयीन जीवन के विभिन्न पहलुओं से समायोजन के बारे में सूचनाएँ प्रस्तुत करती हैं।

प्रस्तुत सूची में 165 पद हैं, जिनमें A, S, G, T एवं P क्षेत्रों के लिए क्रमशः 33, 33, 27, 38 एवं 33 पद दिए गए हैं। पदों के उत्तर देने के लिए 'हाँ', 'नहीं' एवं 'अनिश्चित' (?) विकल्प दिए गए हैं, जिनमें से स्वयं के लिए उपयुक्त उत्तर पर प्रयोज्य को गोला (O) लगाना होता है। सूची में पदों को क्षेत्रवार न रखकर यादृच्छिक रूप में रखा गया है प्रयोज्य अनुक्रिया देते समय संबंधित क्षेत्र को नहीं जानता है। इसे राजस्थान के 72 विद्यालयों के कक्षा IX व X के 2550 विद्यार्थियों के न्यादर्श पर प्रशासित कर मानकीकृत किया गया है।

प्रत्येक श्रेणी पर फलांकों के मध्य एवं कुल फलांकों के मध्य सहसंबंध एवं श्रेणियों के मध्य अंर्त-सहसंबंध (Inter-correlations) की गणना की गई। श्रेणियों एवं कुल फलांकों के मध्य सहसंबंध गुणांक 0.70 से 0.91 पाया गया जो सूची के साथ श्रेणियों का संबंध (Marked Showing) श्रेणियों का अन्तर्सहसंबंध तुलनात्मक रूप से निम्न विस्तारित 0.25 से 0.70 पाया गया।

निकष के रूप में शिक्षकों का निर्धारण के उपयोग के द्वारा 150 विद्यार्थियों के न्यादर्श पर वैधता गुणांक की गणना की गयी जो कि 0.69 पाया गया।

परीक्षण के लिए विश्वसनीयता दो विधियों से ज्ञात की गयी जिसमें विश्वसनीयता गुणांक अर्द्धविच्छेद विधि से 0.83 पाया गया तथा परीक्षण-पुर्नपरीक्षण विधि से 0.96 पाया गया।

नैराय माप (Frustration Test)

नैराश्य परीक्षण एन.एस. चौहान एवं गोविन्द तिवारी द्वारा निर्मित किया गया है। यह आगरा मनोवैज्ञानिक शोध कक्ष, आगरा (Agra Psychological Research Cell) से प्रकाशित हुआ है।

प्रस्तुत परीक्षण में नैराश्य की संकल्पना निम्न प्रकार से दी गयी है :

नैराश्य व्यवहार लक्ष्य उन्मुखीकरण से रहित होता है एवं अधिक या कम संज्ञाहीनता प्रदर्शित करता है। इसमें भावों की प्रबलता होती है। यह आवश्यकता वंचन (Need Deprivation) का अंत होता है। नैराश्य में क्रिया के अंतर्गत व्यवहार युक्तियों का एक अलग प्रारूप होता है। कई सारी व्यावहारिक समस्याएँ नैराश्य युक्तियों के आधारभूत विभिन्न प्रकार है। नैराश्य एक विशिष्ट रूप में संवेगों से गहराई तक संबंधित है। संवेग नैराश्य का सारभाग है Emotion is the core to frustration (Sargent, 1948) नैराश्य की अनुक्रियाएं उसके स्वयं की वर्गीकृत प्रणाली के अनुसार है। इन्हें औचित्यीकरण, निष्कासन, स्नायु-रोगी विषाद (Neurotic Depression) एवं सामान्य विषाद (Normal Depression) के रूप में वर्गीकृत किया जा सकता है।

नैराश्य व्यवहार युक्तियों का एक अलग प्रारूप होता है। यह विभिन्न तरीकों में तीव्र (Cathecticity) एवं क्रियात्मकपन (Conativeness get) व्यक्त करता है जैसे आक्रमकता (Aggression), स्थायीकरण (Fixation), प्रतिगमन, एवं त्याग (Resignation)।

प्रस्तुत नैराश्य परीक्षण में इन्हीं चार रूपों आक्रमकता (Aggression), स्थायीकरण (Fixation), प्रतिगमन एवं त्याग (Resignation) का आकलन किया गया है।

परीक्षण में कुण्ठा के चार रूपों के लिए कुल 40 पद दिए गए हैं। इनमें से प्रत्येक रूप के मापन के लिए 10 पद हैं। यह पद कुण्ठा के प्रत्येक रूप के विभिन्न पहलुओं का मापन करते हैं, जिनका वर्णन इस प्रकार है :

क्रम संख्या	कुण्ठा का प्रकार	पद वर्णन
1.	प्रतिगमन	संकोच
2.	स्थायीकरण	परिवर्तन का विरोध
3.	त्याग	सामाजिक संपर्कों से निष्कासन
4.	आक्रामकता	निपत्र से प्रतिक्रियात्मक अभिवृत्ति
5.	प्रतिगमन	आत्म–नियंत्रण की कमी
6.	स्थायीकरण	बाह्य व्यवहार
7.	त्याग	पिछलाववाद (Retreatism)
8.	आक्रमकता	उत्तेजना (Irritation)
9.	प्रतिगमन	आश्रितता
10.	स्थायीकरण	लोचनीयता की कमी
11.	त्याग	निराशावाद (Pessimism)
12.	आक्रमकता	प्रधानता/प्रभुत्व के लिए चालन
13.	प्रतिगमन	पुनः छोटा बनने की इच्छा
14.	स्थायीकरण	बीते अनुभवों में शामिल होने की जिद
15.	त्याग	आत्महत्या करने की प्रवृत्ति
16.	आक्रमकता	लड़ाई के लिए प्रेम (झगड़ा पसंद)
17.	प्रतिगमन	पुराने व्यवहार की ओर लौटना
18.	स्थायीकरण	पहले के/पुराने समायोजन से लगाव
19.	त्याग	जीवन का अस्वीकरण
20.	आक्रमकता	कहानी प्रतिशोध (Story retaliation)
21.	प्रतिगमन	बचपन की ओर लौटना
22.	स्थायीकरण	परम्परा अनुरूपता (Tradition conformity)
23.	त्याग	जीवन में रुचि का अभाव
24.	आक्रमकता	क्रोध व्यवहार
25.	प्रतिगमन	विगत समायोजन के लिए विचारमग्न
26.	स्थायीकरण	आदत दृढ़ता (Habit Persistency)
27.	त्याग	वातावरण में रुचि का अभाव
28.	आक्रमकता	एक लड़ाकू के लिए प्राथमिकता
29.	प्रतिगमन	अत्यधिक दिवा-स्वप्न देखना
30.	स्थायीकरण	स्थायी चोटों को हृदय में बनाए रखना
31.	त्याग	शोकपन (Sorrowfulness)
32.	आक्रमकता	प्रतिकूल व्यवहार के लिए प्राथमिकता देना
33.	प्रतिगमन	आत्म-नियंत्रण की कमी
34.	स्थायीकरण	अनुकूलनशीलता की कमी
35.	त्याग	निराशावादी भाग्यवाद
36.	आक्रमकता	प्रतियोगिता (Competitivness)

37.	प्रतिगमन	पुनः बच्चा बनने की इच्छा
38.	स्थायीकरण	व्यवहार की स्थिरता के लिए प्राथमिकता
39.	त्याग	पराजयवाद
40.	आक्रमकता	विद्रोह के लिए (Appreciation for rebellion)

परीक्षण में 40 में से प्रत्येक पद के सकारात्मक पहलु पर पाँच बिन्दु मापनी पर पाँच उत्तर (बहुविकल्पनात्मक) दिए गए हैं व नकारात्मक पक्ष पर शून्य अंक है। परीक्षार्थी को प्रत्येक पद पर उपयुक्त उत्तर पर सही (✓) का निशान लगाना होता है। इस प्रकार प्राप्त उत्तरों के आधार पर पाँच-बिन्दु मापनी से फलांकन कर कुण्ठा के सभी रूपों का मानक-तालिका से प्रतिशतांक ज्ञात कर लिया जाता है।

विश्वसनीयता (Reliability) – परीक्षण का 'परीक्षण-पुनः परीक्षण' (Test-retest) विश्वसनीयता विधि से विश्वसनीयता गुणांक ज्ञात किया गया है जो कि प्रतिगमन पर 0.78, स्थायीकरण पर 0.92, त्याग पर 0.85, आक्रमकता पर 0.78 है व संपूर्ण परीक्षण का विश्वसनीयता गुणांक 0.88 है।

पारिस्थितिक परीक्षण (Situation Test)

पारिस्थितिक परीक्षण का व्यक्तित्व के आकलन में महत्वपूर्ण स्थान है। प्रस्तुत परीक्षण के अंतर्गत व्यक्ति को कार्य करने को दिया जाता है। निर्णायक उसके कार्य का इस प्रकार से निरीक्षण करता है कि प्रयोज्य को यह ज्ञात नहीं हो पाता है कि उसके किस कार्य का आंशिक अथवा पूर्ण निरीक्षण किया जा रहा है। अर्जुन की गुरू दोणाचार्य द्वारा ली गयी परीक्षा भी पारिस्थितिक परीक्षा ही थी। जिसमें उन्हें केवल चिड़िया की आँख ही दिखायी दी थी।

लेखक ने इस परीक्षण का उपयोग विद्यार्थी की ईमानदारी का परीक्षण करने के लिए किया है। सेमेस्टर परीक्षा में जहाँ विद्यार्थियों को उनकी उत्तर पुस्तिकाएँ दिखायी जाती है। वहाँ विद्यार्थियों द्वारा अंक जोड़ने को कहा तब लेखक ने जानबूझ कर योग ज़्यादा लिख दिया था। जो विद्यार्थी ईमानदार थे उन्होंने यह अध्यापक को बता दिया। अन्य ने नहीं।

समाजमितीय विधियाँ (Sociomentry Methods)

एक कक्षा में कई विद्यार्थी होते हैं जो कि अध्यापक द्वारा दिए जाने वाले कार्य को कभी अकेले व कभी मिलकर करते हैं। वे समूह में रहकर कार्य करते हैं, खेलते हैं, खाते-पीते हैं व आपस में अन्तर्क्रिया करते हैं। एक समूह में रहने पर विद्यार्थियों में सामाजिक संबंध स्थापित हो जाते हैं। एक विद्यार्थी की किसी दूसरे विद्यार्थी के साथ अच्छी बनती है, जबकि किसी से बिल्कुल नहीं बनती। कुछ मित्र बन जाते हैं व कुछ में भेद हो जाते हैं एवं दूरी स्थापित हो जाती है।

अतः समूह में रहने पर समूह के सदस्यों के आपस में जो संबंध बनते हैं, उनके द्वारा एक-दूसरे को पसंद अथवा नापसंद किया जाता है, इसका अध्ययन जिस तकनीक द्वारा किया जाता है, वह समाजमिति कहलाती है।

समाजमिति तकनीक का विकास सन् 1934 में जे.एल.मोरेनो ने किया था। इसमें समूह के सदस्यों से कुछ निकषों (Criterions) के आधार पर अन्य सदस्यों के बारे में उनकी पसंद या नापसंद को ज्ञात किया जाता है। इसके लिए सदस्यों से कुछ प्रश्न पूछे जाते हैं। जैसे आप कक्षा में अपने पास वाली सीट पर किसे बैठाना पसंद करेंगे? आप क्रिकेट खेलते समय किसकी टीम में खेलना पसंद करेंगे? आप विद्यालय से घर जाते समय किसका साथ पसंद करेंगे? इत्यादि। इस प्रकार के प्रश्नों के आधार पर बालक से समूह के सदस्यों में से उसकी पसंद के एक या अधिक नाम पूछे जाते हैं। उपर्युक्त सभी प्रश्न बालकों की पसंद को बताने वाले हैं, इसी तरह से बालकों की नापसंद बताने वाले प्रश्न भी पूछे जा सकते हैं।

समाजमिति पसंद के प्रकार

कर्लिंगर (1978) ने समाजमिति को परिभाषित करते हुए इसकी पसंद के प्रकार बताए हैं–समाजमिति का अर्थ केवल व्यक्तियों की पसंद ही नहीं है, यह एक विस्तृत पद है जो कि सम्प्रेषण की पसंद, प्रभावों की पसंद या अल्पसंख्यक की पसंद भी बताती है। यह बालक को दिए गए निर्देश एवं प्रश्नों के आधार पर ज्ञात की जाती है। ये प्रश्न निम्न तरह के हो सकते हैं–

1. आप अपनी कक्षा में किस विद्यार्थी का नेतृत्व पसंद करेंगे?
2. आप किसके साथ गृहकार्य करना पसंद करेंगे?
3. आप अपने किस साथी के साथ पिकनिक पर जाना पसंद करेंगे?
4. आप किन दो साथियों को नापसंद करते है ?

इस प्रकार के प्रश्नों के आधार पर समाजमिति में पसंद एवं नापसंद के विभिन्न प्रकार हो सकते हैं, जैसे –

1. **पसंद/नापसंद** – गणेश ने विनायक को पसंद किया या नापसंद किया?

2. **कोई पसंद/नापसंद नहीं** – महेश न तो किसी को पसंद करता है और न ही कोई महेश को पसंद या नापसंद करता है।

3. **एकाकी पसंद/नापसंद** – मीनू ने राज को पसंद या नापसंद किया, किन्तु राज ने न तो मीनू को पसंद किया न ही नापसंद किया।

समाजमिति के आधार पर विद्यार्थी कक्षा में चार तरह के समूह बनाते हैं जो इस प्रकार हैं :

1. नायक (Star) – ऐसा विद्यार्थी जो कक्षा में सर्वाधिक पसंद किया जाता है, उसे नायक या स्टार कहा जाता है। जैसे :–

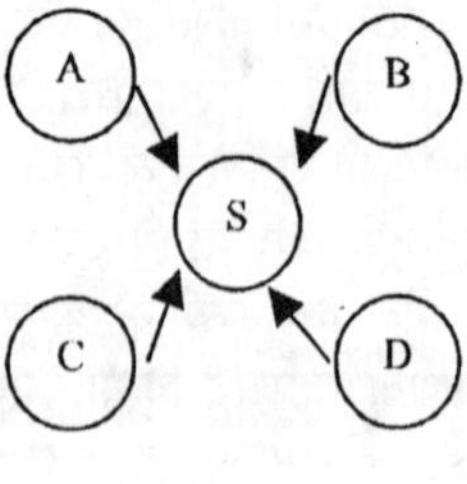

यहाँ S नायक है।

2. एकाकी (Isolate) – ऐसा विद्यार्थी जिसे कक्षा में कोई पसंद नहीं करता या बहुत कम छात्र पसंद करते हैं, एकाकी कहलाता है।

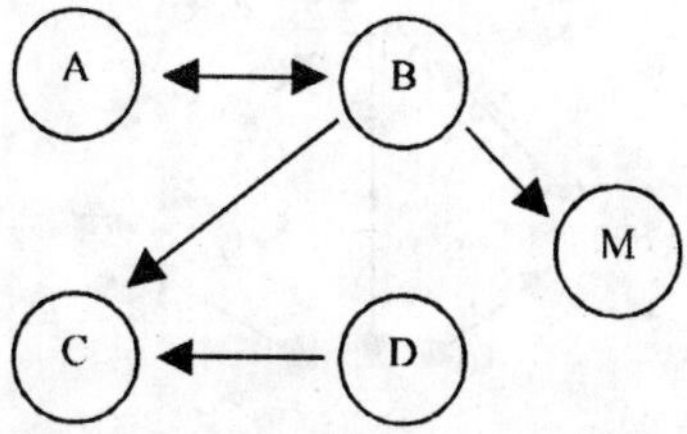

यहाँ M एकाकी है।

3. गुट (Pair) – जब कुछ विद्यार्थी आपस में एक दूसरे को पसंद करते हैं तो उनमें छोटे–छोटे समूह बन जाते हैं। इन्हें गुट कहा जाता है। जैसे –

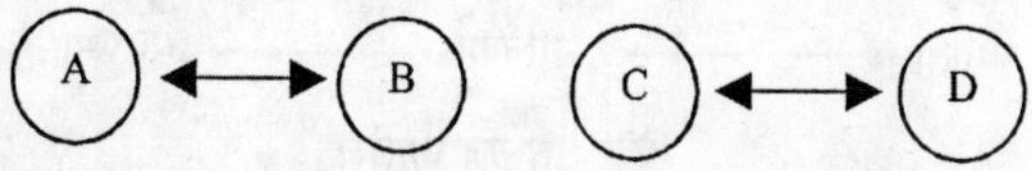

4. शृंखला (Chain) – जब समूह में एक विद्यार्थी दूसरे को पसंद करता है, दूसरा तीसरे को और तीसरा चौथे को, तो ये सब मिल कर एक शृंखला का निर्माण करते हैं।

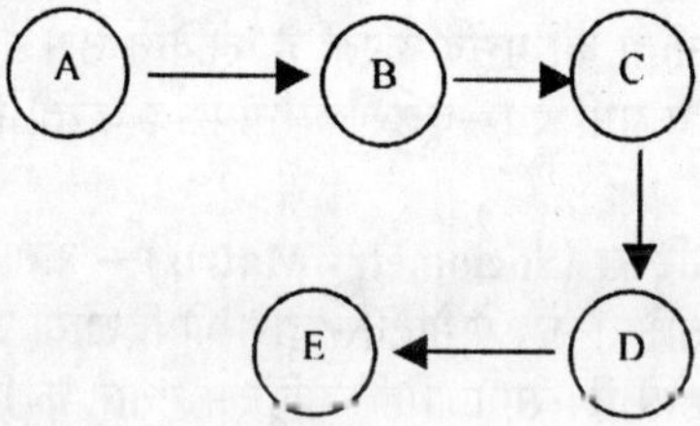

समाजमिति विश्लेषण विधियाँ (Sociometry Methods of Analysis)

समाजमिति द्वारा एकत्रित किए गए प्रदत्तों का विश्लेषण तीन वर्गों में वर्गीकृत किया जा सकता है। जैसे –

1. समाज आलेख / निर्देशित ग्राफ (Socio Graph/Directed Graph)–
2. समाजमिति मेट्रिक्स (Sociometry Matrix)
3. समाजमिति निर्देशांक (Sociometry Index)

इनका वर्णन इस प्रकार है –

1. समाज आलेख (Socio Graph) – समाजमिति के परिणामों का चित्रात्मक संक्षेप समाज आलेख कहलाता है जो कि रेखाओं एवं तीरों से बना होता है। इसमें रेखाएँ जहाँ पसंद अथवा नापसंद को बताती हैं वहीं तीर पसंद अथवा नापसंद की दिशा बताते हैं। पसंद को गहरी रेखा द्वारा तथा नापसंद को टूटी रेखा द्वारा बताया जाता है। दो सदस्यों के मध्य दूरी जितनी अधिक होती है, वे उतना ही एक दूसरे

को नापसंद करते हैं। इसके विपरीत उनमें जितनी कम दूरी होती है, वे उतने घनिष्ठ होते हैं।

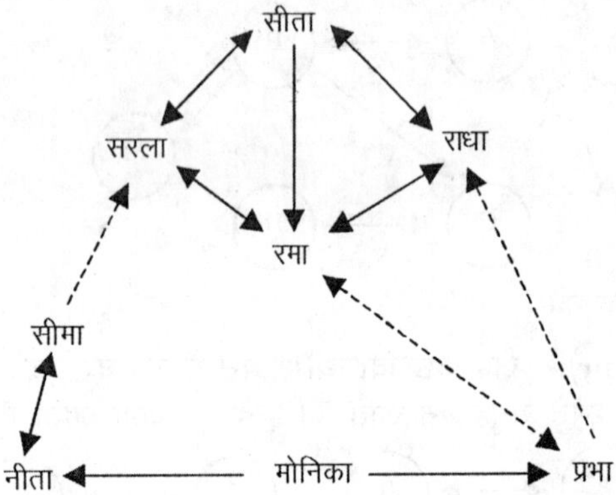

चित्र : समाज आलेख

चित्र में सीता, सरला, रमा व राधा मिलकर एक गुट का निर्माण कर रही हैं। वे एक दूसरे को पसंद करती हैं, इसलिए उनमें दूरी कम है, जबकि सीमा सरला को पसंद नहीं करती है व नीता को पसंद करती है। नीता भी सीमा को पसंद करती है। मोनिका प्रभा व नीता को पसंद करती है, लेकिन उसे कोई पसंद या नापसंद नहीं करता है। रमा व प्रभा एक–दूसरे को नापसंद करती हैं तथा प्रभा राधा को नापसंद करती है।

2. समाजमिति मेट्रिक्स (Sociometry Matrix) – समाजमिति द्वारा एकत्रित किए गए प्रदत्तों को संक्षिप्त रूप में मेट्रिक्स द्वारा भी दिखाया जा सकता है। मेट्रिक्स में कतार एवं स्तम्भ होते हैं। समाजमिति मेट्रिक्स बनाने के लिए समान कतार एवं समान स्तम्भ वाली मेट्रिक्स का उपयोग करते हैं, अर्थात् यदि 6 कतार होंगी तो 6 स्तम्भ होंगे, 10 कतार होंगी तो 10 स्तम्भ होंगे।

उदाहरण –

यदि हम कक्षा के छात्रों की पसंद/नापसंद जानना चाहते हैं तो हम उन्हें उनकी पसंद के अनुसार सर्वश्रेष्ठ तीन दोस्तों के नाम लिखने को कहेंगे तथा उनके द्वारा प्राप्त सूचनाओं के द्वारा एक मेट्रिक्स की रचना कर यह ज्ञात करेंगे कि किस छात्र को कौन से छात्र पसंद करते हैं।

जैसे 8 छात्रों – वत्सल, उर्विश उत्कर्ष, उत्सव, वासु, विनय, व्रज एवं विकास का एक समूह है। तब इनमें से प्रत्येक से उसकी पसंद के तीन नाम पूछे जाएँगे तथा उन्हें मेट्रिक्स में अंकित किया जाएगा। मेट्रिक्स में एक ओर चुनने वाले छात्रों के नाम लिखेंगे व दूसरी और चुने गए छात्रों के। चुनने वाले छात्रों की पसंद को उनके नाम के नीचे तथा चुने गए छात्रों को उनके नाम के सामने लिखेंगे। इस प्रकार तैयार की गयी एक मेट्रिक्स को यहाँ दिया गया है।

चुने गए	चुनने वाले								मतों का कुल योग
	वत्सल	उर्विश	उत्कर्ष	उत्सव	वासु	विनय	व्रज	विकास	
1		I	III	I	II	II			5
2	I		II		I		III		4
3		II		II		I		I	4
4	II								1
5		III					II	II	3
6					III				1
7	III			III				III	3
8			I			III	I		3

इस प्रकार समूह के प्रत्येक छात्र की पसंद और एक छात्र को अन्य कितने छात्रों ने पसंद किया, यह ज्ञात किया जाता है। इस सारणी से यह ज्ञात होता है कि वत्सल को पसंद करने वाले छात्रों की संख्या सबसे अधिक है, यानि वत्सल अधिक सामाजिक है, उसकी मिलनसारिता सर्वाधिक है। दूसरा व तीसरा क्रम उर्विश एवं उत्कर्ष का है, जबकि उत्सव व विनय को न्यूनतम छात्रों (एक) ने पसंद किया जो यह बताता है कि वे सामाजिक नहीं हैं।

3. समाजमिति सूचना (Sociometry Index) – मोरेनो ने नायक, एकाकी, तिरस्कृत, शृंखला इत्यादि के अलावा अनेक समूह सूचक भी बताए हैं। जैसे – संवेगात्मक विस्तारिता, आकर्षण अनुपात, तिरस्कार अनुपात।

लाभ (Advantages)

1. समाजमिति के द्वारा समूह की सामाजिक संरचना एक नजर में समझी जा सकती है।
2. ऐसे बालक जिनके अपने सहपाठियों से संतोषजनक संबंध नहीं हैं और जिसे कोई पसंद नहीं करता है, उन्हें पहचानने व उनका सामाजिक समायोजन सुधारने में समाजमिति विधि अत्यंत उपयोगी होती है।
3. समाजमिति एक समूह की दूसरे समूह से तुलना करने में उपयोगी है।
4. इससे निर्देशनकर्ता को छात्रों के पारस्परिक संबंधों व उनमें होने वाली अन्तर्क्रिया को समझने में मदद मिलती है।
5. समाजमिति विधि से अध्यापक को विद्यार्थियों के समूह को विभिन्न कार्य व परियोजनाओं का वितरण करने में सुविधा होती है।
6. इससे समूह के सदस्य किस तरह का नेतृत्व पसंद करते हैं, यह ज्ञात होता है।

सीमाएँ (Limitations)

(*i*) समाजमिति विधि के विश्लेषण के लिए कुशल व प्रशिक्षित व्यक्तियों की आवश्यकता होती है।

(*ii*) इस विधि से समूह का अध्ययन करने में समय, धन व ऊर्जा तीनों अधिक लगते हैं।

(*iii*) यह एक जटिल पद्धति है।

3. प्रक्षेपीय विधियाँ (Projective Methods) – इन विधियों के द्वारा व्यक्ति के अचेतन (Unconscious) को जाना जाता है। प्रक्षेपण में व्यक्ति अपनी भावनाओं, विचारों, अभिवृत्तियों, संवेगों, आवश्यकताओं आदि को अपने में न देखकर अन्य व्यक्ति या वस्तु पर आरोपित कर देता है। इस विधि में व्यक्ति के सामने किसी उद्दीपक स्थिति को प्रस्तुत किया जाता है ताकि व्यक्ति अपनी भावनाओं, विचारों, अभिवृत्तियों, संवेगों एवं आवश्यकताओं को उस स्थिति में दूसरों पर आरोपित कर सके।

1. शब्द साहचर्य विधि (Word Association Test) – इस विधि में परीक्षार्थी के सामने उद्दीपक शब्दों को एक–एक कर प्रस्तुत किया जाता है। परीक्षार्थी उत्तर के रूप में अन्य शब्दों द्वारा प्रतिक्रिया व्यक्त करता है। उस शब्द को सुनकर उसके मस्तिष्क में सबसे पहले जो शब्द आता है उसे वह बोलने के लिए कहा जाता है। परीक्षार्थी की प्रतिक्रिया दो प्रकार से प्राप्त की जा सकती है प्रथम है मुक्त साहचर्य (Free Association) द्वारा एवं दूसरे नियंत्रित साहचर्य द्वारा। मुक्त साहचर्य में उद्दीपक शब्द की प्रतिक्रिया में जो भी शब्द परीक्षार्थी के मन में आता है वह कहने के लिए स्वतंत्र होता है किन्तु नियंत्रित साहचर्य में प्रतिक्रिया का स्वरूप सीमित कर लिया जाता है। जैसे खेल का मैदान कहने पर खिलाड़ी इत्यादि।

शब्द साहचर्य विधि किसी व्यक्ति के बारे में अनेक प्रकार से जाना जाता है जैसे व्यक्ति का रुख, शब्द का न सुन पाना, संवेगात्मक क्षोभ प्रकट करना, प्रतिक्रिया में अधिक समय लेना भावनात्मक उलझनों का संकेत देता है। साइमण्डस ने बताया कि यदि प्रयोज्य प्रतिक्रिया व्यक्त नहीं करता है,अधिक समय लेता है, प्रस्तुत उद्दीपन शब्द को दोहरा देता है, एक ही प्रतिक्रिया कई बार करता है, अर्थहीन प्रतिक्रिया करता है तथा विशिष्ट शारीरिक प्रतिक्रियाएँ करता है तो ये सब सांवेगिक ग्रन्थियों के संकेतक हैं।

शब्द साहचर्य विधि का सर्वप्रथम उपयोग गाल्टन ने किया। उनकी सूची में 75 शब्द थे, उसके बाद युंग ने 100 शब्दों की सूची बनायी। युंग की शब्द साहचर्य सूची के कुछ शब्द यहाँ दिए गए हैं :

सिर	कानून	सवारी
हरा	संकीर्ण	मर्यादा
पानी	स्याही	कांच
छड़ी	खराब	दीवार

हमारे देश में शानुमुगम ने यह सूची बनायी।

2. वाक्य पूर्ति परीक्षण (Sentence Completion Test) – वाक्य पूर्ति परीक्षण में प्रयोज्य को ऐसे अपूर्ण वाक्यों को पूर्ण करने को कहा जाता है जिनमें प्रारंभिक कुछ शब्द दिए गए होते हैं। ताकि वाक्यों की पूर्ति करते समय वह अपने संवेगों, इच्छाओं एवं अभिवृत्तियों को व्यक्त कर सके। उदाहरणार्थ

1. मेरे विद्यालय का नाम ....
2. मैं असत्य बोलता हूँ..
3. मैं दवाखाने में हूँ, क्योंकि...

वाक्यपूर्ति परीक्षण टेण्डलर (1930), कैमरान (1938), थार्नडाइक (1941) ने किया। हमारे देश में इसका विकास केन्द्रीय शैक्षिक एवं व्यावसायिक संस्थान मनोविज्ञान विभाग ने किया।

प्रसंगात्मक बोध परीक्षण (Thematic Apperception Test) – प्रसंगात्मक बोध परीक्षण व्यक्तित्व के विविध पहलुओं के गतिशील निर्वचन के लिए एक अद्वितीय अतिसंवेदनशील उपकरण है। प्रसंगात्मक बोध परीक्षण मुरे एवं मार्गन (Murray and Morgan) की नैदानिक शोधों के परिणामों के रूप में 1935 में प्रकाशित हुआ। प्रसंगात्मक बोध परीक्षण व्यवहार विकृतियों, तंत्रिकारोग (Neuroses) एवं मनोविकृति (Psychoses) के निर्वचन तथा व्यक्तित्व के किसी भी अध्ययन में उपयोगी प्रमाणित किया गया है। इसे व्यक्तित्व की लघु चिकित्सा विधि (Short Therapy Method) एवं विविध सांस्कृतिक क्षेत्रों में समुदाय समस्याओं के निदान के रूप में प्रयुक्त किया जा सकता है।

मुरे के अनुसार – "प्रसंगात्मक बोध परीक्षण, प्रशिक्षित निर्वचकों द्वारा कुछ प्रमुख चालनों (Dominant Drives), संवेगों (Emotions), मनोभावों (Sentiments), मनोग्रंथियों (Complexes) एवं व्यक्तित्व के द्वन्दों को व्यक्त करने की विधि है।" उन्होंने बताया कि परीक्षण का उद्देश्य (Objective), प्रयोज्य की स्वयं की आवश्यकताओं एवं दिवास्वप्नों को कार्डों के माध्यम से प्रयोज्य पर प्रक्षेपित करना है।

प्रस्तुत परीक्षण में तीस चित्र होते हैं, 10 चित्र पुरुषों के लिए, 10 महिलाओं के लिए एवं 10 दोनों के लिए। परीक्षण में प्रयोज्य को कुल 20 चित्र दिखाये जाते हैं। जिन्हें देखकर प्रयोज्य प्रत्येक चित्र पर कहानी की रचना कर बताता है कि चित्र में क्या घटना घट रही है? घटना का कारण क्या है? पात्र क्या अनुभव कर रहे हैं? और घटना का क्या परिणाम निकलेगा? प्रयोज्य से कहानी का प्रारंभ, मध्य व अंत देने को कहा जाता है। जैसे ही परीक्षार्थी के सामने कल्पनाशक्ति के परीक्षण के रूप में चित्रों को प्रस्तुत किया जाता है, वह स्वयं को भूल जाता है, और कल्पित चरित्रों को पहचानता है। इस प्रकार प्रयोज्य आंतरिक द्वन्दों को असावधानीवश प्रकट कर देता है एवं चित्रों में कल्पनात्मक आकृतियों के द्वारा उसके मस्तिष्क को प्रेरणा देता है, जिन्हें वह प्रत्यक्ष प्रश्न पूछे जाने पर स्वीकार करने से इंकार कर सकता है। प्रयोज्य चित्र के पात्रों से तादात्म्य स्थापित कर अपने भावों, विचारों, संवेगों, संघर्षों इत्यादि को प्रक्षेपण द्वारा व्यक्त करता है। ऐसे कथानक द्वारा प्रयोज्य के मन के संघर्षों, इच्छाओं एवं अभिवृत्तियों का पता चलता है।

यह एक अत्यधिक संवेदनशील उपकरण है और इसे एक प्रशिक्षित निर्वचक, जिसे चिकित्सीय प्रविधियों एवं सांस्कृतिक पृष्ठभूमि का व्यापक (Thorough) ज्ञान हो, के द्वारा निर्वचन एवं प्रयुक्त किया जा सकता है। यह उपकरण विशेष रूप से मूल्यवान है, क्योंकि यह नीचे दबे झूठे (Under lying) प्रेरक प्रकट करता है, एवं उन प्रवृत्तियों को रोकता है, जिन्हें प्र ोज्य स्वीकार नहीं करता है या कर सकता है, क्योंकि उसमें मनोवैज्ञानिक बाधा होती है।

प्रसंगात्मक बोध परीक्षण व्यक्तित्व की संरचना के अध्ययन के लिए यूरोप एवं अमेरिका में व्यापक रूप से प्रयोग किया जाने वाला एक महत्वपूर्ण उपकरण है। हालांकि यह रोशॉ के स्याही धब्बों वाले परीक्षण के स्तर की तरह संस्कृति–मुक्त परीक्षण नहीं है। भारतीय सामाजिक परिस्थितियाँ यूरो–अमेरिकन समाज की प्रतिकृति नहीं है अतः भारतीय परिस्थितियों के अनुसार हमारे देश में इसका भारतीय अनुकूलन उमा चौधरी ने किया है जिसे मनोविज्ञान शाला, इलाहाबाद द्वारा प्रकाशित किया है जिसमें 14 चित्र हैं। जिसमें से सात चित्र लड़के एवं लड़कियों दोनों के लिए तथा 3 चित्र केवल लड़कों के लिए एवं चार चित्र केवल लड़कियों के लिए हैं।

बालक प्रसंगात्मक बोध परीक्षण (Children Apperception Test) – प्रस्तुत परीक्षण का निर्माण बैलक एवं बैलक ने किया है। प्रस्तुत परीक्षणों में पशुओं से संबंधित ग्यारह कार्ड होते हैं जिनमें पशुओं को मानवीय कार्य करते दिखाया जाता है। प्रस्तुत परीक्षण द्वारा बच्चों की समस्याएँ ज्ञात की जाती हैं। हमारे देश में इनका भारतीय अनुकूलन उमा चौधरी ने किया है।

रोजेनविग चित्र नैराश्य परीक्षण (Rogenzweig Picture Frustration Test)– प्रस्तुत परीक्षण का निर्माण रोजेनविग ने किया। प्रस्तुत परीक्षण में 24 चित्र शामिल हैं। हर चित्र में किसी नैराश्य परिस्थिति का चित्र होता है। परीक्षण का भारतीय अनुकूलन बच्चों एवं वयस्कों की कुण्ठाएँ ज्ञात करने के लिए उदय पारीक ने तैयार किया। इस परीक्षण के दो प्रकार हैं पहला बच्चों के लिए तथा दूसरा वयस्कों के लिए। दोनों में 24–24 चित्र हैं इनमें चित्रों के साथ–साथ कुछ वाक्यों का प्रयोग भी किया जाता है। चित्र में पात्र को ऐसी बात करते दिखाया जाता है जो कि निराशा का कारण बनती है। परीक्षार्थी को प्रतिक्रियास्वरूप अपनी बात लिखनी होती है।

रोशॉ स्याही के धब्बों का परीक्षण (Rorschach Ink Blot Test) – प्रस्तुत परीक्षण का निर्माण स्विस मनोवैज्ञानिक हरमन रोशॉ ने स्याही के धब्बों का प्रयोग किया एवं यह निष्कर्ष दिया कि विभिन्न व्यक्ति स्वस्थ एवं बीमार, विभिन्न प्रकार से ऐसे धब्बों के प्रति प्रतिक्रिया व्यक्त करते हैं।

प्रस्तुत परीक्षण में स्याही के धब्बों के दस कार्ड होते हैं। ये धब्बे अनेक रंगों के होते हैं जैसे गहरे लाल, काले चमकीले भूरे आदि। चूंकि इनका रूप अनिश्चित रहता है। अतः हर परीक्षार्थी को ये धब्बे अलग–अलग दिखायी देते हैं। कार्ड क्रमांक 1, 4, 5, 6 एवं 7 के रंग काले एवं सफेद हैं, कार्ड 2, 3 काले सफेद एवं लाल रंग में तथा कार्ड 8, 9 एवं 10 कई रंगों से बने हुए हैं। ये कार्ड एक–एक कर एक निश्चित

क्रम में परीक्षार्थी के सामने प्रस्तुत किए जाते हैं। परीक्षार्थी से पूछा जाता है कि उसे कार्ड में क्या दिखायी दे रहा है? परीक्षार्थी की प्रतिक्रियाओं के आधार पर उसके व्यक्तित्व का आकलन किया जाता है। परीक्षक के लिए यह जानना आवश्यक है कि 1. व्यक्ति का निरीक्षण क्षेत्र क्या है? अथवा वह धब्बे के किस भाग का निरीक्षण करता है? 2. वह संपूर्ण धब्बा देखता है अथवा उसके किसी भाग को? 3. वह धब्बों की कौन–कौन सी विशेषताएँ देखता है? 4. वह धब्बों में गति देखता है अथवा नहीं? 5. क्या उसकी प्रतिक्रिया रूप एवं रंग पर आश्रित है ? 6. उसके निरीक्षण की विषयवस्तु क्या है? 7. उसकी प्रतिक्रिया मनुष्य, पौधे एवं पशु दृश्य में किस बात पर निर्भर है? प्रत्येक कार्ड के बारे में परीक्षार्थी का उत्तर, प्रतिक्रिया में लगा समय, उत्तर देने का ढंग एवं व्यवहार लिख लिया जाता है।

फलांकन विधि (Scoring Method) – फलांकन के लिए निम्न चार बिन्दुओं पर ध्यान दिया जाता है–

1. स्थिति (Location) – स्थिति के अंतर्गत यह देखा जाता है कि प्रयोज्य ने धब्बे के किस भाग को देखकर प्रतिक्रिया व्यक्त की हैं जैसे –

1. संपूर्ण धब्बे को देखकर की गयी प्रतिक्रिया = W
2. धब्बे के किसी बड़े भाग को देखकर की गयी प्रतिक्रिया = D
3. धब्बे के किसी छोटे भाग को देखकर की गयी प्रतिक्रिया = d
4. धब्बे के किसी अस्वाभाविक भाग पर प्रतिक्रिया = Dd
5. धब्बे के श्वेत भाग पर प्रतिक्रिया = s
6. अत्यन्त छोटे भाग पर प्रतिक्रिया = dd
7. चित्र के किनारे के भाग पर प्रतिक्रिया = de
8. चित्र के मध्य (आंतरिक) भाग पर प्रतिक्रिया = di

2. निर्धारक (Determinants) – निर्धारक से आशय होता है किन विशेषताओं के कारण परीक्षार्थी ने प्रतिक्रियाएँ दीं। मुख्य निर्धारक हैं आकार, छाया (Shadow), रंग, दृष्टिकोण (Perspective) तथा गति। इन्हें संकेतों से व्यक्त किया जाता है। इन्हें तालिका में प्रस्तुत किया गया है:

निर्धारकों एवं संकेतों को दर्शाती तालिका

क्र.	निर्धारक	वर्णन	संकेत
1.	रंग	केवल रंग	C
		रंग मुख्य (आकार गौण)	CF
		रंग गौण (आकार मुख्य)	FC
2.	आकार	सामान्य	F
		स्पष्ट	F +
		अस्पष्ट	F –
3.	छाया	केवल छाया	K
		आकार मुख्य छाया गौण	FK

क्र.	निर्धारक	वर्णन	संकेत
		छाया मुख्य आकार गौण	Kf
4.	गति	मानवीय	M
		पशु	FM
		अन्य	m
5.	दृष्टिकोण	गहराई	FK

विषयवस्तु (Content)

विषयवस्तु के अन्तर्गत परीक्षार्थी मानव आकृति, पशु आकृति, नदी, घाटी, पहाड़, देश, विचार भाव, घरेलु वस्तु इत्यादि देख सकता है।

मौलिक एवं प्रचलित (Original and Populars)

यदि विद्यार्थी ने ऐसी अनुक्रियाएँ दीं जो किसी से न मिलती हों तब उन्हें हम मौलिक की श्रेणी में रखते हैं इसके विपरीत यदि उसने ऐसी प्रतिक्रियाएँ दीं जो सबसे मिलती हों तब उन्हें हम प्रचलित की श्रेणी में रखते हैं।

13

अभिक्षमता का आकलन
(Assessment of Aptitude)

जब किसी बालक में हमें बचपन से ही कुछ विशेष गुण दिखाई पड़ते हैं, जैसे – वह बहुत अच्छी चित्रकारी करता हो, अच्छा गाना गाता हो, गणित के सवालों को हल करता हो, तब हम उसके इस गुण को ईश्वर की देन मानते हैं या जन्मजात प्रतिभा कहते हैं। यह जन्मजात प्रतिभा बालक की अभिक्षमता होती है, जो उसके भविष्य के निष्पादन की ओर संकेत करती है। अभिक्षमता किसी व्यक्ति की एक विशिष्ट क्षेत्र में जन्मजात असाधारण योग्यता होती है जो कि अवसर और प्रशिक्षण मिलने पर भविष्य में प्रस्फुटित होती है।

इसकी कुछ प्रमुख परिभाषाएँ इस प्रकार है :

1. ट्रेक्सलर के अनुसार – "अभिक्षमता वह वर्तमान दशा है जो व्यक्ति की भविष्य की क्षमताओं की ओर संकेत करती है।"

2. बिन्धम के अनुसार – "अभिक्षमता किसी व्यक्ति की प्रशिक्षण के पश्चात् ज्ञान, दक्षता या प्रतिक्रियाओं को सीखने की योग्यता है।"

3. फ्रीमैन के अनुसार – "अभिक्षमता परीक्षण व्यक्ति की सम्भाव्य योग्यता को एक विशिष्ट प्रकार की क्रिया में तथा एक निश्चित सीमा के अन्तर्गत मापन करता है।

अभिक्षमता की मान्यताएँ

1. अभिक्षमताओं में व्यक्तिगत भेद होते हैं। अर्थात् किसी व्यक्ति में एक क्षेत्र की अभिक्षमता होती है तो किसी में अन्य क्षेत्र/क्षेत्रों में। साथ ही प्रत्येक व्यक्ति में कुछ न कुछ अभिक्षमताएँ जरूर होती हैं। ऐसा नहीं होता कि किसी व्यक्ति में सब अभिक्षमताएँ हों और दूसरे में बिल्कुल नहीं।
2. अभिक्षमता जन्मजात होती है। यह व्यक्ति में जन्म से ही पाई जाती है। इनका विकास स्वभावतः संभव है, परंतु इसके लिए उपयुक्त अवसर, वातावरण, साधन आदि प्राप्त होने आवश्यक हैं।
3. किसी व्यक्ति में सभी अभिक्षमताएँ समान रूप से तीव्र नहीं होती हैं। किसी एक या अधिक क्षेत्रों में उसकी अभिक्षमताओं की मात्रा उच्च होती है तो किन्हीं क्षेत्रों में औसत/या निम्न।

4. अभिक्षमताओं में अन्तर पर्याप्त रूप से स्थिर होते हैं। इसी वजह से व्यक्तियों को व्यावसायिक परामर्श की आवश्यकता होती है।

अभिक्षमता परीक्षणों के प्रकार (Types of Aptitude Test)

होकरोक्स (1964) ने अभिक्षमता परीक्षणों को निम्न चार वर्गों में वर्गीकृत किया है :

1. विभेदात्मक परीक्षण अथवा विश्लेषणात्मक परीक्षण – यहाँ परीक्षणों की माला का उपयोग निष्पादनों के आकलन के लिए किया जाता है। तथा फलांकों का विश्लेषण किया जाता है।

2. घटक योग्यता परीक्षण – ऐसे परीक्षण एक विशिष्ट योग्यता का मापन करते हैं।

3. सदृश परीक्षण (Analogous Tests) – ऐसे परीक्षण किसी कृत्य (Job) को बुनियादी गतिविधियों या अभिरूपता अथवा तरीके को दोहरा कर प्रस्तुत करते हैं।

4. कार्य न्यादर्श अभिक्षमता परीक्षण (Work Sample Aptitude Test) – ऐसे परीक्षण में प्रयोज्य को दिए गए कृत्य को पूर्ण रूप में अथवा अंशों में निष्पादित करना होता है जैसे स्कूटर के कार्बोरेटर को सुधारना।

यहाँ विभिन्न अभिक्षमता परीक्षणों का वर्णन प्रस्तुत है :

सामान्य अभिक्षमता परीक्षण माला (General Aptitude Test Battery)

प्रस्तुत परीक्षण का विकास 1963 में संयुक्त राज्य रोजगार सेवा द्वारा 16 वर्ष एवं अधिक उम्र के व्यक्तियों के परामर्श एवं नियुक्ति के लिए किया गया। इसमें नौ प्रकार के परीक्षण है :

1. सामान्य योग्यता (General Ability)
2. शाब्दिक योग्यता (Verbal Ability)
3. अंकिक योग्यता (Numerical Ability)
4. दैशिक योग्यता (Spatial Ability)
5. लिपिकीय योग्यता (Clerical Ability)
6. प्रत्यक्षण (Perception)
7. गामक समन्वय (Motor Coordination)
8. हस्तदक्षता (Manual Dextirity)
9. अंगुल दक्षता (Finger Dextirity)

मिनेसोटा लिपिकीय अभिक्षमता परीक्षण (Minnesota Clerical Aptitude Test)

प्रस्तुत परीक्षण का निर्माण एम. एन्ड्रयू द्वारा किया गया। इस परीक्षण का उपयोग बहुतायत से उद्योग एवं निर्देशन के लिए किया जाता है। इस परीक्षण के दो उपपरीक्षण हैं – अंक तुलना एवं नाम तुलना। प्रथम उप परीक्षण में 12 अंकों की 200 जोड़ियाँ हैं, प्रयोज्य को उन जोड़ियों की जाँच करने के लिए कहा जाता है जो कि समान हैं। ठीक इसी प्रकार नाम तुलना परीक्षण में प्रयोज्य को उन नामों

के जोड़े बताने को कहा जाता है जो समान हैं। इसमें परिशुद्धता (Accuracy) एवं गति का आकलन किया जाता है।

उदाहरण –

66273894 – 66273984

527384578 – 527384578

New York World – New York World

Cargill Grainco- Cargil Grainco

इस परीक्षण का भारतीय अनुकूलन भी उपलब्ध है।

व्यावसायिक निर्देशन संस्थान बाम्बे का लिपिकीय अभिक्षमता परीक्षण

यह लिपिकीय अभिक्षमता का शाब्दिक परीक्षण है तथा इसे समूह में प्रशासित किया जाता है। दूसरे दो उप परीक्षण हैं तथा प्रत्येक उप परीक्षण में 200 पद हैं, निर्देशों सहित परीक्षण को प्रशासित करने में 40 मिनट का समय लगता है। परीक्षण का उपयोग निर्देशन हेतु तथा विद्यार्थियों के वाणिज्यिक कक्षाओं के चयन के लिए किया जाता है। परीक्षण का मानकीकरण कक्षा X एवं XI के 232 विद्यार्थियों पर किया गया। मिनेसोटा लिपिकीय परीक्षण के साथ इसका वैधता गुणांक 0.90 पाया गया। परीक्षण का प्रकाशन व्यावसायिक निर्देशन संस्थान क्रकशंक रोड़ मुम्बई ने किया है।

शैक्षिक एवं व्यावसायिक निर्देशन शाला पटना की लिपिकीय अभिक्षमता माला (Clerical Aptitude Test Battery by Bureau of Educational & Vocational Guidence Patna)

यह एक शाब्दिक परीक्षण है, जिसका प्रशासन समूह में किया जाता है। यह 14 से 22 वर्ष की उम्र के प्रत्याशियों के लिए बना है। इसमें 8 उप परीक्षण हैं जिन्हें पूर्ण करने में कुल 32 मिनिट का समय लगता है।

किरण गुप्ता की लिपिकीय अभिक्षमता परीक्षण माला (A Battery of Clerical Aptitude Tests by Kiran Gupta)

प्रस्तुत परीक्षण में लिपिकीय कार्य से संबंधित सात कृत्यों अर्थात् बुद्धि, अंकिक योग्यता, भाषा–उपयोग, वर्गीकरण, दस्तीकरण (Filing), नकल करना, व्यक्तिगत फलांकों की जांच करना इत्यादि का आकलन किया जाता है। अलग–अलग कृत्यों के लिए अलग–अलग समय लगता है तथा सम्पूर्ण परीक्षण को पूर्ण करने में 2 घण्टे से लगाकर सवा दो घण्टे समय लगता है। परीक्षण का उपयोग व्यासायिक निर्देशन एवं परामर्श के लिए किया जा सकता है। परीक्षण का वैधता गुणांक अलमिन्स विधि से ज्ञात किया गया जो कि 0.786 है।

नाबर कला योग्यता परीक्षण (Knabur Art Ability Test)

प्रस्तुत परीक्षण का उपयोग ग्रेड 7 से लगाकर 16 तक के लिए उपयोग में लाया जाता है। परीक्षण में स्मृति के आधार पर चित्रों का पुनरुत्पादन करना होता है। परीक्षण में निम्न प्रकार के कार्य करवाए जाते हैं:

स्मृति से डिजाइन बनाना
स्मृति से चित्र बनाना
सीमित स्थान में आकृति बनाना
निर्दिष्ट दिए गए स्थान में जमाना
अभिकल्पों का सृजन एवं प्रतिस्पर्धा करना
रचना में त्रुटियों की पहचान करना
गलत जगह रखे विस्तार
गलत अनुपातीय विस्तार
असमरूप तत्व
सृजनात्मक कल्पना को प्रदर्शित करने वाली रचना का उत्पादन
संकल्पना को सांकेतिक रूप में प्रतिनिधित्व करने की योग्यता
प्रवीणता (Ingenuity)
सार्वभौम विचार की योजना एवं क्रियान्वयन

इस परीक्षण द्वारा कलात्मक अभिक्षमता के रचनात्मक पक्ष का आकलन किया जाता है।

हार्न कला अभिक्षमता सूची (Horn Art Aptitude Inventory)

प्रस्तुत परीक्षण माध्यमिक विद्यालयों एवं महाविद्यालयों की कलात्मक अभिक्षमता के आकलन के लिए उपयोगी है। यह दो भागों में विभक्त है।

1. रेखाओं एवं आकारों का चित्रांकन जो कि दो उपभागों में बँटा होता है।

अ) घसीट लेखन (Scribble) का अभ्यास एवं

ब) टेड़े मेड़े अक्षर (Doodic) का अभ्यास

2. काल्पनिक उपभाग भाग अ में विद्यार्थी पर्याप्त रूप से सरल आकार एवं चित्र बनाता है जिससे उसको आत्मविश्वास बढ़ता है। भाग ब में टेड़े मेड़े अक्षरों के द्वारा विद्यार्थी की रेखाओं की गुणवत्ता (Quality), निर्देशों के अनुसरण की योग्यता, मौलिकता एवं रचना की समझ के आकलन के लिए निर्मित किया गया है।

परीक्षण लड़के एवं लड़कियों दोनों ही के लिए समान रूप से उपयोगी है।

शफी का माध्यमिक विद्यालयों के शिक्षकों के लिए अभिक्षमता परीक्षण

प्रस्तुत परीक्षण का निर्माण एम.एस.विश्वविद्यालय बड़ौदा के एम.एम. शफी द्वारा किया गया। परीक्षण में पाँच उप परीक्षण हैं। प्रथम उप परीक्षण में 35 पद, द्वितीय उप परीक्षण में 26 पद, तृतीय उप परीक्षण में 94 पद, चतुर्थ उप परीक्षण में 20 पद तथा पंचम उप परीक्षण में 30 पद हैं। परीक्षण पूर्ण करने के लिए 100 मिनट का

समय निर्धारित है। परीक्षण का उपयोग भावी शिक्षकों की अध्यापन अभिक्षमता के परीक्षण के लिए किया जाता है।

जय प्रकाश एवं श्रीवास्तव का अध्यापन अभिक्षमता परीक्षण

प्रस्तुत परीक्षण का निर्माण अध्यापन अभिक्षमता के आकलन के लिए निर्मित किया गया है। प्रस्तुत परीक्षण में दस उप परीक्षण हैं। परीक्षण में कुल 150 पद हैं। यह परीक्षण एक शक्ति परीक्षण है। इसे पूर्ण करने में समान्यतः 30 मिनट का समय लगता है। परीक्षण के अग्र दस क्षेत्र हैं : (1) सहयोगात्मक अभिवृत्ति (2) दयालुता, (3) धैर्य, (4) वृहत रुचि (5) निष्पक्षता (Fairness), (6) नैतिक चरित्र, (7) अनुशासन, (8) आशावाद (optimism), (9) वैज्ञानिक सोच, (10) उत्साह।

विज्ञान अभिक्षमता परीक्षण

प्रस्तुत परीक्षण राष्ट्रीय शिक्षा संस्थान (वर्तमान में राष्ट्रीय शैक्षणिक अनुसंधान एवं प्रशिक्षण परिषद्) के शिक्षा विभाग द्वारा 1964 में निर्मित किया गया था। इनका उपयोग डेल्टा कक्षाओं अर्थात जहाँ वैज्ञानिक विषयों का चुनाव करना हो, के लिए किया जाता है। परीक्षण के दो भाग हैं। प्रथम में विज्ञान के ग्यारह विषयों से संबंधित प्रश्न है। द्वितीय भाग में विज्ञान में चौदह विषयों पर आधारित प्रश्न है। परीक्षण गति परीक्षण है तथा इसे पूर्ण करने में 3 घण्टे का समय लगता है। परीक्षण की कुडर रिचर्डसन द्वारा विश्वसनीयता 0.90 पायी गई। उच्चतर माध्यमिक परीक्षा के विज्ञान विषयों के लिए अंकों के आधार पर इसकी वैधता 0.38 पाई गई।

आत्मानन्द शर्मा का यान्त्रिक अभिक्षमता परीक्षण

प्रस्तुत परीक्षण का निर्माण आत्मानन्द शर्मा ने 1966 में किया है। यह एक सामूहिक अभिक्षमता परीक्षण है इस परीक्षण में पाँच उपपरीक्षण हैं, प्रथम उप परीक्षण अनेक उपकरणों के उपयेाग के संबध में है। इसमें सुतार, माली, राजगीर, इलेक्ट्रिशियन तथा गृह कार्य में काम में आने वाले उपकरणों से संबंधित है। इस परीक्षण में उपकरणों के उपयोग पूछे गये हैं।

यांत्रिक बोध उपपरीक्षण में स्थानिक कल्पना शक्ति के आधार पर निर्मित पद हैं। इनके द्वारा स्थान में वस्तु संबंध, निर्णय योग्यता, वस्तुओं के आकार एवं रूप का निर्णय, मानसिक रूप से उनका परिचालन इत्यादि विभिन्न अभिक्षमताओं का आकलन किया जाता है। आकृति संबंध के उपपरीक्षण के द्वारा प्रत्यक्षणात्मक योग्यता तथा आगमनात्मक तर्क का आकलन किया जाता है। परीक्षण पदों में रेखा गणितीय आकृति के कुछ भाग गैर संयोजित रूप में दिए गए हैं।

यांत्रिक अनुकूलन उपपरीक्षण के द्वारा प्रयोज्य की वैज्ञानिक तथा यांत्रिक क्षेत्रों की पृष्ठभूमि को देखा जाता है। परीक्षण की अर्ध विच्छेद विश्वसनीयता 0.90 से लेकर 0.98 तक पाई गई। पीटर विधि से परीक्षण की वैधता 0.425 पाई गई।

एम.चटर्जी एवं एस. मुखर्जी का वैज्ञानिक ज्ञान तथा कौशल परीक्षण

प्रस्तुत परीक्षण उच्च माध्यमिक एवं प्री यूनिवर्सिटी के विद्यार्थियों के अशाब्दिक वैज्ञानिक ज्ञान तथा कौशल के आकलन के लिए निर्मित किया गया है। इसमें कुल 72 पद हैं। इसके निर्माता पटना के एस. चटर्जी तथा एस. मुखर्जी हैं। यह एक बहुविकल्प परीक्षण है। इसका मानकीकरण कलकत्ता, मद्रास, बम्बई तथा वाराणसी के विद्यार्थियों पर किया गया। परीक्षण की वैधता में अनुभव के आधार पर विस्तृत विचलन पाया गया।

सीशोर संगीत योग्यता परीक्षण

प्रस्तुत परीक्षण संगीत की अभिक्षमता के आकलन के लिए निर्मित किया गया है। यह तीव्रता, उच्चता, समय, स्वर भेद, लय आदि की अभिक्षमता का आकलन करता है। यह कक्षा 5 वीं के विद्यार्थियों से लेकर प्रौढ़ों के लिए निर्मित किया गया है।

उपकरण के निम्न चार भाग है :

1. उच्चता की चेतना,
2. तीव्रता की गुण ग्राहिता,
3. समय की गुण ग्राहिता, तथा
4. व्यापकता की चेतना।

परीक्षण के छः उप परीक्षण हैं :

अ) स्वरमान की विभेदकता,
ब) तीव्रता की विभेदकता,
स) समय–अन्तराल की विभेदकता,
द) लय (Rythme) का निर्णय,
ड) ध्वनि भेद निर्णय, और
फ) कुल स्मृति।

प्रस्तुत परीक्षण का विश्वसनीयता गुणांक 0.62 से 0.88 के मध्य पाया गया।

विभेदात्मक अभिक्षमता परीक्षण (Differential Aptitude Test)

विभेदात्मक अभिक्षमता परीक्षण जे.एम.ओझा द्वारा विकसित किया गया है। यह एक बहु–कारक परीक्षण माला है, जिसमें आठ परीक्षणों को शामिल किया गया है। ये परीक्षण हैं :

1. शाब्दिक तर्क (Verbal Reasoning) VR
2. अमूर्त तर्क (Abstract Reasoning) AR
3. दूरी सम्बन्ध (Space Relation) SR
4. आंकिक योग्यता (Numerical Ability) NA
5. लिपिकीय गति एवं शुद्धता (Clerical Speed and Accuracy) CSA
6. यांत्रिक तर्क (Mechanical Reasoning) MR
7. भाषा उपयोग – वर्तनी (Language Usage-spelling) LU-SP
8. भाषा उपयोग – व्याकरण (Language Usage-Grammar) (LU-GR)

परीक्षण को विकसित करने का औचित्य था कि प्रत्येक व्यक्ति विशिष्ट होता है। कोई भी दो व्यक्ति एक समान नहीं होते हैं। प्रत्येक व्यक्ति बुद्धि, योग्यता, व्यक्तित्व, समायोजन, अभिक्षमता, रुचि इत्यादि में दूसरे व्यक्तियों से अलग होता है। अतः प्रत्येक व्यक्ति को उसकी योग्यता एवं आवश्यकतानुसार शैक्षिक और व्यावसायिक क्षेत्र का चयन करना चाहिए तभी वह सफल हो सकता है। अतः उसे उचित व पर्याप्त निर्देशन देने के लिए उसकी अभिक्षमता को जानना जरूरी है।

परीक्षण में शामिल परीक्षणों का वर्णन इस प्रकार है :

1. शाब्दिक तर्क (Verbal Reasoning) – यह शाब्दिक समझ का परीक्षण है, जो शब्दों में गठित संकल्पनाओं को समझने की योग्यता का आकलन करता है। यह परीक्षण प्रयोज्य की उन क्षेत्रों में सफलता का भविष्य कथन (Predict) करता है जहाँ जटिल शाब्दिक सम्बन्ध एवं संकल्पनाएँ महत्वपूर्ण होती हैं। परीक्षण में सादृश्य प्रकार के प्रश्नों को शामिल किया गया है। परीक्षण में शामिल पद सार्वभौमिक हैं जिन्हें ज्ञान के विभिन्न क्षेत्रों जैसे भूगोल, इतिहास, राजनीति, विज्ञान इत्यादि से लिया गया है।

2. आंकिक योग्यता – यह परीक्षण गणित, सांख्यिकी, पुस्तकालय, एवं लिपिकीय, बढ़ईगिरी (Carpentary), इंजीनियरिंग इत्यादि विषयों में आवश्यक सामान्य अधिगम योग्यता का मापन करता है। परीक्षण में कुल 40 पद दिए गए हैं। जिनकी समय सीमा 35 मिनट है।

3. अमूर्त तर्क – यह परीक्षण सामान्य बुद्धि की योग्यता के आधारभूत शाब्दिक तर्क के समान तार्किक योग्यता का अशाब्दिक मापन करता है। सामान्य तार्किक प्रक्रिया शाब्दिक तर्क के समान ही होती हैं लेकिन अमूर्त तर्क में विद्यार्थियों को यदि भाषा का पर्याप्त ज्ञान न भी हो तो उनकी तार्किक योग्यता का मापन किया जा सकता है। इस परीक्षण में सफलता के लिए विद्यार्थियों में अमूर्त संकेतों को समझने व उनमें सम्बन्धों के प्रत्यक्षण की योग्यता का होना आवश्यक होता है।

परीक्षण मे कुल 50 पद दिए गए हैं, जिनमें से प्रत्येक में चार समस्या चित्र दिए गए हैं। विद्यार्थी को चारों चित्र को देखकर उनमें सम्बन्ध स्थापित कर उनके आगे आने वाले चित्र को, उत्तर के लिए दिए गए पाँच विकल्पों में से ढूँढना होता है। यह योग्यता सामान्य बुद्धि के साथ-साथ उन व्यवसायों या विद्यालयीन पाठ्यक्रमों के लिए आवश्यक होती हैं जहाँ संकेतों में सम्बन्धों के प्रत्यक्षण की आवश्यकता होती है। परीक्षण को पूर्ण करने की समय सीमा 35 मिनिट है।

4. दैशिक सम्बन्ध (SR) – यह परीक्षण वास्तुकला, यांत्रिक, चित्रकला, सिविल इंजीनियरिंग, वस्त्रनिर्माण, सजावट इत्यादि ऐसे व्यवसायों के लिए योग्यता का आकलन करता है जहाँ संरचनात्मक कल्पना करने की आवश्यकता होती है। यद्यपि दैशिक योग्यता सामान्य विद्यालयीन पाठ्यक्रमों के लिए आवश्यक नहीं होती है लेकिन यह गणित के साथ-साथ कुछ तकनीकी पाठ्यक्रमों में सफलता की भविष्यवाणी करने के लिए महत्वपूर्ण होती है।

यह परीक्षण दैशिक कल्पना के दो उपागमों को शामिल करता है (1) दिए गए प्रतिरूप (Pattern) में से मन ही मन में स्पष्ट रूप से देखने की योग्यता एवं (2) यह कल्पना करने की योग्यता कि वह कैसा दिखाई देगा। परीक्षण में कुल 40 पदों को शामिल किया गया है, जिन्हें हल करने के लिए निर्धारित समय 30 मिनट है।

5. यांत्रिक तर्क – इस परीक्षण में कुछ ऐसी परिस्थितियों या गतिविधि का चित्रण करने वाले चित्रों को शामिल किया गया है जहाँ भौतिक नियम लगते हैं। इस परीक्षण के लिए सामान्य भौतिक नियमों की समझ आवश्यक होती है। यह बुद्धि के एक पहलू सामान्य यांत्रिक सम्बन्धों के प्रत्यक्षण की योग्यता का मापन करता है। यदि विद्यार्थी को औपचारिक प्रशिक्षण एवं पूर्व अनुभव हो तो उससे परीक्षण पर उसका निष्पादन प्रभावित होता है। परीक्षण में 68 पदों को शामिल किया गया है, जिनके लिए समय-सीमा 35 मिनट है।

6. लिपिकीय गति एवं शुद्धता – यह पूर्णतः एक गति परीक्षण है जो कि प्रतिदिन के लिपिकीय कार्य में महत्वपूर्ण कारक है। यह परीक्षण अनुक्रिया देने की गति, क्षणिक धारण एवं प्रत्यक्षण तथा बहुत कम मात्रा में बौद्धिक जटिलता का मापन करता है। यह योग्यता केवल शैक्षिक रूप से ही महत्वपूर्ण नहीं होती है बल्कि ऐसे व्यवसायों जैसे – परीक्षण, नत्थीकरण, निकूटन के लिए भी महत्वपूर्ण होती है जहाँ निष्पादन की गति अत्यन्त आवश्यक होती है।

परीक्षण को दो समतुल्य भागों में बाँटा गया है जिनमें से प्रत्येक में 100 पद हैं। प्रत्येक पद में वर्णाक्षरों या अंकों के कुछ संयोजन दिए गए हैं जिनमें से एक को रेखांकित किया गया है। इस रेखांकित संयोजन को विद्यार्थी को उत्तर–पत्र में सम्बन्धित पद के उसी संयोजन में ढूँढना है जो कि अलग क्रम में दिया गया है। परीक्षण में प्रत्येक भाग के 100 पदों के लिए निर्धारित समय 3 मिनिट है।

7. भाषा उपयोग – वर्तनी एवं व्याकरण – परीक्षणों की संपूर्ण श्रृंखला में ये दो परीक्षण उपलब्धि परीक्षणों के सबसे अधिक करीब है। इनके द्वारा दो पृथक एवं स्वतंत्र योग्यताओं का मापन किया जाता है। ये परीक्षण न केवल विद्यार्थी की शैक्षिक उपलब्धि की ओर संकेत करते हैं बल्कि एक अच्छे निदानात्मक उपकरण के रूप में भी प्रयुक्त किए जा सकते हैं जो एक उपचारात्मक कार्य की आवश्यकता का भी संकेत देते हैं। मितव्ययता एवं सरलता की दृष्टि से भाषा उपयोग वर्तनी एवं भाषा उपयोग-व्याकरण परीक्षणों को एक ही पुस्तिका में शामिल किया गया है।

भाषा उपयोग वर्तनी परीक्षण में 100 शब्द दिए गए हैं जिनमें से विद्यार्थी को प्रत्येक को सही या गलत के रूप में पहचानना है।

परीक्षण के व्याकरण भाग में 60 वाक्य हैं जिनमें से प्रत्येक को चार भागों में बाँटा गया है। इसमें सही व गलत, दोनों तरह के वाक्यों का उपयोग किया गया है। व्याकरणिक रूप से गलत वाक्य में चार भागों में से एक में त्रुटि है। विद्यार्थी को त्रुटि वाले भाग की पहचान करना है। सही वाक्य होने की स्थिति में विद्यार्थी को सही के लिए दिए गए विकल्प का चयन करना होता है। परीक्षण में वर्तनी वाले

भाग के लिए समय सीमा 8 मिनट तथा व्याकरण वाले भाग के लिए 16 मिनट है।

संपूर्ण परीक्षण का फलांकन करने के लिए फलांकन स्टेनसिल दी गई है। जिसकी सहायता से विद्यार्थी का संपूर्ण परीक्षण का फलांकन किया जा सकता है।

विश्वसनीयता एवं वैधता

विभेदक अभिक्षमता परीक्षण के लिपिकीय गति एवं शुद्धता (CSA) परीक्षण को छोड़कर अन्य सभी परीक्षणों की विश्वसनीयता अर्द्ध-विच्छेद विधि से निकाली गई, तथा लिपिकीय गति एवं शुद्धता परीक्षण की विश्वसनीयता समतुल्य विधि से निकाली गयी तथा परीक्षणवार विश्वसनीयता गुणांक निम्नानुसार पाया गया।

परीक्षण	**विश्वसनीयता गुणांक**
VR	.81
AR	.90
SR	.70
MR	.75
CSA	.99
NA	.90
LU-SP	.92
LU-GR	.91

अर्द्ध-विच्छेद विधि से संपूर्ण परीक्षण (यांत्रिक तर्क परीक्षण, दैनिक संबंध परीक्षण एवं शाब्दिक तर्क परीक्षण) का विश्वसनीयता गुणांक 0.90 पाया गया तथा यांत्रिक तर्क परीक्षण का 0.75, दूरी संबंध परीक्षण का 0.70 एवं शाब्दिक तर्क परीक्षण का 0.81 पाया गया।

यांत्रिक तर्क परीक्षण एवं दूरी संबंध परीक्षण तर्क के अतिरिक्त अन्य सभी परीक्षणों की पूर्व कथनीय वैधता विद्यालयीन पाठ्यक्रमों के साथ उच्च थी। अमूर्त तर्क परीक्षण ने भी अपेक्षित संबंध नहीं दर्शाया, लेकिन यह संभवतया एक त्रुटि प्रभाव था।

14

रुचि का आकलन

(Assessment of Interest)

मनुष्य जो गतिविधियाँ स्वतः करता है, उसमें रुचि का योगदान अवश्य होता है। प्रायः हम कहते हैं मुझे संगीत सुनना पसंद है, मुझे गुलाब-जामुन पसंद है, मुझे क्रिकेट खेलना अच्छा लगता है, मुझे कविता पढ़ना पसंद है इत्यादि। इन सबसे हम अपनी रुचि ही जाहिर करते हैं।

रुचि व्यक्ति की किसी वस्तु में या कार्य में पसंद व नापसंद को बताती है। यदि हमें कोई वस्तु पसंद है तो उसमें हमारी रुचि होती है और यदि हमें कोई वस्तु नापसंद है तो उसमें हमारी रुचि नहीं होती है। व्यक्ति की रुचि स्थायी नहीं होती है। यह समय, उम्र व परिस्थिति के अनुसार बदलती रहती है। साथ ही यह वातावरण से अर्जित की गई होती है, जबकि अभिक्षमता स्थायी व जन्मजात होती है। इसीलिए किसी कार्य में किसी व्यक्ति की भाविष्यिक सफलता का अनुमान अभिक्षमता का आकलन करके लगाया जाता है। रुचि परीक्षणों का उपयोग कर व्यक्ति की भाविष्यिक सफलता का अनुमान लगाना उचित नहीं होता है।

रुचि की कुछ प्रमुख परिभाषाएँ इस प्रकार हैं :

1. बिन्धम के अनुसार – "रुचि किसी अनुभव में संविलीन होने व इसमें संलग्न रहने की प्रवृत्ति है। जबकि विरक्ति उससे दूर हट जाने की प्रवृत्ति।"

2. गिलफोर्ड के अनुसार – "किसी वस्तु, व्यक्ति या प्रक्रिया से आकर्षित होने, उसे पसंद करने या उसमें संतुष्टि प्राप्ति की ओर ध्यान केन्द्रित करने वाली प्रवृत्ति को रुचि कहते हैं।"

3. स्ट्रांग के अनुसार – "रुचि से हम किसी वस्तु के प्रति जागृत होते हैं, उसके प्रति प्रतिक्रिया करने को तत्पर रहते हैं, उसको पसंद करते हैं, परन्तु जब हमारी उस वस्तु के प्रति रुचि नहीं होती है तो उससे दूर भागते हैं एवं उसे पसंद नहीं करते।"

4. मैक्डुगल के अनुसार – "रुचि होना व्यक्ति की बने रहने या टिके रहने की दशा है।"

रुचि के प्रकार (Types of Interest)

रुचि तीन प्रकार की होती हैं :

1. व्यक्त रुचि (**Manifest Interest**) – किसी व्यक्ति की रुचि जिसे वह शब्दों या भाषा द्वारा व्यक्त करता है, व्यक्त रुचि कहलाती है। जैसे कई व्यक्ति बोलते हैं – हमें मीठा पसंद हैं, हमें गाना सुनने का शौक है, इत्यादि।

2. अव्यक्त रुचि – यह वह रुचि होती है जिसे व्यक्ति स्वयं बोलकर व्यक्त नहीं करता है, लेकिन उसके कार्य एवं व्यवहार से उसकी रुचि प्रदर्शित होती है। जैसे किसी व्यक्ति द्वारा शादी में जाने पर मीठा ही खाना, किसी विशेष रंग के कपड़े पहनना, इत्यादि।

3. आकलित रुचि (**Assessed Interest**) – जब रुचि परीक्षणों द्वारा किसी व्यक्ति की रुचि का आकलन किया जाता है तब वह आकलित रुचि कहलाती है।

रुचि के निर्धारक (Determinants of Interest)

निर्देशन में जितनी अहम् भूमिका बुद्धि, व्यक्तित्व, अभिक्षमता एवं उपलब्धियों की होती है, रुचि की भूमिका अपेक्षाकृत उतनी महत्वपूर्ण नहीं होती है। रुचियों के बारे में सबसे अहम् बात यह है कि रुचि अर्जित होती है न कि जन्मजात। हम अपने आस-पास एवं पर्यावरण में जो देखते हैं अनुभव करते हैं उससे हमारी रुचियों का जन्म होता है। यही कारण है कि प्रायः संगीतज्ञों की संतानों की रुचि संगीत में एवं अभिनेताओं की संतानों की रुचि अभिनय में होती है।

स्ट्रांग (1954) ने इस बात पर बल दिया कि रुचियाँ अर्जित होती है। अतः इनका सुधार एवं पुनर्शिक्षण सम्भव है। शायद इसी कारण से रुचियाँ योग्यता से अधिक सम्बन्धित नहीं हैं। बोर्डिन (1943) ने रुचि तथा योग्यता एवं रुचि एवं उपलब्धि में सार्थक सहसम्बन्ध नहीं पाया। हालांकि बोर्डिन (1944) ने यह बताया कि योग्यता एवं रुचियाँ उपलब्धि के सह निर्धारक हैं। वहीं थार्नडाइक (1947), फ्रायर तथा हाटमैन ने उपलब्धियों एवं रुचि में 0.25 से लेकर 0.50 तक सहसम्बन्ध पाया। बर्डी (1944) आनुवांशिकता एवं अनुभव को रुचि के निर्धारक मानते हैं। वे बताते हैं कि मनुष्य के अनुभव रुचि का निर्देश करते हैं। बोर्डिन (1943) के अनुसार व्यावसायिक लक्ष्य एवं महत्वाकांक्षाएँ व्यक्ति की क्रियाओं के मुख्य आधार होते हैं। मनोवैज्ञानिक स्ट्रांग (1951) रुचियों को सामाजिक प्रभाव का परिणाम मानते हैं। हालांकि रुचियाँ स्थायी नहीं होती हैं। रुचियों के बारे में बताया कि प्रारम्भ में जन्म से 6 वर्ष तक रुचि स्वैर-कल्पना (Fantacy) होती है। उसके बाद काम चलाऊ। 6 से 12 वर्ष तथा 12 से 18 वर्ष की रुचियाँ वास्तविक होती हैं।

रुचि परीक्षणों का विकास मुख्यतः तीन क्षेत्रों–सामान्य रुचि, व्यावसायिक रुचि एवं शैक्षिक रुचि को जानने के लिए किया गया है। कुछ महत्वपूर्ण विदेशी सामान्य रुचि सूचियों के नाम हैं – स्ट्रांग की व्यावसायिक रिक्त, कुडर अधिमान अभिलेख, थोर्पे, मेयर्स एवं सी की बाल रुचि सूची, स्टेवार्ड एवं ब्रेनार्ड की विशिष्ट रुचि सूची,

थर्स्टन की रुचि अनुसूची एवं जीस्ट की चित्र रुचि सूची

भारत में शैक्षिक रुचियों के मापन के अलावा सामान्य या व्यावसायिक रुचियों के मापन के क्षेत्र में भी कई कार्य किए गए हैं। ये हैं – चटर्जी का अशाब्दिक प्राथमिक अभिलेख PSM जबलपुर रुचि सूची, हाफीज का रुचि परीक्षण, पाण्डे का रुचि परीक्षण, बादामी का व्यावसायिक रुचि परीक्षण, भारद्वाज की व्यावसायिक एवं उपव्यावसायिक रुचि अभिलेख, ISPT अर्द्धसंरचित व्यावसायिक रुचि का ISPT मुक्त अभिव्यक्ति

यहाँ प्रमुख रुचि परीक्षणों का वर्णन प्रस्तुत है :

स्ट्रांग : व्यावसायिक रुचि रिक्त (Strong : Vocational Interest Blank)

प्रस्तुत रुचि परीक्षण का निर्माण स्ट्रांग ने 1919 में किया। इसका प्रकाशन पुरुषों, स्त्रियों, व विद्यालय जाने वाले विद्यार्थियों के लिए हुआ। परीक्षण में कुल 420 पद थे जो कि व्यवसायों, विद्यालयीन विषयों, क्रियाओं एवं व्यक्तिगत विशेषताओं से संबंधित थे। प्रस्तुत परीक्षण का संशोधन 1938 में हुआ जिसमें 400 पद थे। तालिका में व्यवसाय एवं कुल पदों को दर्शाया गया है।

व्यवसाय का नाम एवं पदों को दर्शाती तालिका

क्र.	व्यवसाय का नाम	कुल पद
1	व्यवसाय	100
2	विद्यालयीन विषय	037
3	मनोविनोद	048
4	गतिविधियाँ	048
5	व्यक्तियों की विलक्षणताएँ (Pecularaties)	047
6	गतिविधियों की प्राथमिकता का क्रम	040
7	दो कार्यों के मध्य रुचि की तुलना	040
8	वर्तमान योग्यताओं एवं विशेषताओं का निर्धारण	040

प्रस्तुत परीक्षण का अर्द्ध-विच्छेद विधि से विश्वसनीयता गुणांक 0.76 से 0.94 तक पाया गया। परीक्षण-पुनर्परीक्षण विधि से वैधता गुणांक 0.85 पाया गया।

कुडर अधिमान लेखा (Kuder Preference Record)

प्रस्तुत परीक्षण के तीन प्रकार हैं – औद्योगिक, व्यावसायिक व व्यक्तिगत। व्यावसायिक अधिमान लेखा में 10 क्षेत्रों में रुचि का आकलन किया जाता है। रुचि के ये 10 क्षेत्र हैं – बाह्य, यांत्रिक, गणनात्मक, वैज्ञानिक, अनुनयात्मक, कलात्मक, साहित्यिक, संगीतात्मक, समाज सेवा, लिपिक। कुडर के दूसरे प्रकार औद्योगिक अधिमान में 38 विभिन्न व्यवसाय तथा व्यक्तिगत अधिमान (Preference) अभिलेख में मूल्यों एवं व्यवहारों की विशेषताओं को पाँच क्षेत्रों में शामिल किया गया है। तीनों अधिमानों में कुल 368 पद हैं। आन्तरिक समरूपता विधि से इसकी विश्वसनीयता

0.80 से 0.95 पाई गई। परीक्षण पुनर्परीक्षण विधि से इसकी विश्वसनीयता 0.50 से 0.80 पाई गई।

ओहियो व्यावसायिक रुचि सर्वे (Ohio Vocational Interest Survey)

प्रस्तुत परीक्षण के दो उप भाग हैं। विद्यार्थी सूचना प्रश्नावली एवं रुचि सूची। विद्यार्थी सूचना प्रश्नावली के द्वारा प्रयोज्य की व्यावसायिक योजनाओं, विद्यालयीन विषयों के अधिमान (Preferences) पाठ्यचर्या योजनाएँ, उच्च माध्यमिक कक्षा के बाद की योजनाएँ तथा व्यावसायिक पाठ्यक्रम की रुचियाँ ज्ञात की जाती हैं। रुचि सूची में 280 पद हैं जो कि 24 व्यवसायों से संबंधित हैं।

कुलश्रेष्ठ का शैक्षिक रुचि अभिलेख (Kulshrestha's Educational Interest Record)

शैक्षिक रुचि अभिलेख का सर्वप्रथम विकास 1965 में डॉ. एस.पी. कुलश्रेष्ठ ने किया था। इन्होंने 1970, 1975 एवं 1978 में इसे संशोधित किया। यह अभिलेख विभिन्न शोधों, परियोजनाओं में निरन्तर प्रयुक्त किया जाता रहा है तथा इसे मनोविज्ञान एवं शिक्षा अनुशासनों के अंतर्गत विभिन्न विश्वविद्यालयों ने स्नातक एवं स्नातकोत्तर स्तर पर सरल एवं लाभकारी पाया है। निर्देशनकर्त्ता भी निर्देशन प्राप्तकर्त्ता की शैक्षिक रुचियों का पता करने के लिए इसका सर्वाधिक उपयोग करते हैं।

शैक्षिक रुचि किसी व्यक्ति की एक दिए गए शैक्षिक क्षेत्र या विषयों के लिए स्वयं के द्वारा बुद्धिमतापूर्ण या अबुद्धिमतापूर्ण, किसी मायने में पसंद या नापसंद को वरीयता देते हुए प्राथमिकताओं का प्रारूप है। इस अभिलेख का उद्देश्य विद्यार्थियों को अध्ययन के विषयों का बुद्धिमतापूर्ण चयन कर उनकी शिक्षा से समायोजित होने में सहायता करना है। यदि विद्यार्थी ने अपनी पसंद का विषय चयन नहीं किया हो तो उसकी शैक्षिक सामर्थ्यों का अधिकतम विस्तार नहीं हो पाता है।

प्रस्तुत अभिलेख उच्च माध्यमिक, उच्चतर माध्यमिक एवं महाविद्यालयीन स्तर के विद्यार्थियों पर प्रशासित किया जा सकता है। इसके अंतर्गत सात विभिन्न शैक्षिक रुचि क्षेत्रों से संबंधित 98 शैक्षिक विषयों या गतिविधियों को शामिल किया गया है। ये क्षेत्र हैं – कृषि, वाणिज्य, ललितकला, गृहविज्ञान, मानविकी, विज्ञान एवं तकनीकी।

यह एक स्वप्रशासित अभिलेख है। इसे समूह एवं व्यक्तिगत, दोनों रूपों में प्रयुक्त किया जा सकता है। प्रस्तुत सूची को उत्तरप्रदेश एवं मध्यप्रदेश के विभिन्न संस्थानों के उच्च माध्यमिक ग्रेड के 500 विद्यार्थियों एवं ग्यारहवीं कक्षा के 1200 विद्यार्थियों के न्यादर्श पर मानकीकृत किया गया। न्यादर्श का चयन स्तरीकृत यादृच्छिक न्यादर्श प्रविधि द्वारा किया गया। सूची का परीक्षण-पुनर्परीक्षण विधि द्वारा विश्वसनीयता गुणांक 0.76 पाया गया। सूची के फलांकों का शिक्षकों की राय एवं अनुगामी अध्ययन के साथ सहसंबंध निकाला गया जो 0.90 एवं 0.70 पाया गया। लाभसिंह की शैक्षिक रुचि सूची के साथ वैधता गुणांक 0.78 पाया गया।

इस प्रपत्र में उत्तर देने के लिए विद्यार्थी को अपनी पसंद के शैक्षिक विषय के सामने के बाक्स में सही (✓) एवं नापसंद वाले विषय के सामने के बाक्स में गुणा (x) का निशान लगाकर देना होता है। विद्यार्थी को कोई भी खाना खाली नहीं छोड़ना होता है। अनुक्रिया देने के लिए सामान्यतः कोई समय सीमा नहीं दी जाती है। फिर भी प्रपत्र को भरने में 7 से 10 मिनट का समय लगता है।

फलांकन करने के लिए प्रत्येक शैक्षिक रुचि क्षेत्र को अधिकतम 1 अंक व न्यूनतम शून्य दिया जाता है। प्रत्येक सही (✓) चिन्ह के लिए एक अंक दिया जाता है और उस रुचि क्षेत्र का क्षैतिजीय व ऊर्ध्वीय स्तम्भ का योग कर लिया जाता है। इस प्रकार सभी सात शैक्षिक रुचि क्षेत्रों के कच्चे फलांक ज्ञात कर मानकों के आधार पर उनका मात्रात्मक व गुणात्मक निर्वचन किया जाता है।

बंसल एवं श्रीवास्तव का शैक्षिक रुचि प्रपत्र
(Educational Interest Record)

बंसल एवं श्रीवास्तव का शैक्षिक रुचि प्रपत्र विद्यालयीन एवं महाविद्यालयीन विद्यार्थियों के लिए विकसित किया गया है। प्रस्तुत प्रपत्र में विभिन्न संकायों के 128 शैक्षिक विषयों एवं गतिविधियों को आठ शैक्षिक क्षेत्रों में वितरित किया गया है। ये आठ शैक्षिक क्षेत्र हैं – विज्ञान, इंजीनियरिंग, चिकित्सा, कृषि, मानविकी एवं कला, गृहविज्ञान, मुक्त कला (Fine Arts) एवं वाणिज्य। प्रपत्र में प्रत्येक क्षेत्र से संबंधित 16–16 पद दिए गए हैं जो कि विद्यार्थी की उपर्युक्त में से विशेष क्षेत्रों में रुचि प्रदर्शित करते हैं।

शैक्षिक रुचि प्रपत्र स्व–प्रशासित है। यह समूह जाँच की अपेक्षा व्यक्तिगत जाँच में अधिक उपयुक्त है। इसके लिए कोई निश्चित समय सीमा नहीं है। सामान्यतया इसे पूर्ण करने में 10–15 मिनट का समय लगता है।

यह प्रपत्र हिन्दी व अंग्रेज़ी, दोनों भाषाओं में तैयार किया गया है। प्रपत्र में दिए गए पदों के संदर्भ में अनुक्रिया देने के लिए विद्यार्थी को एक खाने में दिए गए दो विषयों में से अपनी रुचि के विषय पर सही (✓) का निशान लगाना होता है। यदि उसे दोनों विषय रुचिकर लगते हैं तब वह दोनों विषयों पर सही (✓) का निशान लगा सकता है, लेकिन यदि उसे उनमें से एक भी विषय पसंद नहीं है तब उसे किसी भी विषय पर निशान नहीं लगाना होता है। इस प्रकार दी गई अनुक्रियाओं के आधार पर फलांकन किया जाता है। फलांकन के लिए प्रत्येक शैक्षिक क्षेत्र से संबंधित क्षैतिज व ऊर्ध्वाकार खाने में लगाए गए प्रत्येक सही (✓) निशान के लिए एक अंक प्रदान किया जाता है तथा उनका योग कर लिया जाता है। इस प्रकार किसी एक रुचि क्षेत्र के अंतर्गत अधिकतम संभावित फलांक 16 एवं न्यूनतम 0 हो सकता है। सभी शैक्षिक क्षेत्रों के फलांक ज्ञात कर उन्हें मेन्युअल में दिए गए मानकों (स्टेनाइन ग्रेड्स) में परिवर्तित किया जाता है और रुचि प्रोफाइल के आधार पर निम्न, औसत से कम, औसत, औसत से अधिक एवं उच्च इत्यादि रुचि श्रेणियों में वर्गीकृत किया जाता है।

विश्वसनीयता एवं वैधता

प्रस्तुत प्रपत्र का विश्वसनीयता गुणांक दो विधियों परीक्षण-पुनर्परीक्षण विधि तथा अर्द्ध-विच्छेद विधि से निकाला गया है जो कि निम्न है :

क्रम	शैक्षिक क्षेत्र	परीक्षण-पुनर्परीक्षण विधि	अर्द्ध-विच्छेद विधि
1.	विज्ञान	0.86	0.80
2.	इंजीनियरिंग	0.82	0.79
3.	चिकित्सा	0.80	0.82
4.	कृषि	0.78	0.78
5.	मानविकी एवं कला	0.79	0.78
6.	गृहविज्ञान	0.74	0.76
7.	मुक्त कला	0.78	0.82
8.	वाणिज्य	0.79	0.77

शैक्षिक रुचि क्षेत्र के विषयों एवं गतिविधियों को विभिन्न शैक्षिक बोर्ड एवं भारतीय विश्वविद्यालयों के पाठ्यक्रमों से लिया गया है, तथा 20 निर्णायकों के समूह से इसका प्रारम्भिक रूप तैयार किया गया है। शि्क्षक-निर्धारण से प्रस्तुत प्रपत्र के फलांकों से वैधता गुणांक निकाला गया है जो इस प्रकार है – विज्ञान 0.58, इंजीनियरिंग 0.76, चिकित्सा 0.68, कृषि 0.63, मानविकी एवं कला 0.73, गृहविज्ञान 0.61, मुक्त कला 0.66, वाणिज्य 0.65।

एस.पी. कुलश्रेष्ठ का रुचि अभिलेख
(S.P. Kulshrestha Vocational Interest Record)

प्रस्तुत रुचि प्रपत्र 10 क्षेत्रों जैसे साहित्यिक, वैज्ञानिक, प्रशासनिक, वाणिज्य रांबंधी, रचनात्मक, कला संबंधी, कृषि संबंधी, अनुनयात्मक, सामाजिक और गृह कार्य से संबंधित 200 व्यवसायों को शामिल किया गया है।

परीक्षण उत्तरप्रदेश के 10वीं कक्षा के 1050 एवं अन्य 700 विद्यार्थियों पर मानकीकृत किया गया। परीक्षण की परीक्षण-पुर्नपरीक्षण विधि द्वारा विश्वसनीयता 0.89 पाई गई। अध्यापकों, अभिभावकों और मित्रों के विचारों की अभिलेख परिणामों से तुलना करने पर वैधता गुणांक क्रमशः 0.81, 0.83 और 0.85 पाये गये।

तिवारी की जीस्ट चित्र रुचि सूची
(Tiwari : Gist Picture Interest Inventroy)

प्रस्तुत परीक्षण मूलतः जीस्ट द्वारा तैयार किया गया था जिसका भारतीय अनुकूलन आगरा के गोविन्द तिवारी ने किया। प्रस्तुत परीक्षण ग्यारह सामान्य क्षेत्रों में रुचि का मापन करता है जो अग्र लिखित है : अनुनयात्मक (Persuasive), लिपिक, यांत्रिक, वैज्ञानिक, संगीतात्मक, बाह्य, साहित्यिक, गणनात्मक, कलात्मक, समाज

सेवा और नाटकीय (Dramatic)। प्रस्तुत परीक्षण में कुल 44 चित्र हैं जो मुख्य व्यावसायिक एवं अव्यावसायिक गतिविधियों से संबंधित है। प्रत्येक चित्र समूह के नीचे लिखी बातों को प्रयोज्य ध्यान से पढ़कर तीनों चित्रों में से जो सबसे ज्यादा पसंद आता है उसका वह चयन करता है। परीक्षण की विश्वसनीयता परीक्षण-पुनर्परीक्षण द्वारा ज्ञात की गई जो 0.82 से 0.84 तक पायी गयी।

आर.पी. सिंह रुचि अभिलेख

प्रस्तुत परीक्षण का निर्माण आर.पी. सिंह द्वारा उच्चतर माध्यमिक तथा अन्य विद्यालय जाने वाले विद्यार्थियों की शैक्षिक एवं व्यावसायिक रुचि ज्ञात करने के लिए किया गया। परीक्षण में कुल 168 पद हैं तथा प्रत्येक प्रश्न के 2 भाग हैं जिनमें से एक प्रयोज्य को पसंद करना होता है। ये प्रश्न गिलफोर्ड द्वारा निर्धारित सात कारकों पर आधारित हैं – यांत्रिक, व्यापारिक, वैज्ञानिक, सौन्दर्यबोधक, सामाजिक, लिपिक तथा बाह्य। प्रयोज्य को इसे पूर्ण करने में 40 मिनट लगते हैं। परीक्षण को उत्तरप्रदेश के 35 उ.मा. विद्यालयों की कक्षा 10वीं में पढ़ने वाले 1436 विद्यार्थियों पर मानकीकृत किया गया। विभिन्न क्षेत्रों में स्पीयरमैन ब्राउन सूत्र से अर्द्ध–विच्छेद विश्वसनीयता अग्र प्रकार पाई गई यांत्रिक 0.85, व्यापारिक 0.75, वैज्ञानिक 0.77, सौन्दर्यबोधक 0.84, सामाजिक 0.75, लिपिक 0.77 तथा बाह्य 0.72। इसकी अन्वय एवं विषयवस्तु वैधता सन्तोषजनक पायी गयी।

मनोविज्ञानशाला इलाहाबाद की व्यावसायिक रुचि सूची

प्रस्तुत रुचि परीक्षण का निर्माण मनोविज्ञानशाला इलाहाबाद द्वारा किया गया। प्रस्तुत परीक्षण कक्षा 10वीं से 12वीं के विद्यार्थियों की रुचि का आकलन करता है। प्रस्तुत सूची में रुचि के अग्र 10 क्षेत्रों में गतिविधियों एवं व्यवसायों के सम्बन्ध में प्रश्न दिए गए हैं – बाह्य, यांत्रिक, गणनात्मक, वैज्ञानिक, प्रत्यायक प्रवर्तन रुचि, कलात्मक, साहित्यिक, संगीतात्मक, समाजसेवा और कार्यालयीन कार्य। परीक्षण में कुल 70 पद हैं जिसमें प्रयोज्य को बहुत पसंद, साधारण पसंद एवं नापसंद के आधार पर 2, 1, 0 अंक प्रदान किए जाते हैं।

जबलपुर की पी.एस.एम. रुचि सूची

प्रस्तुत परीक्षण का निर्माण व्यावसायिक निर्देशन संस्थान, प्रांतीय शिक्षा महाविद्यालय, जबलपुर द्वारा किया गया। यह एक शाब्दिक रुचि परीक्षण है। प्रस्तुत परीक्षण निर्देशनकर्त्ता के लिए अत्यन्त उपयोगी है। परीक्षण में छः उपपरीक्षण है तथा कुल 245 पद हैं। ये उपपरीक्षण हैं: व्यवसाय, विद्यालयीन विषय, अवकाश के लिए कार्यक्रम, शैक्षिक चलचित्र, अपनाने के लिए इच्छित वस्तुएँ, पढ़ने योग्य इच्छित पुस्तकें। परीक्षण का स्पीयरमैन ब्राउन सूत्र से अर्द्ध-विच्छेद विश्वसनीयता गुणांक क्रमशः विज्ञान, कृषि एवं शिल्प विषयों के लिए 0.83, 0.86 एवं 0.67 है।

चटर्जी का अशाब्दिक अधिमान (Preference) अभिलेख

प्रस्तुति रुचि परीक्षण कुडर के रुचि परीक्षण (Kuder Preference Record) के आधार पर निर्मित किया गया है। प्रस्तुत परीक्षण में जहाँ आकृति चित्र दिए हैं वहीं कुडर के परीक्षण में शाब्दिक कथन दिए गए हैं। यह परीक्षण 8वीं से 11वीं कक्षा तक के विद्यार्थियों की रुचि आकलित करने के लिए उपयोग में लाया जाता है। इस परीक्षण में जीवन के विभिन्न कार्यों से संबंधित 132 चित्रात्मक पद हैं। ये पद आठ क्षेत्रों में विभक्त हैं : वैज्ञानिक, शिल्पिक, यांत्रिक, बाह्य तथा क्रीड़ा संबंधित, साहित्यिक, कृषि चिकित्सा और ललित कला। प्रत्येक पद में तीन चित्र हैं। प्रयोज्यों को उनकी रुचि के आधार पर सर्वोत्तम एवं निकृष्ट चुनने को कहा जाता है। इस परीक्षण को पूर्ण करने में प्रयोज्य को 45 से 60 मिनट लगते हैं। परीक्षण की सम-विषम विश्वसनीयता विभिन्न क्षेत्रों के लिए अग्र प्रकार से पाई गई ललित कला 0.93, साहित्यिक 0.80, वैज्ञानिक 0.92, चिकित्सा 0.67, कृषि 0.72, यांत्रिक 0.94, शिल्पिक 0.55, बाह्य तथा क्रीड़ा 0.71।

15

सृजनात्मकता का आकलन
(Assessment of Creativity)

सृजनात्मकता व्यक्ति का एक नैसर्गिक गुण होता है। व्यक्ति की सृजनात्मकता के कारण ही संसार ने कृषि, विज्ञान, वाणिज्य में इतनी प्रगति कर ली है। मानव का चांद पर रखा कदम उसकी सृजनात्मकता को ही प्रदर्शित करता है। नये-नये आविष्कार, साहित्य-सृजन, इन्टरनेट, कम्प्यूटर, दूरभाष के आधुनिकतम साधन सृजनात्मकता की ही देन हैं। मानव ईश्वर को सृष्टि के निर्माता के रूप में ही जानता है। सृजनात्मकता के लक्षण बालक में बचपन से ही प्रकट होते हैं। यदि बालकों की सृजनात्मकता की पहचान शीघ्र कर ली जाए एवं उनके विकास के समुचित प्रयास विद्यालय एवं अभिभावक करें तब निश्चिय ही इससे न केवल विद्यालय अपितु राष्ट्र समृद्ध बन सकता है। सृजनात्मकता की मनोवैज्ञानिकों ने अनेक परिभाषाएँ दी हैं जिसमें से प्रमुख निम्न हैं :

गिलफोर्ड (1959) के अनुसार "सृजनात्मक बालकों में अधिकतर सामान्य विशेषक होते हैं जिसमें न केवल मौलिकता अपितु नम्यता, प्रवाहता और प्रेरणात्मक एवं स्वभाव विशेषक भी शामिल होते हैं।"

टारेन्स (1977) के अनुसार "सृजनात्मकता समस्याओं की अपर्याप्तताओं का, ज्ञान का अभाव, खोये तत्वों, असामंजस्यताओं आदि के प्रति संवेदनशील होने की प्रक्रिया है।"

आइजंक एवं साथियों (1972) के अनुसार "सृजनात्मक बालक नये सम्बन्धों के ज्ञान को इसकी उत्पत्ति में चिन्तन के परम्परागत तरीकों से हटकर असाधारण विचार उत्पन्न करने की योग्यता रखता है।"

सृजनात्मकता के घटक

सृजनात्मकता के अग्र चार घटक होते हैं :

प्रवाहता (Fluency) – यह किसी दिए गए कार्य के लिए कई विचार शीघ्रता से उत्पन्न करने की योग्यता है। जो व्यक्ति जितने ज़्यादा विचार जितनी शीघ्रता से उत्पन्न करेगा उसकी यह योग्यता उतनी अधिक होगी।

नम्यता (Flexibility) – यह विविध प्रकार के विचार उत्पन्न करने की योग्यता है। जो व्यक्ति जितने अधिक विविध विचार प्रदर्शित करता है उसमें नम्यता उतनी अधिक होती है।

मौलिकता (Originality) – मौलिकता किसी व्यक्ति द्वारा नवीन व अनोखे विचार उत्पन्न करने की योग्यता है। जो व्यक्ति जितने अनोखे तथा असामान्य विचार उत्पन्न करने की योग्यता रखता है उसमें मौलिकता उतनी अधिक होती है।

विस्तरण (Elaboration) – यह व्यक्ति की वह योग्यता है जो व्यक्ति को विचारों के विस्तार में जाने के योग्य बनाती है।

सृजनात्मक व्यक्ति की विशेषताएँ (Characteristics of a Creative Person)

टोरेन्स (1962) ने कई सृजनात्मक व्यक्तियों के व्यवहारों का व्यापक अध्ययन कर सृजनात्मक व्यक्तियों की व्यक्तित्व विशेषताओं की एक सूची तैयार की। ये सारी विशेषताएँ सृजनात्मक व्यक्ति के व्यवहार को प्रदर्शित करती हैं, इन 84 व्यवहारों की सूची यहाँ प्रस्तुत है :–

1. अव्यवस्था को स्वीकारना (Accepts Disorder),
2. जोखिम उठाना,
3. दृढ़ भावात्मकता,
4. दूसरों के प्रति जागरूकता,
5. अव्यवस्था की ओर आकर्षित,
6. कठिन कृत्यों को करना,
7. रचनात्मक आलोचना,
8. तीव्र व अन्तरविवेकशील परम्पराएँ,
9. परार्थवादी,
10. हमेशा किसी न किसी कारण से परेशान रहना,
11. रहस्यात्मक खोजों के प्रति आकर्षित होना,
12. झेंपु या लज्जालु,
13. साहसी,
14. शिष्टाचार की परम्पराओं को परिभाषित करना,
15. स्वास्थ्य की परम्पराओं को परिभाषित करना,
16. श्रेष्ठ होने की इच्छा,
17. दृढ़ निश्चयी,
18. विभेदीकृत मूल्य पदानुक्रम,
19. असंतुष्ट,
20. संगठन को बिगाड़ने वाले,
21. हावी,
22. संवेगात्मक,
23. संवेगात्मक रूप से संवेदनशील,
24. ऊर्जावान,
25. दोष निकालने वाला,
26. लोगों की परवाह नहीं करना,
27. जिज्ञासा से परिपूर्ण,
28. प्रायः आत्म संतुष्ट लगना,
29. एकांतप्रिय,
30. अनुभव करना कि सारी व्यवस्था गड़बड़ है,
31. निर्णय में स्वतंत्र,
32. चिंतन में स्वतंत्र,
33. व्यक्तिवादी,
34. अन्तर्ज्ञानात्मक,
35. परिश्रमी,
36. अन्तर्मुखी,
37. व्यवसाय योग्यता में कमी,
38. त्रुटि करना,
39. कभी न ऊबना,
40. आक्रामक एवं पलायनवादी नहीं,
41. लोकप्रिय न होना,
42. विचित्र आदतें,

43. सतत,
44. अपने विचारों में लीन,
45. जटिल विचारों के लिए पंसद,
46. गैर पुष्टिक,
47. अस्वाभाविक समय पर कार्य करना,
48. प्रश्न करने की योग्यता,
49. आमूलचूल परिवर्तनवादी,
50. बाह्य उद्दीपकों को ग्रहण करना,
51. दूसरों के विचारों का ग्राही,
52. कभी कभार पलायनवादी,
53. विचारों के दमन का विरोधी,
54. दमन को नकारना,
55. संकल्पी,
56. घुन्ना,
57. आत्म-सचेत,
58. आत्म विश्वासी,
59. आत्म निर्भर,
60. विनोदप्रिय,
61. सुंदरता के प्रति संवेदनशील,
62. निश्चल,
63. शक्ति को त्यागने वाला,
64. अपने आपको थोपने वाला,
65. स्वचलित,
66. भाग्य को मानना,
67. लघु विस्तार में रुचि नहीं,
68. शंकालु,
69. असहमत होने से तत्पर,
70. दूरगामी लक्ष्यों का आकांक्षी,
71. अड़ियल,
72. अस्थायी स्वभाव,
73. दृढ़,
74. वात्सल्य,
75. डरपोक,
76. परिपूर्ण,
77. शक्ति से परे,
78. कुछ असुसंस्कृत, आदिम; (Somewhat Uncultured Primitive),
79. अपरिष्कृत; (Unsophisticated Naive).
80. कहने मात्र से किसी वस्तु को स्वीकार करने का अनिच्छुक,
81. दृष्टा (Visionary),
82. बहिर्मुखी (Versatile),
83. जोखिम उठाने को तैयार (Willing to take risks),
84. काफी विरक्त एवं खामोश (Somewhat withdrawn and Quiescent).

सृजनात्मकता के आकलन के परीक्षणों का वर्णन प्रस्तुत है:

सृजनात्मक चिंतन के शाब्दिक व अशाब्दिक परीक्षण
(Verbal and Nonverbal Test of Creative Thinking)

बाकर मेहदी (1973) द्वारा सृजनात्मकता के मापन के लिए सृजनात्मक चिंतन के शाब्दिक व अशाब्दिक परीक्षणों को विकसित किया गया है। इन परीक्षणों में सृजनात्मकता के चार घटकों प्रवाहता, नम्यता, मौलिकता एवं विस्तरण का मापन किया गया है।

सृजनात्मकता के शाब्दिक परीक्षण में चार उप-परीक्षणों परिणाम परीक्षण, असाधारण उपयोग परीक्षण, समानता/सादृश्य परीक्षण एवं उत्पाद सुधार परीक्षण को शामिल किया गया है। इनका वर्णन इस प्रकार है :

1. परिणाम परीक्षण – परिणाम परीक्षण में प्रयोज्य के समक्ष तीन परिकल्पनात्मक परिस्थितियाँ प्रस्तुत की जाती हैं, और उससे उनके विभिन्न परिणाम सोच कर प्रत्येक स्थिति के नीचे दी गई जगह में लिखने को कहा जाता है। ये परिस्थितियाँ परिकल्पनात्मक होती हैं जिनके लिए अनुभव की आवश्यकता नहीं होती है तथा

प्रयोज्य को अनुक्रियाओं के लिए सीमित अवसर दिए जाते हैं। यह उप परीक्षण मौलिकता एवं मुक्त कल्पना को बढ़ाता है। प्रयोज्य को परीक्षण की प्रकृति से परिचित कराने के लिए परीक्षण में एक उदाहरण दिया गया है। तीनों समस्याओं में प्रत्येक के लिए 4 मिनिट दिए जाते हैं।

2. असाधारण उपयोग परीक्षण – इस उप-परीक्षण में प्रयोज्य को तीन सामान्य वस्तुओं के नाम दिए जाते हैं तथा उनके कई नवीन, रुचिकर एवं असाधारण उपयोग सोचकर लिखने को कहा जाता है। इस परीक्षण में भी एक उदाहरण दिया जाता है। इसमें प्रत्येक कार्य के लिए 5 मिनिट का समय दिया जाता है।

3. नए संबंध परीक्षण – इस उप-परीक्षण में प्रयोज्य को पूर्णतया अलग शब्दों के तीन जोड़े दिए जाते हैं, और प्रत्येक जोड़े की दो वस्तुओं के मध्य संभावित कई नवीन संबंधों को सोचकर लिखने के लिए कहा जाता है। यह परीक्षण मौलिकता एवं मुक्त कल्पना के अवसर प्रदान करता है। शब्दों के प्रत्येक जोड़े के लिए 5 मिनिट का समय दिया जाता है।

4. उत्पाद सुधार परीक्षण – इस उप-परीक्षण में प्रयोज्य को घोड़े के साधारण लकड़ी के खिलौने के लिए सोचने को कहा जाता है और बच्चों के खेलने के लिए उसमें नई-नई वस्तुएँ जोड़कर उसे मज़ेदार बनाने के लिए सुझाव माँगे जाते हैं। इस कार्य के लिए उसे 6 मिनिट का समय दिया जाता है।

इस प्रकार प्रयोज्य को परीक्षण हल करने के लिए कुल 48 मिनिट का समय व निर्देश देने के लिए अतिरिक्त समय दिया जाता है।

परीक्षण का विश्वसनीयता गुणांक कारक फलांक एवं संपूर्ण परीक्षण के फलांकों के आधार पर परीक्षण-पुनर्परीक्षण विधि द्वारा निकाला गया है जो कि प्रवाहता का 0.945, नम्यता का 0.921, मौलिकता का 0.898 व संपूर्ण सृजनात्मकता फलांकों का 0.959 है।

परीक्षण का शिक्षक निर्धारणों के आधार पर कारक फलांकों का वैधता गुणांक निकाला गया है जो प्रवाहता का 0.40, नम्यता का 0.32, मौलिकता का 0.34 एवं संपूर्ण सृजनात्मकता का 0.39 है।

परीक्षण के फलांकन के लिए मौलिकता, नम्यता, व प्रवाहता घटकों का पृथक-पृथक फलांकन मेन्युअल में दिए गए निर्देशों व फलांकन कुंजी की सहायता से किया जाता है तथा प्राप्त कच्चे फलांकों को प्रतिशतांक मानकों में परिवर्तित किया जाता है।

सृजनात्मकता के अशाब्दिक परीक्षण द्वारा व्यक्ति की आकृतिक विषयवस्तु के साथ सृजनात्मक रूप में कार्य करने की योग्यता का मापन किया जाता है। प्रस्तुत परीक्षण में इस उद्देश्य की पूर्ति के लिए तीन प्रकार की गतिविधियाँ-चित्र निर्माण, चित्र पूर्ण करना, एवं त्रिभुज एवं अण्डवृत्त (Ellipse) शामिल की गई हैं। प्रयोज्य को परीक्षण के कार्य सभी करने के लिए कुल 35 मिनिट का समय दिया जाता है। निर्देश देने के लिए आवश्यकतानुसार अतिरिक्त समय दिया जाता है। परीक्षण में दी गई गतिविधियों का वर्णन इस प्रकार है :

1. **चित्र निर्माण गतिविधि** – इस गतिविधि में प्रयोज्य के सामने दो साधारण ज्यामितीय आकृतियाँ–एक अर्द्धवृत्त एवं एक विषमकोण समचतुर्भुज क्षेत्र दी जाती हैं तथा उससे प्रत्येक आकृति को एक संपूर्ण भाग मानकर चित्र का विस्तार व निर्माण करने को कहा जाता है। प्रयोज्य को चित्र के विस्तार व निर्माण करने के लिए पृष्ठ को घुमाने की अनुमति दी जाती है। चित्र विस्तार व निर्माण में मौलिकता एवं विस्तरण पर जोर दिया जाता है। प्रयोज्य को इन दोनों कार्य के लिए 10 मिनिट का समय दिया जाता है। प्रयोज्य से प्रत्येक चित्र का एक रुचिकर एवं असाधारण शीर्षक भी लिखने को कहा जाता है। तथा शीर्षक का फलांकन शाब्दिक सृजनात्मकता परीक्षण पर शाब्दिक सृजनात्मकता फलांक के अंतर्गत किया जाता है। यद्यपि शीर्षकों का फलांकन ऐच्छिक होता है।

2. **अपूर्ण आकृति गतिविधि** – इस गतिविधि में प्रयोज्य को दस लकीरें बनाकर दी जाती है तथा उनसे विभिन्न वस्तुओं के अर्थपूर्ण चित्रों को बनाने के लिए कहा जाता है। प्रयोज्य को ऐसे चित्र बनाने के लिए कहा जाता है जिन्हें समूह में किसी से न सोचा हो। उससे प्रत्येक चित्र का एक रुचिकर व उपयुक्त शीर्षक लिखने को भी कहा जाता है शीर्षक का फलांकन शाब्दिक सृजनात्मकता फलांक के अंतर्गत किया जाता है, हालांकि यह फलांकन ऐच्छिक होता है। प्रयोज्य को सभी 10 पदों के लिए 15 मिनिट का समय दिया जाता है।

3. **त्रिभुज एवं अण्डवृत्त (Ellipse) गतिविधि** – इस गतिविधि में प्रयोज्य के सामने 7 त्रिभुज एवं 7 अण्डवृत्त की आकृतियाँ दी जाती हैं और उससे विभिन्न अर्थपूर्ण चित्रों का निर्माण करने को कहा जाता है। इस गतिविधि के लिए प्रयोज्य को कुल 10 मिनिट का समय दिया जाता है। इसमें भी प्रत्येक चित्र के लिए रुचिकर व उपयुक्त शीर्षक लिखने को कहा जाता है।

विश्वसनीयता व वैधता

परीक्षण की विश्वसनीयता परीक्षण-पुनर्परीक्षण विधि से निकाली गयी, जिसके अनुसार विस्तरण कारक का विश्वसनीयता गुणांक 0.932, मौलिकता का 0.947, एवं संपूर्ण सृजनात्मकता फलांक का 0.946 था।

परीक्षण के कुल सृजनात्मकता फलांकों एवं प्रत्येक कारक के लिए शिक्षक-निर्धारणों के आधार पर वैधता गुणांक निकाला गया जो कि विस्तरण का 0.346, मौलिकता का 0.329 एवं कुल सृजनात्मकता फलांकों का 0.385 पाया गया।

परीक्षण के फलांकन के लिए विस्तरण, मौलिकता एवं नम्यता घटकों का पृथक-पृथक फलांकन मेन्युअल में दिए गए निर्देशों व फलांकन कुंजी की सहायता से किया जाता है तथा प्राप्त कच्चे फलांकों को प्रतिशतांक मानकों में परिवर्तित किया जाता है।

शर्मा एवं शुक्ला का वैज्ञानिक सृजनात्मकता का शाब्दिक परीक्षण

प्रस्तुत परीक्षण की रचना व्ही. पी. शर्मा एवं जे.पी. शुक्ला द्वारा 1985 में की गई। परीक्षण हिन्दी एवं अंग्रेजी भाषा में उपलब्ध है। परीक्षण कक्षा 7 वीं एवं 8वीं कक्षा के बच्चों की सृजनात्मकता का आकलन करता है। प्रस्तुत परीक्षण में चार अग्र उपपरीक्षण हैं: (1) परिणाम परीक्षण, (2) असाधारण प्रयोग परीक्षण (3) नवीन सम्बन्ध परीक्षण एवं (4) जरा सोचिए क्यों ? परीक्षण। परीक्षण सृजनात्मकता के तीन घटक प्रवाहता, नम्यता एवं मौलिकता का आकलन करता है। परीक्षण की समवर्ती वैधता बाकर मेंहदी के शाब्दिक सृजनात्मक चिन्तन परीक्षण से उच्च पाई गई तथा अंतर्कारकीय वैधता से वैधता गुणांक 0.9461 से 0.9876 पाया गया। परीक्षण की परीक्षण-पुनर्परीक्षण विधि से विश्वसनीयता गुणांक क्रमशः प्रवाहता, नम्यता, मौलिकता एवं संपूर्ण परीक्षण हेतु 0.729, 0.645 एवं 0.774 तथा 0.730 पाया गया।

चौहान एवं तिवारी का रचनाशक्ति परीक्षण

प्रस्तुत परीक्षण का निर्माण नरेन्द्रसिंह चौहान एवं गोविन्द तिवारी द्वारा किया गया है। परीक्षण कक्षा IX से XI में पढ़ने वाले विद्यार्थियों की सृजनात्मकता के आकलन के लिए उपयोग में लाया जाता है। परीक्षण के अग्र पाँच भाग हैं – रचनोत्पादन, प्रवाह क्षमता, मौलिकता, नम्यता एवं समस्या-समाधान। बाकर मेंहदी परीक्षण से परीक्षण की समवर्ती वैधता का मान प्रवाह क्षमता, नम्यता एवं मौलिकता के लिए क्रमशः 0.481, 0.393, 0.403 हेतु पाया गया। अर्द्धविच्छेद विधि द्वारा परीक्षण की विश्वसनीयता का मान रचनोत्पादन के लिए 0.762, प्रवाहक्षमता के लिए 0.483 से 0.903, नम्यता के लिए 0.438, मौलिकता के लिए 0.597, समस्या-समाधान के लिए 0.640 तथा संपूर्ण परीक्षण हेतु 0.673 प्राप्त हुआ।

बहुदिश उत्पादन योग्यता परीक्षण

प्रस्तुत परीक्षण का निर्माण के.एन. शर्मा द्वारा 1987 में किया गया है। परीक्षण हिन्दी एवं अंग्रेज़ी दोनों ही भाषा में उपलब्ध है। प्रस्तुत परीक्षण में अग्र छः उपपरीक्षण हैं। (1) शब्द कला उप परीक्षण, (2) वस्तु-प्रयोग उप परीक्षण, (3) समानता उप परीक्षण, (4) वाक्य निर्माण उप परीक्षण, (5) शीर्षक उप परीक्षण और (6) विस्तरण उप परीक्षण। परीक्षण सृजनात्मकता के घटकों, प्रवाहता, नम्यता, मौलिकता तथा विस्तरण का आकलन रहता है। बाकर मेंहदी परीक्षण से इसकी समवर्ती वैधता गुणांक का विस्तार प्रथम उप परीक्षण हेतु 0.31 से 0.56 तक, द्वितीय उप परीक्षण हेतु 0.40 से 0.58 तक, तृतीय उप परीक्षण हेतु 0.33 से 0.66 तक तथा चतुर्थ उप परीक्षण हेतु 0.36 से 0.63 तक, पाँचवे उप परीक्षण हेतु 0.31 से 0.58 तक तथा छठे उप परीक्षण हेतु 0.32 से 0.50 तक तथा संपूर्ण परीक्षण हेतु 0.39 से 0.48 तक पाया गया।

पासी का सृजनात्मकता परीक्षण (Passi Test of Creativity)

प्रस्तुत परीक्षण की रचना बी.के. पासी द्वारा 1971 में की गई। परीक्षण IX कक्षा से XI कक्षा के विद्यार्थियों की सृजनात्मकता का आकलन करता है। परीक्षण के

अग्र छः उप परीक्षण है (1) दोष समस्या जानने का परीक्षण, (2) असाधारण उपयोग परीक्षण, (3) परिणाम परीक्षण, (4) प्रश्नात्मक योग्यता परीक्षण, (5) वर्ग पहेली परीक्षण, (6) ब्लॉक परीक्षण। परीक्षण की समवर्ती वैधता टारेन्स के सन्दर्भ में वैध पाई गई। परीक्षण की विश्वसनीयता परीक्षण-पुनर्परीक्षण विधि से उप परीक्षण हेतु क्रमशः 0.68, 0.97, 0.71, 0.74 तथा 0.83 पाई गई।

मल्होत्रा एवं कुमारी का भाषिक सृजनात्मकता परीक्षण

प्रस्तुत परीक्षण का निर्माण एस.पी. मल्होत्रा एवं सुचेता कुमारी ने किया। यह परीक्षण विद्यालय तथा स्नातक स्तर तक के विद्यार्थियों की भाषिक सृजनात्मकता के आकलन के लिए है। इस परीक्षण में 27 पद हैं। इन पदों को 5 उप–परीक्षणों में विभाजित किया गया है – 1) कक्षावस्तु का निर्माण, 2) संवाद लेखन, 3) कविता का निर्माण, 4) वर्णनात्मक शैली, 5) शब्दावली शैली। इस परीक्षण को पूर्ण करने में लगने वाला अधिकतम समय 147 मिनट है। इस परीक्षण द्वारा सृजनात्मकता के घटकों प्रवाहता, नम्यता, मौलिकता तथा विस्तरण का मापन किया जाता है। इस परीक्षण हेतु परीक्षण पुनः परीक्षण (Test-Retest) विधि द्वारा विश्वसनीयता गुणांक का विस्तार (Range) 0.87 से 0.92 तक पाया गया। परीक्षण का समवर्ती वैधता टारेन्स के परीक्षण से विस्तार 0.59 से 0.72 तक पाया गया।

16

अभिवृत्ति का आकलन
(Assessment of Attitude)

व्यक्तित्व के समान ही हम अभिवृत्ति शब्द का उपयोग बहुतायत से करते हैं। प्रायः हम कहते हैं कि अमुक व्यक्ति की परिवार नियोजन के प्रति सकारात्मक अभिवृत्ति है। अमुक व्यक्ति की अंतर्जातीय विवाह के प्रति नकारात्मक अभिव्यक्ति है। हम विभिन्न व्यक्तियों, वस्तुओं, संस्थाओं, स्थितियों आदि के प्रति पूर्व धारणा रखते हैं। हमारी यह पूर्व धारणा ही अभिवृत्ति का निर्धारण करती है। अभिवृत्ति की सहायता से व्यक्ति के व्यवहार का आकलन एवं विश्लेषण करना सम्भव हो सकता है। अभिवृत्ति व्यक्ति की अनुभूतियों एवं विश्वासों की ओर इशारा करती है। यहाँ अभिवृत्ति के बारे में विद्वानों की परिभाषाएँ प्रस्तुत हैं :

गुड (1973) के अनुसार "अभिवृत्ति किसी परिस्थिति, व्यक्ति या वस्तु के प्रति किसी विशेष ढंग से किसी विशेष अंश (Degree) की तीव्रता से प्रतिक्रिया करने की तत्परता है।"

नुन्नले (1964) के अनुसार "अभिवृत्तियाँ वे पूर्व धारणाएँ हैं, जो व्यक्ति, संस्था, विचारों या वस्तुओं के वर्ग के प्रति सकारात्मक या नकारात्मक ढंग से प्रतिक्रियाएँ करवाती हैं।"

रेमर्स एवं अन्य (1960) के अनुसार "अभिवृत्ति किसी मनोवैज्ञानिक वस्तु के प्रति अनुभवों के द्वारा संगठित सकारात्मक या नकारात्मक प्रतिक्रिया करने की संवेगात्मक प्रवृत्ति है।"

फ्रीमैन (1967) के अनुसार "अभिवृत्ति किन्हीं परिस्थितियों, व्यक्तियों या वस्तुओं के प्रतिसंगत रूप से प्रतिक्रिया करने की स्वाभाविक प्रतिक्रिया है, जिसे सीखा जाता है तथा किसी व्यक्ति विशेष के द्वारा प्रतिक्रिया करने का विशिष्ट तरीका बन गया हो।"

थर्स्टन (1936) के अनुसार "अभिवृत्ति किसी मनोवैज्ञानिक वस्तु से संबंधित सकारात्मक या नकारात्मक प्रभाव की मात्रा है।"

थामस एवं जेनिकी के अनुसार "अभिवृत्ति किसी मूल्य के प्रति व्यक्ति की मानसिक अवस्था है।"

अभिवृत्ति की विमाएँ (Dimensions of Attitude)

रेमर्स एवं अन्य (1967) ने अभिवृत्ति की निम्न पाँच (5) विमाएँ बताई हैं :

(अ) **दिशा** – अभिवृत्ति हमेशा दो दिशाओं पक्ष एवं विपक्ष में व्यक्त की जाती है। यह सकारात्मक एवं नकारात्मक हो सकती है।

(ब) **तीव्रता** – अभिवृत्ति तीव्र एवं मन्द इस कारण होती है कि यह भाव तथा संवेग पर आधारित होती है।

(स) **उन्मुक्तता** – उन्मुक्तता अभिवृत्ति व्यक्त करने की तैयारी है।

(द) **स्थिरता** – यह इस बात को दर्शाता है कि विभिन्न परिस्थितियों में व्यक्ति अपनी अभिवृत्तियों को कितना स्थिर रख सकता है।

(इ) **सामान्य एवं विशिष्ट** – अभिवृत्ति सामान्य एवं विशिष्ट दोनों प्रकार से प्रदर्शित की जाती है।

1. थर्स्टन की युग्म तुलना विधि
(Thurston's Method of Paired Comparision)

प्रस्तुत विधि में सर्वप्रथम बड़ी संख्या में दिए गए प्रकरण के बारे में जिसके बारे में अभिवृत्ति का मापन करना है, सकारात्मक एवं नकारात्मक कथन एकत्र किए जाते हैं। द्वितीय सोपान के अंतर्गत विशेषज्ञों के समूह को कथन प्रस्तुत किए जाते हैं, ताकि वे कथनों की तुलना कर यह बता सकें कि युग्म का कौन सा कथन अधिक सकारात्मक अभिवृत्ति अभिव्यक्त करता है अर्थात् इसमें मापनी के प्रत्येक कथन की तुलना मापनी के अन्य सभी कथनों से की जाती है।

2. थर्स्टन एवं चेव की समदृष्टि अन्तर विधि
(Thurston and Chave Equal Appearing Method)

प्रस्तुत विधि का विकास थर्स्टन एवं चेव (1929) ने किया। इसमें वस्तु, प्रक्रिया या व्यक्ति के प्रति विचार करने वाले कथन होते हैं। इन कथनों को ग्यारह श्रेणियों में विभाजित किया जाता है, ये ग्यारह श्रेणियाँ समदृष्टि अन्तर को सांतत्यक (Continuum) पर बाँटते हैं। इसमें 'अ' सबसे प्रतिकूल एवं 'क' अत्यधिक अनुकूल को तथा 'फ' तटस्थ को बताता है।

प्रस्तुत विधि में सर्वप्रथम अनेक उपलब्ध स्रोतों जैसे समाचार पत्र, पुस्तकों, पत्रिकाओं इत्यादि साधनों से कथन एकत्र किए जाते हैं। इन एकत्र कथनों को अनेक निर्णायकों को दिया जाता है। निर्णायक कथनों को ग्यारह बिन्दुओं पर समदृष्टि अन्तर विधि पर वर्गीकृत करते हैं। पद विश्लेषण कर मध्यिका मूल्य ज्ञात कर दो अर्थ वाले एवं निरर्थक कथनों को हटा दिया जाता है। शोधक सर्वप्रथम कथनों का प्रतिशत ज्ञात करता है। तत्पश्चात् मापनी मूल्य एवं चतुर्थांश (Quartile) मूल्य ज्ञात करते हैं। प्रत्येक कथन को अग्र प्रकार से व्यवस्थित कर लेते हैं।

1 अ	2 ब	3 स	4 द	5 इ	6 फ	7 ग	8 ह	9 आय	10 ज	11 क	मापनी मूल्य	Q मूल्य
f P CP												

जहाँ f = आवृत्ति

P = अनुपात

CP = संचयी आवृत्ति

इसके पश्चात् प्रत्येक मापनी मूल्य (Scale-value) निम्न सूत्र से ज्ञात करते हैं:

$$\text{मापनी मूल्य (S)} = \frac{l + (50 - \Sigma pb)i}{pw}$$

जहाँ S = मध्यिका अथवा कथन का मापनी मूल्य

l = उस अन्तराल की निम्न सीमा जहाँ मध्यिका स्थित है।

Σpb = जहाँ मध्यिका स्थित है उसके नीचे के अनुपातों का योग

pw = जिस अन्तराल में मध्यिका स्थित है उसका अनुपात

i = अन्तराल की चौड़ाई और यह माना जाता है कि 1 है।

इस प्रकार C_{25} & C_{75} ज्ञात किया जा सकता है।

3. सफिर क्रमबद्ध अन्तर विधि (Saffir Method of Successive Intervals)

थर्स्टन एवं चेव की समदृष्टि अन्तर विधि का संशोधित रूप ही सफिर की क्रमबद्ध अन्तर विधि है। प्रस्तुत मापनी में कथनों के लिए केवल एक व्यक्ति का निर्णय लिया जाता है। अतः जब मापनी में कथनों की संख्या बहुत ज़्यादा हो तब इस मापनी का उपयोग आसानी से किया जा सकता है। इसमें कथनों के प्रति निर्णय देने में उन्हीं आदेशों एवं नियमों को माना जाता है जो थर्स्टन विधि में मानने होते हैं। इसमें संचयी आवृत्ति ज्ञात कर निर्णायकों की संख्या से भाग देकर संचयी अनुपात ज्ञात करते हैं।

4. संकलित निर्धारण विधि/लिकर्ट मापनी (Method of Summated Rating/ Likert Scale)

प्रस्तुत निर्धारण विधि का विकास लिकर्ट (1932) ने किया। इस कारण संकलित निर्धारण विधि को लिकर्ट मापनी भी कहते हैं। यह एक अंतराल मापनी है एवं इसकी विश्वसनीयता थर्स्टन के समान ही है, यह अपेक्षाकृत सरल है। लिकर्ट मापनी में बड़ी संख्या में किसी समस्या के सकारात्मक एवं नकारात्मक कथन शामिल रहते हैं। प्रयोज्य प्रत्येक कथन पर अपनी स्थिति बताते हैं। ये 5 स्थितियाँ होती हैं। पूर्णतः स्वीकृत, स्वीकृत, अनिश्चित, अस्वीकृत, पूर्णतः अस्वीकृत। फलांकन हेतु विवेकाधीन

विधि का उपयोग किया जाता है। इस विधि में विवेकानुसार 1 से 5 तक अंक प्रदान किए जाते हैं। सकारात्मक पदों हेतु 5, 4, 3, 2, 1 तथा नकारात्मक पदों हेतु 1, 2, 3, 4, 5 अंक प्रदान किए जा सकते हैं। उदाहरणार्थ –

सभी विदेशियों को देश निकाला दे देना चाहिए (पूर्णतः अस्वीकृत को 5 फलांक देना चाहिए)।

विद्यालय में विदेशी नियुक्ति की जाना चाहिए (पूर्णतः स्वीकृत को 5 फलांक देना चाहिए)।

हालांकि उक्त दोनों पदों के उत्तर अलग होंगे, किन्तु दोनों के फलांक समान इसलिये होंगे चूंकि वे दोनों अभिवृत्ति बताते हैं। प्रत्येक प्रयोज्य का कुल फलांक उसके द्वारा संपूर्ण कथनों के लिए व्यक्त की गई स्थितियों के आधार पर ज्ञात किया जाता है। अंतिम पदों का निर्माण करने के पूर्व शोधक उन तकनीकों का उपयोग करता है, जो उसे कमज़ोर पदों की पहचान में सहायता करती है। शोधक उन पदों को हटा देता है जिनका संपूर्ण परीक्षण के साथ वास्तविक सहसंबंध नहीं होता अथवा जिनकी विभेदात्मकता शक्ति कम होती है।

5. गटमैन मापनी (Guttman Scale)

जहाँ थर्स्टन एवं लिकर्ट अभिवृत्ति मापनियों का उपयोग बहुतायत से किया जाता है वहीं लुइस गटमैन की स्केलोग्राम विश्लेषण (Scalogram Analysis) का उपयोग भी किया जाता है। स्केलोग्राम विश्लेषण का उद्देश्य यह पता लगाना होता है कि चयनित पद के प्रति अनुक्रियाएँ दी गई अभिवृत्ति का आकलन एक विमा पर करती है। प्रस्तुत मापनी में कथन युग्म के रूप में होते हैं। इसमें जो प्रयोज्य जितनी अधिक अनुकूल अनुक्रिया देगा उतनी ही अधिक उसकी अभिवृत्ति के अंक होंगे। प्रस्तुत मापनी में कथनों का चयन कर लेने के पश्चात् अनुक्रियाओं को सहमत एवं असहमत दो वर्गों में बाँटा जाता है। गटमैन मापनी में कथनों को अंक प्रदान करने के लिए सहमत वाली अनुक्रिया पर एक अंक तथा असहमत अनुक्रिया पर शून्य (0) अंक प्रदान किया जाता है।

6. एडवर्ड्स एवं किलपेट्रिक की विभेद तकनीक (Edwards and Kilpatriks Scale Discrimination Technique)

प्रस्तुत तकनीक का विकास एडवर्ड्स एवं किलपेट्रिक ने 1948 में किया था। परीक्षण निर्माण के प्रारंभ में समस्या से संबंधित बड़ी संख्या में कथन एकत्र कर लेते हैं तत्पश्चात् उनका सम्पादन (Editing) किया जाता है। तत्पश्चात अन्य विधियों जैसे थर्स्टन एवं चेव की तरह एकत्र कथनों का मापनी मूल्य ज्ञात किया जाता है तथा चतुर्थांश मूल्य ज्ञात कर लेते हैं। विश्लेषण में 50 प्रतिशत कथनों को हटा दिया जाता है शेष 50 प्रतिशत कथनों को लिकर्ट विधि के अनुसार 6 श्रेणियों 1. पूर्णतः सहमत, 2. सहमत, 3. आंशिक सहमत, 4. आंशिक असहमत, 5. असहमत, 6. पूर्णतः

असहमत, में विभाजित कर लिया जाता है। पद् विश्लेषण के पश्चात विभेदीकरण ज्ञात करने के लिए फाई गुणांक का उपयोग करते हैं।

$$\phi \text{ Coefficient} = \frac{bc - ad}{(a + b)(b + d)(a + c)(c + d)}$$

इसे ज्ञात करने के लिए हम निम्न उदाहरण की सहायता लेते हैं। जब दोनों पद के दो मूल्य हों तब ϕ की गणना की जाती है। जैसे–

		पद 1	
		उत्तीर्ण	अनुत्तीर्ण
पद 2	उत्तीर्ण	b	a
	अनुत्तीर्ण	c	d

		पद 1	
		उत्तीर्ण	अनुत्तीर्ण
पद 2	उत्तीर्ण	17	30
	अनुत्तीर्ण	33	20

7. अर्थ भिन्नता मापनियाँ (Semantic Differential Scales)

इस तकनीक का विकास मनोवैज्ञानिक आसगुड (1952) ने किया। प्रत्येक व्यक्ति आत्म, अध्यापक एवं अनुशासन संकल्पनाओं को जानता है, किन्तु विभिन्न व्यक्ति एवं समूह इन संकल्पनाओं का अलग-अलग प्रत्यक्षण करते हैं। अर्थ विभिन्नता तकनीक अप्रत्यक्ष रूप से इन प्रत्यक्षणों के आकलन की एक विधि प्रदान करती है, जिसमें प्रयोज्य से प्रश्नों के द्वारा विभिन्न संकल्पनाओं को प्रायः सात (7) बिन्दु मापनी पर निर्धारण करने को कहा जाता है। मापनी में द्विध्रुवीय विशेषण होते हैं। जैसे मूल्यांकन : अच्छा-बुरा, गतिविधि : सक्रिय-निष्क्रिय।

आसगुड (1952) के अनुसार "अर्थ कई यथेष्ट, किन्तु अज्ञात निकाओं में परिवर्तित होते हैं। शोधक को अवश्य ही मापन के लिए, इसके अनुसार प्रविधि निर्माण करना चाहिए।

कर्लिंगर (1978) के शब्दों में "प्रायः अर्थभिन्नता वस्तुओं, संकल्पनाओं के मनोवैज्ञानिक अर्थ निरीक्षण एवं मापन की विधि है।"

पाल (1995) ने निम्न अर्थ भिन्नता मापनी का उपयोग शिक्षकों की विशेषताओं के लिए किया –

अच्छी तरह तैयार नहीं – अच्छी तरह तैयार
विषय में रुचि – विषय में रुचि नहीं
मित्रवत् – मित्रवत् नहीं
कठोर – नम्य
सहायक नहीं – सहायक

सृजक नहीं	–	सृजक
उत्साही	–	निरुत्साही
शिक्षार्थियों में रुचि	–	शिक्षार्थियों में रुचि नहीं
प्रजातांत्रिक	–	निरंकुश
सुव्यवस्थित	–	अव्यवस्थित
असमर्पित	–	समर्पित
भ्रमित	–	स्पष्ट
निष्पक्ष	–	पक्षपाती
समय का पाबंद	–	लेटलतीफ
अनियमित	–	नियमित
सतही	–	बुद्धिमान
उत्तेजक	–	उबाऊ
प्रभावी सम्प्रेषक	–	अप्रभावी सम्प्रेषक
रूढ़	–	मौलिक
गैरजिम्मेदार	–	उत्तरदायी
अकुशल	–	कुशल

आसगुड एवं साथियों (1937) तथा आसगुड (1962) ने शोध के आधार पर बताया कि प्रत्येक संकल्पना के लिए विपरीत गुणों वाले विशेष पदों के गुच्छ (Cluster) होते हैं तथा इसमें से प्रत्येक गुच्छ विशेषण पदों वाले युग्म होते हैं। ये तीन प्रकार के होते हैं। प्रथम प्रकार के विशेषण पद हैं :

अच्छा	–	बुरा
स्वच्छ	–	गंदा

इन्हें मूल्यांकन कारक कहते हैं। द्वितीय प्रकार के विशेषण पद हैं :

मज़बूत	–	कमज़ोर
भारी	–	हल्का

इसे सामर्थ्य कारक कहते हैं।

तृतीय प्रकार के विशेषण पद हैं :

निष्क्रिय	–	सक्रिय
तेज	–	मंद

नुन्नले (1967) ने चौथे प्रकार के विशेषण पद की चर्चा की है।

सरल	–	जटिल
समझने योग्य	–	रहस्यमय
पूर्व कथनीय	–	अपूर्व कथनीय

अर्थ भिन्नता का निर्माण एवं उपयोग – शोध में अर्थ भिन्नता का उपयोग करने के लिए निम्न सोपानों का उपयोग किया जाता है :

1. संकल्पना का चयन; और 2. उपकरण का निर्माण।

अर्थ भिन्नता निर्माण के प्रथम सोपान के अंतर्गत संकल्पना अथवा अन्य उद्दीपकों का चयन किया जाता है, जिनका द्विध्रुवीय विशेषणों पर निर्धारण किया जाना हो। संकल्पना शोध समस्या के महत्व की होनी चाहिये।

यदि हम अध्यापक द्वारा प्रत्यक्षित शैक्षिक पर्यावरण का अध्ययन कर रहे हैं, तब हम प्राचार्य, विद्यालय, अनुशासन, छात्र, अध्यापन, अधिगम इत्यादि संकल्पनाओं का उपयोग कर सकते हैं।

8. क्यू रीति तकनीक (Q Sort Technique)

प्रस्तुत तकनीक का विकास विलियम स्टीफेन्स (1953) ने किया था। इस तकनीक में क्यू का अर्थ होता है प्राप्तांकों के स्वगत तथा अन्तर वैयक्तिक सहसंबंध। कर्लिंगर के शब्दों में "क्यू तकनीक मुख्यतः वस्तुओं को कोटिक्रमित करने का एक परिष्कृत रूप है, जिसमें वस्तुओं से सम्बद्ध के लिए प्रयोज्यों को सांख्यिकीय प्रदान करना होता है।"

प्रस्तुत तकनीक में प्रयोज्यों को बड़ी संख्या (60 से 100 तक) में कार्ड प्रदान किए जाते हैं। इन कार्डों में चित्र, वर्णनात्मक शब्द, गद्यांश अथवा कथन होते हैं, जो कि शोध समस्या के प्रकरण के लिए महत्व के होते हैं। प्रयोज्यों को कार्डों को छांटने को कहा जाता है वे प्रायः इनकी 9–11 की ढेरी बना लेते हैं। वे यह ढेरी, मुझे सर्वाधिक पसंद है, मुझे सबसे कम पसंद है तथा सर्वाधिक महत्वपूर्ण – सर्वाधिक कम महत्वपूर्ण की बनाते हैं। एक ढेरी में रखे जाने वाले कार्डों की संख्या प्रायः शोधक पूर्व में निर्धारित कर लेता है, ताकि सामान्य सम्भावना वक्र बन सके।

वान डालेन (1973) ने एक उदाहरण द्वारा समझाया है। रेखा के ऊपर का अंक प्रत्येक ढेरी में रखे जाने वाले कार्डों की संख्या को बताता है तथा रेखा के नीचे का अंक ढेरी में रखे कार्डों के फलांक मूल्य को दर्शाता है। सर्वाधिक स्वीकृत ढेर के दो कार्डों को फलांक मूल्य 10 प्रदान किया जाता है तथा मध्य के 13 कार्डों को फलांक मूल्य 5 प्रदान किया जाता है।

	सर्वाधिक स्वीकृत							**न्यूनतम स्वीकृत**			
कार्डों की आवृत्ति	2	3	5	7	9	13	9	7	5	3	2
फलांक मूल्य	10	9	8	7	6	5	4	3	2	1	0

क्यू तकनीक का उपयोग प्रयोज्यों की अभिवृत्तियों, मूल्यों, कलात्मक निर्णयों एवं रुचियों के निर्धारण के लिए किया जाता है। इसका उपयोग व्यक्ति अथवा व्यक्तियों के गुच्छ के गहन अध्ययन के लिए किया जाता है। प्रयोज्यों को एक अथवा कई क्यू रीति आवंटित की जा सकती हैं।

उन्हें वहीं क्यू रीति एक से अधिक बार आवंटित की जा सकती है जैसे किसी प्रशिक्षण कार्यक्रम के पूर्व एवं पश्चात् ताकि प्रशिक्षण से हुए परिवर्तनों को मापा जा सके। क्यू रीति का उपयोग समूह का प्रयोज्यों के गुच्छों की पहचान के लिए किया जाता है। क्यू तकनीक का उपयोग विशेषकर शोध की समन्वेषी (Exploratory) अवस्था में किया जाता है। क्यू रीति में बहुत समय ख़र्च होता, ज़्यादा प्रयोज्यों के अध्ययन के लिए यह उपयोगी विधि नहीं है तथा इससे प्राप्त परिणामों का सामान्यीकरण नहीं किया जा सकता।

बेसबॉल – चेयर्स	पिंगयांग – फुटबॉल
टेनिस – पिंगयांग	टेनिस – चेयर्स
फुटबॉल – बेसबॉल	पिंगयांग – बेसबॉल
चेयर्स – पिंगयांग	चेयर्स – फुटबॉल

प्रयोज्यों के निर्णयों को परिचालित किया जा सकता है, ताकि प्रत्येक गतिविधि को एक मापनी मूल्य आवंटित किया जा सके। यह विधि अधिक ठीक-ठीक परिणाम देती है। यह उस समय उपयोग में लाई जाती है, जबकि पदों की एक छोटी संख्या की तुलना करना हो। ज़्यादा पद होने पर समय अधिक लगेगा एवं यह एक श्रमसाध्य कार्य होगा।

समान प्रतीत हो रही अंतराल मापनी
(Equal Appearing Interval Scale)

प्रस्तुत मापनी का विकास थर्स्टन एवं चेव (1929) ने किया। इसे थर्स्टन मापनी भी कहा जाता है। इस विधि में 100 या उससे अधिक अलग-अलग कथन जो किसी समूह, वस्तु अथवा संस्था के प्रति अपनी अनुभूति विभिन्न तीव्रता में व्यक्त करते हैं, 100–150 निर्णायकों को दिए जाते हैं, उनमें से प्रत्येक निर्णायक को कथनों को (प्रायः 7 से 11 के) ढेर (वस्तुनिष्ठ रूप में) जमाने को कहा जाता है। जो कि उसे मनोवैज्ञानिक रूप से समान अन्तर पर दिखाई देते हों फिर उस ढेर को कोटिक्रम में जमाना होता था। अर्थात् प्रथम ढेर सर्वाधिक अनुकूल अभिवृत्ति का प्रतिनिधित्व करता है तथा अंतिम ढेर सर्वाधिक प्रतिकूल अभिवृत्ति का तथा मध्य का ढेर उदासीन अभिवृत्ति का। तत्पश्चात् प्रत्येक पद कितनी बार किस ढेर में शामिल किया गया है यह गणना की जाती है तथा प्रत्येक कथन को एक फलांक मूल्य प्रदान किया जाता है। यह फलांक मूल्य निर्णायकों द्वारा दिए गए मध्यमान स्थिति पर आधारित होता है। जो कथन बहुत ही विस्तृत रूप से फैले होते हैं, उन्हें सन्देहपूर्ण एवं निरर्थक मानकर हटा दिया जाता है। अन्तिम मापनी के निर्माण के लिए 15 से 40 बचे कथनों का चयन इस प्रकार से किया जाता है कि उनके मध्य का अंतराल समान हो। इन पदों को जो अभिवृत्ति की विभिन्न तीव्रता के प्रश्नों का प्रतिनिधित्व करते हैं, को दैव रूप में जमा लिया जाता है। थर्स्टन एवं चेव की मापनी से लिए गए कुछ कथन यहाँ दिए गए हैं:

मैं विश्वास करता हूँ कि चर्च अमेरिका में सबसे बड़ी संस्था है। (मापनी मूल्य 0.2)

मुझे लगता है कि संसार की उन्नति के लिए गिरजाघर सबसे बड़ा माध्यम है। (मापनी मूल्य 0.5)

गिरजाघर के प्रति मेरी सहानुभूति है, किन्तु इसके कार्यों में मैं सक्रिय नहीं होता हूँ। (मापनी मूल्य 4.2)

मुझे लगता है कि गिरजाघर समाज पर परजीवी (Paracite) है। (मापनी मूल्य 11.0)

इस प्रकार की मापनी का फलांकन सभी कथनों के माध्यम मापनी मूल्य जिनसे प्रयोज्य सहमति व्यक्त करते हैं, से किया जाता है।

सन्दर्भ
REFERENCES

Abelson, H.H., The Art of Educational Research. Yonkers: World Book Co., 1933.

Aiken, Lewis. R., Psychological Testing & Assessment. London: Allyn & Bacon, 1991.

Anastasi. A., Psychological Testing (3rd Ed.). New York: Macmillan & Co., 1968.

Anderson, Harold, H. and Anderson, Gladys, L. (Eds.) An Introduction to Projective Techniques. N.J.: Prentice Hall, Inc., 1951.

Ary, Donald, et al. Introduction to Research in Education. New York: Holt Rinehart and Winston Inc, 1972.

Beck, S. J., Rorschach's Test, Vol I, Basic Process. Grune & Stratton, 1944.

Bell. J.E., Projective Techniques. New York: Longman, 1948.

Berelson. B., Contents Analysis in Communication Research. New York: Free Press, 1952.

Best, John, W., Research in Education. U.S.A.: Prentice Hall Inc., Englewood Cliffs, 1963.

Bingham, Walter, V.D. and Moore B.V., How to Interview. New York: Harper & Bros., 1959.

Bloom, B.S. (Ed.) Taxonomy of Educational Objectives: The Classification of Educational Goals : Handbook I, Cognitive Domain. New York: Prentice Hall, Inc., 1952.

Bloom, B.S. (Ed.) Evaluation in Secondary Schools. New Delhi: AICSE, 1958.

Bogradus, Emory, S., Introduction to Social Research. Los Angles: Suttohouse, 1936.

Brown, C.W. and Ghiselli, E.E., Scientific Method in Psychology. N.Y.: McGraw Holt Co., Inc, 1951.

Bulke, Father Kamil, An English – Hindi Dictionary. New Delhi: S. Chand & Co., Ltd., 1989.

Campbell, A., Measuring Public Attitudes, J. Soc. Issues, 1946, 2, 58–66.

Campbell, D.T., The Indirect Assessment of Social Attitude. Psychol. Bull. 1950, 47, 15–38.

Chaturvedi, M and Tiwari, B.N. (Eds.) A Practical Hindi-English Dictionary, New Delhi, National Publishing House, 1991.

CHD, A Consolidated Glossary of Technical Terms. Delhi: Central Hindi Directorate, 1962.

Chein, I. Cooks, S. and Harding J., The Field of Action Research. American, Psycholo, 1948, 3, 43–50.

Corey, S.M., Action Research to Improve School Practices. Columbia: Univ. Teachers College, 1953.

Costy, Paul C., Method in Behavioral Research. (6th Ed.) London : May field Publishing Co., 1992.

Cronbach, L.J. , Essentials of Psychological Testing. (2nd Ed.) New York: Harper & Row, 1960.

CSTTMHRDGOI., Comprehensive Glossary of Technical Terms. (Humanities & Social Sciences) Vol.I & II Commission for Scientific & Technical Terminology New Delhi: Ministry of Human Resource Development Government of India,1992.

D' Amato, M.R., Experimental Psychology, Methodology, Psychophysics, and Learning. New York: McGraw-Hill Book Co., 1970.

Dandapani S., Fundamentals of Social Survey and Research Methods. Delhi: The Scholars Foundations, Shanti Vilas, 1971.

Das R.C. *et al.*, Curriculum and Evaluation. New Delhi : National Council of Educational Research and Training,1984.

Dave, R.H., Taxonomy of Educational Objectives and Achievement Testing, in Development of Educational Testing. Vol. I, London, 1966.

Doby, J.T., An Introduction to Social Research. (2nd Ed.) New York: Appleton-century-crofts, 1967.

Drever, James., A Dictionary of Psychology. C.B.: Penguins Books Ltd., 1952.

Ebel, R.L., Measuring Educational Achievement, New Jersey: Prentice Hall, 1965.

Edwards, A.L., Techniques of Attitude Scale Construction. New York: Appleton Century Crofts, 1957.

Edwards, A.L., Experimental Designs in Psychological Research (3rd Ed.) New York: Holt Rinehart and Winston, 1968.

Elmes David, G., *et al.* Research Methods in Psychology. (6thEd.) London: Brooks/ code publishing Co., 1999.

Estes, W.K., Towards a Statistical Theory of Learning. New York: Philosophical Library, 1944.

Feigl, Herbert., "Principles and Problems of Theory Construction in Psychology" in W. Dennis Ed. Current Trends of Psychological Theory, Pittsburgh: University of Pittsburgh Press, 1951.

Ferguson, L.W., Personality Measurement. New York: McGraw Hill Book Co., Inc., 1959.

Festinger, L and Katz, D. Research Methods in Behavioral Sciences. New York: Holt, Rinehart and Winston, 1953.

Fisher, R.A., The Design of Experiments. (4th Ed.) Edinburgh: Oliver and Boyd, 1947.

Fisher, R.A., Statistical Methods for Research Workers. (10th Ed.). Edinburgh: Oliver and Boyd, 1946.

Freeman, F.S., Theory and Practice of Psychological Testing (3rd Ed.). New Delhi: Oxford and IBH Publishing Co., 1965.

Furlong, N.E., Research Methods and Statistics: An Integrated Approach. New York : Harcourt College Publishers, 2000.

Garrett, Henry, Statistics in Psychology and Educational (3rd Ed.) Longman Green & Co., 1947.

Gay, L.R., Educational Research. Competencies for Analysis and application (Fifth Ed.). Merril: Prentice Hall,1996.

Geldard, F.A., Fundamentals of Psychology. New York: John Wiley, 1963.

Glaser, R., "Instructional Technology and the Measurement of Learning Outcomes: Some Questions" American Psychologist. 1963. pp. 519-521

Good, Barr and Scates D.E., Methodology of Educational Research, New York, Appleton-century-crofts, 1941.

Good, C.V., Dictionary of Education. London : McGraw Hill Book Co., 1973.

Good, Carter V. and Scates, D.E. Methods of Research. New York: Appleton-century-crofts, inc., 1954.

Good, Carter V., Essentials of Educational Research. New York: Appleton-century-crofts, 1972.

Good, W.J. and Hatt. P.K. Methods in Social Research. New York: McGraw-Hill Book Co., Inc., 1952.

Gottschalk, L. Kluckhohn, C., and Angell, R. The Use of Personal Documents in History, Anthropology, and Sociology. New York: Social Science Research Council, 1945.

Grasiano, Anthons M. and Renlin, Michael L., Research Methods: A process of Inquiry. New York : Longman, 1966.

Gronlund, N.E., Measurement & Evaluation In Teaching. New York: McMillan Company, 1976.

Guilford, J.P., Psychometric Methods (2nd Ed.). New York: McGraw-Hill Book Co., Inc, 1954.

Guilford, J.P., Fundamental Statistics in Psychology and Education. New York: Mc Graw Hill Book Company,1965.

Gullicksen, H., Theory of Mental Tests. New York: John Wiley & Sons, 1950.

Hannah, L.S.A., Comprehensive Framework for Instructional Objectives: A Guide to Systematic Planning and Evaluation. London: Addison Wesley Publishing Co.,1990.

Harper, A.E., Preparing Objective Examinations. New Delhi: Prentice Hall of India Ltd, 1990.

Harper, A.E. and Misra,V.S. Researches on Examinations in India. New Delhi: NCERT, 1976.

Hays,W.L., Statistics for Psychologists. New York: Holt, Rinehart and Winston, 1963.

Helmstadter, Gerald, C., Research Concepts in Human Behavior. New York: Appleton Century Crofts, 1970.

Helmstadter, Gerald. C., Principles of Psychological Measurement. New York: Appleton Century Crofts, 1964.

Hilgard, E.R,. Atkinson, R.C. and Atkinson, R.L. Introduction to Psychology, (5th Ed.). New York: Harcourt Brace Jovanovich, Inc., 1971.

Hill, Joseph E. and Kerber, August Models Methods, And Analytical Procedures in Educational Research. Detroit : Wayne State University Press, 1967.

Hill, Wilfred F., Learning, A Survey of Psychological Interpretations, (Rev. Ed.) London: Methuen & Co. Ltd., 1972.

Holsti, O.R., Content Analysis for the Social Science and Humanities. Mass: Addison-Wesley, Reading, 1969.

Hoyt, C., "Test Reliability Estimated by Analysis of Variance'' Pschometrica, 1941. pp. 153-160

James, Mary, Using Assessment for School Improvement. Oxford: Heienmann Educational Publishers, 1998.

Jahoda, Marie, *et al*., Research Methods in Social Relations. New York: Holt, Rienhart and Winston, 1959.

Johanna, Marie, *et al*., Research Methods in Social Research, (Part-I) Basic Processes. New York: The Dryden Press, Inc., 1951.

Johnson P.O., Statistical Method in Research. New Delhi: Asia Publishing House, 1961.

Kahn, R.L. and Cannell C.F. The Dynamics of Interviewing: Theory, Technique and Cases. New York: John Wiley & Sons, Inc., 1959.

Kaplan, Abraham, The Conduct of Inquiry .San Francisco : Chandler 1964.

Kaplan, R.M. and Saccuzzo, D.P., Psychological Testing. California: Brooks/ Cole Publishing Co., 1993.

Kerlinger, Fred N., Foundations of Behavioral Research. New Delhi: Surjeet Publications. 1978.

Kinsey, A.C., *et al*. Sexual Behavior in the Human Male. Philadephia: W.B. Saunders & Co., 1948.

Kish, Leslie, Survey Sampling. New York: John Wiley & Sons, Inc., 1965.

Kline, Paul, The Handbook of Psychological Testing. London: Routledge New Peter lane,1993.

Klopfer, B. and Kelley, D.M. The Rorschach Technique. N.Y.: World, 1942.

Krathwohl, D.R., *et al*. Taxonomy of Educational Objections. Handbook II.The Affective Domain. New York: David McKay Co., 1948.

Krech, David, Crutchfield, Richard, & Ballachey E.L. Individual in Society. A Texbook of Social Psychology. New York: McGraw-Hill Book Co., Inc., 1962.

Kroeber, A.L., (Ed.) Anthropology Today. Chicago: Univ. of Chicago Press, 1951.

Kroeber, A.L., Anthropology (Rvd. Ed.). New York: Harcourt Brace & Co., 1948.

Likert, R., A Technique for the Measurement of Attitude. Arch: Psychol. No. 140, 1932.

Lindquist E.V., Design and Analysis of Experiments in Psychology and Education. Boston: Honghton Mifflin Co., 1953.

Linzey Gardner & Aronson Elliot (Ed.) The Handbook of Social Psychology, (2nd Ed.) New Delhi: Amerind Publishing Co., Pvt. Ltd, 1975.

Lorie J. H. and Robert H.V., Basic Methods of Marketing Research. New York: McGraw-Hill, Book Co., 1951.

Lundberg. G.A., Social Research. New York: Longman Green & Co., 1942.

Maccoby, E.E. and Maccuby N., The Interview: A Tool of Social Science, In Handbook of Social Psychology, Vol-I (Ed.) G. Lindzey, 1956.

Mann, P.H., Methods of Sociological Enquiry. Oxford: Blackwell, 1968.

Market Research Society, A Handbook for Interviews. London: Market Research Society, 1974.

McAshan, H.H., Writing Behavioral Objectives. New York: Harper and Row Publishers, 1970.

Mc Bweney, Donald H., Research Methods. Stanford: Wadswoth 2001.

McDonagh, Edward, C. and Lasswell Thomas, E., Sociology. An Introduction. N.Y.: 1953.

McGuigan, F.J., Experimental Psychology: A Methodological Introduction. New Delhi: Prentice Hall of India, 1969.

Mchrens, W.A. and I.J. Lehmann, Measurement and Evaluation in Education and Psychology. New York: Holt, Rinehart and Winston, 1975.

Mcmillan, James H., Educational Research : Fundamentals for consumer. New York: Harper Collins, 1996.

McNemar, Q., Psychological Statistics. New York: John Wiley & Sons, 1955.

Mehta, P.H., First Mental Measurement Handbook For India. New Delhi: NCERT, 1966.

Miller, D.C., Handbook of Research Design and Social Measurement. New York: Mckay, 1964.

Mitchell, G.D., (Ed.) Dictionary of Sociology. London: Routledge & Kegan Paul, 1968.

Monroe, W.S., Encyclopedia of Educational Research, 1968.

Morgan C.T., King. R. and Robinson, Nancy, M., Introduction to Psychology (6th Ed.). New Delhi: Tata McGraw-Hill Publishing Co., Ltd, 1979.

Morgan Clifford T. and King, Richard, Introduction of Psychology. New York: McGraw-Hill Book Co., 1971.

Moser C.A. and Kalton, Graham, Survey Methods in Social Investigations, New Delhi, Heinemann Educational Book Ltd., and The English Language Book Society, 1979.

Mosier, C., Symposium: The Need and Means of Cross-validation 1. Problems and Designs of Cross-validation. Educ. Psychol. Measmt., 1950.

Mouly, G.J., The Science of Educational Research. New Delhi: Eurasia Publishing House, Pvt. Ltd., 1964.

Munn, Norman L. Feruald, L. Dodge. And Ferulad, Peter S., Introduction to Psychology, (3rd Ed.) New Delhi, Oxford & IBH. Publishing Co., 1976.

Munn, Norman, L., Psychology: The Fundamentals of Adjustment. (2nd Ed.) Boston: Honghton Mifflin & Co., 1951.

Murray, H.A., Thematic Apperception Test manual. Cambridge: Mass, Harvard University Press, 1943.

Murthy, M.N., Sampling Theory and Methods. Calcutta: Statistical Publishing Society, 1967.

Nation, Jack R., Research Methods. London: Prentice Hall International 1997.

NCERT, New Delhi: The Concept of Evaluation In Education.1986.

Noll, Victor, H., Introduction to Educational Measurement. Boston: Honghton Miffin Co., 1965.

Nunnally, J.C., Educational Measurement and Evaluation, New York, McGraw-Hill Book Co., 1964.

Nunnally, J.C., Psychometric Theory. New York: McGraw-Hill Book Co., 1967.

Nunnally, J.C., Tests and Measurement : Assessment and Prediction. New York: McGraw-Hill Book Co., 1959.

Obburn, William. F. and Nimkoff, Meyer F., A Handbook of Sociology. London: Routledge and Kegan Paul, 1957.

Obburn, William. F. and Nimkoff, Meyer F., Sociology. Boston: Houghton Miffin Co. 1958.

Oliver, R.A. C., Research in Education. London: George Allen and Unwin Ltd., 1946.

Osgood, C.E., The Nature and Measurement of Meaning. Psychol. Bull, 1952, 49, 197–237, (713-14).

Pal, H.R. & Sharma K., Prayogik Grih Manovigyan Aevam Manav Vikas. Agra: Star Publication, 1989.

Pal, H.R., Curriculum Foundations & Principles (Hindi). Indore: Scholar Publishing House, 1998.

Pal, H.R., Methodologies of Teaching & Training in Higher Education (Hindi). N. Delhi: Directorate of Hindi Medium Implementation Delhi, University, 2000.

Pal, H.R., Vani Sampreshan, Bhopal : M.P. Hindi Granth Academy, 2003.

Pal, H.R., Advanced Educational Psychology (Hindi). N. Delhi: Directorate of Hindi Medium Implementation Delhi, University, 2006.

Pal, H.R. and Pal R. Curriculum Yesterday Today & Tomorrow (Hindi). New Delhi : Shipra Publications, 2006.

Pal, H.R. and Sharma, M. Education of Gifted (Hindi). New Delhi : Shipra Publications, 2007.

Pal, H. R., Curriculum Construction for Developing Social Skills in Teachers for Establishing Closer contract with Community. Unpublished Doctoral Dissertation, Indore University, Indore 1981.

Pareek, U. and Rao T.V. Handbook Psychological Social Instruments. Baroda: Sasthi 1974.

Partne, M. Surveys, Polls, and Samples. New York: Harper, 1950.

Payne, D.A. & McMorris R.F., Educational and Psychological Measurement. New Delhi: Oxfofd & IBH Publising Company, 1972.

Popham, W.J., Educational Evaluation .New Jersey : Prentice Hall, 1975.

Popham, W.J., Criterion Referenced Measurement. New Delhi : Prentice Hall of India,1978.

Postman, Leo and Egan, James, P. Experimental Psychology, New York, Harper, 1949.

Raj. D., The Design of Sample Surveys. New York: McGraw-Hill Book Co., 1972.

Rajput, S. *et al.* Handbook on Paper Setting New Delhi : NCERT, 2002

Rapaport and Gill, Diagnostic Psychological Testing, Vol. I and Vol. II, 1946.

Reagan, Michael. D., Basic and Applied Research: A Meaningful Destruction, Science, 155 Jan. 6, 1967; (1383–1386)

Remmers, H.H. Gage, N.L. and Rummel J.F., A Practical Introduction to Measurement and Evaluation. New York: Harper & Row Publishers, 1960.

Richardson, S., Dohrenwend, B. and Kleind, Interviewing. New York: Basic Books, 1965.

Rose, A.M., A Research Note on Experimentation in Interviewing, Amer, J.Social, 1945, 51, 143–144.

Ruch, Floyd L., Psychology and Life (7th Ed). Bombay; D.B. Taraporevala Sons & Co. Pvt. Ltd., 1970.

Salkind, Neil J., Encyclopedia of Measurement & Statistics. Vol. I. II. & III. New Delhi: Sage Publicatiovs, 2007.

Sansanwal, D.N. & Tyagi, S.K. Multiple Discriminant type Item: A New Weapon in Testing Arsenal = Meri journal of Education Vol I, Number-1 april 2006. pages 18–25.

Sargent, S. Stanfeld, Williamson, Robert. Sociol Psychology (3rd Ed). New York: The Ronald Press Co., 1966.

Saunders, N.M., Classroom Questions. What Kind. New York: Harper and Row, 1967.

Sax, Gilbert, Principles of Educational Measurement and Evaluation. California: Wadsworth Publishing Company, Inc., 1974.

Scott,W.A. and Wertheimer. M. Introduction to Psychological Research. New York: John Wiley and Sons, Inc., 1962.

Scriven, M. "The Methodology of Evaluation.'' in R.W. Tyler, R.M. Gagne & M. Scriven. Perspectives of Curriculum Evaluation. Stoki III: Rand McNally and Co., pp. 39–83.

Secord, Paul. F. and Backman, Carl W., Social Psychology. New York: McGraw-Hill Book Co., 1964.

Shaw, M.E. Wright J.M., Scales for Measurement of Attitudes. New York: Mc Graw Hill Book Co., 1967.

Shertzer, B. and Linden, J.D., Fundamentals of Individual Appraisal Boston: Hougton Miffin Co., 1979.

Shrivastav,H.S.et al. Reforming Examinations: Some Emerging Concepts. New Delhi: NCERT, 1978.

Sidman, M., Tactics of Scientific Research. New York: Basic Books, 1960.

Siegel S., Non-parametric Statistics for the Behavioral Sciences. New York: McGraw-Hill Book Co. 1956.

Singh, P., Evaluations In Primary Schools- The Emerging Concept. Journal of Indian Education. Vol IV, New Delhi: NCERT, 1978.

Singh, P., Taxonomy of Objectives and Paper Setting. Punjab School Educational Board Journal, 1978.

Singh, P., Criterion Referenced Measurement. A Monograph. New Delhi: NCERT, 1983

Singh, P. (Ed.) Evaluation at the Elementary Stage: A Book of Readings New Delhi: NCERT, 1986.

Singh, P., Cuurrent Strategies in Examination and Evaluation in Revamping Examination System. Shah B.(ED.) New Delhi: Northern Book Centre, 1989.

Singh, P., Criterion Referenced Measurement (Selected Readings). New Delhi: NCERT, 1990.

Singh, P., An Analysis of Operationlisation of Continuous and Comprehensive Evaluation. Chandigarh: Report of International Conference on School Based Assessment, Punjab School Education Board 1994.

Singh, P., Towards Quality Questions New Delhi: New Age International Publishers Ltd., 1996.

Singh, P., Dyamics of a Question. Delhi: Doaba House, 2003.

Singh, P., Hadbook of Measurement and Evaluation. Delhi: Doaba House, 2005.

Simpson, E.J., "The Classification of Educational Objectives". Illionis The Teacher of Home Economics.1964. 10(4), pp. 110-144

Snider, J. And Osgood, C. (Eds). Semantic Differential Techniques : A Source Book. Chicago: Aladdin, 1969.

Snow, Richard E., Theory Construction and Research on Teaching in R.M. Travers, ed. Second Handbook of Research on Teaching. Chicago: Rand McNally, 1973.

Solomon, H. (Ed) Item Analysis and Prediction. California: Stanford Univ. Press, 1961.

Stephenson, W., The Study of Behavior: Q technique and its Methodology. Chicago: Univ. of Chicago Press, 1953.

Stevens, S.S., Handbook of Experimental Psychology. New York: John Wiley, 1951.

Stodoisa, Q. and Stordahl. K. Basic Educational Tests and Measurement. New Delhi: Thomson Press (India) Ltd., 1972.

Strange, Jack Roy Abnormal Psychology, Understanding, Behavior Disorders, New Delhi: Tata McGraw-Hill Publishing Co. Ltd., 1965.

Sunford, F.H. and Rosenstock, I.M. Projective Techniques on the Doorstep. J. Abnorm Soc. Psychol., 1952, 47, 3–16.

Super Donald E. and Crities, J.O. Appraising Vocational Fitness by means of Psychological Tests (Rev. Ed.). Delhi: University Book Stall, 1968.

Thorndike R.L. and Hangen, Elezabeth. Measurement and Evaluation in Psychology and Education. New York: John Wiley & Sons, Inc., 1961.

Thurstone, L.L., The Measurement of Social Attitude, J. Abnorm. Soc. Psychol., 1931, 26, 249–269.

Thurstone, L.L., The Measurement of Values, Psychol. Review., 41 (Jan, 1954), 47-48.

Thurstone, L.L. and Chave, E.J., The Measurement of Attitude. Chicago: Univ. of Chicago Press, 1929.

Tippett L.H.C., Random Sampling Numbers (10,400 digits). Tracts for Computers, XV., Cambridge Univ. Press, 1927.

Torgerson, N.W., Theory and Methods of Scaling. New York: John Wiley & Sons, Inc., 1958.

Townsend, John C., Introduction to Experimental Method. Tokyo: McGraw-Hill Book Co., 1958.

Travers. Robert M.W., An Introduction to Educational Research. New York: Mcmillan and Co. Ltd., 1978.

Tuckman, B.W. Measuring Educational Outcomes. New York: Harcourt Brace Jonanovich,1978.

Tyler, Leona E., Tests and Measurement. New Delhi: Prentice Hall of India Pvt. Ltd., 1969.

UGC. New Delhi: Report on Examination Reform 1962.

UGC. New Delhi: Examination Reform .A Plan of Action.1972.

Underwood, Benton J., Experimental-Psychology. New York: Appleton-Century Crofts, 1949.

Underwood, Benton J., Psychological Research. New York: Appleton Century Crofts, 1957.

VanDalen, D.B., Understanding Educational Research. An introduction (3rd Ed.). New York: McGraw-Hill Book Co., 1973.

Vedprakash, *et al.* Grading in Schools. New Delhi: NCERT, 2001.

Verma, M., An introduction to Educational and Psychological Research. Bombay: Asia Publishing House, 1965.

Vira, Raghu, Comprehensive English-Hindi Dictionary. New Delhi: International Academy of Indian Culture, 1981.

Vockell, Edward L., Educational Research. New York: Macmillan Publishing Co., Inc., 1983.

Warren, H.C. (Ed). Dictionary of Psychology. New York: Hongthon Miffin & Co., 1934.

Whiteney, F.L., Elements of Educational Research. New York: Prentice Hall, Inc., 1954.

Williams W.H., A Sampler on Sampling. New York: Wiley, 1978.

Winer, B.J., Statistical Principles in Experimental Design. New York: McGraw-Hill Co. 1962.

Woman, Benjamin, B., Contemporary Theories and Systems in Psychology. New York: Harper and Row, 1965.

Wood, D.A., Test Construction : Development and Interpretation of Achievement Tests. Merril: Columbia, Ohio, 1960.

Woodworth, R.S., Contemporary Schools of Psychology. London: Methuen & Co., Ltd. 1951.

Woodworth, R.S. and Scholberg. H. Experimental Psychology (Rev. Ed.). New York: Henry Holt & Co., Inc. 1954.

Written Born, J.R., Contributions and Current States of Q-Methodology. Psychol, Bull., 1961, 58, 132–142.

Yamane, Taro, Elementary Sampling Theory, N.J.: Prentice Hall, 1967.

Yong, P.V., Scientific Social and Survey Research. Bombay: Asia Publishing House, 1966.

Zais, Robert S., Curriculum Principles and Foundations. New York : Crowell, 1976.

मूल्यांकन से संबंधित परिभाषाएँ

अध्यापक निर्मित परीक्षण (Teacher Made Test) – कक्षा में उपयोग के लिए पूर्णतः अध्यापक द्वारा बनाया गया परीक्षण, अध्यापक निर्मित परीक्षण कहलाता है।

अन्वय – अन्वय वे संकल्पनाएं होती हैं, जिनमें उच्च क्रम के अमूर्तन (Abstraction) की आवश्यकता होती है। बुद्धि, व्यक्तित्व, चिंता ये सभी अन्वय हैं।

अभिक्षमता – किसी व्यक्ति की प्रशिक्षण के पश्चात् ज्ञान, दक्षता या प्रतिक्रियाओं को सीखने की योग्यता है। (बिन्घम)

अभिवृत्ति – किसी परिस्थिति, व्यक्ति या वस्तु के प्रति किसी विशेष ढंग से किसी विशेष अंश (Degree) की तीव्रता से प्रतिक्रिया करने की तत्परता है। (गुड)

अर्ध विच्छेद विश्वसनीयता – इस प्रकार के परीक्षण में परीक्षण के केवल एक प्रारूप को ही प्रशासित करना होता है। प्रशासित करने के पश्चात परीक्षण को दो समतुल्य अर्धकों में विभाजित कर लिया जाता है। यह प्रायः सम एवं विषम पदों के आधार पर किया जाता है। इस प्रकार प्रत्येक परीक्षार्थी के दो फलांक प्राप्त हो जाते हैं। इन दो फलांकों से विश्वसनीयता ज्ञात की जाती है।

अशाब्दिक परीक्षण – ये परीक्षण अंकों एवं चित्रों के बने होते हैं।

आत्मकथा – आत्मकथा के द्वारा विद्यार्थी के बारे में अधिक सुव्यवस्थित एवं विस्तृत जानकारी प्राप्त होती है।

आमुख / रूप वैधता – जैसा कि नाम से प्रतीत होता है यदि किसी परीक्षण के बाह्य रूप को देखकर यह ज्ञात होता है कि परीक्षण किसी विशेष गुण के मापन के लिए बनाया गया हो तब यह इस परीक्षण की रूप वैधता को ही बताता है।

आइजंक का बुद्धि का संरचनात्मक सिद्धांत – हंस जे.आइजंक ने बुद्धि लब्धि के तीन सहसंबंधितों प्रतिक्रिया काल (Reaction Time), निरीक्षण काल (Inspection Time) एवं औसत उत्पन्न सामर्थ्य (Average Evoked Potential) की पहचान की।

एक कारक सिद्धांत – बिने के अनुसार बुद्धि समस्त मानसिक कार्यों को प्रभावित करने वाली शक्ति है। वे सभी योग्यताओं को एक सामान्य बुद्धि अथवा सामान्य समझ में शामिल करते हैं।

एण्डरसन का बुद्धि एवं संज्ञानात्मक विकास का सिद्धांत – एण्डरसन के अनुसार बुद्धि में अंतर बुनियादी संसाधन युक्ति के कारण होता है जो कि चिंतन एवं ज्ञान को कार्यान्वित करती है। कई लोग 2 + 2 भी नहीं जोड़ पाते हैं। ये युक्तियाँ प्रतिरूपक कहलाती हैं। इन प्रतिरूपकों के अलावा बुद्धि में दो विशिष्ट योग्यताएँ होती हैं। इनमें से एक भाषा गणितीय अभिव्यक्ति का सामना करती है तथा दूसरी दृश्यिक एवं दैशिक कार्यविधि को बताती है।

केटल का द्रवीय एवं मणिभीय बुद्धि का सिद्धांत – आर.बी.केटल के बुद्धि सिद्धांत के अनुसार सामान्य बुद्धि दो कारकों से बनी होती है। तरल बुद्धि एवं मणिभीय बुद्धि। तरल योग्यता विभिन्न क्षेत्रों में सामान्य है तथा मणिभीय योग्यता कुछ क्षेत्रों जैसे विद्यालयीन अधिगम के लिए विशिष्ट होती है। तरल बुद्धि का उपयोग उन कार्यों में होता है जहाँ आदतें निश्चित हो गई हों।

केन्द्रीय विशेषक – जिस व्यक्ति को आप जानते हैं उसके बारे में यदि आप से एक अनुशंसा पत्र लिखने को कहा जाता है तब आप पत्र में जिन विशेषताओं को शामिल करेंगे वे व्यक्ति की केन्द्रीय प्रवृत्ति होंगी। जैसे : सामाजिकता, ईमानदारी, दयालुता इत्यादि।

क्रेशमर का व्यक्तित्व का वर्गीकरण – शरीर रचना की दृष्टि से क्रेशमर ने व्यक्तियों को तीन प्रकार बताए हैं : **1. लम्बकाय** -- ऐसे व्यक्ति लम्बे एवं दुबले पतले शरीर वाले होते हैं। प्रायः ये दूसरों से घनिष्ठ संबंध बनाने से बचते हैं तथा अपने क्रोधों को सीधे-सीधे व्यक्त नहीं कर पाते। **2. सुडौलकाय** - ऐसे व्यक्ति हृष्ट–पुष्ट शरीर वाले होते हैं। **3. गोलकाय** – ऐसे व्यक्ति छोटे कद के तथा मोटे होते हैं। ये प्रसन्नता एवं दुःख, सक्रिय एवं निष्क्रिय, उत्साह एवं निरुत्साह के बीच झूलते रहते हैं।

खुली पुस्तक परीक्षा के अंतर्गत परीक्षार्थियों को निर्धारित संख्या में पाठ्य पुस्तकें एवं सन्दर्भ पुस्तकें साथ में लाने एवं परीक्षा में प्रश्नोत्तर लिखने हेतु उपयोग में लाये जाने की छूट रहती है।

गति परीक्षण – जिस परीक्षण में समय सीमा हो ताकि किसी भी व्यक्ति से संपूर्ण पदों को पूर्ण करने की अपेक्षा न हो।

गतिशील विशेषक – गतिशील विशेषक द्वारा किसी व्यक्ति के लक्ष्य की ओर बढ़ने की गति निर्धारित होती है। इसलिए इन्हें व्यक्तित्व के अभिप्रेरणात्मक तत्व कहते हैं।

गार्डनर का बहु-बुद्धियों का सिद्धांत – गार्डनर ने 10 प्रकार की बुद्धियाँ बताई हैं : **1. भाषिक** – भाषिक पक्ष अर्थ विज्ञान, व्याकरण, स्वर विज्ञान (Phonology) और वाग्मिता (Rhetoric) की बुनियादी क्रियाओं का निष्पादन करता है। **2.संगीतात्मक** – संगीतात्मक पक्ष स्वरमान, प्रबलता, लय और ध्वनि रूप (Timber) की बुनियादी क्रियाओं का निष्पादन करता है। **3. तार्किक गणितीय** – यह पुरुषों के मस्तिष्क के दायें अर्धगोलार्द्ध में स्थित रहती है तथा महिलाओं के दोनों अर्धगोलार्द्धों में स्थित रहती हैं। तार्किक गणितीय पक्ष,तर्क की लंबी श्रृंखलाएँ, अमूर्तन

(Abstraction) की ओर गणना की क्षमता की बुनियादी क्रियाओं का निष्पादन करता है। **4. दैशिक** – दैशिक पक्ष सही वस्तु प्रत्यक्षण और वस्तुओं का मस्तिष्क में रूपान्तरण एवं घुमाने की क्रियाओं का निष्पादन करता हैं। **5. शारीरिक गतिज** – यह पक्ष शरीर नियंत्रण एवं वस्तुओं के परिचालन की बुनियादी क्रियाओं का निष्पादन करता है। **6 एवं 7 वैयक्तिक** – (अन्तः वैयक्तिक व स्वगत) – व्यक्तिगत पक्ष स्वगत समझ (अपनी अनुभूतियों को जानना) और अन्तः वैयक्तिक समझ (दूसरों की मनोवृत्ति, अनुभूतियों एवं आवश्यकताओं को जानना) की बुनियादी क्रियाओं का निष्पादन होना। **8. प्रकृतिवादी** – वनस्पति एवं जंतुओं एवं पर्यावरण के अन्य तत्वों की जो पहचान करते हैं एवं वर्गीकृत करते हैं। **9. आध्यात्मिक** – जो व्यक्ति पराभौतिक को जानने एवं समझने का प्रयास करते हैं अथवा सत्य की कुछ समझ प्राप्त करते हैं और जो सामग्रियों से आगे जाकर संबंध रखते हैं। **10. अस्तित्ववादी** – अपने आप को संसार में रखना तथा यह समझना कि कोई जीवन में कहाँ जा रहा है और क्यों? अस्तित्वादी योग्यता को दर्शाता है।

गिलफोर्ड का बुद्धि की संरचना का प्रतिमान (1966)

इसकी तीन विमाएं हैंः क्रियाएँ, विषयवस्तु, उत्पादन

क्रियाएँ – बौद्धिक गतिविधियों के मुख्य प्रकार अथवा प्रक्रियाएँ,वस्तुएँ जो कि प्राणी सूचनाओं के संसाधन में करता है, जिन्हें कि प्राणी विभेदित करता है के रूप में सूचना को परिभाषित किया जाता है। ये पाँच प्रकार की होती हैंः संज्ञान, स्मृति, एकदिश उत्पादन, बहुदिश उत्पादन, मूल्यांकन।

विषयवस्तु – विस्तृत, तार्किक (Substanitive) सूचनाओं के बुनियादी प्रकार एवं क्षेत्र। ये चार प्रकार की होती हैंःआकृतिक, सांकेतिक, अर्थगत, व्यावहारिक।

उत्पादन – बुनियादी सूचना के रूपों में, जो कि प्राणी द्वारा संसाधित करने में उपयोग आती हैं। ये छः प्रकार के होते हैंः इकाई, वर्ग, संबंध, पद्धतियाँ, रूपातंरण, निहितार्थ।

गिलफोर्ड का बुद्धि की संरचना का नवीनतम प्रतिमान (1988)

गिलफोर्ड ने 1988 में 180 कारकों का प्रतिमान प्रस्तुत किया। प्रस्तुत प्रतिमान में पूर्व प्रतिमान की तुलना में उत्पादन में कोई अंतर नहीं, जबकि क्रियाओं के अंतर्गत स्मृति को दो भागों में विभक्त कर दिया गया, प्रथम है स्मृति धारण एवं द्वितीय है स्मृति अंकन। विषयवस्तु में दृश्यिक, श्रव्य, सांकेतिक, अर्थगत एवं व्यावहारिक शामिल हैं।

थर्स्टन का प्राथमिक मानसिक योग्यताओं का सिद्धांत – एल.एल.थर्स्टन ने अग्र 7 प्राथमिक मानसिक योग्यताएँ बताई हैं :संख्या कारक : इसके अंतर्गत अंकिक गणनाएँ सही एवं शीघ्रता से हल करने की योग्यता आती है। शाब्दिक कारक : ये शब्द बोध परीक्षण की योग्यता है। दैशिक कारक इसके अंतर्गत काल्पनिक वस्तु को निर्वात में परिचालित करने की योग्यता आती है। प्रत्यक्षणात्मक गति कारकः इसके अंतर्गत

दृश्यिक विस्तार में भेद और चित्रित वस्तु में समानताएँ एवं अंतर करने की योग्यताएँ आती हैं। शब्द प्रवाह योग्यताः इसके अंतर्गत शब्दों के चिंतन की गति आती है जैसे कि तुकबंदी करने तथा वर्ण विपर्यय को हल करने की योग्यता। स्मृति कारक : इसके अंतर्गत शब्दों, अंकों, अक्षरों इत्यादि को रटने की योग्यता आती है। आगमनात्मक तर्क योग्यता : इसके अंतर्गत दी गयी सूचनाओं से नियम को खोजने की योग्यता आती है जिस प्रकार अंक श्रृंखला के कुछ अंश द्वारा अंक श्रृंखला का ज्ञान होता है।

थार्नडाइक का बुद्धि का सिद्धांत– थार्नडाइक ने बताया कि प्रत्येक मानसिक गतिविधि के लिए विभिन्न योग्यताओं के समुच्चय का योग आवश्यक होता है। थार्नडाइक ने बुद्धि के निम्न चार गुण बताएँ हैं :– **अ. स्तर** कार्य की कठिनाई स्तर को प्रदर्शित करता है। **ब. परास** परास से तात्पर्य दी गई कठिनाई के अंश की गतिविधियों के अंकों से होता है। **स. क्षेत्र** क्षेत्र से तात्पर्य प्रत्येक स्तर पर स्थितियों की पूर्ण संख्या, जिनके प्रति व्यक्ति अनुक्रिया कर सकता हैं। **द. गति** से तात्पर्य है कि व्यक्ति किस गति से परीक्षण के पदों के प्रति अनुक्रिया कर सकता है।

थॉम्सन का न्यादर्शन सिद्धांत– बौद्धिक व्यवहार अनेक स्वतंत्र योग्यताओं पर निर्भर करता है, जो अपने सीमित विस्तार के होते हुए भी विविध कार्यों में अपनी भूमिका निभाता है। परिणामस्वरूप किसी भी एक बुद्धि परीक्षण को प्रशासित करने पर बौद्धिक तत्वों का एक निश्चित न्यादर्श प्रयुक्त होता है। अन्य परीक्षण द्वारा अन्य न्यादर्श प्रयुक्त होता है।

द्वितीयक विशेषक– ये ऐसी प्रवृत्तियों का प्रतिनिधित्व करते हैं जो कि न्यूनतम स्पष्ट, सामान्यीकृत और संगत हों।

निदानात्मक परीक्षण – विद्यार्थियों की विशिष्ट कमज़ोरियों के निर्धारण के दृष्टिकोण से एक सीमित विषय क्षेत्र या संबंधित उपक्षेत्र में उपलब्धि मापने का एक इच्छित/अभीष्ट (intended) परीक्षण, जिसके आधार पर उपचारात्मक उपाय किए जा सकें, निदानात्मक परीक्षण कहलाता है। **गुड (1959)**

परीक्षण-पुनर्परीक्षण विश्वसनीयता– इस विधि से सर्वप्रथम परीक्षण को एक समूह पर प्रशासित कर फलांक ज्ञात किए जाते हैं, तत्पश्चात् कुछ दिन पश्चात पुनः उसी समूह पर उसी परीक्षण को प्रशासित कर फलांक प्राप्त किए जाते हैं। तथा दोनों परीक्षण के समय प्राप्त फलांकों के मध्य सहसंबंध गुणांक ज्ञात कर विश्वसनीयता ज्ञात की जाती है।

पारिस्थितिक परीक्षण– परीक्षण के अंतर्गत व्यक्ति को कार्य करने को दिया जाता है। निर्णायक उसके कार्य का इस प्रकार से निरीक्षण करता है कि प्रयोज्य को यह ज्ञात नहीं हो पाता है कि उसके किस कार्य का आंशिक अथवा पूर्ण निरीक्षण किया जा रहा है।

पारंगतता अधिगम– वह अधिगम उपागम है, जिसमें अधिकतम विद्यार्थी अधिकतम विषयवस्तु सीखते हैं।

पूर्वकथनात्मक वैधता– किसी उपकरण द्वारा प्राप्त फलांकों के आधार पर किसी

व्यक्ति की भावी योग्यता अथवा सामर्थ्य के बारे में पूर्व कथन करने के लिए उस उपकरण की पूर्व कथनात्मक वैधता ज्ञात की जाती है।

प्रक्षेपीय विधियाँ – इन विधियों के द्वारा व्यक्ति के अचेतन को जाना जाता है। प्रक्षेपण में व्यक्ति अपनी भावनाओं, विचारों, अभिवृत्तियों, संवेगों, आवश्यकताओं आदि को अपने में न देखकर अन्य व्यक्ति या वस्तु पर आरोपित कर देता है।

प्रश्नकोष – प्रश्नों का एक नियोजित ग्रंथालय है जो अनेक विशेषज्ञों के सहयोग से तैयार किया जाता है। प्रश्नकोष में प्रश्नों का संग्रह होता है, लेकिन ये प्रश्न संयोग से एकत्रित नहीं होते हैं। इसे निश्चित पूर्वनिर्धारित उद्देश्यों की पूर्ति के लिए अभिकल्पित किया जाता है।

प्रसंगात्मक बोध परीक्षण – "प्रसंगात्मक बोध परीक्षण, प्रशिक्षित निर्वचकों द्वारा कुछ प्रमुख चालनों (Dominant Drives), संवेगों (Emotion), मनोभावों (Sentiments), मनोग्रंथियों (Complexex) एवं व्यक्तित्व के द्वन्दों को व्यक्त करने की विधि है। (मुरे)

प्राकृतिक निरीक्षण – इसमें निरीक्षणकर्ता प्रयोज्य से दूर रहकर उसके प्राकृतिक पर्यावरण में परिवर्तियों के नियंत्रण अथवा परिचालन किए बिना निरीक्षण करता है।

मानक – किसी परीक्षण के मानक बताते हैं कि किसी विशेष सन्दर्भ समूह के सदस्य परीक्षण में किस प्रकार से अंक प्राप्त करते हैं। (इबेल)

मानक फलांक – किसी सन्दर्भ समूह के लिए विभिन्न फलांकों की सापेक्ष (Relative) स्थिति को बताते हैं।

मानकीकृत परीक्षण – मापन विशेषज्ञों द्वारा निर्धारित सोपानों के अंतर्गत निर्मित परीक्षण।

मूलभूत विशेषक – मूलभूत विशेषक उस प्रवृत्ति की अभिव्यक्ति करता है जो किसी व्यक्ति के जीवन में इतना व्यापक एवं उत्कृष्ट हो जिससे व्यक्ति के प्रत्येक कार्य की पहचान इसके प्रभाव से हो सके।

युक्तिपरक तुल्यता विश्वसनीयता – कुडर एवं रिचर्डसन ने विश्वसनीयता ज्ञात करने के लिए 1937 में एक प्रक्रिया की खोज की। इसे परीक्षण के एक रूप में एक बार प्रशासित कर विश्वसनीयता ज्ञात करने के मानक (Standard) के रूप में जाना जाता है। कुडर रिचर्डसन के द्वारा पदों के अन्तः सहसंबंध (Inter-correlation) ज्ञात किए जाते हैं।

योग्यता विशेषक – कुछ स्रोत विशेषक जो कि व्यक्ति में होते हैं जिससे यह पता लगाया जा सके कि कितने प्रभावी रूप से वह अपने वांछित लक्ष्य की ओर कार्य करता है, इन्हें योग्यता विशेषक कहते हैं।

वर्नन का पदानुक्रम बुद्धि का सिद्धांत

फिलिप वर्नन (1964) के अनुसार बुद्धि विभिन्न स्तर की योग्यताओं से बनी होती है। उच्चतम स्तर पर सामान्य संज्ञानात्मक कारक स्थित होते हैं। दो मुख्य कारक शाब्दिक शैक्षिक एवं प्रायोगिक एवं यांत्रिक दैशिक अगले स्तर पर स्थित होते

हैं। शाब्दिक एवं प्रायोगिक व यांत्रिक दैशिक को कई गौण समूह कारकों में तोड़ा जाता है उदाहरण के लिए शाब्दिक कारक शाब्दिक प्रवाहता,अंकिक योग्यता और सृजनात्मकता इत्यादि से बना होता है। प्रायोगिक यांत्रिक दैशिक कारक के अंतर्गत कुछ गौण कारक हैं यांत्रिक मनोगामक योग्यता और दैशिक संबंध। अन्ततः निम्नतम स्तर पर विशेष कारक होते है।

वस्तुनिष्ठ परीक्षण – जब दो परीक्षक इस बात से सहमत हों कि किसी प्रश्न का उत्तर सही है अथवा गलत। सत्य-असत्य,बहु विकल्प एवं मिलान प्रश्न इसके उदाहरण हैं।

वाक्य पूर्ति परीक्षण – परीक्षण में प्रयोज्य को ऐसे अपूर्ण वाक्यों को पूर्ण करने को कहा जाता है जिनमें प्रारंभिक कुछ शब्द दिए गए होते हैं। ताकि वाक्यों की पूर्ति करते समय वह अपने संवेगों, इच्छाओं एवं अभिवृत्तियों को व्यक्त कर सके।

विशेषक – व्यक्तित्व की बुनियादी इकाइयाँ हैं। वे सामान्यीकृत व्यक्ति वृत्तियों का प्रतिनिधित्व करते हैं जो कि व्यक्ति के स्थितियों एवं समय के कार्यों में नियमितता के लिए उत्तरदायी हैं।

विषयनिष्ठ परीक्षण – जब दो परीक्षक इस बात से सहमत न हों कि किसी प्रश्न का उत्तर सही है अथवा गलत।

विषयवस्तु वैधता – विषयवस्तु वैधता स्थापित करने के लिए परीक्षण निर्माता अनुमानित किए जाने वाले क्षेत्र की विषयवस्तु का विश्लेषण करता है और प्रतिनिधित्व पूर्ण उपकरण का निर्माण विषयवस्तु के विभिन्न पहलुओं के आकलन के लिए करता है।

वैधता का अर्थ है 'एक उपकरण के द्वारा एक परिवर्ती के मापन/आकलन की सत्यता'। अर्थात् एक परीक्षण जिस उद्देश्य के लिए बनाया गया है, यदि वह उस उद्देश्य की पूर्ति करता है तो वह वैध है।

व्यक्ति अध्ययन – व्यक्ति अध्ययन किसी व्यक्ति के गहन अध्ययन के पश्चात तैयार किया जाता है। इसका उद्देश्य प्रयोज्य के उस व्यवहार का पता लगाना होता है,जिस पर तुरन्त ध्यान दिए जाने की आवश्यकता हो।

व्यक्तिगत परीक्षण (Individual Test) – ऐसे परीक्षण जिन्हें एक समय में एक व्यक्ति पर प्रशासित किया जाता है, व्यक्तिगत परीक्षण कहलाता है।

व्यक्तित्व – व्यक्ति में मनोदैहिक व्यवस्थाओं का वह गत्यात्मक संगठन है जो वातावरण के साथ उसके अनुपम (Unique) समायोजन का निर्धारण करता है। **आलपोर्ट**

शक्ति परीक्षण – ऐसे परीक्षण जिसमें उदार समय सीमा हो, ताकि सभी विद्यार्थी सभी पदों को पूर्ण कर सके।

शब्द साहचर्य विधि – इस विधि में परीक्षार्थी के सामने उद्दीपक शब्दों को एक–एक कर प्रस्तुत किया जाता है। परीक्षार्थी उत्तर के रूप में अन्य शब्दों द्वारा प्रतिक्रिया व्यक्त करता है।

शाब्दिक परीक्षण – इन परीक्षणों में पठन, लेखन, एवं बोलने पर बल दिया जाता है।

शैल्डन का व्यक्तित्व का प्रकार सिद्धांत – 1. गोलाकार–भोजन के शौकीन, ज़्यादा खाने की प्रवृत्ति वाले असुरक्षित, अच्छी तरह सोने वाले, प्यार के भूखे, दूसरों पर आश्रित रहने वाले। 2. **सुडौलकाय**–साहसी, कठोर व्यायाम एवं ठंडा फुहारा स्नान पसंद करते हैं, औपचारिक वेषभूषा पहनते हैं, आसानी से एवं स्वेच्छा से दर्द का सामना करते हैं। **3. लम्बकाय**–असामाजिक, अप्रिय, व्यायाम की इच्छा का अभाव, डरपोक, आसानी से दर्द का सामना नहीं करते।

संकाय सिद्धांत – यह बुद्धि की प्रकृति के बारे में पुरातन सिद्धांत है। जिसे 18वीं एवं 19वीं सदी में रीड ने प्रतिपादित किया था। इसे शक्ति मनोविज्ञान का सिद्धांत भी कहते हैं। इसके अनुसार मस्तिष्क विभिन्न संकायों का बना है, जैसे तर्कणा, स्मृति विभेदीकरण, कल्पना करना, इच्छा करना, जानना, निर्णय करना इत्यादि।

संवेगात्मक बुद्धि का सिद्धांत – गोलमैन (1995) के अनुसार संवेगात्मक बुद्धि ऐसी योग्यताओं से संबंधित होती है, जैसे कि अपने आप को अभिप्रेरित करना तथा कुण्ठाओं का सामना करना, मनोरोगों का नियंत्रण करना तथा परितुष्टि में विलंब करना,अपने मूड को सुचालित करना, अपने संवेगों को जानना, संवेगों का प्रबन्धन करना, अपने आप को अभिप्रेरित करना दूसरों के संवेगों को जानना तथा संबंधों को बनाए रखना।

संस्कृति मुक्त परीक्षण (Culture Free Test) – यह परीक्षण उन सामग्रियों से बना होता है जिसके बारे में ऐसा माना जाता है कि वे सभी समाज एवं संस्कृति को प्रदर्शित करते हों।

समवर्ती वैधता – किसी परीक्षण से प्राप्त फलांक एवं अन्य निकष या परीक्षण से प्राप्त फलांकों के मध्य सहसंबंध ज्ञात कर समवर्ती वैधता ज्ञात की जाती है।

समानान्तर रूप विश्वसनीयता – इस विधि में परीक्षण के दो समानान्तर भाग बनाए जाते हैं इन दोनों भागों को एक ही समूह पर प्रशासित किया जाता है, पहले भाग 'अ' को प्रशासित किया जाता है और फिर भाग 'ब' को तत्पश्चात् दोनों परीक्षणों से प्राप्त फलांकों से विश्वसनीयता गुणांक ज्ञात किया जाता है।

सहपाठी मूल्यांकन – जब छात्राध्यापकों / शिक्षकों द्वारा कक्षा में किए गए व्यवहार का उनके एक या अधिक सहपाठियों (अन्य छात्राध्यापकों) द्वारा निरीक्षण किया जाता है और प्रतिपोष प्रदान किया जाता है तब यह सहपाठी मूल्यांकन कहलाता है।

सतह विशेषक – सतह विशेषक निरीक्षणों के समूह हैं जो कि सहसंबंधित हैं। ये उस व्यवहार की अभिव्यक्ति करते हैं जो कि सतही स्तर पर साथ-साथ जाता हुआ दिखायी देता है, किन्तु वास्तव में हमेशा ऊपर एवं नीचे साथ-साथ नहीं चलता है।

समाजमिति परीक्षण – समाजमिति वह तकनीक है,जिसके द्वारा किसी समूह के सदस्यों के अन्तरवैयक्तिक संबंधों का अध्ययन उनके सदस्यों के द्वारा व्यक्त आकर्षण एवं विकर्षण अथवा विभेद के द्वारा किया जाता है। प्रस्तुत तकनीक का विकास जे. एल. मोरेनो ने 1934 में किया था। इसमें समूह के सदस्यों से किसी दिए गए निकष

के आधार पर अन्य सदस्यों के बारे में अपनी पंसद या नापंसद पूछी जाती है।

सामूहिक परीक्षण (Group Test) – ऐसे परीक्षण जिन्हें एक समय में पूरे समूह पर प्रशासित किया जाता है, सामूहिक परीक्षण कहलाता है।

सेसी का जैव पारिस्थिक बुद्धि सिद्धांत – स्टीफन सेसी (1990) प्रस्तावित करते हैं कि व्यक्ति में बहु संज्ञानात्मक सामर्थ्य होते हैं न कि सामान्य बुद्धि 'g'। ये बहु बुद्धियाँ जैविकीय (Biologically) आधारित होती हैं तथा मानसिक प्रक्रियाओं की सीमा निर्धारित होती है। इससे अधिक ये बुद्धियाँ अथवा योग्यताएँ व्यक्ति के पर्यावरण अथवा संदर्भ में चुनौतियों एवं अवसरों से घनिष्ठ रूप से जुड़ी रहती हैं।

सृजनात्मकता – सृजनात्मकता से तात्पर्य है नवीन एवं उपयोगी विचारों को अभिव्यक्त करने की योग्यता, नवीन एवं महत्वपूर्ण संबंधों को समझना एवं स्पष्ट करना (elucidate) और पहले नहीं विचारित की गई बात को पूछना।

स्रोत विशेषक – स्रोत विशेषक व्यवहारों में साहचर्य की अभिव्यक्ति करता है, जो साथ-साथ परिवर्तित होते हैं तथा जो व्यक्तित्व की एकात्मक (Unitary) स्वतंत्र विमा का निर्माण करते हैं।

स्वभाव विशेषक – ये आनुवांशिकता द्वारा मापित विशेषताएँ हैं जिनके द्वारा व्यक्ति की सामान्य शैली एवं गति का पता चलता है। स्वभाव विशेषकों के द्वारा व्यक्ति की ऊर्जा, गति एवं संवेगों का पता चलता है जिनके द्वारा वह किसी स्थिति के प्रति अनुक्रिया करता है।

स्पियरमैन का द्विकारक सिद्धांत – स्पियरमैन की बुनियादी मान्यता यह थी कि सामान्य मानसिक कार्यों के लिए दो प्रकार की योग्यताओं की आवश्यकता होती है, सामान्य योग्यता 'G' एवं विशिष्ट योग्यता 'S'। 'G' कारक सार्वभौम जन्मजात योग्यता है,यह बुनियादी तौर पर संबंधो के ग्रहण करने की योग्यता है। यह किसी भी प्रकार की बौद्धिक समस्या के समाधान की योग्यता के लिए उत्तरदायी है। सामान्य योग्यता 'G' सभी बौद्धिक कार्यों के लिए समान है जबकि 'S' दिये गये कार्य के लिए विशिष्ट होती है। इसे पर्यावरण से अर्जित किया जा सकता है।

स्टेर्नबर्ग का बुद्धि का त्रिसूत्री सिद्धांत – बुद्धि दैनिक जीवन में यथार्थ पर्यावरण से अनुकूलन एवं यथार्थ पर्यावरण का चयन और स्वयं के जीवन एवं योग्यताओं के लिए सार्थक यथार्थ जगत पर्यावरणों को गढ़ना है। बुद्धि जब दैनिक जीवन में प्रयुक्त होती है तब तीन कार्य करती है :अ. वर्तमान पर्यावरणों का अनुकूलन, ब. नये पर्यावरणों का चयन और स. वर्तमान पर्यावरणों को नये पर्यावरणों में गढ़ना।

स्प्रेन्ज़रका व्यक्तित्व सिद्धांत मूल्यों के आधार पर व्यक्तियों को छः वर्गों में वर्गीकृत किया है – **1. सैद्धान्तिक** – इनका प्राथमिक मूल्य सत्य की खोज करना होता है। 2. **आर्थिक** – आदर्श आर्थिक व्यक्ति यह मूल्यन करता है कि उपयोगी क्या है? 3. **सौन्दर्यानुभवी** – आदर्श सौन्दर्यानुभवी व्यक्ति उसके उच्चतम मूल्य को आकार एवं सौन्दर्य में देखता है। 4. **सामाजिक** – आदर्श सामाजिक व्यक्ति संबंध एवं प्यार को उच्चतम मूल्य देता है। 5. **राजनैतिक** – आदर्श राजनैतिक व्यक्ति उच्चतम मूल्य शक्ति

को देते हैं। 6. **धार्मिक**– आदर्श धार्मिक व्यक्ति के लिए उच्चतम मूल्य एकता में होता है।

स्व-मूल्यांकन– कक्षा में पढ़ाते समय छात्राध्यापक/शिक्षक जो व्यवहार करते हैं, उसके बारे में जब वे स्वयं से प्रतिपोष प्राप्त करते हैं और अपनी अच्छाइयों व कमियों/गलतियों पर ध्यान देते हैं, तब यह स्व-मूल्यांकन कहलाता है।

शब्द सूची
(Glossary)

अंकिक	Numerical	अभिक्षमता	Aptitude
अंतराल	Interval	अभिप्रेरणा	Motivation
अंतर्दृष्टि	Insight	अभिरुचियाँ	Hobbies
अंतर्मुखी	Introvert	अभिलेख	Records
अकारादिक्रम	Alphabetically	अभिवृत्तियाँ	Attitudes
अग्रिम	Advance	अभिवृद्धि	Growth
अर्जित	Acquired	अभिक्रमित अनुदेशन	Programmed Instruction
अतिक्रमण	Encroachment		
अर्जित	Acquired	अमूर्त	Abstract
अर्थपूर्ण	Meaningful	अमूर्तन	Abstraction
अधिगम	Learning	अर्ध–विच्छेद	Split half
अधिगमक	Learner	अवकाशकालीन	Leisure Time
अध्यापक-निर्मित	Teacher-made	अवधान	Attention
अनुक्रिया	Response	असंगतता	Discrepancy
अनुगण	Proprium	आंशिक	Partial
अनुगामी	Follow up	आकलन	Assessment
अनुदेशनात्मक	Instructional	आक्रामक	Aggressive
अनुनयात्मक	Persuasive	आगत	Input
अनुप्रयोग	Application	आत्म–कथा	Autobiography
अनुमान	Estimate	आत्म–मूल्याकंन	Self Evaluation
अनुमानन	Guessing	आत्म–विकास	Self Development
अनुशिक्षकीय	Tutorial	आधार खण्ड	Premise
अनुसूचियाँ	Inventories	आधार वाक्य	Syllogism
अनुश्रवण	Monitoring	आनुवांशिक	Hereditary
अन्तरनिरीक्षक	Inter-observer	आभासी	Virtual
अन्तरवैयक्तिक	Interpersonal	आमुख	Face
अन्वय	Construct	आवंटित	Allotted
अन्वेषण	Exploration	आविर्भाव	Appearance
अपेक्षाएँ	Expectation	आश्रित	Dependent
अभिकल्प	Design	औचित्य	Rational

इतिहास	History	घोषणा	Declaration
इर्ष्यालु	Jealous	चयन	Selection
उत्कृष्ट	Excellent	चयनित	Elective
उत्कृष्टता	Excellence	चिन्तन	Thinking
उत्पत्ति	Origin	चित्रकारी	Drawing
उत्पाद	Product	चित्रात्मक	Pictorial
उत्तरजीविता	Survival	छँटाई	Sorting
उत्तरोत्तर	Progressive	छाप	Impression
उद्दीपक	Stimulus	जटिल	Complex
उद्देश्य	Objective	जनांकिकी	Demography
उद्देश्यपूर्ण	Purposeful	जल्दी प्रवेश	Early Admission
उद्योग	Industry	जागरूकता	Awareness
उन्मुखीकरण	Orientation	जिज्ञासु	Curious
उपकरण	Tools	जोखिम	Risk
उपलब्धि	Achievement	जागरूकता	Awareness
उपचार	Treatment	जिज्ञासा	Curiosity
उपचारात्मक	Remedial	जीवनपर्यन्त	Lifelong
एकात्मक	Unitary	जीवनी	Autobiography
एकरूपता	Consistency	जीवविज्ञानी	Biologist
औपचारिक	Formal	जीवन वृतान्त	Life History
कनिष्ठ	Junior	ज्योतिष विज्ञान	Astrology
कला	Art	तंत्रिका तंत्र	Nervous System
कविता लेखन	Poetry Writing	तंत्रिकातापीय	Neurological
कुण्ठा	Frustration	तथ्यात्मक	Factual
केन्द्रीय तंत्रिका	Central Nervous	तार्किक	Logical
कोटि	Rank	तालिकाबद्ध	Tabulated
कौशल	Skill	तिरस्कृत	Isolate
कक्षोन्नति	Class Promotion	तीव्रता	Intensity
कार्यशाला	Workshop	त्वरण	Acceleration
क्रमण	Sequencing	त्रुटियाँ	Errors
क्रियान्वयन	Implementation	दस्तावेज	Document
क्रोधी	Short Tempered	दार्शनिक	Philosopher
क्षमता	Competency	दिशा–निर्देश	Guidelines
ग्रंथालय	Library	दृश्यिक	Visual
गत्यातमक	Dynamic	द्रवीय	Fluid
गप्प / धुप्पल	Bluffing	ध्यानभंगक	Distractor
गामक	Motor	धैर्य	Passions
गुणवत्ता	Quality	नकाब	Mask
गुणात्मक	Qualitative	नम्य	Flexible
गुणांक	Coefficient	नम्यता	Flexibility
गृहकार्य	Homework	नाटक	Drama
ग्रीष्म अवकाश	Summer Vacation	निकष	Criteria
घनों	Cubes	निकूटन	Coding

निकूटित	Coded
निर्देशन	Guidance
निर्देशित	Directed
निर्धारण मापनी	Rating Scale
नियंत्रण	Control
नियतकालिक	Periodic
नियोजन	Planning
निरर्थक	Irrelevant
निरीक्षण	Observation
निर्दिष्ट	Specified
निर्देशांक	Index
निर्धारक	Determinates
निर्धारण	Rating
निर्वचन	Interpretation
निश्चित	Particular
निष्कर्ष	Conclusion
निष्पक्ष	Unbias
निष्पादन	Performance
निहितार्थ	Implications
नीलपत्र	Blue Print
नेतृत्व	Leadership
नैदानिक	Diagnosis
न्यूनतम	Minimum
पद	Item
पक्ष	Domain
पक्षपात	Bias
परिकल्पना	Hypothesis
परिचालन	Manipulation
परिपक्वता	Maturity
परिप्रेक्ष्य	Context
परियोजनाएँ	Projects
परिवर्ती	Variable
परिशुद्ध	Accurate
परीक्षण	Test
पर्यावरण	Environment
पर्याप्त	Adequate
परामर्श	Counseling
पसंद	Choice
पाठ्यचर्या	Curriculum
पारंगतता	Mastery
पारिवारिक पृष्ठभूमि	Family Background
पुनरावलोकन	Review
पुष्टकाय	Athlete
पूरक	Supplement
पूर्वकथन	Prediction
पूर्ववर्ती	Antecedent
पूर्वानुमान	Anticipation
पोषण	Nurture
प्रकरणों	Topics
प्रकृति	Nature
प्रक्रिया	Process
प्रक्षेपण	Projection
प्रगत	Advanced
प्रजातंत्र	Democracy
प्रतिक्रियाएँ	Reaction
प्रतिपादन	Justifying
प्रतिपोष	Feedback
प्रतिभाशालिता	Giftedness
प्रतिमान	Model
प्रतिशतांक	Percentile
प्रत्यक्षण	Perception
प्रत्यक्षणात्मक	Perceptual
प्रत्यास्मरण	Recall
प्रत्युत्तर	Response
प्रदत्तकार्य	Assignment
प्रदर्शन	Demonstration
प्रबन्धन	Management
प्रभाविता	Efficacy
प्रभावी	Effective
प्रभुत्व	Dominance
प्रयोग	Experiment
प्रवाहता	Fluency
प्रशासकीय	Administrative
प्रशिक्षित	Trained
प्रश्नावली	Questionnaire
प्रसरण	Variance
प्रसार क्षेत्र	Range
प्राथमिक	Primary
प्राथमिकता	Preference
प्रायोगिक	Practical
प्रासंगिकता	Relevance
प्रेरक	Motive
प्रोत्साहित	Encouraged
द्योतक	Indicator
फलांक	Scores
फलांकन	Scoring

बहिर्मुखी	Extrovert	वरिष्ठ	Senior
बहु	Multiple	वर्गीकरण	Classification
बहुपक्षीय	Multidimensional	वर्गीकृत रूप से	Taxonomically
बुद्धि	Intelligence	वर्तनी	Spelling
बुनियादी	fundamental	वस्तुनिष्ठ	Objective
बाल्यावस्था	Childhood	वस्तुनिष्ठता	Objectivity
बोध	Comprehension	विकासात्मक	Developmental
भविष्यात्मक	Futuristic	विचारणीय	Consideration
भावात्मक	Affective	विधि	Law
भाषिक	Linguistic	विनिर्देशन	Specification
भिन्नता	Variance	विभेदकारिता	Discrimination
भौतिक	Physical	विभेदात्मक	Differential
भ्रातृ	Fraternal	विभेदीकरण	Discrimination
मणिभीय	Crystalline	विमाएं	Dimensions
मनोगामक	Psychomotor	विरक्ति	Disgust
मनोदैहिक	Psychophysical	विरामचिन्ह	Punctuation
मनोनयन	Nomination	विरोधाभासी	Controversial
मनोभाव	Sentiments	विरोधी	Contrasted
मनोवैज्ञानिक	Psychologist	विविध	Diversified
मात्रात्मक	Quantitative	विशिष्ट	Special
मानक	Norms	विशेषक	Trait
मानकीकरण	Standardization	विशेषज्ञ	Expert
मानकीकृत	Standardized	विश्लेषण	Analysis
मानविकी	Humanities	विश्वसनीयता	Reliability
मापन	Measurement	विषयवस्तु	Content
मिलान	Matching	विषयवस्तु वैधता	Content Validity
मूल्य	Worth	विस्तार	Range
मूल्य–निर्णय	Value Judgments	वृत्तखण्ड	Segment
मूल्यांकन	Evaluation	वैकल्पिक	Alternative
मौलिकता	Originality	वैज्ञानिक	Scientific
यांत्रिक	Mechanical	वैधता	Validity
यादृच्छिक	Random	व्यक्तिगत	Personal
योगात्मक	Summative	व्यक्तित्व	Personality
योग्यता	Ability	व्यक्तित्व विशेषक	Personality Traits
रचनात्मक	Formative	व्यक्तिपरक	Individualized
रसायनशास्त्र	Chemistry	व्यवहार्यता	Feasibility
रसास्वादन	Appreciation	व्यापक	Comprehensive
राजनैतिक	Political	व्यापकता	Comprehensiveness
रुचि	Interest	व्यावसायिक	Vocational
रुझान	Inclination	व्यूह रचना	Strategy
रूपान्तरित	Transferred	शक्ति	Strength
लचीलापन	Flexibility	शब्दभण्डार	Vocabulary
वचनबद्धता	Commitment	शब्दावली	Terminology

शर्मीले	Shy	समीक्षा	Review
शारीरिक	Physical	समीक्षक	Reviewer
शिक्षाविद्	Educationist	समुच्चय	Set
शैक्षणिक	Academic	समुदाय	Community
शृंखला	Series	सम्प्राप्ति	Attainment
श्रेणीयन	Grading	सम्प्रेषण	Communication
श्रेष्ठ	Superior	सम्भाव्यता	Probability
शोध	Research	सर्वांगीण	All-round
संकलन	Collection	सहपाठी	Classmate/Peer
संक्रियात्मक	Operational	सहभागिता	Participation
संज्ञानात्मक	Cognitive	सहभागी	Participant
संगठन	Organization	सांस्कृतिक	Cultural
संगठित	Organized	सांतत्यक	Continuum
संगतता	Consistency	साक्षात्कार	Interview
संग्रहण	Collection	साख	Credit
संगीतातत्मक	Musical	सादृश्य	Analogy
संगोष्ठी	Seminar	सापेक्ष	Relative
संचयी अभिलेख	Cumulative Records	सामर्थ्य	Potential
संचलन	Movement	सार्थक	Relevant
संतुलन	Balance	साहचर्यों	Associations
सन्दर्भ	Reference	साहित्य	Literature
संभावित	Possible	सिद्धांत	Theory
संवेगात्मक	Emotional	सीमा	Extent
संवेदनशीलता	Sensitivity	सुझावात्मक	Suggestive
संशक्तिशील	Cohesive	सुपरिभाषित	Well defined
संश्लेषण	Synthesis	सुव्यवस्थित	Systematic
संस्थाओं	Institutions	सृजनात्मकता	Creativity
सतत	Continue	सैद्धांतिक	Theoritical
सतही	Trivial	स्रोतों	Sources
समग्राकृति	Configuration	स्तम्भ	Column
समझ	Understanding	स्तर	Level
समन्वय	Coordination	स्थानीय	Local
समरूप	Uniform	स्मृति	Memory
समवर्ती	Concurrent	स्व अनुदेशन	Self Instruction
समस्या समाधान	Problem Solving	स्वतंत्रता	Freedom
समांग	Homogeneous	स्वायत्त	Autonomous
समाजमिति	Sociometry	स्वास्थ्य रेकॉर्ड	Health Record